민족주의,
역사를 쓰다

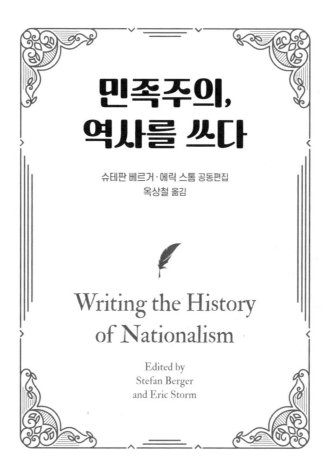

민족주의, 역사를 쓰다

슈테판 베르거·에릭 스톰 공동편집
옥상철 옮김

Writing the History of Nationalism

Edited by
Stefan Berger
and Eric Storm

연암서가

옮긴이 **옥상철**

숭실대학교 사학과를 졸업하고 숭실대학교와 레이던대학교에서 역사학 전공으로 각각
석사학위를 받았다. 저서로『중세 유럽의 사상가들』(공저)이 있다.

민족주의,
역사를 쓰다

2023년 11월 10일 초판 1쇄 인쇄
2023년 11월 15일 초판 1쇄 발행

지은이 ㅣ 슈테판 베르거·에릭 스톰 외
옮긴이 ㅣ 옥상철
펴낸이 ㅣ 권오상
펴낸곳 ㅣ 연암서가

등 록 ㅣ 2007년 10월 8일(제396-2007-00107호)
주 소 ㅣ 경기도 고양시 일산서구 호수로 896, 402-1101
전 화 ㅣ 031-907-3010
팩 스 ㅣ 031-912-3012
이메일 ㅣ yeonamseoga@naver.com
ISBN 979-11-6087-117-3 93300

값 25,000원

한국어판 서문

바야흐로 전 세계 곳곳에서 우익 포퓰리스트가 부상하고 있으며, 그들의 배타적인 자민족중심적 사고가 점점 더 많은 유권자에게 호소력을 갖는 시대이다. 지금 우리는 어느 때보다도 민족주의의 기원, 부상, 진화를 시급하게 이해할 필요에 직면했다. 이 책은 민족주의의 역사 그 자체를 주제로 하는 책이 아니라 역사학자가 이토록 중대한 현상을 그동안 어떻게 연구해 왔는지를 주제로 하는 책이다. 이 책의 편집자로서, 우리 필진은 민족주의를 다양한 이론적 접근방식을 통해 이해하는 것이 갖는 유용함을 소개하는 것을 1차 목표로 했다. 역사학자는 과거에 실제로 무슨 일이 일어났었는지를 이해하는 데 필요한 실증적인 증거를 수집하는 데 열을 올리고, 이론적인 논쟁을 검토하는 일에는 대체로 소홀한 편이다. 반면에 사회과학자는 정의, 모델, 개념적 틀을 둘러싼 추상적인 논쟁에 과도하게 몰입하는 경향이 있다. 『민족주의, 역사를 쓰다』는 역사학자에게 민족주의의 역사를 주제로 하는 연구가 언제나 이론적 가정 위에서 이루어지는 것임을 보여줌으로써 이론과 실증주의를 한데 모으는 것의 중요성을 환기하고자 한다. 동시에 이 책은 사회과학자가 민족주의의 연구를 특정한 이론을 중심으로 접근하여 정리한 구체적인 결과물을 이해할 수 있도록 구성되었다.

'민족과 민족주의'의 역사와 관련된 많은 이론적 논의는 주로 유럽의 사례를 기반으로 하고 있지만, 그 이론적 논의도 동아시아의 학계와 독자와도 깊은 관련성을 갖고 있을 것이다. 애석하게도 나는 한국과 관련된 구체적인 사례에 대해서는 거의 알고 있지 않지만, 이 책에서 다루고 있는 11가지 이론적 접근방식이 시사하는 바가 있으리라 확신한다. 민족주의 역사 쓰기(2장에서 검토된)와 마르크스주의적 접근방식(3장)은 남한과 북한으로 나뉘어 있는 한반도의 상황에서 확연하게 두드러진다. 폴란드처럼 두 강대국 사이에서 위태로운 상황에 놓였으면서도, 한국인 고유의 나라를 지켜오며 유지해왔던 오랜 역사를 고려하면, 한국 민족이 근대적 구성체인지(4장과 6장) 아니면 깊은 역사적 뿌리를 지닌 민족(5장)인지에 대한 논쟁이 격렬하였을 것임이 분명하다. 그러나 최근에는 포스트 구조주의(7장)와 포스트 식민주의(8장)에서 파생된 접근방식이나 젠더 연구(10장), 공간적 전환(11장), 글로벌 역사 쓰기(12장)와 관련된 접근방식이 분명하게 결속되어 있고, 내적으로 동질적이고 안정성을 갖춘 공동체의 하나라는 민족에 대한 자명한 이해를 선뜻 받아들일 수 없는 것으로 만들었다. 게다가 정신분석적 접근방식(9장)은 민족주의가 어떻게 자아의 내면에 깊이 뿌리내리게 되었는지를 매우 구체적으로 설명한다.

최근 연구 경향 중 다수는 1983년에 출판되어 이제 고전의 반열에 올라간 베네딕트 앤더슨(Benedict Anderson), 어니스트 겔너(Ernest Gellner), 에릭 홉스봄(Eric Hobsbawm)의 연구에서 파생된 많은 관점에 대한 수정주의적 입장을 취하고 있으며, 미묘한 차이를 만들어내고 있다. 앞에서 언급한 세 학자의 획기적인 연구를 기반으로 확립된 근대주의적 통설은 오늘날 민족주의 연구의 새로운 서막을 알리고 있는 따끈따끈한 해석에 서서히 자리를 내주고 있다. 나는 한국 독자가 이 책을 통해 영감을 얻고, 더 나아가서 '민족과 민족주의'라는 매력적인 세계에 더 깊이 발을 들여놓기를 진심으로 기대한다.

끝으로 이 책이 한국 독자들에게 전해질 수 있도록 애써주신 연암서가와 권오상 대표에게 깊은 감사를 드린다. 더불어 출판의 모든 과정을 기획하고 추진하는 것은 물론 원서의 번역까지 직접 맡아 준 제자 옥상철에게 깊은 감사를 전한다.

2023년 9월
에릭 스톰

차례

12장 역사 쓰기와 민족주의 역사에서 일어난 글로벌 전환

마티아스 미델

1장

서론: 민족주의, 역사를 쓰다-어떤 방식으로, 어떤 독자에게, 어떤 의미가 있을까?

슈테판 베르거(Stefan Berger) · 에릭 스톰(Eric Storm)

서론

유령이 세상에 다시 나타났다. 그것은 민족주의(nationalism)의 유령이다. 카를 마르크스(Karl Marx)의 명문장을 빌려온 이유는 단순하다. 민족주의가 공산주의(Communism)보다 근대 세계에서 훨씬 강력한 이데올로기였다는 사실을 부각하기 위함이다. 민족주의의 영향력은 너무나 강력했기에, 대부분의 공산주의 체제하에서도 민족주의적 정서와 사상이 함께 발전했다.[1] 근대적 민족주의와 민족주의 운동이 시작된 이후로(물론 민족주의 운동이 언제 시작되었는지는 계속해서 중요하게 다뤄져야 하는 논쟁거리이다) 민족주의

---

1   Roman Szporluk, *Communism and Nationalism. Karl Marx versus Friedrich List* (Oxford, 1988); Richard Pipes, *The Formation of the Soviet Union: Communism and Nationalism, 1917-1923* (Cambridge MA, rev. edn, 1997); Walter A. Kemp, *Nationalism and Communism in Eastern Europe and the Soviet Union. A Basic Contradiction?* (Basingstoke, 1999).

는 마법처럼 온 세상을 홀려왔다. 이 흐름에서 나타난 극단적 민족주의는 20세기 전반기에 발발한 두 번의 세계대전으로 이어졌고, 대부분의 유럽 지역에 전쟁의 상흔을 남겼다. 유럽연합(European Union)과 국제연합(United Nations)은 묵은 민족주의적 적대감을 극복하고 협력의 문화를 발전시키려는 시도였다. 1989년 냉전이 끝났을 때, 동유럽은 서유럽의 이웃들과 평화롭고 희망찬 포스트 민족 대륙(post-national continent)을 만드는 일에 당장이라도 참여할 태세였다. 설령 민족주의가 제2차 세계대전 이후 비유럽 세계에서 맹렬하게 기세를 높이고 있었다는 점을 고려하더라도 말이다.[2]

하지만 포스트 민족 유럽이란 비전의 실현이 쉽지 않을 것임을 보여주는 징후는 1990년대부터 이미 나타나고 있었다. 대표적으로 유고슬라비아 전쟁을 꼽을 수 있으나 그 외에도 꽤 평화롭게 진행된 체코 공화국과 슬로바키아의 분리, 동유럽 전역의 포스트-공산주의 사회에 등장한 강성 민족주의 운동 역시 그 징후였다. 이런 조짐은 '서유럽 중심의 유럽'을 추구하는 포스트-민족 비전에 동유럽이 쉽게 가담하지 않을 것임을 의미했다.[3] 한편 이러한 포스트-민족 비전은 서유럽 내부에서도 도전을 받았다. 서유럽 일부 지역의 지방주의(regionalism)가 민족주의로 변모한 것이다. 이런 현상은 특히 스코틀랜드, 카탈루냐, 플랑드르에서 두드러졌다. 또한 서유럽의 민주주의 국가 대부분에서 민족주의가 주류 정치의 일부로 편입되기도 하였다. 영국의 영국독립당(UK Independence Party), 프

---

2 Mike Mason, *Development and Disorder: A History of the Third World since 1945* (Hanover, 1997).

3 Sabrina P. Ramet (ed.), *The Radical Right in Central and Eastern Europe since 1989* (University Park, 1999).

랑스의 민족전선(Front National), 스웨덴의 스웨덴 민주당(Swedish Democrats), 핀란드의 진짜 핀란드사람(True Finns), 그리고 가장 근래에는 독일의 독일을 위한 대안당(Alternative für Deutschland)이 그 사례이다. 이런 민족주의 정당은 민족주의를 대의로 채택하고 유럽통합 프로젝트를 주도하는, 이른바 최상위 엘리트에 대항하여 민족(nation)이란 이름으로 사람을 결집하는 우익 운동이다.[4] 20세기의 초반 20년이 끝나가고 20세기 최대의 재앙인 제1차 세계대전을 되돌아보던 시기에 민족주의는 유럽의 의제로 다시 돌아왔으나, 유럽은 1945년 이후로 '뜨거운(hot)' 형태의 민족주의로부터 가장 멀리 떨어져 있는 세계였다. 반면 비유럽 세계로 눈을 돌리면 그곳에서 민족주의는 (여전히 논쟁거리이지만) 냉전과 탈냉전 시대 내내 맹렬했다. 미국의 트럼프(Trump), 인도의 모디(Modi), 일본의 아베(Abe)를 필두로 민족주의 지도자도 지나칠 만큼 열심히 활동하고 있다.

민족주의 연구의 각 분야와 이 책의 목적

많은 학자가 민족주의와 강한 내적 거리를 유지하고 있음에도, 민족주의 연구가 지난 수십 년 동안 다양한 연구 분야로 급속하게 외연을 확장한 사실은 그리 놀랄만한 일이 아니다. 왜냐하면 민족주의의 시의성이 존재하기 때문이다. 민족주의 연구의 많은 부분은 다른 연구가 주목하는 현상을 비판적으로 연구하는 것과 연관되어 왔다. 그러나 개중에는 민족

---

4 Ruth Wodak, Majid KhosraviNik and Brigitte Mral (eds), *Right-Wing Populism in Europe: Politics and Discourse* (London, 2013).

주의를 고취하는 연구도 있고, 간혹 민족주의 대신 애국주의(patriotism)와 같은 단어를 내세우는 연구도 있다. 나아가 상당한 분량의 문헌이 민족 정서(national sentiment)를 자연스러운 것으로 서술하고, 종국에는 그 민족 정서를 '평범한(normal)' 것처럼 이해되게 만들려 한다.[5] 민족 정서를 '평범한' 것처럼 보이게 만드는 전략은 헤르더(Johann Gottfried Herder)와 피히테(Johann Gottlob Fichte)로 거슬러 올라가는 오랜 전통의 근간이긴 하나, 오늘날 이 전략을 받아들이는 연구자는 극히 소수인 듯하다.

민족주의 연구의 르네상스는 철의 장막이 무너지기 불과 10년 전에야 시작되었는데, 이는 명백히 정치적 발전의 반작용이었다. 앞서 제2차 세계대전 직후이자 유럽통합 세력의 전성기였던 시대에 많은 학자는 민족주의를 두고 힘이 다 빠져 다시 쓸 수 없을 것이라고 주장했었다. 민족주의는 죽어버린 과거에 속하는 것이었고, 죽은 과거에 매력을 느끼는 역사학자는 드물었다. 그러나 1980년대가 미처 다 끝나기도 전에 민족주의는 수없이 다양한 옷을 걸친 채 유럽으로 돌아온 것이다. 1979년에 영국 보수당 총리 마거릿 대처(Margaret Thatcher)가 정치적 승리를 거두었고, 이후 영국에는 빅토리아적 가치를 상기시키려는 여러 시도가 있었다. 이때 대처가 근본적 변화를 위해 야심 차게 채택한 신자유주의 프로그램의 대부분은 실상 빅토리아 시대의 옷을 입은 것에 불과했다. 전통주의적 민족주의의 성격이 강했던 영국의 신자유주의는 1982년 아르헨티나를 상대로 한 포클랜드 전쟁에서 극단적 민족주의의 형태로 나타났다. 이와 같은 물리적 충돌 이후 라파엘 사무엘(Raphael Samuel) 등 좌익은 민

---

5 Stefan Berger, *The Search for Normality. National Identity and Historical Consciousness in Germanys since 1800* (Oxford, rev. edn, 2003).

족주의와 관련된 현상을 다시 주의 깊게 들여다보기 시작했다.[6]

한편 헬무트 콜(Helmut Kohl) 수상이 이끄는 독일의 기독교 민주주의 정부는 이전 정부의 자유주의적 부패를 멈추겠다고 맹세했다. 그리고 서독인의 마음에 민족적 자긍심을 다시 세우는 것을 포함한 '정신적·도덕적 전환(spiritual-moral turn)'에 착수하겠다고도 맹세했다.[7] 이탈리아에서는 민족 국가의 해체라는 위협이 애국자로 하여금 새롭게 조성된 민족주의에 참여하게 하였는데, 이는 소위 북부연합(Lega Nord)의 도전에 맞서기 위한 것이었다.[8] 이렇게 1980년대에 민족주의는 유럽의 많은 지역으로 다시 돌아왔다. 따라서 1983년에 갑자기 민족주의 연구 열풍을 일으킨 세 권의 책이 등장한 것은 결코 우연이 아니다. 어니스트 겔너(Ernest Gellner)의 『민족과 민족주의(Nations and Nationalism)』는 민족주의의 부상과 경제적, 사회적 근대화의 관계성을 고찰했다.[9] 베네딕트 앤더슨(Benedict Anderson)의 『상상된 공동체(Imagined Communities)』는 민족주의 연구의 문화주의적 전환을 가능케 한 출발점이었다. 앤더슨의 저작은 민족 정체성이라는 의식을 구성해가는 문화적 과정의 저변에서 민족주의를 감지해냈다는 점이 중요하다.[10] 마지막으로 에릭 홉스봄(Eric Hobsbawm)과 테렌스 레인저

---

6 Raphael Samuel (ed.), *Patriotism: The Making and Unmaking of British National Identity* (London, 1989).

7 Christian Wicke, *Helmut Kohl's Quest for Normality: His Representation of the German Nation and Himself* (Oxford, 2015).

8 Silvana Patriarcha, 'Italian Neopatriotism: Debating National Identity in the 1990s', *Modern Italy* 6:1 (2001), pp. 21-34.

9 Ernest Gellner, *Nations and Nationallism* (Ithaca, 1983); John Breuilly, 'Introduction' in Ernest Gellner, *Nations and Nationalism* (Oxford, 2nd ed. 2006), pp. XIII-LIII.

10 Benedict Anderson, *Imagined Communities: Reflections on the Origins and Spread of Nationalism* (London, 1983, rev. ed. 2006).

(Terence Ranger)가 함께 엮은 『전통의 발명(*The Invention of Tradition*)』은 사회적, 경제적 과정에 대한 마르크스주의적 관점을 민족 정체성이 구성되는 문화적 과정과 결합했다.[11] 세 권의 책 모두는 민족 정체성의 중요성을 강조함과 동시에 민족주의를 근대주의적 현상의 하나로서 이해했다. 민족주의 연구에 새로운 이정표를 세웠다고 알려진 다른 책도 비슷하다. 존 브륄리(John Breuilly)의 『민족주의와 국가(*Nationalism and the State*)』는 유럽의 많은 지역과 비유럽 세계의 민족주의 운동에서 국가 권력이 얼마나 중요한 역할을 하였는지를 객관적인 관점에서 풀어낸 비교 연구의 명저라 할 수 있다.[12] 한편 최근 일부 연구자는 다수의 민족주의 연구서에서 발견되는 구성주의(constructivism)와 근대주의(modernism) 모두에 도전하기 시작했다.[13]

이런 맥락에서, 민족주의 연구의 르네상스가 시작된 이래로 특정 이론이 '민족과 민족주의'의 개념화 작업에 많은 영향을 주었다고 말할 수도 있다. 하지만 지난 40년 동안 이루어진 역사적 연구 모두가 특정 이론을 중심으로 해서 민족과 민족주의를 단순하게 상호연결하는 방식만을 고수한 것은 아니다. 이에 따라 이 책은 민족주의 연구에 중대한 영향을 미친 이론을 전면에 내세웠다. 이는 역사를 공부하는 사람에게 '당신이 가장 신뢰하는 이론이 무엇인지에 따라 민족과 민족주의(nations and nationalism)의 의미는 아주 다른 방식으로 다가온다'라는 사실을 일러주기 위함이다.

---

11 Eric Hobsbawm and Terence Ranger (eds), *The Invention of Tradition* (Cambridge, 1983).

12 John Breuilly, *Nationalism and the State* (Manchester, 2nd ed. 1993).

13 Aviel Roshwald, *The Endurance of Nationalism: Ancient Roots and Modern Dilemmas* (Cambridge, 2006).

물론 민족주의의 연구 흐름과 민족주의의 역사 자체를 소개하는 탁월한 연구는 많지만, 지금 모든 연구를 나열하는 것은 불가능하므로 주요 연구를 선별하여 그 윤곽을 제시하고자 한다. 욥 레이르센(Joep Leerssen)은 1800년경부터 현재까지 유럽에서 일어난 민족주의의 발전상을 매우 광범위한 관점에서, 핵심 논쟁을 요소요소 잘 짚어가며 묘사했다.[14] 에릭 홉스봄의 『1789년 이후의 민족과 민족주의(Nations and Nationalism since 1789)』는 여전히 영감을 불러일으키는 개론서이다. 홉스봄이 이 책을 저술한 시기가 공산주의가 몰락하고 냉전이 종식을 맞이하기 직전이었음을 고려하더라도, 부활 직전에 있었던 민족주의의 힘을 그가 심각하게 과소평가했다는 사실은 부인할 수 없다.[15] 올리버 짐머(Oliver Zimmer)는 19세기 후반에서 제2차 세계대전까지 민족주의의 영향력을 비교한 명저를 썼다.[16] 티모시 베이크로프트(Timothy Baycroft)와 마크 휴이트슨(Mark Hewitson)은 서유럽 시민 민족주의(civic nationalism), 중유럽과 동유럽 종족 민족주의(ethnic nationalism)를 구별하는 진부한 방법론을 넘어서 유럽적 민족주의를 새롭게 바라볼 수 있는 탁월한 방법론을 제시했다.[17] 가장 최근에 존 브륄리가 엮은 『민족주의의 역사에 대한 옥스퍼드 핸드북(Oxford Handbook of the History of Nationalism)』은 지난 수십 년 동안 이루어진 민족주의 연구의 수많은 양상을 세계적인 차원으로 깊이 있게 제시하였다.[18]

---

14 Joep Leerssen, *National Thought in Europe: a Cultural History* (Amsterdam, 2006); Anne-Marie Thiesse, *La creation des identités nationales. Europe XVIIIe-XXe siècle* (Paris, 1999).

15 Eric Hobsbawm, *Nations and Nationalism since 1789: Programme, Myth, Reality* (Cambridge, 1990).

16 Oliver Zimmer, *Nationalism in Europe, 1890-1940* (Basingstoke, 2003).

17 Timothy Baycroft and Mark Hewitson (eds.), *What is a Nation? Europe 1789-1914* (Oxford, 2006).

이어서 포스트 냉전 세계가 끝나고 글로벌 역사로 전환되기 시작했을 때, 연구자는 민족 국가와 민족주의 운동이 지닌 힘을 상대해야 했다. 그렇기에 크리스토퍼 베일리(Christopher Bayly)와 위르겐 오스터험멜(Jürgen Osterhammel)은 글로벌 역사의 서론을 통해 민족은 초민족적 과정과 글로벌화 경향의 가장 중심부에 있는 컨테이너로서 각양각색의 존재감을 드러낸다고 강조하였다.[19]

사회과학을 중심으로 민족주의 연구에 더욱 정교한 이론을 도입하려는 노력도 있었다. 대표적으로 앤서니 스미스(Anthony D. Smith)는 구성주의(constructivism), 영존주의(perennialism), 근대주의(modernism)를 민족주의 연구와 관련된 논쟁의 중심으로 가져온 선구적인 연구를 수행했다.[20] 이후 스미스는 민족주의 연구를 한눈에 조망할 수 있는 대작을 남겼다.[21] 민족주의 연구와 관련된 이론을 시간 순서에 따라 바라본 연구도 있다. 폴 로렌스(Paul Lawrence)의 『민족주의: 역사와 이론(Nationalism: History and Theory)』이 그것이다. 이 책에서 로렌스는 제2차 세계대전부터 21세기 초반까지 '고전적 근대주의(classical modernism)'가 어떻게 흥망성쇠를 거듭했는지에 대해 초점을 두었다.[22] 한편 우무트 외츠키리믈리(Umut Özkirimli)의 『민족주의의 이론(Theories of Nationalism)』만큼 민족주

18 John Breuilly (ed.), *The Oxford Handbook of the History of Nationalism* (Oxford, 2013).

19 Christopher Bayly, *The Birth of the Modern World, 1780-1914* (Oxford, 2004); Jürgen Osterhammel, *The Transformation of the Modern World: a Global History of the Nineteenth Century*, (Princeton, 2014).

20 Anthony D. Smith, *The Nation in History: Historiographical Debates about Ethnicity and Nationalism* (Hanover, 2000).

21 Anthony D. Smith, *Nationalism: Theory, Ideology, History* (Cambridge, 2010).

22 Paul Lawrence, *Nationalism: History and Theory* (London, 2004).

의의 이론 연구에 영향력을 가진 연구서는 거의 없다.[23] 외츠키리믈리의 『민족주의의 이론』은 18세기부터 오늘날까지 민족주의를 둘러싼 논쟁이 어떻게 발전해왔는지를 개관하는 것으로 시작한다. 이어서 원생주의(primordialism), 근대주의(modernism), 족류 상징주의(ethno-symbolism)를 깊이 분석한 후 다소 산만한 형태의 일상이 되어버린 민족주의(banal nationalism), 민족주의에 대한 페미니즘적 관점, 포스트 식민주의적 관점을 최신 연구 경향으로 소개하였다. 하지만 외츠키리믈리의 서론조차도 이론이라는 범주에서 벗어나지 못한다. 민족주의를 이론적으로 설명하려는 이와 같은 시도는 특정한 초점만을 사용하거나 특정한 이론적 접근법을 채택하는 것에 불과하다. 따라서 우리 필진은 이 책을 통해 민족주의를 공부하는 사람들에게 민족주의 연구에서 가장 중요한 이론의 전체 윤곽을 제시하고자 뜻을 모았다. 나아가서 우리는 지난 수십 년 동안 이론이 민족주의 역사를 포함해 역사 서술에 실제로 어떠한 영향을 주었는지도 기술하려 한다.

특히 이론적 연구 방법론에 초점을 둔 내용은 본문 곳곳에 많이 함축되어 있다. 이 책은 베네딕트 앤더슨, 어니스트 겔너, 마이클 빌리그(Michael Billig)와 같은 선구적인 연구자의 기여를 일정 부분 논할 것이다.[24] 하지만 우리는 리아 그린펠트(Liah Greenfeld)의 『근대성에 이르는 다섯 개의 길(Five Roads to Modernity, 1992)』, 로저 브루베이커(Roger Brubakers)의 『민족주의를 재구조화하다(Nationalism Reframed, 1996)』, 티모시 에덴서(Timothy Edensor)의 『민족 정체성, 대중문화, 그리고 매일의 삶(National Identity,

---

23 Umut Özkirimli, *Theories of Nationalism: A Critical Introduction* (3rd ed.: Basingstoke, 2017).

24 Michael Billig, *Banal Nationalism* (London: Sage, 1995).

Popular Culture and Everyday Life, 2002)』은 거의 언급하지 않았다.[25] 이런 연구
서는 어느 하나의 특정한 연구 방법론을 형성하는 데 결정적인 역할을
했다고 보기 어렵기 때문이다. 그리고 모든 연구 방법론이 같은 발전단
계에 있는 것이 아님을 명심해야 한다. 어떤 연구 방법론은 이미 성숙단
계를 넘어 쇠퇴단계에 이른 것처럼 보이고, 또 다른 연구 방법론은 상당
히 최근에 출현하여 결과물을 왕성하게 만드는 것처럼 보인다. 하지만
오래된 연구 방법론 일부는 이미 충분한 열매를 맺었음에도 시간이 지
날수록 그 원숙함을 뽐낼 것이다. 예를 들어 마르크스주의적 접근법(3장),
근대주의적 해석(4장), 영존주의적 설명(5장), 구성주의(6장), 포스트 구조
주의(7장), 포스트 식민주의(8장)는 이미 주류가 된데다 오늘날에도 많은
연구자에게 영감의 원천이 되고 있다. 물론 정신분석학적 해석(9장)은 너
무나 오래된 방법론이다. 하지만 정신분석학적 연구 방법론은 감정을 중
심으로 바라본 역사와 관련하여 다른 차원의 실증적 연구를 가능케 함
으로써 새로운 활력을 만들어낼 것이다. 젠더적 접근법(10장), 공간적 전
환(11장), 글로벌 전환(12장)은 민족주의 연구에 꽤 새로운 연구 방법론이
며 혁신적인 해석을 제시할 것임을 의심치 않는다.

　이 책이 접근할 수 있는 모든 연구 방법론을 완벽하게 소개하고 있
는 것은 아님을 밝힌다. 이 책의 필진은 기본적으로 1980년대 초반부
터, 또 근대주의적 해석부터 시작하는 것으로 결정했다. 이 시기에 앤더
슨, 겔너, 홉스봄은 획기적인 연구로 세상을 놀라게 했고, 민족주의의 기

---

25 Liah Greenfeld, *Nationalism: Five Roads to Modernity* (Cambridge MA, 1992); Roger
Brubakers, *Nationalism Reframed: Nationhood and the National Question in the
New Europe* (Cambridge, 1996); Tim Edensor, *National Identity, Popular Culture
and Everyday Life* (London, 2002).

원 및 본성과 관련된 당면한 논쟁도 여기에서 출발하기 때문이다. 마르크스주의적 관점은 근대주의적 해석에 정말 강력한 영향을 주었기 때문에 이 오랜 접근법도 이 책의 일부가 되었다. 하지만 민족주의의 시작에 과학적 연구법을 접목한 이데올로기적 접근법의 역사는 대부분 생략했다. 칼튼 헤이스(Carlton Hayes), 한스 콘(Hans Kohn), 엘리 케두리(Elie Kedourie)와 같은 선구자는 민족주의를 제1차 세계대전, 파시즘, 나치 독일의 공포와 연관시켰다. 그들은 민족주의를 하나의 이데올로기로서 해석했고, 민족주의의 주요 지지자들에 초점을 맞춰 결과를 도출했다. 그렇기에 『근대 민족주의의 역사적 진화(The Historical Evolution of Modern Nationalism, 1931)』에서 헤이스는 민족주의를 시간의 흐름에 따라, 다양한 형태로 계승되어 온 무엇처럼 서술했다. 헤이스에 따르면 민족주의는 인도주의적(humanitarian), 자코뱅주의적(Jacobin), 전통주의적(traditional), 자유주의적(liberal), 통합주의적(integral) 형태로 이어졌다. 그리고 각각의 변형은 하나의 특정한 이데올로기만 신봉하는 많은 사상가와 손을 잡았다. 낭만주의 시대(Romantic era)에서 기원한 '전통주의적 민족주의'는 당연히 버크(Burke), 보날드(Bonald), 슐레겔(Schlegel)의 이데올로기를 중심으로 다뤄졌다.[26] 물론 콘의 『민족주의의 사상(The Idea of Nationalism, 1944)』은 민족주의가 발흥할 수 있게 한 매우 긴 정치적 변혁에 초점을 두고 있다. 하지만 콘의 관점은 많은 유명 지식인이 남긴 기여를 매우 지엽적으로 설명하는 것에 불과하다.[27] 『민족주의(Nationalism, 1960)』에서 케두리는 민족주

---

26 Carlton Hayes, *The Historical Evolution of Modern Nationalism* (New York, rev. ed. 1961 [original published in 1931]).

27 Hans Kohn, *The Idea of Nationalism: A Study in its Origin and Background* (London, 1944).

의를 유럽의 지식인에 의해 발명되고 전파된 하나의 이데올로기처럼 표현했다.[28] 케두리에 따르면, 민족주의적 교의는 칸트(Kant), 피히테(Fichte), 헤르더(Herder)에 의해 발전된 여러 중대한 이상과 결합하게 되면서 존재하게 된 것이다. 이런 이상 중심 접근법의 역사는 이상이 지닌 힘을 별로 믿지 않는 사람들에 의해 받아들여지기 어렵다. 자연스럽게 마르크스주의자와 근대주의자는 더 구조적인 요인에 중점을 두는 방향으로 옮겨갔는데 이는 자본주의의 부상, 산업화, 근대화 같은 것을 가리킨다.

민족주의는 광대한 주제이다. 그래서 이 책에 수록된 모든 접근법이 특정 측면만을 중점적으로 조명하는 것이다. 마르크스주의자(Marxists), 근대주의자(Modernists), 영존주의자(Perennialists), 구성주의자(Constructivists)는 주로 민족주의의 기원과 민족 형성의 과정(민족의식의 발흥과 민족적 연대감)에 대한 대안적 관점을 제시하는 것에 집중한다. 포스트 식민주의(Postcolonialism)는 유럽과 북아메리카 너머에서 이루어진 민족 형성에 주로 초점을 둔다. 이 분야에서 가장 영향력 있는 연구는 민족주의에 장기적으로 영향을 미치는 요인에 대해 포괄적인 설명을 제시한다. 꽤 새로운 접근법, 즉 아래로부터 민족주의에 관심을 둔 구성주의, 정신분석학적 해석, 젠더의 렌즈, 공간적 전환으로 민족주의를 연구하는 많은 역사학자들은 민족주의의 부상 자체에는 별로 관심이 없다. 대신 이들은 민족 건설 과정, 매일의 삶에서 민족 정체성이 어떻게 이야기되고, 나타나며, 수행되는지에 초점을 둔다. 이들은 많은 사례 연구를 산출했고, 많은 면에서 우리의 이해가 깊어지게 했다. 하지만 이런 연구는 너무 세부적인 요소에 천착하고 문맥에 짜 맞추는 느낌을 주며 상당히 단편적인 그림만을 보여주는 경향이 있다.

---

28 Elie Kedourie, *Nationalism* (London, 1960).

책의 구조

이 책 『민족주의, 역사를 쓰다(*Writing the History of Nationalism*, 2019)』는 연대기적 구조로부터 자유로운 책이다. 이 책의 필진은 포스트 모더니즘, 포스트 식민주의, 공간적 전환과 글로벌 전환을 묶어서 대조적으로 배치하고자 했는데, 이는 그 각각의 주제가 서로 밀접하게 관계되어 있기 때문이다. 이 책의 포문을 여는 2장은 슈테판 베르거(Stefan Berger)가 집필했다. 베르거는 민족주의가 역사 쓰기에 어떻게 영향을 주어 왔는지, 또 18세기 후반 이래로 많은 역사학자가 적극적으로 민족을 건설하려고 했던 사람에게 실제로 어떠한 영향을 주었는지 비판적으로 분석한다. 쉽게 말해서 베르거의 2장은 전체적인 배경지식을 제공하는 역할이다. 유럽의 계몽주의 역사학자는 일반적으로 인간 문명의 진보에 초점을 맞추었지만, 그네들의 상당수는 자신이 속한 민족을 그 진보의 정점에 있는 것으로 생각했다. 그래서 그들은 자기 민족이 더 이상 그 진보의 정점에 서 있지 못하게 되면 개탄을 금치 못했다. 이는 자기 민족이 왜 뒤로 밀려났는지를 설명할 수 있는 계몽주의적 가치가 부재하다고 생각했기 때문이다. 낭만주의 시대 내내 역사학자는 역사의 흐름 속에서 각 민족이 걸어온 구체적이고 특정한 길에 초점을 두면서 그 차이를 더욱 강조했다. 이와 동시에 역사 쓰기는 전문화되었다. 유럽의 대다수 지역에 역사학 교수직과 학과가 창설되었다. 더불어 역사학 연구기관이 설립되고, 전문 학술지가 만들어졌다. 그러나 이런 변화는 민족 역사 쓰기를 지향하고 이를 우선시 하는 경향만을 더욱 공고하게 만들었다. 역사학적 민족주의 역사 쓰기는 두 차례의 세계대전 사이(Interwar period)에서 중대한 국면을 맞이했다. 파시스트 국가의 명백한 사례인 이탈리아와 독일은 말할 것도 없이 그 외의 다른 지역에서도 민족주의가 발흥하고 있었음은 분명하다. 1945년 이후로 공격적이고 인종차별주의적인 형태의 민족주의는 대체로 모습을 감추었다. 그리고 1960년대와 70년대에 이르러서야 민족주의를 역사학적 관점에서 비판적으로 접근하는 방식이 주류에 편입되었다. 북아메리카, 호주, 일본의 발전은 유럽의 발전과 매우 비슷하다. 서구식 전문적 역사 쓰기는 다른 나라로 전파되기까지 하였다. 이는 중국과 인도처럼 역사를 기록하는 유구한 방식을 이미 갖추고 있었던 나라에도 전파되었다. 아프리카 대부분의 지역을 비롯한 세계 일부에서는 과거를 구술로 표현하는 것이 지배적이었는데, 이런 지역에선 서구식 역사 쓰기를 위해 서구식 기관과 전통이 새롭게 만들어졌다. 이 모든 점을 고려했을 때, 민족 역사 쓰기가 과거를 다루는 지배적인 방식이었으며 또 여전히 건재하다는 사실은 유효하다.

미로슬라프 호로흐(Miroslav Hroch)는 마르크스주의적 관점의 영향을 다룬 3장의 저자이다. 호로흐는 사회주의 혁명을 위해 분투했던 사람들의 '민족문제'에 대한 해석과 마르크스 이론을 근대 민족의 형성 및 민족주의의 발흥을 연구하기 위해 사용한 사람들의 견해를 대조한다. 마르크스(Marx)와 엥겔스(Engels)는 민족 국가를 이미 존재하고 있었던 부르주아적 질서라고 인정하면서도, 국가를 이루지 못한 민족은 과거의 유물처럼 생각했다. 나아가서 마르크스와 엥겔스는 도래할 사회주의 혁명 이후엔 민족 국가도 필요하지 않게 될 것이라고 보았다. 마르크스의 견해를 약간 각색한 레닌(Lenin)은 (러시아에 뚜렷하게 존재하고 있던) 봉건주의와 투쟁하는 내내 민족 운동이 노동 계급에 쓸모 있는 동맹이 될 수 있다고 주장했다. 오스트리아 마르크스주의를 대표하는 오토 바우어(Otto Bauer)는 민족을 '운명의 공동체(communities of fate)'로 인식했으며, 장래의 사회주의 사회에서도 민족에게 문화적 자주권이 있다고 주장하였다. 그리고 마르크스주의는 민족주의의 역사에 있어 중대한 기여를 남김과 동시에 많은 영향을 주었는데, 이는 광범위한 것이지만 또 매우 산발적이라고 할 수 있다. 이런 사례의 하나가 민족주의를 부르주아 계급의 발명품, 또 하나의 구성물로서 색안경을 쓰고 보는 것이다. 흐로흐는 마르크스주의 세계관에서 영감받은 실용적인 연구를 간결하게 논하는 것으로 3장의 끝을 맺는다. 흐로흐에 따르면, 카를 도이치(Karl Deutsch), 미로슬라프 흐로흐, 톰 네언(Tom Nairn), 마이클 헤치터(Michael Hechter), 베네딕트 앤더슨, 이매뉴얼 월러스틴(Immanuel Wallerstein), 에릭 홉스봄의 저작이 마르크스주의 세계관에서 영향받은 연구이다. 이런 연구자 모두는 민족주의를 자본주의의 부상과 매우 밀접하게 연결된 것으로 이해하며 자연스럽게 민족주의를 근대적 현상의 하나로 인식한다.

존 브륄리(John Breuilly)는 4장에서 민족주의를 근대주의적 관점에서 논증한다. 브륄리는 가장 먼저 1945년 나치 독일의 패전 이후를 다루는데, 이 시기엔 민족주의를 숭고한 추억으로 만드는 모든 것이 구식, 반동적이라는 비판에 휩싸였었다. 반면 서구적 민족 정서는 상서롭고 '제3세계'의 민족 건설을 위한 필수품의 하나처럼 여겨졌다. 퇴행적 민족주의(backward nationalism)와 근대 민족 국가를 나누는 일반적 특성은 앤더슨, 겔너, 홉스봄의 연구에 의해 도전받았다. 세 연구자 모두는 민족주의와 민족 국가를 보편적인 근대화 과정에서 생긴 산물의 하나라고 주장했다. 앤더슨은 문화적 요인, 예를 들어 인쇄와 세속화의 역할에 초점을 두었다. 반면에 겔너는 산업사회의 부상에 의해 초래된 경제적 전환의 역할에 힘을 주었다. 홉스봄과 레인저의 '전통의 발명(invention of tradition)' 개념은 결과적으로 수많은 역사적 사례 연구를 촉발했으며, 이는 전 세계 곳곳에서 진행된 민족 건설 과정을 대상으로 이루어졌다. 이런 근대주의 이론이 실제로 역사 연구에 어떻게 영향을 미쳤는지에 대한 설명은 유진 베버(Eugen Weber)가 프랑스 시골 지역의 민족화를 주제로 집필한 연구에서 찾아볼 수 있다. 베버는 국가 관료와 엘리트 계층이 시골을 근대화하기 위해 어떤 노력을 기울였으며, 또 이를 통해서 어떻게 농민을 프랑스 국민으로 바꾸어 놓았는지 분석했다. 다른 고전적인 연구로 미로슬라프 흐로흐의 연구가 있는데 여기에서 흐로흐는 유럽 지역 소규모 민족의 부상과 형성을 연속적인 세 개의 단계로 구별했다.

5장은 근대주의적 관점의 대안에 관해 논한다. 구체적으로 설명하자면 그 대안은 민족, 민족 정체성, 민족주의가 아주 오랜 뿌리를 갖고 있으며 근대화의 산물도 아님을 강조하는 관점이다. 아비엘 로시월드(Aviel Roshwald)는 대다수의 민족주의자가 민족을 안개에 싸인 과거의 시간에서부터 뿌리내려온 것으로 보며, 민족의 특성도 그로부터 거의 변하지 않은 상태로 계속 유지되어 왔음을 보여준다. 전자는 영존주의(perennialism), 후자는 본질주의(essentialism)로 알려져 있다. 다른 해석으로 원생주의(primordialism)가 있다. 원생주의는 족류성(ethnicity)과 민족주의가 언제나 인간의 역사에서 중요하게 여겨져 왔다고 주장한다. 왜냐하면 사람은 신체적, 문화적 특성을 공유하는 대상과 동질감을 느끼는 유전적 혹은 문화적 기질을 가지고 있기 때문이다. 십중팔구로, 이 분야 최고의 대가는 족류 상징주의(ethno-symbolist) 해석을 제시한 앤서니 스미스(Anthony Smith)라고 할 수 있다. 스미스는 많은 사례 연구를 들어 근대 민족 정체성과 과거의 족류 정체성이 많은 연속성을 가지고 있다고 주장했다. 많은 역사학자들이 중세 말기의 영국과 프랑스, 근대 초기의 네덜란드 공화국, 고대 그리스와 중국과 관련해서도 밀도 높은 연구를 수행했다. 이런 연구의 목적은 근대성의 부상 이전에 민족 정체성 그리고 심지어 민족주의까지도 존재하고 있던 것인지를 실증하는 데에 있었다. 최근의 연구 중 특히 유럽과 아시아에서의 민족 형성 및 근대 제국에 관한 연구는 겔너와 앤더슨으로 표상되는 근대화의 직선적이고 세속적인 본성에 질문을 제기한다. 근대성은 민족 국가에서만 발흥한 것이 결코 아니었기에 민족주의를 근대의 산물처럼 당연하게 여기는 것에 질문이 제기된다. 바로 이것이 로시월드의 주장이다.

크리스티안 비크(Christian Wicke)는 민족주의의 역사에 대한 구성주의적 접근법(constructivist approach)을 다룬 6장을 썼다. 마르크스주의, 근대주의, 포스트 구조주의 사상에 강한 영향을 받은 각양각색의 연구자는 민족(일종의 사회적 실재)이 나면서부터 주어진 것이 아니라 담론(discourse), 신화(myths), 상징(symbols), 상상(imaginations)으로 구성되어 있다고 이해했다. 민족주의 연구를 간학문적 분야로 확대하기 시작한 많은 학자들은 민족 엘리트가 민족 신화, 상징, 영웅, 이야기 모두를 어떻게 구성하고 서사하며 발명하는지를 밝히는데 천착했다. 엘리트 중심의 연구에 불만을 가진 몇몇 역사학자는 아래로부터 민족 정체성 구성을 주제로 연구하기도 했다. 물론 대다수의 구성주의자는 고집스러운 근대주의자이다. 하지만 앤서니 스미스와 빅터 리버만(Victor Liebermann)처럼 구성주의적 접근법을 근대 이전의 시기에 적용하는 학자도 있다.

가브리엘라 엘게니우스(Gabriella Elgenius)의 7장은 민족주의의 역사에 대한 문화적 전환과 포스트 구조주의 학파의 영향에 초점을 둔다. 자크 데리다(Jacques Derrida)와 미셸 푸코(Michel Foucault)와 같은 포스트 구조주의 사상가에게 영감을 받은 연구자는 민족을 구성체(constructs)로 바라보았고, 더불어 (묵시적으로) 내부자와 외부인을 구별하는 민족 및 관련 담론의 기저에 있는 전제와의 역학관계를 해체했다. 예를 들어, 마이클 빌리그는 민족주의가 하루라는 기초에서 위에서 재생산되는 일상적 방식을 분석했다. 이는 누군가 자기 민족을 '우리(us)'와 '우리나라(here)'라고 언급하는 것을 말한다. 호미 바바(Homi Bhabha)는 결과적으로 사람이 민족에 대해 말하고 쓰는 방식을 보면, 민족을 묵시적으로 '타자(others)'와 분리되어 분명한 경계선을 가진 하나의 현상적 단위로써 표현한다고 주장했다. 어떤 학자는 민족 기념일, 연휴, 상징이 어떻게 통일성을 창조하는데 사용되었는지 조사했다. 민족주의 연구의 권위자 크레이그 칼훈(Craig Calhoun)은 어떻게 역사학자와 사회학자가 '사회'라는 독특한 정체성과 문화를 가진 통합적 전체를 일상적으로 다루고 있는지를 분명하게 밝혀냈다.

산자이 세스(Sanjay Seth)의 8장은 민족주의를 포스트 식민주의적(Postcolonialism) 관점으로 설명한다. 기본적으로 포스트 식민주의는 계몽주의 이후의 서구적 지식이 이성에 기반했기에 그것으로 인해 파생된 결과도 보편적인 타당성을 가지며, 반대로 다른 문화와 지식은 오랜 역사를 가진 독특한 공동체에 뿌리를 두고 있다는 관념을 강하게 비판한다. 에드워드 사이드(Edward Said)와 같은 연구자는 식민지 지배를 정당화하기 위해 사용되었던 근대 서양의 지식과 문화 역시 역사의 독특한 산물 중 하나라고 주장하였다. 이와 같은 관념은 1980년대 이래로 민족주의 연구에 도입되었다. 마르크스주의의 강력한 영향을 받은 서발턴 연구 집단(subaltern studies group)은 인도 민족주의에 대한 기존의 해석을 비판했는데, 기존의 해석은 인도 민족주의를 서양에서 유래된 엘리트 프로젝트의 하나로 보아 중대하고 자주적이었던 서발턴 계급의 역할을 무시했었다. 마르크스주의가 인도 학자에게 미친 영향은 이후 포스트 구조주의적 관점으로 서서히 대체되었다. 파르타 차터지(Partha Chatterjee)는 서구적 민족주의를 도입함으로써 많은 민족 해방 운동이 서구적 지식의 보편성도 수용하게 되었다고 주장했다. 후속 연구에서 차터지는 다음과 같이 주장하였다. 아시아와 아프리카에 있는 수많은 포스트 식민지 국가가 민족 국가와 관련된 물리적 제도를 모방했음에도 불구하고, 그들은 대체로 서구적 영향에 맞서 언어, 예술, 가족 관계라는 '정신적' 영역을 보호했으며, 그 결과 새로운 형태의 공동체를 창조해냈다. 이 같은 포스트 식민주의적 관점은 라틴 아메리카와 아프리카에서 이루어진 민족주의 연구에도 영감을 불어넣었다. 마지막으로 세스는 포스트 식민주의적 관점이 민족주의 연구에 미친 광범위한 영향을 고찰한다. 일례로, 표준화된 근대화 패러다임의 편차를 예외적인 것으로 이해하지 않는 경향을 들 수 있다.

민족주의의 역사를 인지적(Cognitive), 정신분석학적(psychoanalytic)으로 접근하는 방식은 스티븐 모크(Steven Mock)의 9장에서 논의된다. 물론 거의 모든 전문가는 민족주의가 욕망, 감정, 기억, 상상과 같은 정신적 현상과 관련되어 있다는 점에 동의한다. 하지만 그중 소수의 전문가만 민족주의와 인간 정신의 관계성을 언급하는 데 용기를 내며 심리학자는 일반적으로 민족에 관심을 두지 않는다. 정신과 민족의 관계성을 다룬 연구는 지그문트 프로이트(Sigmund Freud)에서 출발한다. 프로이트는 개인의 타고난 욕구를 이해할 때 어린 시절의 경험부터 사회적 환경까지 고려해야 한다고 주장했다. 아도르노(Adorno)가 1945년 이래 권위주의적 양육에서 비롯된 독일의 극단적 민족주의의 호소를 설명하기 위해 이 관점을 사용하기도 했다. 어니스트 베커(Ernest Becker)와 같은 이론가는 민족주의가 개인의 실존을 자각할 수 있게 하는 것이라고 설명했다. 분명 이런 관점은 죽음의 불안을 극복하는 데 도움을 준다. 왜냐하면 개인이 죽은 후에도 자신이 속한 민족을 통해서 영원히 계속될 '영웅 프로젝트들 (hero projects)'에 이바지할 수 있다는 어떤 느낌을 주기 때문이다. 자크 라캉(Jacques Lacan)의 영향을 받은 슬라보예 지젝(Slavoj Žižek)과 쥘리아 크리스테바(Julia Kristeva)와 같은 연구자는 '우리의(민족의) 살아가는 방식'을 지키고자 하는 간절함은 매우 자연스러운 감정이지 결코 병적인 것이 아니라고 주장하였다. 하지만 민족과 결속되어 있다는 감정은 적이라는 집단에 대한 반감과 혐오로 이어지기 쉽다. 그러면서 적이라는 집단이 희생양이 되기도 한다. 따라서 민족은 사회적 소통의 네트워크로 연결된 한 무리의 개인이자 그 구성원의 마음에 존재하는 하나의 인지적 구성의 공유지이다. 물론 이와 같은 수많은 생각이 역사학자에게 낯설지만은 않을 것이다. 그럼에도 불구하고 지금까지 민족주의 연구에 정신분석학적 개념과 이론을 제대로 도입한 역사학자는 손에 꼽을 만큼 적다.

이야깃거리가 많은 10장은 엘리자베스 블로삭(Elizabeth Vlossak)이 썼고, 여기서는 민족주의의 역사에 대한 젠더 연구의 영향을 다룬다. 보부아르(Beauvoir)의 『제2의 성(Second Sex, 1949)』과 일군의 신진 페미니스트의 영향으로 인해 여성의 역사는 새로운 분야로 1960년 출현했다. 그러다 1980년대에 접어들면서 성(생물학적으로 구분되는)과 젠더(사회학적 및 문화적으로 구성된)로 구별됨에 따라 그 초점은 남성과 여성 모두에게 특정한 '적당(appropriate)' 역할과 이상을 역사적으로 구성하는 방향으로 옮겨졌다. 그리고 젠더라는 렌즈는 민족주의의 역사에도 도입되어 매력적인 사례 연구의 숫자가 급격하게 늘어나는 결과로 이어졌다. 블로삭은 네 가지 영역의 주제에 초점을 두어 최신 트렌드를 조망한다: 시민권, 상징, 섹슈얼리티(sexuality), 군국주의. 신생 민족 국가의 시민권 도입은 대부분은 징병제와 연관되어 있다. 이에 맞춰 남성은 공적 영역에서 적극적 역할을 수

행해야 하고 반대로 여성은 집에서 민족의 도덕성을 수호해야만 했다. 민족은 여자를 두고 '전형적(typical)' 여성성의 관념을 재생산하는 존재로 묘사했다. 물론 이와 관련된 상징의 사례는 매우 다양한 방식으로 정의될 수 있겠지만, 이런 상징의 대부분이 남성 연구자, 정치가, 예술인이 만들어낸 것이라는 점은 부인하기 어렵다. 민족을 둘러싼 직접적인 이해관계는 특정 형태의 성과 관련된 행동양식이 촉발되고, 좌절되거나 심지어 금지되는지까지를 결정하는 데 큰 영향을 미쳤다. 마지막으로 민족주의적 전쟁도 젠더 역할에 중대한 영향을 자주 끼쳤다. 따지고 보면 민족주의가 젠더 역할의 정의에 막대한 영향을 미쳤다는 것이 분명하지만, 더 분명한 것은 이런 젠더도 민족을 구성하고, 유지하며, 경험하는 방식 자체에 영향을 주었다는 사실이다.

11장에서 에릭 스톰(Eric Storm)은 공간적 전환(spatial turn)이 민족주의 연구에 미친 영향을 검토한다. 신자유주의적 개혁, 냉전의 종식과 여기에서 이어진 글로벌화의 급속한 진행은 민족 국가의 지배적 지위를 근본부터 흔들어 왔다. 공간적 전환은 바로 공간적 위계질서와 기존의 국경선을 임의적인 것으로 바라보는 새로운 인식을 반영한다. 그 뿌리는 프랑스에 있다. 1970년대 프랑스에서 비판적 사상가는 포스트 구조주의자의 담론과 추상적인 정신적 공간에 대한 강조를 비평하기 시작했는데, 사람이 실제로 어떻게 일상적 삶에서 생각과 개념을 다루는지를 무시하고 있다는 점에서였다. 이런 맥락에서 앙리 르페브르(Henri Lefebvre)는 공간은 고정되어 있는 것이 아닌, 서로 다른 시간과 장소에 따라 다른 방식으로 사용되고 이해되는 것이라 주장했다. 미셸 드 세르토(Michel de Certeau)는 개인이 실제로 일상적 삶에서 공간을 재생산하고 변형시켜야만 하는 작인에 초점을 두었다. 르페브르와 세르토의 생각은 '공간적 전환'이라는 술어를 만들어낸 지리학자들에 의해 빠르게 받아들여졌다. 동시에 사회과학자는 르페브르와 세르토의 생각을 민족적 공간의 구성과 재생산을 검토하는 작업에 도입했다. 비록 거의 모든 연구자가 민족 건설 과정이 기존의 지역적, 지방적, 족류적 정체성을 약화한 것이 아니라 대부분은 그것을 강화해왔다고 분명하게 밝혔음에도 불구하고, 놀랍게도 지구상에서 역사적 발전의 대부분은 개별적으로 진행되어 왔다. 이제 역사학자는 위와 같은 평행적 이론의 발전을 거의 알아차리지 못했지만, 어떻게 농촌에 사는 사람이 민족 건설 과정에 적극적으로 적응하면서 자신들의 이익을 위해 제 것인 것처럼 만들었는지를 이해하기 위한 실증적 사례 연구를 수행함으로써 동일선상으로 나아갔다. 더욱이 역사학자는 민족 국가가 역사적 발전이 발생했던 하나의 텅 빈 공간이 아니라고 결론짓고, 도리어 지역적 정체성, 지방적 정체성, 민족적 정체성 사이의 상호작용과 관련된 연구에 착수했다. 또한 스톰은 민족주의 연구에 대한 새로운 초민족적 접근법을 주목한다. 이런 방법론을 취하는 역사학자는 이민자, 국경선, 문화적 전이(cultural transfers)와 외국인이 민족 건설 과정에 강력한 영향을 주었다는 것을 증명해왔다.

12장은 글로벌 전환(global turn)이 민족주의의 역사에서 갖는 함축적인 의미에 집중한다. 마티아스 미델(Matthias Middell)은 18세기 후반 이래 역사학자가 역사적 변화를 분석하기 위해 초민족적 과정 대신 국내적 과정에 얼마나 집중해왔는지를 보여준다. 여기에 딱 맞는 사례인 프랑스혁명은 확장된 대서양적 트렌드 또는 글로벌 트렌드의 결과물이라고 보인다기보다는 전적이라고 할 만큼 프랑스 내에서 이루어진 발전과 결과물이다. 1990년대 초반 이래로 대중에게 집중하게 된 세계사와 글로벌 역사는 내부로 향하는 민족 역사 쓰기라는 전통과 결별하는 것을 목표로 하고 있다. 이런 글로벌 전환은 인간, 상품, 자본, 생각, 전염병이 국경을 넘어 움직이는 것에 대한 관심을 급격하게 증가시켰다. 초민족적 발전에 대한 이와 같은 새로운 관심은 곧 '제국과 민족 국가의 관계에 적용되었던 엄격한 이분법의 수정'이라는 의미를 갖는다. 실제로 많은 유럽 사례를 보면 민족 건설과 제국의 팽창은 떼려야 뗄 수 없는 관계에 있다. 최근의 연구자 중 찰스 마이어는 영토화, 즉 국가-건설을 통한 공간과 사람의 균질화가 민족 국가에 국한되는 과정이 아니라 오히려 민족주의의 시대 이전부터 시작된 과정이라 주장했다.[29] 게다가 민족적 영토화가 지역화와 초민족적 연계의 강화가 동시에 일어나는 것을 방해하는 것도 아니다. 그리고 민족주의는 글로벌 현상의 하나로서 연구될 수도 있는데, 이는 민족 운동가들의 국제적 네트워크들과 민족주의적 사상들의 초민족적 전파에 초점을 둠으로써 가능하다. 게다가 민족주의의 글로벌 부상은 사람과 상품의 이동을 관리하기 위한 여권, 통계, 지도를 도입함으로써 항구, 기차역, 공항을 필두로 하는 글로벌화의 관문 자체를 완전히 바꾸어 놓았다. 비슷한 방식으로 공동체적, 사적 형태의 자선을 대체한 복지국가의 부상은 민족 국가의 시민, 외국인, 이민자라는 구분을 더욱 뚜렷하게 만들도록 촉진했다. 결과적이지만 글로벌화와 민족주의는 서로 대립하고 있는 것이 아니라 매우 복잡하게 뒤엉켜있다.

---

29 Charles S. Maier, 'Consigning the Twentieth Century to History: Alternative Narratives for the Modern Era', *American Historical Review* 105 (2000) pp. 807-31.

미래를 위한 과제: 진행 중인 민족주의의 역사화와 민족주의의 역사를 포괄하는 탈민족화된 역사 쓰기와 관련된 도전

이 책은 지난 수십 년 동안 민족주의의 역사를 연구해왔던 주요 접근법을 광범위한 차원에서 정밀하게 검토했다. 가장 많은 영향력을 가진 접근법은 구성주의적 접근법이라고 할 수 있다. 민족이 구성물이라는 것을 보여줌으로써 민족들은 역사화되었고, 더 이상 당연한 것의 하나로써 여겨지지 않게 되었다. 젠더와 공간 역시 구성물로 간주함으로써 민족주의의 해석과 사회에 미친 그 영향은 더욱 역사화되었다. 그렇지만 전반적으로 매우 다양한 접근법은 세계 도처에서 일어난 민족주의의 부상, 민족의 형성, 민족 건설 경로에 대한 우리의 지식을 증대시켰다. 그럼에도 불구하고 아직도 연구되지 않은 여러 주제가 존재한다. 이는 1차 사료의 부족 때문이며 대표적으로 아래로부터 민족주의 연구가 해당한다. 그리고 사소한 형태의 민족주의라는 새로운 것이 언제부터 평범한 일상의 하나가 되었는지, 다시 말해서 더 이상 의식적인 차원에서 인식되지 않게 되었는가를 확실하게 규명하기는 너무나 어려운 일이다. 또 간학문적 협업이 과거의 민족주의적 정서의 역할에 대한 심도 있는 연구에 필수적인데도 불구하고, 간학문적 협업을 진척시키는 일은 여러 문제를 안고 있다. 원형-민족주의적 감정에서 근대 민족 정체성 및 근대 민족으로의 전환이 어떻게 실제로 일어났는지를 보다 실증적으로 보여주는 연구 또한 상당히 부족하다.[30]

---

30 참조. David A. Bell, *The Cult of the Nation in France: Inventing Nationalism, 1680-1800* (Cambridge, 2001); Charles S. Maier, *Once within Border: Territories of Power, Wealth and Belonging since 1500* (Cambridge, 2016).

그러니까 구성주의, 포스트-모더니즘, 포스트 식민지주의, 젠더, 공간적 전환과 같은 현재 민족주의 연구 분야를 지배하는 접근법의 가장 두드러지는 점은 모두 차이(差異)에 주목하면서 광범위한 실증적 사례 연구에 기반을 두고 있다는 것이다. 이것은 어니스트 겔너, 베네딕트 앤더슨, 에릭 홉스봄과 같은 근대주의적 연구자에 의해 쓰인 포괄적인 성격의 글로벌 해석이 출판된 지 35년이 지난 지금까지도 가장 중요한 해석의 구조를 제공하고 있음을 의미한다. 그러나 재검토하고, 미묘한 차이를 식별하며, 추가적인 성과를 제시하는 셀 수 없이 많은 사례 연구로 인하여 전체적인 그림이 흐릿해지고 있는 데다 결과적으로 매우 파편적인 결과물만 남게 되었다. 새로운 종합이 몹시도 필요한 상황이며 대대적인 비교 연구와 글로벌 접근법만이 적어도 그 토론의 초점을 다시 맞출 수 있을 것처럼 보인다.

다행스럽게 몇 가지 모범적인 사례가 존재한다. 대표적인 사례로 욥 레이르센이 창조한 유럽의 낭만적 민족주의와 관련된 개방형 접근 데이터베이스를 꼽을 수 있다. 레이르센의 데이터베이스는 다양한 국가와 민족적 운동 사이에 있었던 초민족적 연결, 네트워크, 전파에 많은 초점을 두고 있다.[31] 윌슨주의적 순간(Wilsonian moment)에 관한 이레즈 마넬라(Erez Manela)의 책은 1919년 파리평화회의와 14개의 강령(Fourteen Points)이 이집트, 인도, 중국, 한국에서 일으킨 반향에 대해 검토했다.[32] 매우 과분하게도 이 책의 서론에 등장하는 연구자를 대표하여 우리는 유럽과학

---

31 Joep Leerssen (ed.), *Encyclopedia of Romantic Nationalism* (Amsterdam, 2017); 온라인 데이터베이스는 다음의 주소를 통해 접근할 수 있다: https://ernie.uva.nl/viewer.p/21, http://romanticnationalism.net

32 Erez Manela, *The Wilsonian Moment: Self-Determination and the International Origins of Anticolonial Nationalism* (Oxford, 2007).

재단(European Science Foundation) 연구 프로그램인 '과거의 표징: 19세기 그리고 20세기 유럽의 민족 역사들 쓰기(Representations of the Past: The Writing of National Histories in Nineteenth and Twentieth Century Europe)'를 언급하지 않을 수 없겠다. 이 프로그램은 2003년부터 2008년까지 진행되었다. '과거의 표징' 작업에 참여한 학자는 250명이 넘고, 이들은 유럽 29개국에서 왔으며, 12권 이상의 출판물을 펴냈다.[33] 풍성한 연구 결과물을 통합적으로 정리하려는 시도로 유럽 대륙 전체를 관통하는 민족 역사 쓰기의 주요 경향, 유사성, 차이점을 조사하였다.[34] 사회학자인 안드레아스 윔머(Andreas Wimmer)는 민족주의의 부상, 새로운 민족 국가의 형성, 군사적 충돌 사이의 관계성을 밝혀내기 위해서 지난 200년에 걸쳐 일어난 모든 내전과 국가 간 전쟁에 대해 새롭고 또 글로벌적인 데이터 세트를 모아서 정리했다. 윔머의 책은 근대주의적 해석을 매우 정교하게 고도화해낸 개정판이라고 할 수 있다.[35]

그리고 민족 국가만이 근대 세계에서 존재할 수 있는 국가의 형태가 아니며, 또 민족 국가로 구획되어 있는 이 세계가 역사의 종말을 의미하는

---

33 참조. The nine-volume book series *Writing the Nation*, with Stefan Berger, Christoph Conrad and Guy Marchal as general editors, published between 2008 and 2015, and Stefan Berger, Linas Eriksonas and Andrew Mycock (eds), *Narrating the Nation: Representations in History, Media and the Arts* (Oxford, 2008); Stefan Berger, Chris Lorenz and Billie Melman, *Popularising National Pasts, 1800 to the Present* (London, 2012), Stefan Berger and Andrew Mycock (ed.), Europe and its National Histories, special issue of *Storia della Storiografia* 50 (2007).

34 Stefan Berger with Christoph Conrad, *The Past as History: National Identity and Historical Consciousness in Modern Europe* (Basingstoke, 2015).

35 Andreas Wimmer, *Waves of War: Nationalism, State Formation and Ethnic Exclusion in the Modern World* (Cambridge, 2013); Andreas Wimmer, *Nation-Building: Why Some Countries Come Together While Others Fall Apart* (Princeton 2018).

것도 아님이 분명해졌다. 사실, 민족 국가는 역사적 발전의 매우 구체적인 산물의 하나로서 이해되어야 한다. 심지어 민족 국가는 20세기 이전까지만 해도 지배적이지 않았다. 그 이전만 해도 대부분의 유럽 국가는 제국이었거나 제국이 되기를 열망하는 상태였고, 세계의 다른 많은 나라를 식민지로 만들었다. 제1차 세계대전 이후부터 느리지만 변화가 시작되었다. 이는 윌슨의 민족자결권(national self-determination)에 대한 호소와 함께 시작된 것이었다. 그렇게 변화는 나치 독일과 일본의 제국주의적 망상이 1945년에 무너진 후에야 현실에서 더 힘을 갖게 되었다.[36] 그럼에도 불구하고 식민지 기반의 제국 대부분은 1960년대에 이르러서야 자취를 감추었으며, 심지어 소비에트 제국(Soviet Empire)은 1990년대 초까지 지속되었다. 그러므로 실로 민족 국가가 지구를 지배하게 된 것은 20세기 후반의 일인 것이다. 아이러니하게도 이 시기는 한편으로 여러 의문점이 제기되기 시작한 시기이기도 하다. 1980년대 후반부터 자주적인 민족 국가는 대규모 민영화와 복지국가 축소를 필두로 하는 신자유주의적 정책으로 인해 급속하게 기반을 상실하고 있었다. 그와 동시에 경제의 글로벌화, 여행, 관광, 이민의 급속한 증가, 초민족적 기업 및 EU와 같은 초국가적인 기구의 성장세 증대, 그리고 인터넷과 소셜 미디어의 부상에 의해 민족 국가는 외연부터 침식되었다.[37] 물론 20세기 이후로도 지난 20년 동안 민족 국가의 자주성을 약화해 온 경향에 주목할 수도 있지만, 다른 한편으로 우리는 글로벌화에 대한 하나의 대응으로서 민족 국가의 놀라운 회복력과 민족주의의 부상에 주목할 것이다.[38]

---

36 Ian Buruma, *Wages of Guilt. Memories of War in Germany and Japan* (London, 1994); Patrick Finney (ed.), *Remembering the Second World War* (London, 2017).

37 Philipp Ther, *Europe since 1989. A History* (Princeton: Princeton UP, 2016).

민족 국가의 수명과 힘을 매우 과대평가하거나 과소평가하지 않기 위해서는 대다수 민족 국가가 문화적 동질성과 족류적 동질성이란 이상적 관념을 충족하지 못한다는 점에 주목해야 한다. 역사적으로 많은 민족 국가는 특정한 모델을 필요로 했던 동질적인 민족을 만들어내기 위해서 강제된 동화, 소수집단에 대한 억압, 인구 이동, 인종 청소(ethnic cleansing)에 기대어 왔다.[39] 이주민과 난민이 만들어낸 대규모의 국경 초월 이동, 이는 인류 역사에서 매우 정상적인 현상이었지만, 민족 국가 모델과는 모순된다. 왜냐하면 그것은 민족의 문화적 통일성과 소위 '유일무이한 민족적 문화'라는 뚜렷한 경계선을 흐릿하게 만들기 때문이다.[40] 더군다나 민족 국가와 제국의 대립도 수정되고 있다. 실제로 19세기와 20세기 내내 대다수 유럽 민족 국가는 '민족화되고 있었던 제국(nationalizing empires)'이었다.[41] 유럽 밖에서 민족 국가와 제국의 경계선은 뚜렷한 것도 아니었다. 식민지에서도 민족화라는 경향이 감지되는데, 일례로 대중매체가 개별적 식민지와 관련된 하나의 집단적 '민족' 정체성을 구성하기 시작하자 오래 지나지 않아 민족 해방을 내건 최초의 운동이 생겨났다.[42]

38 Liah Greenfeld (ed.), *Globalisation of Nationalism: the Motive-Force Behind 21st Century Politics* (London, 2016); Samuel Skipper, *Assessing the Role of Globalisation in the Rise of New Right Attitudes in Germany and Italy* (Hamburg, 2016).

39 Hans-Rudolf Wicker, *Rethinking Nationalism and Ethnicity: the Struggle for Meaning and Order in Europe* (London, 1997).

40 Alperhan Babacan and Supriya Singh (eds), *Migration, Belonging and the Nation State* (Cambridge 2010); Christian Joppke, *Immigration and the Nation State. The United States, Germany and Britain* (Oxford, 1999).

41 Stefan Berger and Alexei Miller eds., *Nationalizing Empires* (Budapest, 2015); Siniša Malešević, 'Empires and Nation-States: Beyond the Dichotomy', *Thesis Eleven* (April 2017) 3-10.

민족 국가란 모델이 실질적으로 '패권적이었다'고 할 수 있는 기간이 상당히 짧음을 고려할 때 민족주의가 사회과학과 역사학이라는 학문에 이토록 엄청나고 지속적인 영향을 주었다는 사실은 정말 놀랍다. 민족주의는 19세기 초반 이래 민족 국가란 분석에 있어 가장 지배적인 단위가 되었고, 여전히 많은 사례 분석에서 유효하다. 인정하건대 최근에 인문학과 사회과학에 속한 역사학자를 비롯한 여러 학자는 민족 국가의 지배적인 지위를 더욱 비판하고 있으며, 가령 비교 역사, 초민족적 흐름에 더 주목하거나 지역적(local), 지방적(regional), 제국적(imperial), 글로벌(global) 주제를 탐구하는 방식으로 연구 의제를 조정하기도 했다.[43] 그런데도 대부분의 학자는 하나의 민족 국가와 관련된 지역적, 지방적, 제국적 과거에 여전히 초점을 맞추고 있으며, 민족 국가를 비교를 위한 가장 기초적인 단위로 삼기도 하고, 민족(national) 경계를 넘어갔던 사람들의 움직임, 사상, 상품을 연구하고 있다. 이것을 2장의 저자 베르거는 역사학적 민족주의(historiographical nationalism)로 규정한다. 하지만 우리가 벗어나야 하는 지난 2세기 동안의 민족 역사 쓰기와 관련된 유산은 훨씬 더 여러 가지를 망라하고 있다. 이는 필연적으로 제도주의적 민족주의(institutional nationalism), 방법론적 민족주의(methodological nationalism), 술어적 민족주의(terminological nationalism), 규범적 민족주의(normative nationalism)를 수반한다.[44]

---

42 Donald Malcolm Reid, *Whose Pharaohs? Archaeology, Museums and Egyptian National Identity from Napoleon to World War I* (Berkeley, 2003); Abigail McGowan, *Crafting the Nation in Colonial India* (Basingstoke, 2009).

43 Pierre-Yves Saunier, *Transnational History* (Basingstoke, 2013).

44 Some of the following paragraphs are partially based on: Eric Storm, 'A New Dawn in Nationalism Studies? Some Fresh Incentives to Overcome Methodological Nationalism', *European History Quarterly* (2018) 113-129.

무엇보다도, 교육 그리고 연구가 여전히 민족적 계보들에 따라 체계화되어 있다. 민족기록물보관소는 민족적 계보를 따라 1차 사료를 수집하고, 민족 도서관은 2차 사료를 같은 방식으로 수집하며, 정부 기관은 모든 종류의 민족 통계 데이터를 만들어낸다. 대학들은 자신들에게 필요한 돈과 연구 자금을 대부분 그네들의 민족 정부와 민족 기관에 의존한다. 역사학을 다루는 많은 학회는 민족 역사에 여전히 전념하고 있고 수많은 컨퍼런스, 협회, 저널도 하나의 민족적 맥락에 초점을 맞추고 있다. 지도와 카탈로그는 민족 국가를 경계로 하는 하나의 세계를 재생산하며, 도서관과 상점에 놓인 역사책은 민족이라는 해당 주제에 따라 일반적으로 주문된다.

역사학적 민족주의, 제도적 민족주의는 대부분 방법론적 민족주의와 밀접하게 연관되어 있다. 많은 연구는 분석의 초점을 민족 국가라는 경계로 제한하며, 자연히 외부의 영향을 대부분 배제한다. 사회과학에서 사회는 왕왕 민족적 사회와 동일시되고, 이는 분석에 있어 당연히 존재하는 실체로 사용된다. 비교 연구도 일반적으로 민족 단위로 이루어지며, 이는 자연스럽게 방법론적 민족주의를 더욱 강화한다.[45]

여전히 중요한 문제이자 다른 학자보다는 역사학자에게 영향을 미칠 가능성이 높은 문제는 술어적 민족주의의 영향력이다. 그러니까 역사적으로 중요한 시대라는 구상을 실현하기 위해 이용되는 술어, 예를 들

---

45 Daniel Chernillo, 'The Critique of Methodological Nationalism: Theory and History', *Thesis Eleven* 106:1 (2011) pp. 98-117. Anna Amelina, Devimsal D. Nurgiz, Thomas Faist and Nina Glick-Schiller (eds), *Beyond Methodological Nationalism: Research Methodologies for Cross-Border Studies* (London, 2012).

어 빅토리아 시대, 제3공화국, 남북전쟁 이전 시대(Antebellum period), 리소르지멘토(*Risorgimento*), 탄지마트 개혁 시대(Tanzimat reforms), 메이지유신 시대 등과 같은 술어는 대개 하나의 민족적 맥락에서만 유래될 수 있고 또 적용될 수 있다. 그리고 가정된 전환점은 각각의 민족적 사례마다 다르며, 이는 비교 연구를 더더욱 어려운 일로 만든다. 이른바 하나의 민족적 맥락에만 적용할 수 있는 개념을 사용하는 경우에 위와 같은 사실은 더욱 분명해진다. 예를 들어 프론티어(frontier), 홈룰(Home Rule), 헤이마트(*Heimat*), 라이시떼(*laïcité*), 쿨라크(*kulak*), 스와데시(*swadeshi*)와 같은 개념에 간혹 비교 가능한 정치적 조류나 운동이 있다고 해도 이들은 각각의 민족적 맥락에 따라 다른 이름표를 부여받게 된다. 이런 관점에서 독일의 사회 자유주의(*Sozial-Liberalismus*)가 영국에서는 신자유주의(New Liberalism), 프랑스에서는 사회 연대주의(*solidarisme*), 스페인에서는 재건운동(*regeneracionismo*), 이탈리아에서는 졸리티 시대(Giolittian Era), 미국에서는 진보주의 운동(Progressive Movement)으로 알려진 것은 이상한 일이 아니다. 이와 같은 개념은 아주 정확히 같은 것은 아니지만, 생각과 실천이란 실체를 공유한다. 그 생각과 실천은 관련된 현상에 비교적 방식 및 초민족적으로 접근하는 방식을 매우 가치 있는 것으로 만든다.[46] 하지만 이런 방식은 '우리의 다양한 학문적 분야를 민족주의를 통해 어떻게 규정할 수 있느냐'라는 도전을 피할 수 없다. 왜냐하면 많은 국가에서 역사를 구분하기 위해 주축으로 사용하는 방법은 어디까지나 민족(national) 역사

---

46 Margrit Pernau and Dominic Sachsenmaier (eds.), *Global Conceptual History. A Reader* (London, 2016); Willibald Steinmetz, Michael Freeden and Javier Férnandez-Sebástian (eds), *Conceptual History in the European Space* (Oxford, 2017); Reinhart Koselleck, *The Practice of Conceptual History: Timing History, Spacing Concepts* (Stanford, 2002).

와 국제(international) 역사 또는 세계(world) 역사인데, 이는 세계의 대부분 지역에 존재하는 민족 역사를 전제로 자기의 고유한 민족 역사를 주장하기 때문이다. 이런 연유에서 민족주의를 밀어내는 일은 민족 역사 쓰기를 초월하여 초민족적 역사를 실천하려는 사람 모두에게 가장 중요한 도전과제로 남겨져 있다.

그러나 민족주의를 밀어내는 일은 분석의 단위, 사회 기반 시설의 단위, 방법론의 단위, 술어의 단위에만 국한된 문제가 아니다. 민족 국가는 규범적 프레임워크를 제공하며, 여전히 역사학자의 글쓰기에 만연해있기에 대개의 경우 알아차리지 못한 채 넘어가고 만다. 사사로운 개인으로서 우리는 (민주적인) 민족 국가에서 살아가는 것을 충분히 선호할 수도 있다. 하지만 전문적인 역사학자로서, 우리는 하나의 국가 형태에 다른 형태의 국가보다 더 많은 특권을 부여해서는 안 되며, 대신 그 모든 형태의 국가를 동등하게 그리고 중립적인 어조로 다루는 것에 목표를 두어야 한다. 그렇다손 치더라도 대개 실제로는 그렇지 않다. 윌슨처럼, 아직도 역사학자는 제국을 '후진적'으로 묘사하고, 동시에 제국의 정책을 '외국 정복', '점령', '억압', '종속'으로 특징짓지만, 반면 민족 국가의 창조는 '혁명', '통일', '독립전쟁', '해방', '봉기'(예를 들어 반란, 분리, 분열 또는 찬탈 대신에)처럼 훨씬 더 긍정적인 술어를 이용해 분석된다. 제국은 '다족류적(multi-ethnic)' 또는 '다민족적(multi-national)'으로 묘사되고, 자연스럽게 제국의 소멸은 피할 수 없었던 것임을 암시한다. 반대로 민족 국가는 진보, 평등, 자결권과 관련되어 있지만, 민족 국가라는 그 이상형에 전적으로 부합하지 않는 사례는 소수족류(ethnic minorities)나 이민자처럼 변종들로 특징지어지고, 이는 민족 건설이나 동화 정책을 통해 다루어져야만 한다. 심지어 '교차-문화', '타자화' 또는 '혼합적 정체성'과 같은 포스트

모던과 포스트 식민지적 개념도 독립적이고 통일적이며 또 동질성을 지닌 민족 국가가 기준임을 전제로 한다. 그러므로 민족을 배제하여 역사 쓰기를 하는 작업은 쉽지 않을 것이다. 이를 성공시키기 위해서는 우리가 연구 방식을 개선하고, 어휘를 교정하면서, 과거의 이야기를 아주 철두철미하게 다시 써야만 할 것이다.

2장

민족 역사와 역사학에서의 민족주의 진흥: '방법론적 민족주의'가 지닌 함정'

슈테판 베르거(Stefan Berger)

18세기 말 근대적 민족주의의 출현 이후 민족주의의 진흥과 역사 쓰기는 서로 긴밀하게 얽혀 왔다. 민족주의와 그 추종자에게 과거는 민족적 상상에 닻을 내리기 위한 중요 지형이었고, 역사는 민족적 '고향'을 건설하기 위한 근본적인 토대였다. 2장은 18세기부터 오늘날까지 역사 쓰기와 민족주의 사이의 공생관계를 분석하고자 하며, 계몽주의(Enlightenment) 역사학에서 출발해 낭만주의(Romantic) 역사 쓰기로 나아가 장기 19세기(long nineteenth century) 후반부터 민족적 역사 쓰기를 완전히 전문적인 영역으로 만든 '역사주의(historist)' 형식을 살펴볼 것이다. 20세기의 전반기는 두 차례의 세계대전으로 인해 역사학적 민족주의의 정점이었던 시대로 묘사된다. 역사학자는 전쟁, 인종 청소, 대량학살에 정당

---

1 Andreas Wimmer and Nina Glick-Schiller, 'Methodological Nationalism and Beyond. Nation-State Building, Migration and the Social Sciences' *Global Networks* 2:4 (2002) pp. 301-34.

성과 합법성을 부여하는 사람 중에서도 최선두에 있었다.

역사학적 민족주의(historiographical nationalism)는 1945년 유럽과 세계 많은 지역을 폐허로 만든 사태에 원인을 제공했음에도 이후 즉각적인 단절을 맞이하지는 않았다. 앞으로 보게 되겠지만 우리는 서구에 기껏해야 지연된 단절이 있었다고 말할 수 있을 뿐이다. 비판적 역사학도 1960년대와 1970년대에 역사학적 민족주의가 더욱 강성해지는 것에 주의를 기울여야 한다고 했을 뿐이다. 제2차 세계대전 이후에 포스트 식민지화와 관련된 중대한 과정은 아프리카와 아시아의 포스트 식민 세계에서 민족주의의 부상으로 대표된다. 이는 서구식 역사학적 민족주의와 같은 뿌리를 가지고 있었지만 그렇다고 같은 결과를 낳은 것은 아니었다. 그리고 서구에서 역사학의 탈민족화 과정은 1980년대부터 역사 쓰기를 다시 민족화하려는 다양한 노력과 더불어 발전했다. 이는 역사학적 민족주의가 근대 민족주의의 심장부에서 힘을 다 소진해 버린 존재가 결코 아님을 시사한다. 2장은 장차 민족적 역사학이 21세기에 어떻게 될 것인가를 질문함으로써 그 끝을 맺어 보려 한다.

계몽주의 민족 역사학

물론 계몽주의 시대 훨씬 이전에도 여러 형태의 역사 쓰기가 존재했다. 역사 쓰기는 고대로 거슬러 올라갈 수 있으며, '민족성(national character)'에 대한 비유, 은유, 생각의 다수는 민족에 관한 글쓰기가 이루어진 중세로 거슬러 올라간다.[2] 그러나 18세기 후반 내내 동시에 함께 발생한 두 개의 발전은 역사학적 민족주의에 새로운 의의를 부여했다.[3] 첫째, 민족이란 의미는 이제 사회적 지위에 상관없이 고정된 영토라는 단위에 살고 있는 모든 사람을 민족의 동등한 구성원으로 이해하는 쪽이 더 보편성을 갖게 되었다.[4] 둘째, 대학의 교과목이었던 역사는 신학이란 족쇄로부터 해방되었고, 괴팅엔대학교처럼 중심부에서부터 전문적인 '과학(science)'으로서의 자기 이해를 발전시키기 시작했다. 역사학을 대표하는 학자는 자신이 전문적인 훈련을 받았기 때문에 과거에 대해 권위를 갖고 말할 수 있는 유일한 사람이라고 더더욱 강조했다.[5] 이런 두 가지 발전 모두는 역사학적 민족주의가 전근대적 형태에서 근대적 형태로 바뀌는 과정에서 일어난 일종의 질적 변화를 시사한다.

대다수 계몽주의 역사는 겉보기에 민족 역사 자체에 관심을 두지 않았다. 도리어 계몽주의 역사는 세계 역사를 통해 진보와 문명으로 가는 길을 추적하는 데 초점을 두었다. 계몽주의 역사학자가 추구하는 역

---

2 참조. Caspar Hirschi, *The Origins of Nationalism. An Alternative History from Ancient Rome to Early Modern Germany* (Cambridge, 2012); Gabriella M. Spiegel, *The Past as Text: The Theory and Practice of Medieval Historiography* (Baltimore, 1997); Antonia Gransden, *Historical Writing in England, c. 559-1307* (Ithaca, NY, 1974); Peter Burke, *The Renaissance Sense of the Past* (New York, 1969); Daniel R. Woolf, *The Idea of History in Early Stuart England* (Toronto, 1990); Richard Helgerson, *Forms of Nationhood: The Elizabethan Writing of England* (Chicago, 1992).

3 여기서 역사학적 민족주의란 술어는 넓은 의미로 사용되었다. 이는 방법론적 민족주의, 즉 역사 쓰기에서 민족이란 범주가 하나의 특권적 지위를 누리는 것, 또 역사 속에서 나의 민족이 다른 민족의 역사보다 우위에 있다는 점을 묘사하는 것을 일컫는다.

4 이런 인식의 변화는 18세기 후반에 목도되었던 시간과 역사에 대한 사고방식의 전면적인 변화와 관계가 깊다. 다음을 참조하라. Reinhart Koselleck, 'Einleitung' in Idem, Otto Brunner and Werner Conze (eds.), *Geschichtliche Grundbegriffe: Historisches Lexikon zur politisch-sozialen Sprache*, vol. 1 (Stuttgart, 1979), p. xv; François Hartog, *Régimes d'Historicité et Expériences du Temps* (Paris, 2003).

5 전문가중심주의와 전문적 역사 쓰기와 관련된 이상의 출현은 롤프 토르스텐탈(Rolf Torstendahl)의 저작 *The Rise and Propagation of Historical Professionalism* (London, 2014)을 참고하라.

사 쓰기의 철학적 방식은 민족적 특수성을 찾는 것이 아니라, 진보의 보편정신이 발현되는 징후를 찾는 것에 있었다.[6] 하지만 후자는 왕왕 특정 민족과 그네들의 역사에서만 나타난다. 보편 역사를 쓰고자 했던 볼테르(Voltaire)를 예로 들면, 『매너와 민족의 정신에 관한 에세이(*Essai sur les moeurs et l'esprit des nations*, 1740년대와 50년대에 집필되고 1756년과 1769년에 출판됨)』는 역사에서 진보를 촉진해온 사람과 민족의 계승을 세계 역사에서도 확인하고자 하는 열망 때문에 알려지게 되었다. 볼테르는 유럽 너머 페르시아, 중국, 인도, 아랍 세계 국가로 시야를 넓혀 연구서에 포함했다. 유럽인이 아닌 사람을 긍정적으로 평가할 수 있었음에도 그의 보편 역사는 여전히 서구 중심적이었으며 유럽, 특히 프랑스에 인간 이성(human reason)이 진보의 본거지를 건설하기 위해 정착했다는 데는 의심의 여지가 없다는 식의 인상을 독자에게 남겼다. 또 루이 14세(Louis XIV) 치세에 쓴 프랑스의 역사에서는 프랑스가 계몽주의적 가치를 빛내는 모범이자 문명의 보편 역사에서 정점에 있는 것처럼 그려냈다. 이를 페리클레스(Pericles)의 아테네, 아우구스투스(Augustus)의 로마, 메디치 가문(Medicis)의 피렌체와 비교하면, 볼테르의 역사 쓰기를 구성하는 비교 프레임워크와 보편 프레임워크는 민족주의적 목적을 수행한다. 볼테르는 자신의 조국 프랑스가 전 세계 다른 모든 민족보다 높은 도덕적, 문명적 우월성을 지니고 있음을 강조했다.[7]

---

6 Hans Erich Bödecker, Georg G. Iggers, Jonathan B. Knudsen and Peter H. Reill (eds.), *Aufklärung und Geschichte* (Göttingen, 1986).

7 Síofra Pierse, *Voltaire Historiographer: Narrative Paradigms* (Paris, 2008); see generally: Guido Abbatista, 'The Historical Thought of the French Philosophes' in José Rabasa, Masayuki Sato, Edoardo Tortarolo and Daniel Woolf (eds.), *History of Historical Writing*, vol. 3. (Oxford, 2015), pp. 406-27.

실제로 계몽주의 역사가는 보편성을 발견하게 되기를 기대하거나 비교적, 초민족적인 방법의 활용을 선호했지만, 때로는 민족주의적 동기에 근거하여 수많은 민족 역사 쓰기를 하기도 했다. 스코틀랜드를 예로 들면, 스코틀랜드 계몽운동에서 가장 중요한 대표자인 윌리엄 로버트슨(William Robertson)은 자신의 조국이 16세기와 17세기에 불행한 종교적, 정치적 분열을 겪고 참혹한 암흑시대를 지나 경제적 번영과 정치적 평화에 도달했다는 내용을 담은 스코틀랜드의 역사(History of Scotland, 1759)를 출판했다. 이 책에서 로버트슨은 스코틀랜드의 경제적 번영과 정치적 평화를 잉글랜드와 이룬 통합 때문에 가능했다고 주장했다. 볼테르가 살았던 프랑스처럼 로버트슨이 살았던 스코틀랜드(그리고 영국)는 세계 역사의 진보를 향해 나아갔고 자연스럽게 다른 모든 민족보다 먼저 축복받았다는 것이다.[8] 그리고 볼테르와 로버트슨 두 학자 모두는 철두철미한 역사적 조사를 통해 이를 '증명'할 수 있었다. 유럽의 다른 국가에서 쉽게 우월성과 민족적 우수성을 주장할 수 없도록 계몽주의 역사가는 계몽주의 원칙에 따라 그네들의 민족을 변화시키고, 미래의 민족적 위대함을 위한 길을 닦도록 강조하기 위해 역사 쓰기와 유사한 접근방식을 이용했다. 이처럼 18세기 스페인 역사가도 스페인의 '후진성(backwardness)'이란 관념과 가톨릭교회가 민족적 발전에 미친 부정적인 영향에 사로잡혀 있었다. 종교재판(Inquisition)과 제국의 과잉 확장은 스페인의 민족 역사가 잘못된 방향에 있다는 주장을 요약했다.[9] 스페인 계몽주의 역사가의 민족

---

8 Murray G. H. Pittock, "Historiography," in Alexander Broadie (ed.), *Cambridge Companion to the Scottish Enlightenment* (Cambridge, 2003), pp. 258-79.

9 Gonzalo Pasamar, *Apologia and Criticism: Historians and the History of Spain, 1500-2000* (Bern, 2010), chapter 1.

주의적 의제는 '스페인의 어떤 면을 진보적 사상과 실천의 본거지처럼 변모시킬 수 있는가'였고 이는 볼테르와 로버트슨의 눈으로 보는 것처럼 다른 모든 민족이 프랑스와 영국을 고귀한 존재로 인식하기 전에 이뤄져야 했다.

낭만적 민족주의와 역사 쓰기에 미친 그 영향

분명히 계몽주의 역사 쓰기와 낭만적 역사 쓰기 사이에 급격한 단절은 없었다. 걸출한 학자 요한 고트프리트 헤르더(Johann Gottfried Herder)는 계몽주의와 낭만주의의 세계가 얼마나 밀접하게 연관되어 있었는지를 보여준다. 이마누엘 칸트(Immanuel Kant)의 열렬한 제자였던 헤르더는 계몽주의 사상에 깊이 빠져 있었지만 다른 한편으로 계몽주의 사상의 예리한 비평가 중 하나가 되었다. 특히 헤르더는 계몽주의의 보편성이 억압적인 새장으로 쉽게 변할 수 있다고 주장했다. 이런 억압적인 새장은 세계 모든 민족을 같은 기준에 따라 측정하고 일종의 표준을 따라야만 한다는 점을 전제로 했다. 헤르더의 관점에서 이는 신의 창조가 매우 다채롭고, 다양한 감정을 불러일으키며, 아름답게 만드는 민족과 민족적 특성의 경이로운 다양성과 부합하지 않았다. 강경한 유기체적 언어를 통해 왕왕 세계를 한 그루의 나무로, 그 나무의 가지를 다른 여러 민족으로 비유했던 헤르더는 민족 역사 쓰기의 다른 목적을 제시했다. 이는 많은 낭만적 민족 역사가가 19세기 내내 탐구했던 것이기도 하다. 그 목적은 무엇이 민족을 특수하고, 특유하며, 고유하게 만드는지, 다시 말해서 다른 민족과 다르게 만드는 그네들의 유일무이한 민족적 특성을 발견하여 설명하는 것이었다.[10] 특수성에 대한 이런 연구가 19세기에 왕왕 역사학적 민족주의의 기초가 된 점은 아이러니하다. 일단 역사가가 특수성을 정확히 찾아내기만 하면, 그 특수성을 자기 민족을 다른 민족보다도 더 좋은 것으로 여기게 만드는 우월성 및 그와 결부된 감정과 연결하는 작업은 결코 어려운 일이 아니었다. 헤르더의 사상에서 그런 역사학적 민족주의는 때론 반성할 점을 찾기도 했지만, 전체적으로 헤르더는 각 민족이 도덕적으로나 문명적으로 다른 나라에 비해 더 좋거나 더 나쁘지는 않은 그네만의 특유한 가치를 가지고 있다고 확고하게 주장하는 편이었다. 헤르더에 따르면 이런 다름은 당연했고, 세상에 대한 신의 계획의 일부였다. 헤르더의 깊은 신학적, 종교적 감정은 역사주의(historism)[11]에 상당한 영향을 미쳤고, 이는 유럽 전역에서 근대 역사학적 글쓰기의 아버지 같은 인물로 여겨지는 레오폴트 폰 랑케(Leopold von Ranke)의 저술에도 반영되었다.[12]

---

10 H. B. Nisbet, 'Herder: the Nation in History' in Michael Branch (ed.), *National History and Identity. Approaches to the Writing of National History in the North-East Baltic Region – Nineteenth and Twentieth Centuries* (Tampere, 1999), pp. 78-96.

11 나는 영어에서 '역사주의(historism)'라는 술어와 관련된 두 개의 매우 다른 개념 세트를 구별하는 것이 더 정확하다고 생각하기 때문에, 더 일반적인 술어 '역사중심주의(historicism)'보다는 '역사주의(historism)'라는 술어를 사용하는 것이 낫다고 판단했다. 한편으로 '역사주의(historism)'는 레오폴드 폰 랑케(Leopold von Ranke)가 설정하고 의인화한 사상을 의미하며, 이는 역사적 발전의 특수성과 그 고유성을 이해해야 할 필요성에 대한 사상을 중심으로 순환한다. 다른 한편으로 '역사주의(historism)'는 철학자 카를 포퍼가 플라톤, 헤겔, 마르크스와 같은 사상가와 연관시킨 철학의 목적론적 역사적 사고를 분석하는 데 사용한 일련의 사상을 설명하는 데도 사용된다. 독일어에서는 이 두 가지 다른 개념을 'Historismus'와 'Historizismus'라는 두 개의 개별적 술어로 지칭한다. 따라서 나는 독일어 '역사주의(historism)'라는 술어를 통해 랑케식 역사적 사고의 형태를 언급하는 모든 경우를 서술하고자 한다.

12 Georg G. Iggers and James M. Powell (eds.), *Leopold von Ranke and the Shaping of the Historical Discipline* (Syracuse, 1990).

역사학적 글쓰기의 특수성에 대한 탐구는 프랑스혁명과 나폴레옹 보나파르트(Napoleon Bonaparte)의 팽창주의적 보편주의에 대항하는 중요한 방어막이었다. 민족 역사는 나폴레옹의 제국주의적 구상으로부터 유럽 민족을 지켜내기 위해 유럽 전역에서 동원되었다.[13] 예를 들어 요한 고틀리프 피히테(Johann Gottlieb Fichte)는 나폴레옹 군대의 침략에 대응할 수 있는 독일 민족 역사를 명시적으로 요구했다: '독일인의 열정적인 역사를 다룬 책이 독일적 정신을 강화하는 수단 중에서 강력한 힘을 발휘할 것이며 이는 당연히 성서나 노래집처럼 안민의 책이자 민족의 책이 될 것이다.'[14] 이와 같이 팽창주의적 보편주의에 대항하기 위한 방어적 메커니즘을 위해 낭만적 민족 역사가는 다른 무엇보다도 그 민족의 영토라는 것을 규정해야만 했지만, 실제로 19세기 유럽 대부분 지역과 아메리카 대륙에서는 관련된 사례를 찾아보기 어렵다. 국경지대 중 경쟁이 이루어지고 있는 곳에서 역사학적 민족주의는 국경지대에 대해 역사에 근거한 주장을 가능하게 했다. 영토를 둘러싼 역사 전쟁은 영토를 놓고 싸우는 '실제(real)' 전쟁보다 때로 먼저 일어나거나 자연스럽게 수반되었다.[15]

지방 및 지방의 역사는 민족을 건설하는 벽돌이 되었고, 지방 역사는 민족 역사와 조화를 이루었다. 헤르더의 유기체적 언어를 계속 빌리자면 낭만적 민족 역사가는 민족을 나무에 달린 가지로, 지방을 그 가지에 매달려 있는 잔가지와 잎으로 묘사했다. 민족적 상상은 경관을 묘사하고

---

13 Stanley Mellon, *The Political Uses of History. A Study of Historians in the French Revolution* (Stanford, 1958).

14 Johann Gottlieb Fichte, *Reden an die deutsche Nation* (Hamburg, 2008) [first published 1808], p. 106.

15 Frank Hadler and Tibor Frank (eds.), *Disputed Territories and Shared Pasts. Overlapping National Histories in Modern Europe* (Basingstoke, 2011).

의미를 부여하는 표현에서도 발견된다.[16] 영토는 변함없이 언제나 국가와 국가 권력에 연결되어 있었고, 강대한 민족의 민족 역사가는 그네들의 민족 역사를 연속적인 국가 역사, 특히 군주제, 의회, 헌법으로 대표되는 국가와 연결할 수 있었다.[17]

하지만 엄청나게 많은 민족이 독립된 국가의 지위를 상실하기도 했으며 애초에 그런 지위를 누리지도 못했다. 이런 민족의 역사학자는 민족 역사를 구성할 대안을 찾아야 했고, 그들은 하나의 상상된 민족 영토에 사는 사람들에게서 필요한 대안을 왕왕 발견했다. 그 사람들은 대체로 농민, 장인, 도시민이었고, 그들을 지배하고 군림하면서 민족 국가의 형성을 방해했던 사람들과 차별성을 지닌 민족성의 중추를 구성했다. 실제로 19세기의 민족 역사 쓰기의 대다수가 가시적으로 천명했던(또는 천명하지는 않았던) 목표는 독립적인 민족 국가의 형성 및 이 같은 민족 국가의 형성을 위해 열심히 일해야 하는 민족주의의 진흥이었다. 일군의 사람이 외국인 지배 아래서 견뎠다는 '암흑의 시대(centuries of darkness)'란 관념의 구성은 수백 년의 억압에도 이름하여 민족성을 지니고 살아남은 사람을 민족 국가 형성이란 명분을 위해 결집하는 것을 목적으로 삼았다. 이와 같은 '사람들의 역사(people's histories)'는 주어진 영토적 질서와 정치적 질서에 반대한다는 점에서 대개 대립적 역사의 성격을 갖지만, 반면 이미 존재하는 국가에 기댈 수 있는 국가주의적 역사는 존재하는 영토적 질서와 정치적 질서를 대개 정당화했다. 하지만 영토적 질서는 인정하면서

---

16 François Walter, *Les Figures Paysagères de la Nation. Territoire et Paysage en Europe (16e-20e Siècle)* (Paris, 2004).

17 John Breuilly, *Myth-Making or Myth-Breaking? Nationalism and History* (Birmingham, 1997).

도 정치적 질서에 이의를 제기한다는 점에서 대립적이라 할 수 있는 국가주의적 역사도 존재했다. 또 여러 다양한 사람들의 역사는 민족성, 민족적 영토, 정치적 질서에 관해 다른 생각을 지닌 채 역사학적 전통 사이에서 서로 경쟁하며 벌어지는 심오한 논쟁으로 이어졌다.[18]

그리고 낭만적 민족 역사는 민족의 기원을 가능한 가장 어둡하고 먼 과거로 거슬러 가도록 하면서, 홍망성쇠를 거듭하다가 다시 민족의 위대함을 가능하게 할 (유망한) 부상을 맞이하는 역사적 서사구조로 편입함으로써 민족 역사의 '홍망성쇠' 패턴을 확립했다. 장기지속은 역사학적 민족주의에 있어 중요한 의미를 갖는데, 이는 민족 역사학자가 다른 민족과 구별되는 민족의 긴 내력을 사실처럼 단정할 수 있도록 했기 때문이다. 특히 중세주의는 낭만적 민족 역사 쓰기의 큰 특징이었는데, 많은 경우에 민족 역사학자는 '대' 중세 시대를 민족 역사로 편입하여 다른 민족 역사보다 자기 민족이 우월하다고 주장했다.[19] 민족 영웅과 대적의 위인전(Canons)은 민족을 정의하기 위한 근대 이전의 노력에 기반하여 구성된 것이다.[20]

유럽 전체를 아우르는 자유주의적 민족 역사 쓰기의 형태를 보자면, 역사학자는 각각의 시대마다 권리로서의 자유의 사상이 점진적으로 확장되어간 궤적을 추적했다.[21] 초기 사회주의적 역사 쓰기는 그 형태와 정

---

18 Stefan Berger and Christoph Conrad, *The Past as History: National Identity and Historical Consciousness in Modern Europe* (Basingstoke, 2015), pp. 111-13.

19 R. J. W. Evans and Guy P. Marchal (eds.), *The Uses of the Middle Ages in Modern European States: History, Nationhood and the Search for Origins* (Basingstoke, 2010).

20 Linas Eriksonas, *National Heroes and National Identities. Scotland, Norway and Lithuania* (Brussels, 2004).

21 Stefan Berger and Christoph Conrad, *The Past as History*, pp. 120-23.

서에 있어 매우 민족적이면서 매우 낭만적이었고 민족과 사회적 계급을 연관시키려고 했으며 노동 계급을 민족에 통합시키려고도 했다. 종교는 종교개혁과 이후 이어진 일련의 종교전쟁 동안에 이미 민족 역사 쓰기의 아주 중요한 일부가 되었다. 낭만적 민족 역사 쓰기의 관점에서 종교와 민족의 관계는 많은 경우 공생적 관계처럼 묘사된다. 종교는 민족화되고, 민족은 종교를 통해 신성화된다. 민족 역사의 젠더화는 부르주아적 젠더 질서가 위협을 받고 있음을 언급하며 민족에 불행이 닥쳐 곳곳에 만연하게 될 것이라고 주장했다. 관련된 예를 하나 들자면, 폴란드 민족 역사학자 요아킴 렐레벨(Joachim Lelewel)은 폴란드 민족과 관련된 모든 불행을 이렇게 설명했다. 유럽이란 지도에서 폴란드가 완전히 사라질 것인데 이는 외국에서 태어났으면서 국가의 대소사에 관여하는 폴란드 왕비들 때문이다. 외국에서 태어난 폴란드 왕비가 폴란드 왕, 왕손, 우리의 집 폴란드를 대신 돌보고 있다.[22]

민족 역사의 패턴화는 19세기의 세계 도처에서 낭만적 민족 역사학자의 영향을 많이 받았다. 예를 들어 라틴 아메리카 민족 역사학자는 민족주의적 야망을 뒷받침하는 민족 역사를 구축하느라 분주했다. 브라질에서는 포르투 세구로의 귀족(Viscount of Porto Seguro) 프란시스코 아돌프 드 반해엔(Francisco Adolfo de Varnhagen)이 독립 국가와 그 국가를 지배하는 왕조에 정당성을 부여하는 것을 목표로 하는 여러 권의 『브라질 역사 총서(Historia Geral do Brasil)』를 1854년부터 1857년에 걸쳐 출판했다. 반해엔

---

22 민족 역사의 거대 서사와 그네들의 계급적, 종교적, 종족적 '타자'와의 관계성뿐만 아니라 역사의 젠더화를 비교한 연구는 다음을 참고하라. Stefan Berger and Chris Lorenz (eds.), *The Contested Nation: Ethnicity, Class, Religion and Gender in National Histories* (Basingstoke, 2008).

은 포르투갈의 유산을 찬양하면서 브라질의 영토 통합과 정복 위에 세워진 영토 통합의 위대함을 강조했다. 그뿐만 아니라 반해엔은 가톨릭 위에 세워진 영토 통합의 위대함도 강조했으며 브라질 사람들의 형성과정에서 중요한 역할을 한, 세 인종에 기반을 둔 브라질 사람들의 특유한 구성도 강조했다. 그러나 인종적 평등이나 사회적 평등의 관념은 반해엔의 이상적 구상에 포함되지 않았다. 오히려 반해엔은 그때 당시에 존재했던 노예-소유 사회에 대한 노골적인 정당성을 제공했다. 반해엔은 브라질에 역사적, 민족적 거대서사를 제시한 셈이다. 이 거대서사는 비록 민족주의적 동기에서 출발했지만 반해엔 자신은 자기가 쓴 역사가 수년간의 문헌 연구에 근거하고 있음을 강조하며 그것의 전문성을 자랑스러워했다.[23]

역사 쓰기의 전문화와 역사학적 민족주의

낭만적 민족 역사학자는 전문적 역사학자가 그네들의 민족 역사를 구성할 수 있는 토대를 구축한 셈인데, 이는 전문화로 인해 민족주의와 역사 쓰기 사이의 공생관계가 증가했기 때문이다. 실제로 대학을 기반으로 하는 전문적 역사학자는 그네들의 전임자인 낭만적 민족 역사학자가 민족적 신화를 무분별하게 유포하고 있으며 사료 비판과 문헌 연구와 같은 전문적 연구규범을 존중하지 않는다고 비난했다. 하지만 모든 것을

---

23 Eliana de Freitas Dutra, 'The Mirror of History and Images of the Nation: the Invention of National Identity in Brazil and its Contrasts with Similar Enterprises in Mexico and Argentina' in Stefan Berger (ed.), *Writing the Nation. A Global Perspective* (Basingstoke, 2007), pp. 84-102. For Chile see also Allen Woll, *A Functional Past: the Uses of History in Nineteenth-Century Chile* (Louisiana, 1982).

고려해보면 전문적 역사학자의 거대 서사도 민족주의적이었으며, 어떤 경우에는 그네들의 전임자인 낭만적 민족 역사학자가 만들어낸 거대서사보다 훨씬 더 민족주의적인 것들도 있었다. 대중적 민족주의가 득세하고 있는 시대에 역사가는 왕왕 그네들 자신을 전문성을 가지고서 자기 민족을 섬기고 있는 민족적 예언자로 이해했다. 물론 역사학적 민족주의는 연구 자금을 만들어내는 데 있어 가장 효과적인 수단 가운데 하나이기도 했다. 권력과 돈주머니를 움켜쥐고 있는 사람은 역사적 연구에 후한 자금을 투입하는 일에 적극적이었는데, 이는 역사적 과학이 지닌 유일무이한 권위가 민족적 야망을 성취하는 데 도움이 될 것이라는 생각에 한해서였다.

제도의 확립은 역사학적 민족주의의 힘과 내구성에 있어 중요한 전제조건 가운데 하나였다.[24] 대학 세미나, 역사학부, 역사학 학회는 민족 역사 쓰기와 관련된 가장 중요한 제도였다. 19세기가 전개되면서 고고학 학회, 아마추어 모임, 역사학회가 전문화되었다. 시민 사회단체는 국가가 후원하는 조직에 밀려났고 많은 관영 조직이 민족 국가와 더 큰 제국을 막론하고 민족됨(민족의식)과 역사학적 민족주의와 얽힌 강력한 의식을 촉진했다. 역사기록물보관소는 민족적 역사 거대서사의 가장 중요한 기반이 되었다. 민족 역사 자료의 수집과 출판은 유럽 전역에서 역사적 활동과 관련해 두드러진 특성의 하나가 되었다. 게르만 역사기념사업 (*Monumenta Germaniae Historica*)이 1819년에 착수되었고, 인장은 그 기념사업의 민족주의적 의도를 직접적으로 내비친다. 오크나무 화환 안에는 다

---

24 Ilaria Porciani and Lutz Raphael (eds.), *Atlas of European Historiography. The Making of a Profession 1800-2005* (Basingstoke, 2010).

음과 같은 문구가 새겨져 있다: "조국을 위한 우리의 신성한 사랑을 고
취하라(Sanctus amor patriae dat animum)." 「역사 저널」은 대개 민족적인(민족주
의적인) 것을 지향하고 있는 전문 역사학자의 작업을 발표할 수 있는 통로
로서 설립되었다. 마찬가지로 민족 역사의 거대서사와 민족적 주제를 다
루는 민족 도서관과 민족 박물관은 19세기 역사 경쟁 중에서도 가장 인
기 있는 방식의 하나였다. 민족 사전은 민족 중심의 원리원칙에 따라 지
식을 유기적으로 정리하고자 노력했다.[25]

　장기 19세기 후반에 전문화를 향한 강력한 흐름은 소위 아마추어, 즉
전문적 역사학자처럼 정식 교육을 받지 않았으며 역사학자가 지닌 전문
적 역량을 갖추지 않은 문헌 연구자나 다른 모든 사람을 민족 역사의 거
대서사라는 담론에 들어올 수 없도록 경계 그었다는 것을 뜻한다. 역사
소설, 역사 연극, 역사 오페라, 역사 그림 등을 비롯한 여러 다른 장르 예
술과 문학의 역사, 신학, 사회학 등과 같은 학문 분야가 매우 큰 영향력을
발휘하고 있어, 역사의 전문화가 미친 영향력이 적었다는 점을 반드시
언급할 필요는 없지만, 전문적 역사학자만 과거에 대해서 권위를 가지고
말을 할 수 있다는 주장은 전문적 역사학자의 주도로 이루어졌다. 그렇
게 전문적 역사학자 중심의 배타적인 관행이 더욱 강화되었음을 언급하
지 않을 수 없다. 전문적 역사학자가 과거에 대해 권위적으로 말할 수 있
는 사람은 오직 자신뿐이라는 점을 확립하고자 들인 노력은 부분적으로
성공을 거두었다고 할 수 있는데, 이는 다른 장르와 다른 학문 분야가 이
제 정당성, 진본성, 권위를 역사와 역사학자에게 대부분 의지했기 때문

---

25 Ilaria Porciani and Jo Tollebeek (eds.), *Setting the Standards. Institutions, Neworks and Communities of National Historiographies* (Basingstoke, 2012).

이다. 프랑스를 예로 들면, 19세기를 대표하는 가장 중요한 학교의 역사는 가장 저명한 대학 역사학자 중 한 명 에르네스트 라비세(Ernest Lavisse)에 의해 쓰였는데, 그는 '제도주의적이자 민족적' 인물이었다.[26]

갈수록 전문화되는 역사 쓰기에서 민족 역사에 대한 강력한 강조는 보편적, 비교적, 초민족적 역사에 대한 계몽주의적 관심이 과거보다 훨씬 약해졌음을 의미했으며, 특히 비유럽적 역사에 대한 계몽주의적 관심은 거의 소멸했음을 뜻했다. 독일 땅에서 아우구스트 루트비히 폰 헤렌(August Ludwig von Heeren)은 세계사에 대한 최후의 지지자로 묘사되어 왔다. 그런 헤렌의 목소리는 1830년대 이후 거의 들리지 않게 되었다.[27] 하지만 민족 역사는, 민족 역사 쓰기에 깊이 전념한 주류 역사학 관점에서 비주류 전통으로 남아 있는 제국 역사, 보편 역사, 글로벌 역사[28]를 포함하여 지역 역사와 초민족 역사처럼 오직 어느 중심지 한 곳에서만 상영되는 구경거리가 결코 아니었다.

만약 19세기 전문 역사학자가 민족주의를 촉진하는 데 열심이었다면 초민족적 실천도 폭발적으로 증가했을 것이다. 1914년 이전까지만 해도 야심에 찬 세계 도처 출신의 역사학자는 역사학 연구의 중심으로 여겨지는 곳에 공부하러 갔는데, 그 중심부는 독일과 프랑스에 있는 대학이었으며 그중에서도 베를린, 뮌헨, 라이프치히, 파리의 대학이 유명했다. 벨기에 출신 역사학자 폴 프레데릭(Paul Fredericq)은 잉글랜드와 스코틀랜

---

26 Pierre Nora, 'Lavisse: instituteur national' in *Les Lieux de Mémoire*, vol. 1, ed. Idem (Paris, 1984), 247-90.

27 Jürgen Osterhammel, *Geschichtswissenschaft jenseits des Nationalstaats. Studien zu Beziehungsgeschichte und Zivilisationsvergleich* (Göttingen, 2001), 91-102.

28 Hervé Inglebert, *Le Monde, l'Histoire. Essai sur les Histoires Universelles* (Paris, 2014).

드를 여행하며 역사학적 연구와 조사가 체계화되는 다양한 방식에 주목
했다.[29] 세계역사회의는 1898년 이후부터 정기적으로 조직되었는데, 비
록 초민족주의의 관점에서 그 회의가 역사학적 민족주의의 플랫폼처럼
비추어지는 경우가 빈번했으나 전문 역사학자에게는 고역을 감내하는
초민족적 공동체로 보였다.[30] 예를 들어 루마니아 역사학자 니콜라에 이
오가(Nicolae Iorga)는 역사학적 초민족주의와 민족주의가 서로 매우 잘 어
울릴 수도 있다는 사실을 입증했다. 이오가는 1892년부터 1940년까지
부쿠레슈티대학교에서 세계사 학과장직에 있으면서, 소위 루마니아 민
족의 중추를 형성하고 있다고 알려진 루마니아의 유기체적 소작농 공동
체에 대한 찬사를 집필하기도 했다. 또한 이오가는 동남부 유럽과 관련
된 비교 역사를 촉진하기도 했으나 민족 역사가 민족에 역사적 의식을
부여하고자 하는 사회적 필요를 충족하는 역사 쓰기의 최고의 권위를
지닌 형태임을 주장하기도 했다.[31]

　다민족 제국과 다민족 국가, 두 곳 모두에서 역사학은 이미 존재하고
있었던 영토적 질서와 국가 구조를 위협하며 민족화 작업에 착수했다.
오스트리아-헝가리 제국(Austro-Hungarian Empire)의 다양한 민족 역사학이
나 1898년 이후 스페인에서 일어난 여러 유형의 민족 역사학은 앞서 언

---

29 Paul Fredericq, *The Study of History in England and Scotland* (Baltimore, 1887).

30 Karl Dietrich Erdmann, *Toward a Global Community of Historians. The International Historical Congresses and the International Committee of Historical Sciences, 1898 2000* (Oxford, 2005).

31 Hans-Christian Maner, 'Die Aufhebung des Nationalen im Universalen oder the Nation als das Mass aller Dinge? Zum historiographischen Konzept Nicolae Iorgas im südost- und ostmitteleuopäischen Rahmen' in Idem and Markus Krzoska (eds.), *Beruf und Berufung: Geschichtswissenschaft und Nationsbildung in Ostmittel- und Südosteuropa im 19. und 20. Jahrhundert* (Berlin 2015), pp. 239-63.

급한 민족 역사학의 폭발적 잠재력을 보여주는 좋은 사례가 되기에 충분하다. 이런 맥락에서 예를 하나 들자면, 보헤미아를 두고 독일인과 체코인이 구성한 서사는 상호 배타적이었는데 이는 이른바 보헤미아를 둘러싼 슬라브 세력과 독일 세력 사이의 대립을 바탕으로 만들어진 것이었다. 팔라츠키(Palacký)는 체코 민족의 역사를 보헤미아와 모라비아에 거주하는 체코인과 독일인 사이의 오래 묵은 민족적 대립을 기반으로 구성하여 집필했다.[32] 반면에 제국적 구상과 열망을 강화하기 위해 역사를 집필했던 민족화 경향도 존재하는데, 영국, 프랑스, 러시아, 독일이 바로 그 사례이다. 이와 같은 19세기의 제국은 민족적 영광과 제국적 영광 양자 모두를 추구하기 위해 민족적 핵심지와 주변부를 구성하면서 제국 역사와 민족 역사를 이용했다.[33]

장기 19세기 말엽에 이르러서 전문적 역사학자는 자신이 사회에서 중요하다는 느낌을 강하게 받았다. 그리스의 민족 역사학자 스파이리돈 람브로스(Spyridon Lambros)가 쓴 것처럼, 민족 형성에 있어 역사학자의 펜은 군대의 총보다 더욱 긴요했다.[34] 여러 학문 중에서도 역사학을 최우선으로 하여 매우 풍족한 연구비를 주고자 했던 국가의 자발적 의지는 권력을 손에 쥐고 있던 국가가 민족 건설이라는 목적을 달성하는 데 있어 역사학의 유용함에 대해 대체로 수긍하고 있음을 넌지시 내비치는 것이었

32 Milan Řepa, 'The Czechs, Germans and Sudetenland: Historiographical Dispute in the Heart of Europe' in Tibor Frank and Frank Hadler (eds.), *Disputed Territories and Shared Pasts: Overlapping National Histories in Modern Europe* (Basingstoke, 2011), pp. 303-28.

33 Stefan Berger and Alexei Miller (eds.), *Nationalizing Empires* (Budapest, 2015).

34 Cited in Effi Gazi, 'Theorizing and Practising 'Scientific History' in Southeastern Europe (19th and 20th Centuries): Spyridon Lambros and Nicolae Iorga' in Stefan Berger and Chris Lorenz (eds.), *Nationalising the Past*, p. 198.

다. 프랑스-프로이센 전쟁 후 불과 5년 만에 프랑스에서 등장한 『역사 회고록(Revue Historique)』의 초판은 민족주의적 사명을 구체적으로 적고 있다: "프랑스의 과거를 다룬 바로 이 연구는 우리의 주된 임무이자 시급한 오늘의 민족적 중요성 그 자체이다. 우리는 조국의 역사적 전통과 동시에 이런 전통이 겪어온 변화를 분명하게 밝혀냄으로써 우리의 조국이 필요로 하는 통일성과 도덕적 힘을 제공할 수 있다."[35] 프랑스 건너 독일에선 하인리히 폰 트라이치케(Heinrich von Treitschke)가 매우 민족주의적, 침략주의적, 확장주의적 민족 역사 쓰기를 했던 것처럼 보이지만, 다른 한편으로 트라이치케는 베를린 대학의 대중적 연구와 강의를 통해 반프랑스적, 반슬라브적, 반유대주의적, 반사회주의적, 반가톨릭적, 독일 민족의 제국주의적 및 국가주의적 자기 이해를 촉진했다.

역사학적 민족주의가 20세기 전반 최고조에 이르다

민족주의적 역사 쓰기는 제1차 세계대전에 참전한 모든 민족 국가에서 두드러지는 현상이었다. 1914년 여름 유럽에서 불빛이 모두 꺼져버렸을 때, 역사학적 민족주의의 횃불은 4년간 이어진 긴긴 전쟁 기간 내내 길잡이가 되었다. 독일 민족주의 역사학자는 민족주의적 전쟁 목표를 수립하는 데 있어 최전선으로 나섰다.[36] 프랑스와 영국의 역사학자는 이른바 오래 묵은 군국주의적, 팽창주의적 민족성을 내비쳤는데 이는 트라

---

35 Gabriel Monod and Gustave Fagniez, 'Avant-propos' *Revue Historique* 1, no. 1 (1876), 4.

이치케와 같은 역사학자가 낸 충직한 목소리에서 발견된다.[37] 독일군 포로 생활을 했던 앙리 피렌(Henri Pirenne)은 제1차 세계대전 이후 동료 역사학자에게 독일에서 배워온 모든 것을 잊으라 요청했고, 국제 학회에서 독일 역사학자를 제외하기 위해 최선을 다했으며, 동시에 제1차 세계대전 이전에 독일 역사학의 영향을 받아 쓴 자신의 저서 벨기에의 역사를 탈종족화(de-ethnicise) 하기 위해 애썼다.[38] 전간기에는 베르사유 평화조약(Versailles Peace Treaty)에 명시된 독일의 전쟁 범죄 문제를 둘러싸고 진정한 의미의 역사 전쟁이 뒤따라 이어졌다. 독일 외무부는 전쟁범죄국(War Guilt Department)을 신설했는데 이는 제1차 세계대전이 발발하게 된 책임을 전적으로 독일에 지우는 연합군의 주장에 대응하는 것을 목적으로 하여 막대한 자금을 투입해 만든 조직이었다. 독일 전쟁범죄국은 일군의 독일 역사학자를 고용하여 1922년부터 1927년 사이에 40권의 문헌을 출판했다. 이와 같은 노력에 직접 참여했던 많은 역사학자가 정치적 편법의 제단에 자신의 학자적 양심을 희생제물로 바쳤다.[39] 마찬가지

---

36 Matthew Stibbe, 'German Historians Views of England during the First World War' in Stefan Berger, Peter Lambert and Peter Schumann (eds.), *Historikerdialoge. Geschichte, Mythos und Gedächtnis im deutsch-britischen kulturellen Austausch, 1750-2000* (Göttingen, 2003), pp. 235-54.

37 Stuart Wallace, *War and the Image of Germany. British Academics, 1914-1918* (Edinburgh, 1988); Gerd Krumeich, 'Ernest Lavisse und die Kritik an der deutschen "Kultur", 1914-1918' in Wolfgang J Mommsen and Elisabeth Müller-Luckner (eds.), *Kultur und Krieg: die Rolle der Intellektuellen, Künstler und Schriftsteller im Ersten Weltkrieg* (Munich, 1996), pp. 143-54.

38 Peter Schöttler, 'After the Deluge: the Impact of the Two World Wars on the Historical Work of Henri Pirenne and Marc Bloch' in Berger and Lorenz (eds.), *Nationalizing the Past*, pp. 404-25.

39 Holger Herwig, 'Clio Deceived: Patriotic Self-Censorship in Germany after the Great War' in Wilson (ed.), *Forging the Collective Memory*, p. 88f.

로 다른 나라의 역사학자도 이른바 민족적 이익을 위해서, 자신의 민족 정부를 위해서 기꺼이 봉사했다. 하지만 엄청난 수의 역사학적 민족주의를 일으킨 것은 제1차 세계대전과 그 여파만이 아니었다. 중부 유럽, 중동부 유럽, 동부 유럽에서 대규모 신생 민족 국가가 출현하게 된 것도 역사학적 민족주의를 더욱 안정시키면서, 이는 발트해 국가, 재건된 폴란드, 체코슬로바키아, 루마니아, 아일랜드 자유국(Irish Free state)과 같은 신생 민족 국가에 대한 지지로 이어졌다.⁴⁰

전간기에 역사학적 민족주의는 파시스트적 권위주의 역사학과 우파적 권위주의 역사학에서 강하게 드러났는데 이탈리아에서는 1923년 이후에, 포르투갈과 독일에서는 1933년 이후에, 스페인에서는 1939년 이후에 그러했다. 예를 들어 독일은 국가 중심의 역사학적 민족주의는 종족성(ethnicity)과 인종(race)을 무대의 중앙에 두고자 했던, 소위 인종으로 분류된 사람들의 역사(Volksgeschichte)와 함께 점차 외연을 확장했다. 이런 국가 중심의 역사학적 민족주의는 제1차 세계대전 이후에 현저하게 존재감을 드러냈으며 민족 사회주의 정권 아래에서 번영을 누렸다.⁴¹ 파시즘이 정권을 잡은 이탈리아에서 국가 중심의 역사학적 민족주의가 파시즘 정권과 손을 잡고 지지를 보내는 것은—심지어 역사학자 사이에서도—만연한 것이었으나 민족 사회주의의 독일과 비교했을 때 더 많은 저항에 직면했다. 베네데토 크로체(Benedetto Croce)가 파시즘 아래에서 자유주의적·민주주의적 전통을 높이 기리는 이탈리아의 민족 역사를 출판했던 일은 민족 사회주의의 독일에서도 생각조차 할 수 없던 일이었

---

40 Stefan Berger and Christoph Conrad, *The Past as History*, pp. 240-45.
41 Winfried Schulze and Otto-Gerhard Oexle (eds.), *Deutsche Historiker im Nationalsozialismus* (Frankfurt/Main, 2000).

다.[42] 1933년부터 1974년까지 지속된 포르투갈의 에스타두 노보(Estado Novo) 치하에서 역사학자는 대항해시대 동안에 있었던 민족의 영광스러운 과거를 찬양하고 19세기 자유주의와 사회주의의 발전을 맹렬히 비난했으며, 정권을 지지하면서 민족주의적 역사의식을 결집했다.[43] 스페인 프랑코 정권은 1939년부터 대학에서 있던 공화주의적 역사학자를 제거하고, 팔랑헤당(Falange)과 오푸스 데이(Opus Dei)에 충성을 다하는 역사학자를 임용했다. 역사는 스페인의 과거를 찬양하고 독재정권에 정당성을 제공하는 하수인이 되고 말았다.[44]

역사학적 민족주의는 사회주의 혁명의 성공을 목격한 바로 그 나라, 이름하여 소비에트 연합(Soviet Union, 소련)에서도 다시 강하게 드러났다. 제정 러시아 역사학에서 소비에트 역사학으로의 전환은 미하일 포크로프스키(Michail Pokrovski)의 지휘 아래 이루어졌다. '적군 역사학자 최고 사령관(Supreme Commander of the Army of Red Historians)'이라는 별명을 가진 포크로프스키는 역사학적 민족주의를 반대하며 비교 경제사를 열렬하게 전파했던 사람이었다. 하지만 레닌의 지시에 따라 포크로프스키는 소련을 위한 새로운 민족적 거대서사를 묵묵히 집필하면서 역사학적 민족주의의 과잉을 정교하게 피하며, 그 대신 러시아의 민족적 발전이 마르크스-레닌주의(Marxism-Leninism)가 제시하는 역사의 법칙과 조화를 이루어 서구 민족 국가의 보편적 발전에도 부합한다는 점을 부각하려 애썼다.[45] 그러나 스탈린 치하에서 민족주의적 역사학이 폭발적으로 성장한 것은

---

42 Fabio Fernandi Rizi, *Benedetto Croce and Italian Fascism* (Toronto, 2003).

43 Sérgio Campos Matos and Joana Gaspar de Freitas, 'Portugal' in Ilaria Porciani and Lutz Raphael (eds.), *Atlas*, p. 124 f.

44 Miquel A. Marin, *Los historiadores españoles en el franquismo 1948-1975* (Zaragoza, 2005).

매우 전통적인 러시아 민족주의처럼 보이는 무엇인가를 적극적으로 장려하며 이를 촉진했기 때문이다. 1937년 포크로프스키의 거대서사는 안드레이 바실레비치 체스타코프(Andrej Vasil'evic Šestakov)가 집필한 『소련 역사의 영웅적인 짧은 여정(*Short Course in the History of the USSR*)』으로 대체되었다. 그 책은 이렇게 시작한다: "소련은 사회주의의 땅이다. 전 세계에서 오직 유일한 사회주의 국가—바로 우리의 조국"—그리고 그 책은 이렇게 끝난다: "우리는 우리의 조국을 사랑하고, 또 우리는 조국의 경이로운 역사를 잘 알아야 한다."[46] 제2차 세계대전과 그 여파라는 맥락 속에서 스탈린주의적 민족주의는 최악의 과잉을 자축하며, 몽골, 튜턴 기사단, 타타르족, 스웨덴, 오스만 제국, 나폴레옹에 맞서 이룬 러시아의 승리란 긴 찬가에 '위대한 애국 전쟁(Great Patriotic War)'을 추가했다.

그러나 전간기의 역사학적 민족주의가 단지 20세기의 전체주의하고만 연관되어 있었던 것은 아니다. 유럽의 자유민주주의 체제는 양차 대전에 포위되어 있었고 많은 체제가 우익 운동이 만든 압력에 굴복했지만, 우리는 영국과 같은 나라에 있었던 강력한 자유주의적 민족주의를 발견할 수 있다. 바로 여기에서 역사학자는 자유주의적 민족주의의 역사적 전통이 반자유주의의 세력을 저지하고 자유주의적 민주주의의 방벽을 강화한다는 사실에 용기를 얻었다. 1935년 의회 개원에 즈음하여 조지 5세(George V)를 위해 쓴 연설문에서 조지 트레블리언(George Trevelyan)이 말했던 것처럼 "나에게 있어 자부심과 감사함의 원천은 바로 우리의

---

45 G. M. Enteen, *The Soviet Scholar-Bureaucrat. M. N Pokrovskii and the Society of Marxist Historians* (London, 1978).

46 Anatole G. Mazour, *Modern Russian Historiography*, 2nd edn. (Princeton, 1958), p. 204를 재인용.

의원내각제와 입헌군주제의 완벽한 조화가 근자에 몇 년 동안이나 다른 제국과 다른 자유주의 체제를 파괴했던 그 충격을 이겨내고 살아남았다는 것에 있다."[47] 심지어 그 유명한 휘그당 역사를 무너뜨리고자 했던 사람들, 영국에서 일어난 자유의 느린 확대는 저 멀리 마그나카르타(Magna Carta)부터 시작되었다는 것을 핵심 이념으로 가지고 있었던, 바로 그 사람들도 영국의 자유주의적 제도를 감탄하는 마음으로 가득했다. 허버트 버터필드(Herbert Butterfield)는 영국의 문명사적 운명에 대한 믿음을 포기하지 않았고,[48] 루이스 네이미어(Lewis Namier)는 '영국이 입헌주의적 지혜의 완벽한 본보기'라는 확신을 거두지 않았다.[49] 또 스칸디나비아에서는 민족 국가가 사회적 민주화를 시작하게 된 일과 민족 역사의 거대서사를 쓰는 일이 연관성을 갖고 있었다. 노르웨이의 가장 유명한 두 역사학자 할브단 코흐(Halvdan Koht)와 에드바르 불(Edvard Bull Sr.)은 정도의 차이가 있기는 하지만, 전간기 이래 스칸디나비아 역사학을 지배했던 사회민주주의와 역사 쓰기 사이의 강력한 연합을 강력하게 상징하는 외교부의 사회민주주의 장관으로서 활동하기도 했다.[50]

민족주의 역사 쓰기의 역사적 맥락에서 제2차 세계대전은 또 다른 정점을 찍었다. 독일 역사학자는 역사학적 논증으로 독일 제국이 서쪽과 동쪽으로 이뤘던 확장에 정당성을 부여했고, 또 동부-중앙유럽을 슬라

47 J. M. Hernon Jr, 'The Last Whig Historian and Consensus History: George Macaulay Trevelyan, 1876-1962' *American Historical Review* 81 (1976) p. 86을 재인용.

48 Michael Bentley, *The Life and Thought of Herbert Butterfield* (Cambridge, 2011).

49 루이스 네이미어의 전기(傳記)를 참고함. Linda Colley, *Lewis Namier* (London, 1989), p. 14.

50 Ragnar Björk, 'The Overlapping Histories of Sweden and Norway – the Union from 1814 to 1905' in Frank and Hadler (eds.), *Disputed Territories*, pp. 17-34.

브족으로부터 인종적으로 정화하고 독일인을 이 지역에 정착시키려 했던 민족 사회주의적 계획을 지원했다.[51] 제2차 세계대전 중 독일 점령 아래에서 협력주의적 역사학자 대다수는—그 짧은 기간을 고려하여 그네들의 영향력이 아주 강한 것은 아니었다고 전제하더라도—이미 존재하고 있었던 여러 다양한 신생 민족 국가만이 아니라 국가를 만들지 못한 민족에 고도의 민족주의적 의제와 우익 역사학적 의제를 부여하려고 큰 노력을 기울였다. 슬로바키아와 크로아티아의 사례는 특히나 흥미로운데 제2차 세계대전 중 독일에 의해 수립되었으며 단명하고 말았던 파시스트 괴뢰 국가에서 독립 국가의 당위성을 주장하는 역사학이 시작되었기 때문이다. 그 시작에서 만들어진 어떤 결과물은 1990년대 슬로바키아와 크로아티아가 재건된 이후에 두 국가 모두에서 문제가 되어 나타났다.[52]

서구 역사학적 민족주의와 지연된 단절

제2차 세계대전의 폐허 속에서 유럽 전역의 역사학자는 그 위기의 순간 민족 국가의 안정에 도움이 되기를 바라며 전통적인 민족 거대서사와 관련 요소를 구해내는 데 큰 관심을 기울였다. 독일의 민족사회주의는 히틀러에 맞선 민족적-보수적 반대와 거의 같은 민족적 전통으로 편

---

51 Karen Schönwälder, *Historiker und Politik. Geschichtswissenschaft im Nationalsozialismus* (Frankfurt/Main, 1992).

52 Adam Hudek, 'Slovakia' in Ilaria Porciani and Lutz Raphael (eds.), *Atlas*, p. 152 f.; Ulf Brunnbauer, 'Croatia' in Ilaria Porciani and Lutz Raphael (eds.), *Atlas*, p. 102 f.

입되었다. 만약 많은 역사학자가 민족사회주의를 지지했던 그네들의 과거를 비판적으로 재고해야 한다면 역사학자는 반공산주의에 대해서만큼은 그네가 줄곧 옳았다는 사실에 재차 안도감을 느꼈다. 반공산주의는 민족사회주의 치하에서 옳았고, 냉전에서도 늘 옳았다. 반공산주의는 독일 역사학자가 독일연방공화국(FRG) 치하에서 민족사회주의에 대한 헌신에서 자유민주주의에 대한 헌신으로 '안전하게' 건너갈 수 있게 해준 가장 중요한 다리였다(이에 대한 논쟁의 여지가 없는 것은 아니다). 이탈리아에서 무솔리니에 대한 저항은 이제야 '제2의 리소르지멘토(second Risorgimento)'라며 열렬한 환영을 받았고, 반파시즘은 전후 이탈리아 공화국의 토대와 같은 신화 중 하나가 되었다. 파시즘은 놀라우리만큼 타자화되었으며 1943년 무솔리니의 몰락 이후로 이탈리아 북부를 독일이 점령한 것과 동일시되었다. 프랑스에서는 비시 정권 아래서 이루어진 광범위한 부역에 대해 침묵이 흘렀고, 그 대신에 이른바 조국 프랑스가 지닌 바람직한 공화주의 전통을 이어 왔다는 갈리아주의자(Gaullist)와 공산주의자의 저항으로 인해 민족은 배타적으로 표현되었다. 공산주의 동유럽에서 스탈린주의 역사학적 민족주의 영향 아래 대다수 민족 역사는 단지 붉은 옷을 입고 있는 형국이었다. 마르크스주의적/레닌주의적 주석이 약간 더해진 것에 불과했으나 어떤 면에서는 매우 전통적인 민족 거대서사였다. 제2차 세계대전 동안 점령되었던 공산주의 동유럽 국가에서 역사학자 대부분은 그네를 파시스트 침략의 희생자처럼 묘사했고 부역에 관해서는 거의 아무런 질문도 하지 않았다.[53]

서유럽에서는 1960년대와 1970년대 어간이 되어서야 역사학적 민족주의에 대한 비판이 역사 쓰기 주류 사이에서 대두되었다. 독일에서는 독일의 특수 경로(Sonderweg)가 부정적으로 뒤집혔다는 관념이 주목받게 되었는데, 이는 독일 역사에 민족사회주의를 뿌리내리고 독일 민족 역사에 민족사회주의의 성공을 확고하게 고정하는 것이었다. 이탈리아에서 파시즘은 갈수록 리소르지멘토라는 19세기 민족주의적 전통에 뿌리를 두고 있는 것으로 여겨졌다. 프랑스에서는 부역한 비시 정권에 대한 비판적인 질문이 쏟아졌다. 1960년대 사회사로의 전환은 거의 모든 분야에서 민족화된 프레임워크 안에서 이루어졌지만, 제기되는 질문과 연구되는 주제는 더 이상 역사학적 민족주의의 전통에서 중요하게 여겼거나 전통적이라고 할 수 있는 무엇이 아니었다. 노동사와 여성사는 역사학자가 민족 역사에 대하여 매우 비판적인 관점을 가지고 있으면서도 전혀 관심을 두지 않았던 지점이었기에 새로운 출발을 보여주는 좋은 표본이다.[54]

하지만 1960년대 이후부터 시작된 역사 쓰기의 탈민족화에 대하여 일반적인 경향 하나만으로 설명하는 것은 불가능하다. 실제로 우리는 유럽에 있던 많은 나라에서 1980년대 이후부터 시작된 역사 쓰기의 재민족화를 관찰할 수 있으며, 이는 방법론적 민족주의에 대해 심화한 비판과 더 비교적, 초민족적, 글로벌적 역사로의 전환이 병행하여 일어난 것으로 이해할 수 있다. 독일에서는 먼저 1980년대 중반에 있었던 역사학자의 논쟁과 통일 이후 민족적 정상성에 대한 탐색이 상당한 재민족화를 초래했다.[55] 프랑스에서는 프랑스혁명 200주년을 기념한 것이 분

---

53 Stefan Berger, 'A Return to the National Paradigm? National History Writing in Germany, Italy, France and Britain from 1945 to the Present' *Journal of Modern History* 77:3 (2005), pp. 629-78; Maciej Górny, *„Die Wahrheit ist auf unserer Seite'. Nation, Marxismus und Geschichte im Ostblock* (Cologne, 2011).

54 Stefan Berger, 'A Return tot he National Paradigm'.

55 Stefan Berger, *The Search for Normality. National Identity and Historical Consciousness in Germany since 1800*, 2nd edn. (Oxford, 2003).

명한 1989년에 공화주의적, 혁명주의적 패러다임의 위기가 민족 역사를 엄청나게 쏟아내도록 만들었다. 1990년대 초반 이탈리아가 붕괴할 수도 있다는 두려움이 가득한 상황에도 재정 부패와 공산주의의 종식의 한가운데 있던 이탈리아 공화국에 닥친 위기는 많은 역사학자를 민족적 대의 아래로 동원했다. 영국, 스페인, 벨기에와 같은 다민족 국가는 스코틀랜드, 카탈루냐, 플랑드르에서 일어난 민족주의 운동의 위협에 직면했고 이는 민족주의적 의제와 역사학적 반향을 일으켰다. 동유럽에서 공산주의의 종식은 공산주의 이전 시기의 우익 권위주의 역사학적 전통을 다시 일깨우는, 매우 전통적 민족주의 역사 쓰기의 부활을 낳았다.[56]

물론 지금 말하고 있는 1980년대 이후 유럽 역사학에서 포착되는 민족적(민족주의적) 패러다임으로의 전환이 1960년대에 있었던 역사 쓰기의 중대한 전환 이전과 똑같은 것이라고 주장하는 것은 결코 아니다. 민족 역사 쓰기의 자기 비판적이고 자기 반성적 형태는 대부분 분야에서 계속되었고 전문 역사학자 중에서도 방법론적 민족주의와 민족적(민족주의적) 형태의 역사 쓰기를 비판적으로 하려는 많은 사람이 있었다. 일상의 역사, 역사 인류학, 신문화사, 기억의 역사, 유럽사와 글로벌 역사뿐만 아니라 신 제국사(비판적 제국사)는 역사 쓰기에서 민족 패러다임을 넘어서는 것이자 비판하는 가장 눈에 띄는 형태였고, 역사학 연구에 비교사 방식과 초민족사 방식을 활용하는 것을 촉진했다.[57]

56 Sorin Antohi, Balázs Trencsényi and Péter Apor (eds.), *Narratives Unbound. Historical Studies in Post-Communist Eastern Europe* (Budapest, 2007).

57 Stefan Berger and Christoph Conrad, *The Past as History*, pp. 338-57.

개발도상국에서 이루어진 탈식민화와 역사학적 민족주의

지금까지 2장은 역사학적 민족주의를 지극히 유럽 중심적인 관점에서 그림을 그리듯 서술해왔다. 19세기 라틴 아메리카에 있었던 강력한 민족주의 전통과 관련된 매우 짧은 언급을 제외하면 통상적으로 서구 외에 다른 나라에서 일어난 역사학적 민족주의는 전혀 언급되지 않았다. 하지만 북아메리카를 보면 역사학적 민족주의와 관련하여 비슷한 경향이 미국과 캐나다 모두에서 관찰된다. 유럽식 낭만주의 모델은 19세기 내내 강력했다.[58] 각각의 민족 역사학은 진보와 지리를 둘러싼 문제와 관련하여 큰 주목을 받았다. 예를 들어 라틴 아메리카에도 강력한 '신세계 (new world)'에 대한 강조가 있었는데, 이는 때로 유럽적 차원과 비교하는 것이었으며 오래된 유럽 세계와 비교하여 '신세계'를 선포하는 민족주의적 목적을 달성하는 것이었다. 최근 몇 년간 미국 역사학에서 강력한 영향을 미친 초민족주의는 강력한 민족주의적 함의를 제시한다. 최소한 어느 정도는 미국의 글로벌 세계에 대한 영향범위가 마찬가지로 글로벌 관점을 추구하는 역사학적 지향과 매우 조화를 이루기 때문이다.[59]

호주에서 역사학적 거대서사는 오랫동안 영국 역사를 지향해 왔다. 호주는 영국과 대영제국에서 시작된 작은 연장선상에 불과했다. 강력한 민족 역사학 발전은 전간기 내내 이루어졌고 이는 제1차 세계대전 당시 호

---

[58] Gabriele Lingelbach, *Klio macht Karriere. Die Institutionalisierung der Geschichtswissenschaft in Frankreich und den USA in der zweiten Hälfte des 19. Jahrhunderts* (Göttingen, 2003).

[59] Allen Smith, 'Seven Narratives in North American History: Thinking the Nation in Canada, Quebec and the United States' in Stefan Berger (ed.), *Writing the Nation*, pp. 63-83.

주와 뉴질랜드 군단의 경험과 밀접한 관련되어 있었다. 우정, 평등주의, 남성성은 강한 자유민주주의 성향의 민족 거대서사를 구성하는 중요한 요소가 되었으며 초기부터 사회사와 얽힌 강력한 요인을 아울렀다. 유럽과 마찬가지로, 아니 그보다 더 자기 비판적이었던 1960년대와 1970년대에 이루어진 민족적 역사학은 식민지화의 역사와 호주 원주민의 운명에 초점을 맞춘 반발과 역사 전쟁으로 이어졌다.[60]

일본은 서구 세계의 일원이자 자신만의 고유한 서양을 구축한, 오직 유일한 비서구권 아시아 나라로서 독자적인 동양을 완벽하게 구축했다. 다른 여러 나라처럼 강력한 민족주의 전문 역사학은 민족주의 역사 쓰기를 노골적으로 옹호했는데 이를 대표하는 것이 후쿠자와 유키치(福澤諭吉)가 저술한 『문명론의 개략(文明論之槪略, 1875)』이다. 메이지 국가에 강한 애착을 가진 일본 역사학자는 피지배민을 늘리는 것에 대한 민족적 확신을 독려하고 국왕 중심 통치에 합법성을 부여하며 동아시아에서 일본 제국주의의 정당화를 위해 노력했다. 1945년 이후 대학에서 이뤄지던 전문 역사학은 상당한 변화를 경험하게 되었는데 마르크스주의자가 민족 역사에 고도의 자기 비판적 관점을 적용하는 것을 장려하며 지배적인 위치를 점하게 되었다. 하지만 일본에서 신 중도좌파가 추구했던 민족 거대서사는 미국과 관계를 형성하게 된 전후로 일본에서 자본주의의 회복을 바라는 분위기가 조성되었던 시기에 더욱 강력하게 작용했다.[61]

세계 각지에서 비유럽 서구 역사학은 유럽의 역사학 발전과 많은 교집합 및 연관성을 가지고 있다. 이는 식민지 세계에서 발전되었던 역사학

---

60 Stuart Macintyre and Anna Clark, *The History Wars* (Melbourne, 2003).

61 Stefan Tanaka, *Japan's Orient. Rendering Pasts into History* (Berkeley, 1993).

에도 똑같이 적용할 수 있다. 다른 의견이 있을 수도 있겠지만, 민족 역사 쓰기는 전간기와 대규모 탈식민화 국면 사이 또 제2차 세계대전 말기와 1970년대 사이에 유럽의 수출품 중 가장 큰 성공을 거두었다. 세계 여러 지역 중에서도 특히나 중국과 인도에서는 서구식 전문 역사 쓰기가 그네들의 고유한 역사 쓰기 방식과 조우했고 채택되었으며 그네들의 오래된 역사 쓰기 형태와 조화를 이루었다; 세계 다른 지역에서도 서구식 역사가 채택되었으나 과거를 구술로 묘사하는 방식과 더욱 조화를 이루는 방향으로 그네들만의 전통과 제도를 새롭게 만들어내야만 했다.[62]

19세기 후반에도 중국 역사학자는 일본과 달리 대체로 서구적 방식의 역사적 지식 생산을 거부하면서, 유교적 개념 중심 역사 쓰기를 고수하고 있었다. 20세기 초에 일본을 통해 쇄신이 이루어지면서 신진 역사학자는 일본에서 주로 훈련받고 경험을 쌓았으며 역사 쓰기를 통해 중국의 문화 부흥을 추구한다는 목표로 1905년에 「민족의 정수 저널(*National Essence Journal*)」을 창간했다. 신진 역사학자가 품은 민족주의적 야망은 서구적 노선을 따른 중국 역사의 재구조화를 요청했다. 그 결과 민족적(민족주의적) 역사 쓰기는 중국 역사학에서 가장 중요한 활동 가운데 하나가 되었다. 이를 대표하는 것이 황제(黃帝)의 황색 역사(Yellow History)인데 이 책은 민족주의적 업적, 중화민족이 지닌 오랜 생명력과 우월성, 역사에서 보편성을 지닌 강력한 종족중심적(ethnocentric) 관점을 선전하는 어조로 쓰여 있다. 1930년대 역사학자 후스(胡適)와 구지에강(顧詰剛)은 중국 역사에서 자부심을 느낄 수 있는 순간을 강조하며 민족주의 역사학파의 형

---

62 Partha Chatterjee, *The Nation and its Fragments. Colonial and Postcolonial Histories* (Princeton, NJ, 1993).

성을 촉진하는 데 애썼다. 공산주의자가 권력을 장악했을 때—다른 공산주의 세계에서 그랬던 것처럼—민족적 역사 거대서사는 마르크스주의적/레닌주의적 프레임워크에 기반을 두게 되었으나 민족주의적 프레임워크 역시 강하게 작용했다.[63]

인도에서는 영국 식민지 전통이 서구식 대학을 설립하거나 영국과 미국을 비롯한 서구의 대학에서 여러 세대에 걸쳐 인도 역사학자를 훈련하는 데 확실히 뒷받침했다. 이런 이유에서 인도 식민지 역사학에는 강력한 서구화 경향이 나타났다. 덧붙이자면 이와 관련하여 남겨진 많은 기록은 주로 영국 역사학자에 의해 집필된 것이다. 18세기와 19세기 내내 인도와 관련된 영국식 글쓰기는 인도 아대륙에 대해 강하게 매료되었다. 이와 같은 특징은 인도 민족이란 인식으로 20세기에도 표본이 되었으며, 강력한 공동체주의적 역사학의 기초가 되었고, 결과적으로 인도 역사를 힌두교 판본과 무슬림 판본으로 확립했다. 힌두교 판본과 무슬림 판본으로 분리된 민족 역사학은 1947년에 인도와 파키스탄이 나뉘게 된 사건에 지대한 영향을 미쳤다. 인도의 민족주의 역사 쓰기는 영국 식민지 지배에 직접 맞서는 방향으로 더욱 흘러갔으나, 그러면서도 영국 역사학적 전통에 따라 확립된 인도 고유의 해석 패턴의 일부를 계승했다. 토착주의와 관련된 형태는 매우 두드러졌는데 여기에는 고대 인도가 오래전에 위대함을 구성하는 모든 요인을 지니고 있었으며 심지어 유럽 문명보다도 우월했다는 주장도 있었다. 이런 토착주의적 주장은 서구에

---

63 Q. Edward Wang, 'Between Myth and History: the Construction of a National Past in Modern Asia' in Stefan Berger (ed.), *Writing National History*, pp. 126-54; Prasenjit Duara, *Rescuing History from the Nation. Questioning Narratives of Modern China* (Chicago, 1995).

맞서 자기 자신을 지켜내고 왕왕 자기 스스로 '후진성'을 채택했다는 비난을 받는 근대 동유럽 역사학에서도 매우 쉽게 포착되는 것이다. 다시 말해서 그것은 비유럽 세계로 여행하기 전 유럽 역사학에서도 이미 자리를 잡은 수사 중 하나였다.[64]

19세기 중반부터 아랍 르네상스 운동은 문명 및 민족됨과 관련된 유럽 사상을 받아들였고 이를 아랍적 맥락과 조화시키려 했다. 초기 민족주의적 연구는 '아랍 민족'을 구성하는 핵심 요소로서 언어와 문화에 초점을 두었다. 1940년대, 1950년대 이전까지만 해도 서구식 훈련을 받은 역사학자는 아랍 민족이란 개념을 발전시키려 하지도 않았으며, 특히 그 개념을 여러 포스트 식민지 아랍 국가 중 이집트, 시리아, 이라크의 도움을 받아 정치적 실체로 변모시키려고도 노력하지 않았다. 다마스쿠스 대학의 총장이 될 예정이었던 콘스탄틴 주라이크(Kostantin Züreykp)는 미래를 위한 정치적 사명 선언의 하나로서 아랍 민족 역사를 썼다. 아랍 세계에서 민족주의 역사 쓰기는 자말 압둘 나세르(Jamal Abdul Nasser) 치하 이집트에서 사회주의 사상과 결합했지만 부상하고 있던 이슬람주의와 더 친밀한 관계를 구축하기 위해 고군분투했다. 이슬람 운동에서 민족의 개념과 민족주의 그 자체는 대개 불순한 서양적 개념이었기에 자연히 거부되었으며, 이슬람 신자로 구성된 (잠재적으로) 글로벌 공동체라는 사상이 그 자리를 대신했다.[65]

---

64 Radhika Seshan, 'Writing the Nation in India: Communalism and Historiography' in Stefan Berger (ed.), *Writing the Nation*, pp. 155-78; Kumkum Chatterjee, 'The King of Controversy. History and Nation-Making in Late Colonial India' *American Historical Review* 110:5 (2005), pp. 1454-75.

65 Birgit Schaebler, 'Writing the Nation in the Arab-Speaking World, Nationally and Transnationally' in Stefan Berger (ed.), *Writing the Nation*, pp. 179-96,

사하라 이남 아프리카 역사를 보면 우리는 민족주의 역사 쓰기를 확립하고자 했던 수많은 시도들을 확인할 수 있는데, 이는 대개 서양에서 훈련받은 역사학자를 통해서 이루어졌다. 이런 시도는 포스트 식민지 국가가 그네들의 통치와 영토 구획에 정당성을 부여하려는 시도를 뒷받침했다. 그러나 서양식 영향을 받은 역사 쓰기가 시작되었던 꽤 초창기에도 우리는 아프리카 독립 투쟁과 포스트 식민지 민족 국가 창설을 위한 초민족적 정당성을 부여하려는 시도가 있었을 발견할 수 있다. 1930년대 파리를 근거로 시작된 네그리튀드 운동(negritude movement)은 가장 대표적인 사례이며 범아프리카 운동 지지자가 쏟아낸 역사 쓰기도 또 다른 사례이다. 사하라 이남 아프리카에서 있었던 물질적 자원의 지속적인 결핍은 역사 쓰기와 조사가 활성화되지 못했던 사실을 설명하는 이유이기도 하며 사하라 이남 아프리카의 역사 연구의 중심지가 왜 아프리카가 아닌 서구였는지에 대한 이유가 되기도 한다. 이런 한계에도 불구하고 다카르 학파(Dakar school)의 역사 쓰기처럼 사하라 이남 아프리카에서는 식민주의적 이념을 제거한 역사학적 담론을 재도입하려고 했던 용감한 시도도 존재했다.[66]

---

66 Ibrahima Thioub, 'Writing National and Transnational History in Africa: the Example of the "Dakar School"' in Stefan Berger (ed.), *Writing the Nation*, pp. 197-212; Paul Lovejoy, 'The Ibadan School of History and its Critics' in Toyin Falola (ed.), *African Historiography. Essays in Honour of Jacob Ade Ajayi* (Burnt Mills, 1993); Michael Amoah, *Reconstructing the Nation in Africa: the Politics of Nationalism in Ghana* (London, 2006).

결론: 21세기에 민족 역사 쓰기는 무슨 경로로 나아가야 하는가?

유럽 밖에서 전개된 역사학적 민족주의 발전에 관한 지금까지의 짧은 논평은 역사학을 통한 민족주의의 촉진이 유럽이 아닌 세계의 다른 지역에서 어떤 양상으로 펼쳐졌는지를 매우 간략하게 보여줄 뿐이다. 민족주의의 다양한 이론과 민족주의 역사 쓰기에 미친 그 영향을 소개하고 있는 이 책의 맥락을 고려할 때 세계 전역에서 이루어진 많은 역사 쓰기가 민족주의적 관심사에 의해 강하게 영향을 받고 있다는 사실을 반영하는 것은 시의적절해 보인다. 역사 쓰기에 있어 민족 패러다임이 지닌 권력과 수명은 글로벌 비교 관점에서도 큰 특징이며 많은 경우에 민족주의적 의제와도 관계를 맺고 있다. 민족주의 역사 쓰기는 그 책임 범위가 공간적이든 비공간적이든 상관없이 광범위한 다른 형태의 역사 쓰기의 하나로서 성공적으로 포섭되었고, 국가 권력 및 시민 사회운동과도 밀접하게 연계되었다. 서로 다른 민족 역사 거대서사가 지배권과 우월성을 놓고 경쟁 관계에 있었기 때문에 민족주의 역사 쓰기는 본질적으로 논쟁에서 자유롭지 않았다.

역사학적 민족주의는 야누스의 얼굴을 지닌 현상으로서 억압으로부터의 해방과 자유를 위해 작용할 수도 있지만, 침략, 인종 청소, 대량 학살을 정당화하는 데 이용될 수도 있다. 긍정적인 역사학적 민족주의와 부정적인 역사학적 민족주의를 깔끔하게 재단하듯 도려내기는 거의 불가능하다. 왜냐하면 둘 다 한쪽 끝에서 다른 쪽 끝으로 손쉽게 이동할 수 있는 변화 가능성을 갖고 있기 때문이다. 다른 맥락을 고려하면 역사학적 민족주의가 지닌 유연성과 가변성은 그것 자체로 심각한 문제이기도 하고 21세기에 도대체 이를 어떻게 다뤄야 하는지에 대한 질문도 제기된다.

오늘날 서구권 학자 대다수는 역사학적 민족주의를 타인과 비교하여 자기 민족이 지닌 우월성을 확립하기 위한 수단으로 삼는 것은 거부하지만 그중 많은 학자가 방법론적 민족주의라는 한계 안에서 여전히 작업을 하고 있다. 즉 학자의 연구에서 민족 국가라는 컨테이너는 우선시되며, 역사를 민족이란 렌즈로 들여다보는 것은 역사 쓰기에 비교적, 초민족적, 글로벌 관점이란 진보가 존재하지만, 이는 아직도 매우 흔한 일로 여겨진다. 당연한 말이지만 민족이란 분석 프레임워크가 실제로 적합한 주제와 분야가 존재한다. 민족 역사를 완전히 내다 버릴 필요까지는 없는 것이다. 그렇기에 민족 역사가 민족 정체성을 고취하는 관점에서 쓰일 때 민족 역사의 건설적인 잠재력과 민족 역사의 대안을 자각하기 위한 매우 자기성찰적이고 심지어 익살스러운 형태의 민족 역사의 촉진은 바람직할 것이다. 다시 말해서, 민족 역사 쓰기는 사람이 그네들의 민족 역사와 민족 정체성의 관계성을 어떻게 이해하고자 하는지를 정치적으로 결정하는 일반적인 수단처럼 대화와 토론에서 대체 불가능한 것처럼 구성되어서도 안 되고, 논쟁의 장으로 들어가서도 안 된다. 시간이 지나면서 생긴 변화는 논쟁으로 만들어진 변화된 사항과 수정된 내용에 따라 수용되기도 한다. 민족 역사와 민족 정체성과 관련된 근본주의적 구성에서 벗어나는 작업은 과거를 권위적으로 넘어서려는 시도와 민족주의적 거대서사를 위로부터 규정하려는 시도보다도 분명하게 큰 이점을 갖는다.

더 읽을거리

Berger, S. (ed., 2007). *Writing National Histories. A Global Perspective.* Basingstoke: Palgrave MacMillan.

Berger, S., & Lorenz, C. (Eds., 2008). *The contested nation: ethnicity, class, religion and gender in national histories.* Basingstoke: Palgrave Macmillan.

Berger, S. with Christoph Conrad (2015). *The past as history: national identity and historical consciousness in modern Europe.* Basingstoke: Palgrave Macmillan.

Frank, T. & F. Hadler (Eds., 2011), *Disputed territories and shared pasts: overlapping national histories in modern Europe.* Basingstoke: Palgrave Macmillan,

Iggers, G. G., & Q. E. Wang with contributions from S. Mukherjee (2008), A *global history of modern historiography.* Harlow: Pearson Longman.

Middell, M. & L. Roura i Aulinas (eds., 2013), *Transnational Challenges to National History Writing.* Basingstoke: Palgrave MacMillan.

Porciani, I. & L. Raphael (Eds., 2010), *Atlas of European Historiography. The Making of a Profession, 1800-2005.* Basingstoke: Palgrave Macmillan.

Porciani, I., & Tollebeek. J. (Eds., 2012). *Setting the standards: Institutions, networks and communities of national historiography.* Basingstoke: Palgrave Macmillan.

Woolf, D. (2011). *A global history of history.* Cambridge Cambridge University Press.

3장

마르크스주의와 민족주의 역사

미로슬라프 흐로흐(Miroslav Hroch)[1]

서론

단순화는 모든 '주의(ism)'에 내재한 특징이며, 특히 사회적 행동과 세계의 해석 모두에 적용될 때 더욱 뚜렷하게 드러난다. 주의가 들어가는 술어는 오해의 위험이 크기 때문에 사전에 정의를 분명하게 할 필요가 있다. 이 장의 핵심 술어 모두가 여기에 해당한다. 다양한 방식으로 오용되는 애매한 술어 '민족주의(nationalism)'의 정의를 합의하는 일은 거의 불가능하기에, 이 장에서 필자는 마르크스 이후 수십 년 동안 온전히 완성된 '민족'의 맥락이 존재한다는 점을 인정하더라도 정통 마르크스주의자의 개념 정의를 따르려 한다. 민족주의는 모든 민족 구성원의 이익

---

1 제3장의 원문은 미로슬라프 흐로흐가 독일어로 쓰고, 비비안 스트로트만(Vivian Strotmann)이 영어로 번역함.

을 옹호하는 이데올로기로 보였지만, 실제로는 민족 지배계급의 이기적인 이익을 위해 봉사하는 이데올로기로서 범주화되었다. 특정한 상황에서 그것은 부르주아 계급의 진정한 이익을 가리는 연막이라고 불려왔다. 참고로 민족주의란 술어는 19세기 후반 카를 마르크스(Karl Marx)와 프리드리히 엥겔스(Friedrich Engel)의 생전에는 사용되지 않았다. 이런 '민족주의'에 대한 마르크스주의적 인식을 이 장의 핵심 쟁점으로 삼는 것은 결과적으로 관점과 검토의 불필요한 편협함을 수반할 것이다. 본래 연구의 주된 대상은 바로 민족이었다. '민족주의(nationalism)'라기보다는 말이다. 그렇기에 필자는 '민족(nation)'이라는 술어를 출발점으로 택하여 '고전주의자'와 후기 마르크스주의자가 어떻게 민족과 그 관련성을 이해했는지, 또 그네들이 유럽 자본주의 사회의 맥락에서 그것의 형성을 어떻게 해석했는지 면밀하게 조사하는 것이 타당하다고 생각한다. 원래 19세기와 그 이후(제2차 세계대전까지) 모든 토론과 민족, 민족주의에 대한 연구는 고유한 유럽적 현상으로 여겨졌기 때문에 유럽에 집중해 있었다. 그에 따라 마르크스주의적 개념에 관한 개관은 다른 무엇이 아닌 유럽을 다룬다: 술어가 글로벌화됨에 따라 이런 술어에 대한 이해는 지난 수십 년 동안 뚜렷하게 변화했다. 하지만 이런 변화를 해석하는 것은 이 장의 주제가 아님을 미리 밝힌다.

그렇다면 '마르크스주의(Marxism)'가 민족과 관련하여 의미하는 바는 무엇인가? 이 장에서 정통 마르크스주의자부터 오스트리아 마르크스주의 수정주의자, 오늘날의 신 마르크스주의자와 포스트 근대주의자에 이르는 다양한 해석과 넓은 스펙트럼을 모두 풀어낼 여유는 없다. 오히려 맥락을 충분히 검토하는 것이 더 중요하다. 지난 170년 동안의 역사적 관점과 정치적 상황에 따라 두 가지 맥락과 이에 상응하는 두 가지 '마르

크스주의'가 있었다:

1. 민족(또는 민족 국가)을 사회정치적 요인으로 여기는 것을 전제로 하는, 꽤 논쟁의 여지가 많은 토론과 검토가 사회주의를 통해 자본주의를 극복하려는 투쟁의 맥락에서 이루어졌다. 이런 정치적 갈등의 풍토에서 마르크스주의자는 민족의 개념을 그네들의 투쟁에 효용이 있는지 없는지에 따라 판단했고 자연스럽게 사회주의적 미래와의 관련성을 전제로 민족을 논했다. 물론 이런 혁명적인 관점은 사회 계급과 그네들의 이해관계를 전면에 내세웠기 때문에 분석의 객관성을 약화했다. 특히 가장 격렬하게 논의된 문제는 주로 '민족'의 관점에서 던져진 것이 아니라, 시급히 해결해야 하는 '민족문제(national question)'로 공식화되었다. 또 이와 같은 과정에서 더 나아가야 하는 두 단계가 포착될 수도 있다: 하나는 사회주의 혁명보다 선행하는 단계이고, 다른 하나는 사회주의 혁명을 뒤따르는 단계이다.

2. 민족 건설과 민족주의에 대한 검토와 토론은 '사회주의로의 이행(transition to socialism)'을 더 이상 가능한 역사적 관점으로 보지 않고 사회주의 민족의 발전과 배치를 의제로 삼지 않는 사회정치적 조건에서 이루어졌다. 마르크스의 가르침을 받아들이거나 영감을 받은 사람조차도 사회주의 혁명의 도구로서 마르크스의 가르침 자체를 갈수록 강조하지 않았다. 이런 맥락을 구분하는 것은 유용하며, 설사 유용하다고 하지 않다고 해도 최소한 포괄적으로 '마르크스주의'라고 인식될 수 있는 것을 더욱 정교한 시각으로 볼 수 있게 한다. 이런 구분은 마르크스주의를 정치 프로그램이나 정치적 교의로, 또는 마르크스주의를 분석적 도구나 방

법으로 식별하는 것을 가능하게 한다.[2]

　- 전자와 함께 '민족문제'에 대한 이론적 분석은 사회주의로 가는 길에 있는 사회의 혁명적 전환을 위한 정치적 투쟁에 봉사했다. 이런 투쟁은 마르크스주의(나중에 마르크스-레닌주의)에 호소했고, 그네들의 추종자는 이런 정치적 목표를 다소 동일시했다. 계급과 혁명은 이와 같은 이론의 핵심 개념이었다.

　- 후자와 함께 마르크스주의 이론의 기초는 저자가 사회주의적 신념을 공언하든 아니든 학문적 분석의 도구로 사용되었다. 여기서 마르크스주의는 카를 마르크스의 사상과 관련된 연구 방법론과 모델의 응용으로 제시되었으며 활용되었다. 그러나 이런 응용은 더 이상 계급 투쟁에서 전투적인 주장의 하나로 사용되지 않는다. 오히려 그것은 역사적 과정을 분석하고 설명하는 데 사용된다. 우리의 경우 근대 민족과 민족주의의 형성이다.

이론, 세상을 바꾸는 하나의 수단

카를 마르크스나 프리드리히 엥겔스 모두 민족 건설 과정에 대한 체계적인 분석을 남기지 않았다고 흔히들 말하지만, 두 사람 없이는 민족주의 연구의 역사적 개괄을 시작할 수 없다. 마르크스와 엥겔스는 민족주

2　이런 구분이 완전히 새로운 것은 아니다. 이는 '젊은' 마르크스와 '늙은' 마르크스를 단지 나란히 병기하는 문제와 관련된 것이 아니다. 도리어 이는 "마르크스의 인식론에 존재하는 근본적인 내적 모순"의 양면성에 대한 것이다. 이에 대해서는 다음을 참고하라. Immanuel Wallerstein, 'To each his Marx' in Etienne Balibar and Idem (eds.), *Race, Nation, Class. Ambiguous Identities* (London and New York, 1991), pp. 125 f.

의 이론의 초안도 남기지 않았고, 민족과 민족주의를 체계적으로 정의하거나 서술하지도 않았으며 결론을 도출하지도 않았다. 하지만 마르크스와 엥겔스가 민족 현상을 자주, 그리고 강렬하게 직면했으며 민족의 정치적, 사회적 관련성을 계속 언급해야 하는 상황에 놓였었다는 것은 주지의 사실이다. 두 사람은 일반적인 사회의 현상을 관찰하고 이를 공식적으로 발언했다. 바로 이것이 마르크스와 엥겔스의 추종자가 이론을 공식화하는 과정의 지침(또는 출발점)이다. 여기에서 핵심은 (민족 국가라는 의미에서) 민족이 부르주아 계급의 도구이기 때문에 프롤레타리아 계급의 동일시('모국') 대상이 될 수 없다는 의견이었다.

공정하게 말하자면, 우리는 민족에 대한 이론이 당대의 의제가 아니었다는 점, 결과적으로 어떠한 비마르크스주의 민족 개념도 사회과학에서 공식화되지 않았다는 점을 명심해야 한다. 마르크스주의 혁신은 이 자연성에 대한 부분적 또는 완전한 의문으로 여겨질 수 있다. 민족은 일반적으로 자연 현상의 하나처럼 여겨졌고 정치적, 사회적 가치로도 여겨졌다. 가능한 마르크스주의 혁신은 이런 자연스러움에 대한 부분적 의문이나 완전한 의문을 제기하는 것이다.

술어 자체만 보자면 마르크스와 엥겔스는 '민족'을 '국가 지위(statehood)'의 동의어로 보며, '민족성/국적(nationality)'과 관련하여 국가를 상실한 채 비참하게 살고 있는 하나의 민족을 의미한다는 점과 심지어 정치적 역사도 없을 가능성이 농후한 하나의 민족을 의미한다는 점을 구분했다. (민족) 국가는 자본주의 사회의 필수 구성요소이자 질서를 갖춘 원칙으로 여겨졌다. 민족과 국가는 두 손을 맞잡고 진보의 시간적, 역사적 역할을 하며 둘 다 파멸을 향해 걸어가고 있다. 마르크스와 엥겔스는 '민족'이라는 범주에 대해 상반된 태도를 보였다: 그 둘은 민족을 역사적으로 필요하고 일시적으로 진보적인 현상으로 보았지만, 부르주아 세계가 그랬던 것처럼 민족 그 자체를 하나의 규범과 가치로 인식하지는 못했다. 프롤레타리아 계급은 민족에 따라 조직되지 않고 '인터내셔널(Internationals)'로 조직되어야 한다.

그때까지도 논의되고 이론적으로 정의된 유일한 문제는 국가 없는 민족의 존재(또는 부재) 또는 간단히 말해서 '비역사적 민족'이었다. 마르크스와 엥겔스는 19세기 중반의 많은 독일 자유주의자들과 조화를 이루면서 야만 민족과 문명화된 민족이라는 헤겔의 '야만스러운(barbaric)'과 '문명다운(civilized)' 이분법을 이용했으며,[3] 이미 확고하게 자리잡은 민족만을 인정했고, 국가 없는 민족을 '역사 없는 사람(들)'처럼 간주했다. 국가 없는 민족은 봉건시대부터 우연히 살아남은 '사람들의 유물'의 화신이었고, 또 거대한 민족에 의해 동화되면서 문명화될 것이었다; 프로방스인, 브르타뉴인, 스코틀랜드인, 웨일스인이 동화되었던 것과 같은 방식으로 말이다. 이 사람들은 부르주아 계급이 없기에 민족으로서 존재할 희망이 없다. 1848-49년 혁명이라는 구체적인 역사적 상황 속에서 이는 중부 유럽의 비역사적 사람이 스스로를 게르만화하거나 마자르화할 기회를 얻었음을 의미했고, (누가) 그 기회를 거부했기 때문에 그들은 반혁명을 지지했다.[4] 그 결과, 이런 민족들은 자본주의 사회로의 편입을 이론

---

3 Georg Wilhelm Friedrich Hegel, *Philosophy of Right* (German original 1820;Oxford, 1953), pp. 217 ff.

4 Friedrich Engels, 'The Democratic Panslavism' in: *Marx Engels Collective Works* Vol. 8., pp. 362 ff.; 범슬라브주의 등을 다룬 카를 마르크스의 유명한 논문은 다음을 참고하라. Eleanor Marx-Aveling (ed.), *Revolution and Counter Revolution* (London, 1971). 또 Roman Rosdolsky, *Engels and the "Nonhistoric" Peoples: The National Question in the Revolution of 1848* (Glasgow, 1987)을 참조.

적으로 더 깊이 연구하기에 충분히 흥미롭지 못했기 때문에 '고전'의 지평선에서 사라졌다. 이와 같은 민족들에 부르주아 계급이 없다는 가정은 당대의 지위를 반영했지만, 얼마 지나지 않아 그 예단은 잘못된 것이었음이 드러났다.[5]

민족문제를 검토하면서 마르크스주의의 '실패'를 말할 때, 거대한 민족 국가는 최우선으로 떠오르는 주제가 아니다. 마르크스도 엥겔스도 프랑스인, 네덜란드인, 독일인의 민족적 존재에 의문을 제기하지 않았다. 마르크스와 엥겔스는 그 사람을 부르주아 계급이 이끄는 실재 민족들로 이해했고, 결과적으로 부르주아 계급에 대항하는 프롤레타리아의 국제주의 투쟁은 그 민족의 틀 안에서 일어나야 했다.

마르크스도, 19세기 후반의 마르크스주의자들도 모두 자본주의 사회의 형성에 있어 유기체적 일부로서 '비역사적' 민족(그리고 그것이 대다수였던)의 민족 운동을 이해하지 못했다. 오히려 그들은 비역사적 민족을 정치적 합병증처럼 생각했다. 프롤레타리아 계급의 정치적 목표에 전적으로 초점을 맞춘 마르크스주의자는 이런 민족 운동을 체코인, 리투아니아인, 슬로베니아인 등 민족적 존재에 대해 정당성을 부여하지 않은 일부 민족 열성자들의 주지주의적 프로젝트로 이해했다. 마르크스주의자는 심지어 객관적인 사회적 요인을 검토하기 위한 멈춤이 없었다. 이런 점에서 마르크스나 엥겔스와 같은 프롤레타리아 국제주의자들은 부르주아 자유주의 민족주의자들과 거대한 민족의 부르주아 계급에 동의했다.

---

5 마르크스의 견해에 대한 체계적인 전체 그림은 다음을 참고하라. Ian Cummings, *Marx, Engels and National Movements* (London, 1980); Charles C. Herod, *The Nation in the History of Marxian Thought* (The Hague, 1976); Ephraim, Nimni, *Marxism and Nationalism. Theoretical Origins of a Political Crisis* (London, 1994).

이런 태도는 모순을 내포하고 있었다. 한편으로 프롤레타리아는 모국이 없고(또는 가져서도 안 되며) 또 민족은 부르주아 계급만이 휘두르는 권력의 도구였다. 다른 한편으로 자본주의 형태를 향해 나아가는 발전은 생산성/생산력 진보의 필연적인 결과로 이해되었고, 이는 민족을 이런 발전의 역사적으로 필수적인 구성요소, 즉 하나의 유기체로 만들었다. 그러나 이는 '역사적' 민족, 즉 폴란드인이나 마자르인 같은 민족이나 민족 국가에 해당하는 것으로 여겨졌으며, 그런 민족은 이전에 국가 지위(statehood)를 확보하고 있었고 진보적 자본주의의 길을 열기 위해 혁명을 중심으로 자유를 누릴 준비가 되어 있었다. 사회주의를 통한 자본주의의 극복도 마찬가지로 필요하다고 여겨져 민족의 존재에 근본적으로 의문을 제기할 수 있게 되었다: 미래는 민족의 하나가 아니었다.[6] 그러나 이런 고려사항에는 민족적 동의의 인위적인 산물이자 우연의 일치로 간주되는 '비역사적' 민족은 포함되지 않았다.

정치적 동기가 배제된 민족 운동과 이런 민족 운동의 상당수가 성공했다는 실증적 사이의 모순은 여전히 문제로 남아 있다. 사실 이런 문제는 민족이나 민족주의의 일관된 이론의 발전을 불가능하게 만들었다. 이 내면의 긴장감은 우연이 아니었을지도 모른다. 그것은 카를 마르크스의 고유한 과학 개념과 관련된 근본적인 이원론에 부합한다. 한편으로 과학은 사회의 객관적인 실재와 '그 작용의 법칙(Gesetzmässigkeiten)'을 탐구하고 알아내고자 하는 학문으로서, 기본적으로 실증주의적 접근법이었다. 다

---

6 1845년에 민족 시장의 발전이 필수적이고 또 낙관적인 단계에 있다는 프리드리히 리스트(Friedrich List)의 주장은 마르크스에게 반박당했다. 이 논쟁은 하나의 전조증상이었다. 자세한 내용은 다음을 참고하라. Roman Szporluk, *Communism and Nationalism. Karl Marx Versus Friedrich List* (New York, 1988). 또 Friedrich Lenz, *Friedrich List, der "Vulgarökonome" und Karl Marx* (Jena, 1930)을 참조.

른 한편으로 사회 속에는 객관적 조건뿐만 아니라 인간의 필요와 주관적 이해관계 역시 중요한 역할을 한다는 가정도 존재한다.[7]

사회주의 운동이 단일 종족(mono-ethnic)으로 인식되는 '역사적(historical)' 민족 국가의 조건 아래에서 발전하는 한, 민족운동은 단지 주변부에서 일어나는 현상에 불과했다. 1860년대 및 1870년대의 제1차 인터내셔널 당시에도 이와 같은 '사람들의 유물(relics of peoples)'에 대한 격렬한 논쟁이 계속되고 있었지만, 민족운동은 더욱 강성해지고 분명한 성공을 이룩했다. 19세기 말 복수의 종족(multi-ethnic)으로 이루어진 러시아, 오스트리아, 오스만 제국의 영토에서 많은 민족운동이 성공을 거두었을 때야 큰 변화가 생겼다. 소규모 민족이 실재가 된 것이다. 슬로건이 아닌 이론적 분석을 통해 이 새로운 상황을 수용해야 한다는 필요성이 제2차 인터내셔널에서 뜨거운 감자가 되는 논쟁을 낳았고, 이때 체계적인 이론 개념이 출현했다.

정통 마르크스주의자인 카를 카우츠키(Karl Kautsky)는 당시의 민족문제를 분석한 사람 중 가장 중요한 인물이었다. 카우츠키는 부르주아 계급의 영도 아래 민족 시장이 공고해지는 프레임워크 속에서 민족으로 이루어진 국가 이외에는 다른 무엇도 상상할 수 없었다. 민족 시장은 하나의 통일된 언어가 필요했기에 그는 부르주아 계급 아래서 시장을 건설할 기회가 없는 모든 소수 종족(ethnic minorities)의 동화를 요구했다. 그렇기에 늦어도 1887년까지도, 카우츠키는 체코에 부르주아 계급이 없었기 때문에 체코가 민족이 될 수 없다고 주장했다.[8] 카우츠키는 10년 후 체코

---

7 Georg C. Iggers, *Historiography in the Twentieth Century: From Scientific Objectivity to Postmodern Challenge* (London, 1997), 특히 7장 Marxist Historical Science from Historical Materialism to Critical Anthropology를 참조.

사회주의 운동이 그네들의 민족과 자신을 동일시했을 때에도 그런 확신을 신봉한 채로 남아 있었다.

또 정통 마르크스주의는 러시아 내 민족운동과의 관계성에서 러시아 사회주의자의 정치적 실천을 결정하기도 했다. 이 점에서 블라디미르 레닌(Vladimir Lenin)과 로자 룩셈부르크(Rosa Luxemburg) 사이의 다툼은 전조증상의 하나였던 셈이다. 1905년 혁명이 실패한 이후 레닌은 사회주의자와 민족운동 간의 협력을 지지했고, 그들의 반차르주의 투쟁은 진보의 편에 섰다. 룩셈부르크는 민족이 프롤레타리아 계급과 공통점이 없는, 자기 조직화된 부르주아 계급일 뿐이라는 이유로 강하게 반대했다. 계급 사회에서 동질성을 지닌 사회정치적 실체로서의 '민족'은 존재하지 않는다. 경제 또는 도덕의 영역에서도 부르주아 계급과 프롤레타리아 계급은 통합된 채 '민족스러운(national)' 실체로 나타날 수 없다.[9] 따라서 룩셈부르크는 (러시아 통치하에 있는 사람들의) 민족에 대한 '자기 결정권'이라는 문구를 빈 껍데기로 간주하기까지 했다. 이 민족은 자본주의의 논리를 통해 동화될 운명에 처한 것이다.[10]

레닌은 마르크스와 엥겔스에 의지하는 이런 정통적인 입장에 반대하여 20세기 초까지 사회적 조건이 변화했다고 주장했다. 자본주의의 성취는 민족의 창조로 이어지기 마련이었고, 그 경제적 토대는 부르주아

---

8 Karl Kautsky, 'Die moderne Nationalität', *Die Neue Zeit. Revue des geistigen und öffentlichen Lebens* 5: 9 (1887) pp. 402 f., 443 ff. 또 Ephraim Nimni, *Marxism and Nationalism*, pp. 48 f을 참조.

9 Rosa Luxemburg, 'The National Question and Autonomy' in Micheline Ishay and Omar Dahbour (eds.), *The Nationalism Reader* (New Jersey, 1995), p. 202.

10 Rosa Luxemburg, 'The National Question and Autonomy' in Horace B. Davis (ed.), *The National Question* (New York, 1976). See also John P. Nettl, *Rosa Luxemburg* (Oxford, 1966).

계급의 편에서 지역 시장을 통제하는 것이었다. 정통 마르크스주의는 같은 언어를 사용하는 주민을 이런 영토로 통합하는 것에 관심을 두었다. 레닌은 언어적으로 이질적인 민족이 후진적인 경향이 있다면 민족 국가는 자본주의의 발전과 복지를 위한 최상의 조건을 제공한다는 카우츠키의 테제에 의지했다. 여기서 레닌은 민족 건설의 두 단계를 명명했다: 첫 번째 단계는 민족운동이 봉건주의와 싸워서 진보의 편을 들고 프롤레타리아 계급의 잠재적인 동맹자가 되는 것이다. 두 번째 단계에서 부르주아 계급은 자본주의 사회에서 이미 지배적이며 주요 반대파는 부르주아 계급과 프롤레타리아 계급 사이에 있다.[11] 이 단계에서 민족운동은 부르주아 계급의 이익을 옹호하면서 사회주의의 적이 된다. 이런 시대 구분은 러시아 노동운동의 실천에 중요할 뿐만 아니라 (정치적 교의에 구속되지 않는) 민족운동 전반에 대한 연구에 영감을 주었다. 레닌이 민족문제를 글로벌화했다는 것도 이런 맥락 속에서 언급되어야만 한다. 세계혁명이란 생각을 출발점으로 삼아 레닌은 아시아와 식민지 세계의 억압된 사람들에게도 관심을 기울였다.[12]

그러나 그와 동시에, 이 논의와는 별개로, 젊은 사회민주주의자 오토 바우어(Otto Bauer)는 방대한 분량의 저작인 『민족문제 및 사회민주주의론(Die Nationalitätenfrage und die Sozialdemokratie, 1907)』에서 정통 마르크스주의의 보다 철저한 보완을 위한 새로운 방법을 모색했다.[13] 이 저작은 민족 형성의 과정을 마르크스주의적이고 체계적으로 해석하려 했던 최초

---

11 Vladimir I. Lenin, *The Right of Nations to Self-Determination* (New York, 1970).

12 Ephraim Nimni, *Marxism and Nationalism*, pp. 84ff.

13 Otto Bauer, *Die Nationalitätenfrage und die Sozialdemokratie* (1907; expanded second edition Vienna 1924). English translation: *The Question of Nationalities and Social Democracy* (Minneapolis, 2000).

의 작업이었다. 바우어는 정치적 마르크스주의에서 마르크스주의로의 전환을 하나의 방법론으로 제시하면서, 과학적 분석을 통해 정치적 문제를 풀어내려고 했다. 바우어의 당대의 정치적 목표 중 하나는 민족문제로 인한 오스트리아 사회민주당의 분열을 극복하는 것이었다. 다른 하나는 민족문제에 대한 해결책으로써 이미 10년 된 오스트리아 마르크스주의 문화 자주권의 개념을 과학적으로 시험하려는 것이었다.[14] 현실정치 분야에서 바우어는 국가 없이 독립적이고 '생존할 수 있는' 민족의 권리를 인정함으로써 정통 마르크스주의를 수정했고, 미래 사회주의 사회의 형성에 참여하기 위해 독립적이고 문화적으로 자주적인 공동체로서의 민족을 기대했다.[15] 바우어의 눈에는 민족문제가 민족의 성격과 기원에 대한 보다 심도 있는 이론적 검토 없이는 해결될 수 없는 것이었다.[16] 이것이 10년 넘게 '부르주아' 과학자들 사이에서 지속되어 온 논쟁에 대한 바우어의 대답이었다. 결국 민족이 어떻게 정의될 수 있는지에 대한 문제, 즉 누가 모든 것을 다 갖춘 민족으로서 인정된다고 정당하게 주장할 수 있는지에 대한 문제는 사회민주주의자들에게만 해당되는 것이 아니라 정치적인 문제이기도 했다.

무엇보다도 바우어는 민족의 지배적인 관념을 수 세기 동안 존재해 온 공동체의 하나로서 받아들인 셈이다. 바우어는 역사적 단계와 지배적인 계급 구조에 따라 이전의 여러 '민족(nations)'을 구별함으로써 이런 영존주의적 관점을 상대화했다: 이는 선사시대 부족으로 이루어진 민족, 중

---

14 룩셈부르크(Luxemburg)와 레닌(Lenin) 모두 이 개념에 부정적인 입장이었다.

15 이 비전은 10월 혁명 이후 레닌의 민족 '자결'의 개념과 어느 정도 닮아 있지만, 이는 훗날 스탈린의 개입으로 인해 한낱 웃음거리로 전락했다.

16 Ephraim Nimni, *Marxism and Nationalism*, pp. 127ff.

세 봉건주의의 민족, 초기 부르주아 계급의 민족, 지식인들의 민족을 말한다 ― 그리고 나서야 자본주의 시대가 도래하여 지금의 민족이 되었다고 이해한 것이다. 그 결과, 이런 민족은 오랜 역사적 과정을 통해서 표면에 등장하게 되고, 그 과정에서 구성원들은 공유된 운명과 수반되는 갈등을 경험하면서, 동시에 정보와 의견을 지속적으로 교환한다. 바우어에게 민족은 "운명에 의해 하나의 성격을 지녔으며 공동체 의식으로 연결된 사람들의 공동체"였다. '운명의 공동체(community of fate)'라는 술어는 "같은 운명에 굴복하는 것이 아니라, 같은 운명에 대한 경험을 공유하는 것", 즉 '연속적인 교류, 지속적인 상호작용'을 의미했다.[17] 이런 상호작용의 가장 중요한 매개체는 과거에도 언어였고, 지금도 언어다: 한편으로 바우어는 서로 다른 민족의 노동자가 각 민족의 부르주아 계급보다 서로 공통점이 더 있다는 '고전적' 마르크스주의 논지를 옹호했다. 다른 한편으로, 운명의 공유된 경험은 노동자를 그네들 민족의 다른 계층과 연결했다. 이것이 바우어가 민족을 문화 공동체로 분류하는 것에 대해 상당한 의구심을 표했던 이유였다. (자본주의) 계급사회 속에서 문화는 주로 지배계급의 문제로 남아 있지만, 미래의 사회주의 민족에서는 노동자도 문화공동체를 만들고 완전히 참여할 수 있었다.[18]

바우어 이론의 약점은 자신의 저서 서문에서 제기했듯이 민족성(국적)에 대한 문제가 민족 성격을 통해 해석될 수 있다는 것에 있다. 바우

---

17 Otto Bauer, *Nationalitätenfrage*, pp. 112f., 126. (독일어 원문: "die Gemeinschaft der durch Schicksalsgemeinschaft zu einer Charaktergemeinschaft verknüpften Menschen"; "Schicksalsgemeinschaft"; "nicht Unterwerfung unter gleiches Schicksal, sondern gemeinsames Erleben desselben Schicksals"; "im dauerhaften Verkehr, fortwährender Wechselwirkung miteinander").

18 Otto Bauer, *Nationalitätenfrage*, pp. 51 ff.

어에 따르면 이는 "하나의 민족이 다른 민족과 다르다고 할 수 있는 신체적, 정신적 특성의 복합체"를 의미한다.[19] 이런 특성은 동일한 역사적 힘과 조건이 민족의 모든 구성원에게 영향을 미친 결과로 발전되었다고 한다.[20] 민족 성격을 실증적으로 파악하기 힘들다는 것은 정당화되면서 반복적으로 제기되는 주장이다. 그런데 오늘날 마르크스주의자 사이에서도 자주 사용되는 '민족주의'라는 술어가 오토 바우어의 술어 목록에 들어 있는 민족주의와 동의어가 아니라는 점은 어떤 전조증상을 드러낸다.

요약하자면 오토 바우어는 두 가지 측면에서 민족을 연구했다고 할 수 있다. 우선 바우어에게 마르크스주의는 정치적 문제인 오스트리아의 민족성(국적) 문제를 해결하기 위한 수단의 하나였다. 그러나 1918년 오스트리아-헝가리 제국의 붕괴로 인해 바우어의 해결책은 쓸모가 없어졌다. 다른 한편으로 마르크스주의를 하나의 방법으로 간주하면서, 바우어는 민족 형성에 대한 복잡한 프로그램적 마르크스주의 분석을 명확하게 만들려 시도했다. 우리는 여기에서 마르크스주의자로 여겨졌던 몇몇 연구자들이 방법론의 일부로 사용한 일반화와 기본 교의를 발견한다. 여기에서 민족은 끝없는 형성 과정인 오랜 역사적 발전에 의해 만들어진 객관적으로 존재하는 공동체로 이해되었다(이해라는 말은 본질주의적이라는 의미를 내포한다). 공통의 역사나 공유된 운명을 통해 구성원은 항상 다른 민족의 구성원이 아닌 서로가 서로에게 더 밀접하게 연결되었고, 언어가 그 과정에서 중요한 역할을 했다. 이런 운명의 공동체는 내부 갈등을 통해 형성

---

19 Ibid., pp. 2 f. (German original.: "Komplex körperlicher und geistiger Merkmale, durch die sich eine Nation von der anderen unterscheidet").

20 Ibid., pp. 124 f.

되었는데, 근대 민족의 형성 과정은 부르주아 계급과 프롤레타리아 계급 간의 계급 투쟁과 밀접하게 연관되어 있었다. 바우어의 저작이 2000년에 야 영어로 번역되었기에[21] 대부분의 영미권 연구자는 바우어를 오랫동안 간접적으로만 알고 있었던 셈이다.

운명은 아이러니한 느낌을 준다. 오토 바우어의 이론은 레닌이 1913년 빈에 파견하여 오스트리아 마르크스주의를 연구하도록 임무를 맡겼던 한 러시아 혁명가 덕분에 가장 강력한 힘을 발휘했다. 이 남자는 훗날 엄청난 악명을 떨친 요제프 주가슈빌리 스탈린(Josef Džugašvili-Stalin)이었다. 스탈린은 오토 바우어의 책에 매우 흥미를 느꼈으나 깊이 이해하지는 못했다. 그럼에도 불구하고 스탈린은 마르크스주의와 민족문제를 비판적인 관점에서 평가한 글을 남겼다.[22] 스탈린은 민족 형성에 대한 오토 바우어의 역사적 측면을 받아들였고, 민족을 역사적으로 '발전된' 공동체라고 특징지었지만, 바우어의 5단계 발전이론을 단순화하여 두 단계로 축소했다: 즉 자본주의 이전의 단계와 자본주의 이후의 단계로 말이다. 동시에 스탈린은 '성격의 공동체'와 '운명의 공동체'라는 술어를 철저하게 배격했다. 바우어와 함께, 그리고 오래된 마르크스주의 전통의 정신에 따라, 스탈린은 시장 지배권을 갖기 위한 부르주아 계급의 투쟁이 현재 민족의 세대를 위해 매우 중요하다고 강조했다. 스탈린은 바우어의 복잡한 술어적 고찰을 훗날 매우 명성을 얻게 된 정의로써 효율적으로 요약했다: "민족은 역사적으로 구성되어 왔으며, 사람들로 이루어진 안정된 공동체이며, 공통의 문화 속에 존재하는 공통 언어, 영토, 경제생활, 심리적

---

21 Otto Bauer, *The Question of Nationalities and Social Democracy*.

22 Josef Stalin, *Works* Vol. 2 (Moscow, 1952)를 참고하여 영역하였음.

구성을 기반으로 형성되었다."[23]

스탈린의 의견은—엄격함, 개별적 요인에 대한 개략적인 정의, 민족의식을 과소평가했기 때문에—여러 차례 의심에 휩싸였지만, 1920년대 이후 소련과 그 위성국가에서 그것은 세계의 주요 지역에서 유효한 과학적 공리가 되었다. 이는 민족과 민족주의의 개념으로 유일하게 받아들일 수 있는 것을 선정하기 위한 연구를 강제했지만, 때로 형식적인 것에 불과했다. 스탈린의 정의는 이런 연구의 지평을 설정했고, 따라서 방법론으로서 독단적인 마르크스주의의 보편적인 쇠퇴와 일치하는 한 그것의 분석적 잠재력을 강하게 제한했다. 10월 혁명의 10년 후, 마르크스-레닌주의에 기반을 두고 있다고 주장했던 스탈린의 민족 정책에 대한 독재적 행위는 스탈린이 혁명 이전에 수립한 이론, 즉 모든 민족은 자기결정과 문화적 자주에 대한 진정한 권리를 가지고 있다는 이론과 더 이상 일치하지 않았다. 여기에 20세기 말까지 소비에트 블록의 모든 국가에서 살아남은 '부르주아적 민족주의'와 사회주의적 '애국주의' 사이의 위선적인 구분이 더해졌다. 1960년대부터 소련과 동유럽 국가에서 스탈린주의 개념은 점진적인 개정이 이루어졌고, 방법론으로서 마르크스주의의 회귀로 이어졌으며, 마르크스주의로부터 영감을 받은 서구 연구자와 점점 더 조화를 이루게 되었다.

---

[23] Josef Stalin, *Works* 2, p. 307.

세상을 바꿀 야망이 없는 이론으로서의 마르크스주의

합스부르크 왕조가 붕괴된 이후, 민족문제를 해결하기 위한 오스트리아 마르크스주의 개념의 강도는 실증적으로 검증될 수 없었다. 중부 유럽과 서유럽에서, 이것은 마르크스주의식 방법론을 일종의 정치적 고용 관계에서 부과된 책임으로부터 효과적으로 해방했다. 오직 소련(그리고 1948년 이후 동유럽에서도 마찬가지였음)에만 정통성에 대한 정치적 통제와 스탈린의 테제로 대표되는 '진정한' 마르크스주의의 수호자가 존재했다. 여기에서 마르크스주의는 정치적 교리와 이론으로서 하나의 연합을 천명했으며, 그렇게 마르크스주의는 제3차 인터내셔널에 의해 통제된 공산주의 운동에서도 계속되었다. 안토니오 그람시(Antonio Gramsci)는 서구에서 세계대전 동안 범세계주의적 부르주아 계급에 대항하여 프롤레타리아 계급을 민족성에 고착된 사람들의 무리로 재해석하려고 애쓰면서 마르크스주의 이론을 펼쳐내려던 소수의 연구자 중 한 사람이다.[24]

제2차 세계대전 이후 서유럽의 마르크스주의는 서서히 생명력을 잃어가는 정치 교리였다. '민족문제'에 관련하여 공산당의 스탈린주의적 교조주의와 '신 마르크스주의적' 수정주의 사이에서는 오락가락하는 움직임이 있었다. 사회 구조와 인구 통계의 변화를 통해 계급 차이는 더 복잡해졌다. 그 결과 민족 분리주의('부르주아적 민족주의')와 노동자 계급의 통일 사이의 대립, 즉 20세기의 초엽에 대단히 중요했던 계급과 민족의 이분법적 대립은 그 타당성을 상당 부분 상실했다. 마르크스주의를 정치 교

---

24 Stuart Hall, 'Gramsci's Relevance for the Study of Race and Ethnicity' in Idem (ed.), *Critical dialogues in Cultural Studies* (London, 1996). Treated in a broader context by Ephraim Nimni, *Marxism and Nationalism*, p. 110.

리로서, 또 당대에 벌어지던 민족주의 문제와 관련하여 방법론으로 적용하려고 했던 연구자의 마지막 논의는 1970년대 중반 프랑스와 영국에서 이루어졌지만, 거의 반향을 일으키지 못했다. 하우프트(Haupt), 뢰위(Löwy), 와일(Weill)은 구성주의적인 인식에 대해 명확한 입장을 취했고, 민족을 초개인적 실체와 동일시하기를 갈망하는 모든 계층의 시민들로 이루어진 거대하고 사회적인 공동체로써 이해했다. 내적 이해충돌은 물론 '비이성적 유대'라는 조건에서 기념, 기억의 장소 등이 문화활동에 의한 긍정적 가치의 매개체로서 민족을 위해 동원되었다. 그러나 이런 동원에는 배제와 반사회적 행동의 요소도 포함되어 있었다.[25]

1975년, 「뉴 레프트 리뷰(New Left Review)」에서 톰 네언(Tom Nairn)은 민족주의는 '근대적 야누스'로 이해되어야 한다고 주장했다: 한편으로는 부정적이고, 퇴행적인 것 일색이며, 갈등을 조장하는 힘이며, 다른 한편으로는 진보의 편에 서서 19세기의 민족 해방운동과 20세기의 반식민주의, 반제국주의 투쟁의 유익한 부작용으로서 말이다. 대조적으로, 에릭 홉스봄(Eric Hobsbawm)은 이기적 민족주의와 비합리적 민족주의에 대한 마르크스주의적 강한 비판을 강조했다. 홉스봄은 민족주의가 해방의 이름으로 싸움을 벌이더라도 민족주의를 이상화하지 말라고 경고했다. 민족이 경제적 과정의 결과로 탄생했다는 사실에도 불구하고, 홉스봄은 수많은 소규모 민족으로 이루어진 국가들의 모자이크 한 조각을 미래 사회주의 세계라는 자신의 비전에 조화시킬 수 없었다.[26] '발명된 전통

---

25 Georges Haupt, Claudie Weill and Michel Lowy, *Le Marxiste et la question nationale 1848-1914* (Paris, 1974).

26 Tom Nairn, 'The Modern Janus' *New Left Review* I/94 (1975) pp. 2-29. Eric Hobsbawm's critique: 'Some Reflections on "The Break-up of Britain" New Left Review 1/105 (1977) pp. 3-23.

(invented tradition)'—이 개념은 1차적으로 실제 존재하는 전통들의 신화에 대해 의문을 제기하는 것임—을 주제로 했던 연구를 이유로 홉스봄의 이름이 민족을 발명품이라고 하는 주장과 관련하여 오르내리는 것은 타당치 않다.[27]

이런 정치적 지향적 논의와는 별개로, 민족 건설과 민족주의—심지어 이를 주제로 이뤄지는 논쟁에 참여하고 있는 사람들까지도 말이다—는 과학적 탐구의 대상으로 자리 잡았다. 민족과 민족주의는 더 이상 추상적인 계급 기준에 따라 평가되지 않았다. 오히려 민족과 민족주의의 인과관계는 마르크스주의적인 방식으로 분석되고 설명되어야 했다. 이 방법의 한계가 어디에 있는지, 또는 연구자가 마르크스주의를 역사적 유물론에 적용하는 것을 얼마나 이해했는지는 항상 명확하지 않았다. 더 정확히 말하자면, 이런 학문적 연구는 상이하게 해석된 마르크스주의적 접근법과 스탈린 이후 마르크스주의적 영향을 한데 모은 것에 불과했으며,[28] 어떠한 정교한 마르크스주의적 '민족주의 이론'도 발전시키지 못했다. 하지만 마르크스주의를 통해서 만들어진 강력하고 또 부정할 수 없는 영감이 건재한다. 여기에서 '영감(inspiration)'이라는 술어는 마르크스주의적이라 이해되어야 하는 방법론적 접근법을 완전히 수용하는 것 내지 일부 수정하여 수용하는 것을 나타내기 위해 사용되었음을 밝힌다.

서구 학문적 담론에서의 영감과는 별개로, 무엇보다도 우리는 마르크스주의 정치 교리의 자연적이고 반성적이지 않은 계승자라고 불릴 수

---

27 특히 Eric J. Hobsbawm and Terence Ranger (eds.), *The Invention of Tradition* (Cambridge, 1983)을 참고하라.

28 참조. Joseph R. Llobera, 'Modernization Theories of Nationalism' in Athena S. Leoussi (ed.), *Encyclopaedia of Nationalism* (New Brunswick, 2001), pp. 186 ff.

있는 반(半) 고정관념이 살아남았다는 점을 검토해야 한다. 내가 말하고
자 하는 점은 다른 무엇보다도 민족이 부르주아 계급의 창조처럼 계급
투쟁을 억제하고 역사적 진보를 해치며, 역사적 발전의 해로운 산물이라
주장했던 과거 정통주의 마르크스주의적 신념이 살아남았다는 사실이
다. 이런 의견은 지적으로 계속 발전해 왔다: 민족이란 상상적 산물은 하
나의 구성체라고 불렸다. 마찬가지로 언어와 민족 역사는 구성체의 일부
이자 도구처럼 이용되었다. 이는 부르주아 계급에 봉사하는 것이라고 하
기보다는 전통적인 교육을 받은 민족주의 학자, 저명인사, 교육받은 중
산층의 구성원에 봉사하는 것이었다.

이런 인식은 사회주의나 마르크스주의를 위해 목청을 높이지도 않았
고 프롤레타리아 계급투쟁과 어떠한 이해관계에도 없었던 연구자에게
도 공유되었다. 케네스 미노그(Kenneth Minogue)는 이런 유형의 반민족주
의적 사고를 '올림피아주의(Olympianism)'라고 지칭했는데, 미노그는 올
림피아주의가 글로벌화를 통해서 세계 지배를 추구하는 것이라고 의심
의 눈초리를 보낸다.[29] 비록 그는 '민족주의'를 긍정적인 것으로 이해했
지만 민족주의를 비판하는 사람들과 같은 의견, 즉 민족의 존재는 1차적
으로 특정 이익 집단의 활동과 결정에 의해 좌우된다는 주장에 대한 지
지를 포기한 것은 아니었다.

이런 마르크스주의 정치 교리의 특수한 유산은 신어의(新語義) '민족주
의'가 정치적 영역에서 학문적 영역으로 침투하는 것을 돕는 데 결정적
인 역할을 했다. 무엇보다도, 세기가 바뀔 때부터 사회민주주의가 원래

---

29 Kenneth Minogue, 'Nationalism and Patriotism' in: Athena S. Leoussi (ed.),
Encyclopaedia of Nationalism (New Brunswick, 2001), pp. 230 ff.

매우 부정적인 함축적 의미를 만들어내는 데 참여한 것은 억지력이 아니었다. 에르네스트 르낭(Ernest Renan)과 독일 통계학자가 제시한 오래되고, 거의 잊히다시피 한 견해와 합쳐져,[30] 민족은 주로 구성원의 결정이란 은총에 의해 존재했으며, 또 민족은 민족주의를 통해 창조되었다는 주류 의견도 점진적으로 형성되었다. 따라서 어느 정도 단순화하면, 민족은 단순히 민족주의의 산물일 뿐 아니라, 심지어 (민족과 민족주의의 산물이란 개념으로 이루어진) 민족주의는 실제로 존재하는 현상의 하나이기에 일차적으로 연구의 대상이 되어야 했다. 역사적 유물론과는 극명하게 모순되는 이 의견은 자신을 마르크스주의자로 보는 연구자뿐만 아니라 마르크스주의를 명시적으로 거부하는 연구자로부터도 반응을 촉발했다. 이런 수렴은 마르크스주의자인 에릭 홉스봄과 민족 형성에 있어서 민족주의의 결정적인 역할에 관한 비 마르크스주의자인 어니스트 겔너(Ernest Gellner)의 생각 사이의 공통점을 통해 설명될 수 있다.[31] 1930년대 칼튼 헤이스(Carlton Hayes)와 같은 일부 연구자가 '민족주의'라는 술어를 정치적 규탄이 아닌 평가나 판단에서 구속받지 않는 상태를 의식하며 중립적으로 사용하기 시작하면서 술어를 둘러싼 극심한 논란은 완전히 종지부를 찍었다.[32]

---

30 Eernest Renan, 'Qu'est-ce qu'une nation?' in Idem (ed.), *Oeuvres Completes* I. (Paris, 1947). Siegfried Weichlein, "'Qu'est-ce qu'une nation?'", Stationen der deutschen Debatte um Nation und Nationalität in der Reichsgründungszeit' in Wolther von Kieseritzky and Klaus-Peter Sick, *Demokratie in Deutschland* (München, 1999), pp. 71 ff.

31 Eric Hobsbawm, *Nations and Nationalism since 1789* (Cambridge, 1990), p. 10.

32 이런 견해의 전위대(*avant guard*)의 중추는 칼튼 헤이스라고 할 수 있다. 헤이스는 민족주의를 서구적 민족주의와 비서구적 변형 민족주의라는 형태로 구분했다. 이런 내용은 한스 콘이 쓴 『민족주의의 사상(The Idea of Nationalism)』이란 표제가 붙은 책에 담겨 제2차 세계대전 말미에 출판되었다.

결과적으로, '민족주의'와 '마르크스주의'라는 술어 중 어느 하나도 모호하지 않게 되었다. 이런 맥락 속에서 자주 인용되는 톰 네언의 문장인 "민족주의의 이론은 마르크스주의의 위대한 역사적 실패를 표상한다"가 논평되거나 해석되어야 한다.[33] 마르크스주의를 정치 교리로 이해하는 한, 우리는 그 문장에 동의할 수 있다: 민족을 사회주의로 가는 길에 있는 달갑지 않은 복잡성과 부르주아 이익의 산물(훗날 '민족주의'라고 불리게 되는 것)로 바라보며 존재적 권리 자체를 부정하는 것은 역사적 유물론의 기본 테제에 대한 치명적인 모순이었기에, 존재적 권리에 부합하기 위해서는 자본주의를 향한 전향적인 사회발전을 객관적인 조건과 물질적 이해관계를 통해서 해석해야 했다. 그러나 마르크스주의를 하나의 방법론에 불과한 것으로 이해한다면, 오늘날 대부분이 그렇듯이, 우리는 20세기 초까지 마르크스주의 이론을 통해 '민족'의 현상을 이해하기 위한 관심의 부족에서 기인한 '실패'에 대해 그토록 많은 이야기를 언급해서는 안 된다. 그러나 이것은 실패나 무관심으로 분류될 수 없는 오토 바우어의 민족 형성의 개념과 함께 바뀌었다. 대조적으로, 바우어의 시대 이후로, 정확히는 바우어 덕분에 (정치 교리라는 무거운 짐을 벗어나) 마르크스주의는 민족 형성을 거대한 사회 집단으로 이해하는 데 크게 이바지했다. 그러나 이것은 마르크스주의 정설에 의해서가 아니라 오히려 마르크스주의 영감에 의해서 일어났다.

그렇다면 민족 건설과 민족주의 연구에 있어 이와 같은 마르크스주의의 영감의 본성은 무엇일까? 그것은 마르크스주의 방법론적인 접근법과

---

33 Tom Nairn, *The Break-Up of Britain: Crisis and Neo-Nationalism* 2nd.ed. (London, 1981), p. 329

역사적 유물론의 구현에 있다. 이런 맥락에서 연구자가 카를 마르크스나 오토 바우어에게 명시적으로 의존했는지 여부 자체는 큰 의미가 없다. 마르크스주의는 간결한 이론의 형태로 영감을 주기보다는 개별 연구자의 분석 도구 모음에 통합되어 해석의 복수적 패턴의 모양으로 영감을 주었다. 만약 일부 연구자를 당장 사례로 검토해야 한다면, 각 연구자의 개념에 마르크스주의가 어떻게 반영되어 있는지 구체적으로 서술하는 것은 애초에 생각조차 할 수 없는 작업이라고 말하는 게 맞을 것이다. 왜냐하면 이 책은 그런 목적을 위해서 기획된 것이 아니기 때문이다. 오히려 마르크스주의의 방법론적 사고에서 도출된 의견과 결론이 무엇인지에 초점을 맞추는 것이 바람직하다.

대표적으로 탁월한 커뮤니케이션 이론을 전개한 카를 도이치(Karl W. Deutsch)의 이론이 마르크스주의의 영감을 받았다. 도이치는 1950년대 초 무렵 미국의 정치학자 한스 콘(Hans Kohn)의 젊은 동포였다.[34] 도이치는 정량화된 연구를 통해 민족이 상호보완적인 커뮤니케이션의 매우 강화된 결과물의 하나로서 형성되었다는 것을 밝혀냈다. 이런 커뮤니케이션은 자본주의 산업화의 부상 이후에나 가능했다. 산업화와 사회적 유동성 증대 또 시장 관계 증대를 통해, 민족이라고 불리는 거대한 집단 내부에서, 즉 구성원 간의 커뮤니케이션은 점차 강렬해지고 또 깊어졌다. 민족 시장과 민족 부르주아 계급이 동일선상에서 나란히 형성되었다. 도이치는 자신의 이론이 지나치게 기계적이라고 비판받은 이후 물질적, 사회적 이해관계의 효과성을 자신의 민족 건설 이론에 통합하는 방식으로

---

34 Karl W. Deutsch, *Nationalism and Social Communication* (Cambridge, 1953). See also Hans Kohn, *The Idea of Nationalism: A Study of Its Origin and Background* (New York, 1944).

논지를 강화했다.[35] 미로슬라프 흐로흐(Miroslav Hroch)는 관심의 대립이나 사회적 소통과 같은 추상적인 개념을 구체적인 사회 현상에서 원인을 찾으려는 시도의 일환으로, 저작인 『유럽의 민족 부흥의 사회적 전제 조건』(1968)에서 다양한 민족 운동 활동가 사이의 사회 구조와 그네들의 영토적 근원을 확정하고자 애썼다. 이를 위해 흐로흐는 민족적 동요에 따른 민족 정체성의 점진적 수용 과정을 민족 건설 해석의 일부로 받아들였다. 민족 건설의 성공은 언어적, 민족적 차이와 결합할 수 있는 엄청나게 상반되는 이해관계에 의해 가능했고, 이에 따라 민족적으로 관련성을 가질 수 있는 것으로 이해되었다. 이런 이해충돌은 결코 계급투쟁으로 전락할 수 없는데, 예를 들어 에스토니아나 우크라이나 소작농 대 독일이나 폴란드 지주, 또는 체코 노동자 대 독일 기업가와 같은 계급투쟁 정도로 환원할 수 없다는 말이고, 또 주변부 스코틀랜드 대 중심지 잉글랜드(또는 카탈루냐 대 카스티야)를 비롯해서 말이다.[36]

도이치를 오토 바우어의 전통을 잇는 마지막 연구자로 간주할 수도 있지만, 1970년대에 민족 건설에 대한 역사적 검토의 새로운 물결이 수면으로 올라왔다. 그 역사적 검토는 탈식민지화 과정에 대한 반작용의 하나로 볼 수 있다. 홉스봄은 민족을 역사적으로 조건화된 현상, 즉 일반적인 근대화 과정의 부산물로서 민족을 정확하게 정의하기 위해 시도한 최초의 연구자였다.[37] 톰 네언(Tom Nairn)은 영국의 해체가 목전에 다가왔

---

35 Karl W. Deutsch, 'Nation-Building and National Development' in Idem and William J. Foltz (eds.), *Nation-Building* (New York, 1966).

36 이 책은 1968년에 독일어로 출판되었고 한참 후에야 영어로 번역되어 출판되었다. Miroslav Hroch, *Social Preconditions of National Revival in Europe. A Comparative Analysis of the Social Composition of Patriotic Groups among the Smaller European Nations* (Cambridge, 1985).

다는 주장을 담은 저작을 통해 그 과정에 대한 명확한 설명을 한 최초의
연구자다. 네언은 다종족 국가(multi-ethnic states)와 글로벌 수준에서 균일
하지 않은 경제발전이 수행하는 핵심적 역할과 그 불안정한 역할을 강
조했다. 어떤 지방은 경제적으로 지배력을 가졌고, 다른 지방은 경기침
체에 시달리며 민족 이익으로 공식화된 평등을 위한 투쟁을 시작했다.
이것도 식민지의 해방과 관련이 있다.[38]

경제발전의 불균형을 강조하고 식민지의 외부 의존에 따른 정치적 결
과에 중점을 둔 네언과는 대조적으로, 헤치터(M. Hechter)는 영국 민족주의
의 발흥을 다룬 저작에서 이런 불균형으로 인해 야기된 내부적, 지역적
의존성을 자기 연구의 출발점으로 선택했다. '내부 식민주의'가 아일랜
드, 스코틀랜드, 웨일스의 민족 건설 과정의 원동력으로 이해되어야 한
다는 헤치터의 논지는 활발한 논쟁에 방아쇠를 당겼다.[39] 헤치터는 이 도
발적인 신조어로 모든 나라가 각자의 경제 핵심 지역을 가졌고, 이들 외
에도 핵심 지역에 의존하는 일부 '낙후된' 지방이 있음을 암시했다. 이런
의존은 경제뿐만 아니라 문화에도 영향을 미쳤다: 핵심 지역의 문화적
지배력은 켈트족의 변방에서 이른바 '종족 민족주의(ethno-nationalism)'의
발흥을 유발한 언어 관련된 문화 정책에도 반영되었다. 그러나 이것이
개인의 물질적 이해관계가 수행하는 결정적 역할을 배제하는 것은 아니

---

37 Eric Hobsbawm, 'Some Reflections on Nationalism' in: T.J. Nossiter, A.H. Hanson
and Stein Rokkan (eds.), *Imagination and Precision in Social Sciences* (London,
1972), pp. 385-406.

38 Ephraim Nairn, *The Break-Up of Britain*.

39 Michael Hechter, *Internal Colonialism, The Celtic Fringe in British National
Development 1536-1966* (London, 1975). See also Michael Hechter, 'Internal
Colonialism Revisited' in: Edward A. Tiryakian and Ronald Rogowski (eds.), *New
Nationalisms of the Developed West* (Boston, 1985), pp. 17-26.

었다. 헤치터의 모델에 반론을 제기할 수 있는 사례를 찾는 것은 어렵지 않았다. 특히 카탈루냐의 사례는 중앙부에 반기를 든 지방이 반드시 가난한 지방이 아니라 오히려 그 반대의 역이 성립한다는 것을 보여주었다.[40] 그러나 이것은 균일하지 않은 발전으로 야기된 중앙과 지방 사이의 민족적 대립의 사례였다. 헤치터는 이후 합리적인 선택 이론을 민족주의적 동기를 이해하는 열쇠로 사용하려 노력했다. 이런 동기는 비합리적인 것이 아니라 각 개인의 준 합리적으로 평가된 이익에 부합했다.[41]

베네딕트 앤더슨(Benedict Anderson)의 이론적 접근법은 앤더슨이 마르크스주의 민족주의 개념을 모호하게 이용했다는 점에서 중요한 의미가 있다.[42] 앤더슨이 조탁한 술어 '상상된 공동체(imagined community)'는 지나칠 정도의 구성주의적 주장처럼 귓가를 울렸는데(또 구성주의적 방식이라고 해석되기도 했음), 이는 사실 자기가 속한 집단의 다른 구성원과 개인적인 접촉이 없어도 다른 구성원을 상상할 수 있으므로 개인은 집단에 소속되어 있다는 느낌을 받을 수 있다는 심리적 실재를 지칭하려고 앤더슨이 만든 술어다.[43] 앤더슨이 시장 지향적인 책 생산('인쇄 자본주의')을 강조한 것은 민족 정체성과 전개되는 자본주의 정신 사이의 밀접한 관계를 보여주는 혁신적인 암시였지만, 독서 문화의 결정적 역할을 강조한 것으로도 해석

40 A. W. Orridge, 'Uneven Development and Nationalism I & II' *Political Studies* 29:1 (1981), I pp. 1-15, II pp. 181-190.

41 Michael Hechter, 'Nationalism and Rationality' *Studies in Comparative International Development* 35 (2000), pp. 3-19. This opinion was shared also by other authors, like f.egs. Russell Hardin, *One for All: The Logics of Group Conflict* (Princeton, 1995).

42 Benedict Anderson, *Imagined Communities. Reflections on the Origin and Spread of Nationalism* (London, 1983 [2nd ed. 1991]).

43 앤더슨이 개정판에서 언급하고 있는 내용을 참조.

되었다. 마찬가지로 민족 언어의 발전을 위한 종교개혁의 중요성에 대한 앤더슨의 (특별히 독창적이지 않은) 암시는 주로 사회적 커뮤니케이션의 강화와 관련이 있었다.[44] 특히 사회적 영역에서의 이해 충돌의 관련성은 앤더슨에 의해 묵시적으로 전제되었고, 앤더슨은 그것에 대한 증거를 내부보다는 유럽 밖에서 찾았다. 때문에 앤더슨의 주장은 '글로벌'한 것처럼 보인다. 앤더슨은 모든 대륙의 실증적 자료를 통해 자신의 논지를 상세히 설명하려 했지만, 이는 되려 앤더슨의 결론에 대한 신뢰를 강화하는 데 득이 되지 않았다. 앤서니 스미스(Anthony Smith)와 에릭 홉스봄의 출판물에서도 비슷한 접근법이 발견된다.[45]

앤더슨은 민족 건설에서 국가의 역할을 주변부적이라 치부했지만, 다른 연구자는 국가를 검토의 중심에 두었다. 여기서 국가 지위에 대한 관심은 곧 지배 계급인 부르주아 계급에 대한 관심으로 여겨졌다. 예를 들어 스타인 로칸(Stein Rokkan)은 찰스 틸리히(Charles Tilly)와 협력하여 이 질문을 정치학의 하나로 보았다.[46] 로칸에 따르면 국가 지위(statehood)와의 관계는 다종족(multi-ethnic) 제국이라는 맥락에서 민족을 형성하는 데 결정적이었다. 또 이는 각각의 제국이 얼마나 국제적인 위신을 가졌는지, 그것의 제도들은 얼마나 안정적이었는지, 그리고 민족 운동이 반응하는

---

44 앤더슨이 선배 학자인 카를 도이치(K.W. Deutsch)의 이름을 참고문헌 목록에 명기하지 않았다는 점이 놀랍지 않은가? 아니면 이미 그런 징후가 있었던걸까?

45 Anthony D. Smith, *The Ethnic Origins of Nations* (Oxford, 1986). Idem., *National Identity* (New York, 1991). Eric Hobsbawm, *Nations and Nationalism* (Cambridge, 1989).

46 Stein Rokkan, 'Cities, states, nations' in: S. Eisenstadt and Stein Rokkan, *Building states and nations* vol. 1.-2. (Thousand Oaks, 1973-4). Idem., 'Dimensions of state formation and nation-building' in: Charles Tilly (ed.), *The Formation of National States in Western Europa* (Princeton, 1975), pp. 347-380.

중세 제도의 소여(remnants)가 얼마나 강성했는지 등 민족 건설의 성공 여부와도 관련이 있었다. 민족 해방은 변방과 중앙 사이에 긴장의 맥락에서 일어났으며, 이런 긴장은 문화적, 경제적, 정치적 측면으로 구성되었다. 마이클 만(Michael Mann)은 권력투쟁을 관심의 중심에 두었고 내부뿐만 아니라 외부 갈등과 전쟁도 민족적으로 통합되는 것으로 그려냈다.[47] 이 모든 경우에 민족적으로 관련된 이해충돌은 마치 민족적으로 통합된 힘처럼 인식된다; 민족 형성은 항상 자본주의적 근대성의 발전에 수반된 계급과 사회적 갈등, 사회적 긴장, 그리고 그와 관련된 새로운 시스템의 일부 (또 부분적으로는 하나의 산물임)였다.

마찬가지로 이매뉴얼 월러스틴(Immanuel Wallerstein)은 슈타인 로칸처럼 민족과 (민족) 국가를 명확히 구분하지 않았지만, 그가 그토록 많은 분량을 할애했던 '세계 체제'의 발전에 결정적 역할을 한 것은 바로 국가였다.[48] 월러스틴의 눈에는 국가가 시간적으로 민족을 앞서가고 있었지만, 민족의 내부 계급 이해관계와 갈등은 언어, 종교, 생활 방식을 일부로 취하는 민족 문화의 형성의 틀에서 규정되었다. 이런 점에서 월러스틴은 홉스봄에 동의한 셈인데 두 사람 모두 민족 문화가 하나의 구성물('발명된 전통')이라고 간주하는 점에서 그러하며, 구성물의 형태와 운명이 글로벌 경제의 발전에 의해서 조형된다고 생각했다는 점에서도 그러하다.

1990년에 출판된 홉스봄의 모든 것을 하나로 종합하려던 저작은 홉스봄이 어떤 종류의 민족주의를 혐오하는지에 대한 분명한 표식을 우리에

---

47 Michael Mann, *The Sources of Social Power II, The Rise of Classes and Nation-States, 1760-1914* (Cambridge, 1993).

48 Immanuel. Wallerstein, *The Modern World-System* II (New York, 1980 Immanuel Wallerstein and Étienne Balibar, *Race, Nation, Class. Ambiguous Identities* II (London, 1991).

3장 마르크스주의와 민족주의 역사   109

게 알려준다. 그리고 자연스럽게 홉스봄이 이런 민족주의의 매개체로서 어떤 민족(또 민족의 언어 프로그램)에 대해 회의를 품었는지도 알려준다.[49] 이런 반민족적 시각에서 홉스봄은 정통 마르크스주의 교리의 전통에 충실했다. 홉스봄의 공헌은 무엇보다도 '아래로부터(from below)'의 민족 건설을 검토하고자 시도하였다는 데 있다. 이는 민족 건설을 하위 중산층의 민족 운동의 결과로서 이해하고자 했던 노력이다. 이것은 그들의 물질적 조건뿐만 아니라 사회적 유동성을 높이고 보편적인 참정권의 형태로 엄격한 민주화를 선택한다는 것을 의미하며, 더 포괄적인 의미의 술어를 통해 그네들의 이익을 뒷받침했다.

결론

여러 연구자에게 이름표를 붙여 '마르크스주의자(Marxists)', '구성주의자(Constructivists)', '영존주의자(Perennialist)' 등으로 분류하는 것은 어려운 일이기도 하거니와 정확히 말하자면 비효율적인 일이다. 마르크스주의가 정치 교리의 하나로 치부된 이후, 연구자의 자기 정체성과 명시적 이름표 붙이기도 타당성을 잃었다. 그들 중 마르크스주의에 의해 두드러지게 영감을 받은 연구자조차도 왕왕 서로를 비교하면 현저한 차이를 보이기 때문이다. 이런 유보적 입장을 감안하면 마르크스주의에서 영감을 받은 연구가 민족 형성의 설명과 해석, 그리고 어쩌면 민족주의에 기여

---

49 Eric J. Hobsbawm, *Nations and Nationalism since 1780: Programme, Myth, Reality* (Cambridge, 1990).

했던 근본적인 개념을 요약할 필요가 있다. 물론 이것이 그런 연구자의 작업에 대한 비판적인 평가를 배제하자는 말은 아니다.

- 특히 유럽 역사의 맥락에서 민족은 거대한 사회 집단으로 이해되어야 하며, 발전과 존재의 결정적 요인은 각각의 사람들로 구성된 다양한 부분을 하나의 민족 정체성으로 광범위하게 수용해낸 것이다. 이것은 영원불멸하게 안정된 정체성이 아닌 근대 자본주의 사회의 조건 아래서 평등한 시민들로 이루어진 공동체와의 동일시이다.

- 민족의 형성은 광범위한 사회적 맥락에서 검토된다. 무엇보다도 이는 근대화와 나란히 일어난 현상으로서 후기 봉건적 조건의 위기와 자본주의 사회질서의 형성의 결과물이다. 이런 맥락에서 개별 연구자가 이와 같은 사회를 '자본주의적'이 아닌 '근대적, 산업적'이라고 부르는 것을 선택하든 상관없다.

- 유럽에서의 민족 동원은 주로 내부적인 긴장과 이해관계가 대립하는 상황에서 빈번했고, 이런저런 이유로 민족적인 관련성을 얻었다. 이런 역할은 사회적 지위나 계급 등의 이분법뿐만 아니라 도시와 농촌, 중앙과 지방, 경제와 정치 사이의 긴장에도 의해서도 수행되었다. 민족 국가로서의 민족에 대한 이해가 공고해질수록 부르주아 계급의 역할과 이해관계는 더욱 강조된다.

- 민족 동원은 주로 산업화의 시작이나 점점 더 강한 시장과의 관계에서 비롯되는 강렬한 사회적 커뮤니케이션에 의해 야기되었다. 커뮤니케이션의 조건과 이해관계의 상호연관성은 민족공동체의 사회구조 및 중심인물과 관련된 구체적인 지식을 통해 평가할 수 있다.

마르크스주의의 영감에는 이같이 열매를 맺은 접근법 외에 열매를 맺지 못한 구성요소도 있는데, 주로 정치적 마르크스주의의 유산이 이쪽으로 분류된다. 이는 무엇보다도 민족주의에 대한 정치 교리 중 민족 형성 과정에서 민족주의의 역할이 과대평가 되었다고 보는 부정적 태도와 관련이 있다. 부정적 의미를 함축한 민족주의가 민족 형성의 결정적 이유였다면 민족 존립의 정당성도 의문시된다. 이것은 왕왕 문화적 가치의 추상적 공동체로서의 민족에 대한 거부와 밀접하게 연결되어 있다. 그리고 이것은 민족의 개념을 필요에 따라 다소 수정할 수 있는 문화적 구조로서 보게 한다.[50]

이런 맥락에서, 한 가지 마지막 회의적인 질문이 남는다: 위에서 언급한 방법론적 원칙 중 어떤 것이 진정한 마르크스주의로 분류되어야 하며, 역사적 유물론이나 구조주의와는 어느 정도 중첩되는가? 또 정치적 동조자는 어떻게 되었는가? '마르크스주의적'이라는 술어는 여전히 정치적 프로그램의 함축과 공명하지만, 반면 역사적 유물론은 다소 중립적으로 들린다. 그렇다면 어떤 이름표를 붙일 것인지가 정말 그렇게 중요한 것일까?

---

50 이 책의 제6장 참조.

더 읽을거리

B. Anderson, *Imagined Communities. Reflections on the Origins and Spread of Nationalism*, 2nd ed. Verso 2006.

O. Bauer, *The Question of Nationalities and Social Democracy*, Univ. of Minnesota Press 2000.

H. B. Davis, *Towards a Marxist Theory of Nationalism*, New York, Monthly Review Press 1978.

K.W.Deutsch, *Nationalism and Social Communication*, Cambridge/Mass. 1953.

E.J.Hobsbawm, *Nations and Nationalism since 1780: Programme, Myth, Reality*, Cambridge Univ. Press 1990.

M. Hroch, *European Nations. Explaining their Formation*, Verso 2015.

E. Nimni, *Marxism and Nationalism. Theoretical Origins of a Political Crisis*, London, Boulder Coll. 1991.

4장
근대주의와 민족주의 역사 쓰기

존 브륄리(John Breuilly)

서론: 민족주의에 대한 근대주의적 관점

민족주의(nationalism)에 대한 근대주의적 관점(이후 '근대주의')은 두 가지 명제로 요약될 수 있다.[1] 첫째, 민족주의는 근대적이다. 근대주의자에 따라 '근대(modern)'의 시작을 1600년 어간부터 보기도 하고, 18세기 후반에서 19세기 중반까지로 보기도 하는데 이는 근대성(modernity)을 어떤 측면에서 강조하느냐에 달려있다. 둘째, 민족주의는 근대성의 산물이지 이전에 존재하던 민족의 산물이 아니다. 설령 전-근대 민족이 어떤 형태로든 존재하고 있었다고 해도 말이다.

어떤 특정한 민족주의 역사는 그 역사와 관련된 표상을 상세하게 뒷받

---

[1] 필자는 앤서니 스미스(Anthony D. Smith)에 의해 확립된 용법을 따르고 있음을 밝힌다. 스미스의 책을 참조, *Nationalism and Modernism* (London, 1998).

침하는 근대성에 대한 관념을 요구한다. 더불어 요구되는 것은 핵심 술어가 무엇을 의미하는지를 설명하는 분명한 관점이다.[2] 민족주의를 근대적이라 여기는 역사학자는 조직(예: 정당, 압력 단체), 명시적인 이념, 대중적인 정서, 목표(예: 주권을 가진 민족 국가를 수립하는 것)가 같은 기준으로 민족주의를 통상 정의한다. 전근대 사회에 민족주의가 존재했다고 주장하는 역사학자들(흔히 영존주의자(perennialists)[3]라고 일컬어지는)은, 통상적으로 엘리트적 정체성과 충성에 대하여 초점을 두고 있으며, 기껏해야 정치적 이념, 조직, 내지 민족 국가를 수립하려는 추진력에 대해 아주 조금 말할 뿐이다. 영존주의적 특징은 전근대 사회에서 미미하게 드러날 뿐이다. 민족주의가 대중적 매력을 지니고 있다는 것에 대해서도, 근대 사회를 제외하고서 이와 관련된 역사적 증거를 찾기는 어려우며 그(무엇이?)조차도 대부분은 극히 어려운 일이다. 민족주의와 얽힌 근대성에 대한 '논쟁(Arguments)'은 이런 다른 접근방식과 정의로 인해 많은 경우 서로를 간과한다.[4] 일반적으로 역사학자, 그리고 가까운 과거와 현재에 관심을 두고 있는 사회과학자조차도 근대주의적 태도를 보여왔다.

대다수 역사학자가 민족주의에 대해 근대주의적 입장을 취해 왔지만, 민족이란 개념에 대해서는 그렇지 않다. 민족주의를 근대적인 것으로 이해하는 많은 사람들은 민족을 민족주의 출현에 있어 필요한 조건처럼

---

2 정의와 관련해서 다음의 누리집을 참고. *The Nationalism Project*, http://www. nationalismproject.org/what.htm: the section entitled 'What is Nationalism'.

3 이 책의 제5장 참조.

4 Oliver Zimmer and Len Scales (eds.), *Power and Nation in European History* (Cambridge, 2005)는 이런 간극을 줄이고자 하는 노력이 담긴 책이다. 논쟁에서 다뤄지는 정의의 문제에 대한 구체적인 내용은 다음을 참고하라. Aviel Roshwald's 'The endurance of nations', *Nations and Nationalism*, 14:4 (2008), pp. 637-63.

여긴다. 유럽 역사는 로마 제국 쇠락부터 민족적 경계선이 그어지면서 나뉘게 되어 시작된 것처럼 왕왕 표현된다. 민족주의에 반대하는 역사학자조차도 필자가 향후 설명할 주제 중 하나인 '특수 경로(special path)'라는 관점을 통해 근대 독일 역사가 겪은 참담한 노정을 설명하는 사람들처럼 위와 같은 가정을 한다. 민족 국가가 '보통' 정치단위처럼 세계 도처에 전파되면서, '민족주의와 민족 국가가 민족 위에 건설된다'라는 관점은 '상식(common sense)'이 되었다. 근대주의적 접근이 이와 같은 상식에 질문을 제기하는 것, 또 근대주의적 접근을 다른 관점으로 대체하는 것에 대해 역사학자를 얼마만큼이나 설득했는지를 확정하는 일 역시 중요하다.

출현 초기부터 근대주의가 지닌 반 직관적인 성격을 이해하기 위해, 나는 엘리 케두리(Elie Kedourie)의 저작 『민족주의(Nationalism)』의 도입부를 인용한다.

> 민족주의는 19세기가 시작되던 유럽에서 발명된 교리이다… 간단히 말해서, 민족주의란 교리는 인류가 민족으로 나뉘게 되는 것이 자연스럽고, 민족은 규명할 수 있는 어떤 특성을 지니고 있다고 알려져 있으며, 또 통치에 있어 유일하게 합법성을 지닌 전형은 민족 자치라고 주장한다.[5]

케두리(Kedourie)는 민족주의라는 교리 내지 이념을 다루면서 '민족(nation)'을 하나의 술어로써 취급했고, 민족주의보다 먼저 존재하고 있었

---

5 Elie Kedourie, *Nationalism* (London, 1960), p. 1.

거나 민족주의를 일으킨 무엇처럼 취급하지도 않는다. 케두리는 민족주의라는 이데올로기가 권력을 획득하면서, 그 이념을 통해 표현하고자 했던 적확한 민족 정체성을 창조한다고 주장한다. 또 다른 근대주의자 어니스트 겔너(Ernest Gellner)는 전근대적 민족 정체성이 존재한다는 점에 이의를 제기하지 않았지만, 전근대적 민족 정체성이 근대적 민족 정체성과는 다르다고 주장했으며, 전근대적 민족 정체성이 민족주의 부상에 필수적이지도 않다고 했고, 민족주의가 이전에는 존재도 하지 않았던 민족을 왕왕 발명했다고 말했다.[6]

다시 말하지만 많은 것이 정의하기 나름이다. 가령 민족이란 단어가 들어간 어떤 술어가 전근대 역사 사료에서 어떤 방식으로든 민족성을 내포하는 단어처럼 이용되고 있음을 의미한다면(일반적 술어로 *nation* 그리고 특정한 명칭으로 *Germania*), 민족들은 명백하게 전근대적 존재를 입증하게 된다. 만약 민족이란 단어가 들어간 어떤 술어가 정체성이란 입증 가능한 감각을 의미하여 엘리트를 넘어서 더 넓은 사회 계층까지 확장된다면, 근대주의적 주장이 더욱 강화될 것이다.

민족주의와 얽힌 어떠한 근대주의 역사도 정의들과 거대서사를 극복해야만 한다. 근대성을 통해 민족과 민족주의의 출현을 어떻게 설명할 것인지에 대한 토론은 필수적이다. 여기에는 근대화 이론이 필연적으로 수반된다. 이런 근대화 이론이 어떻게 민족주의를 역사적으로 설명해왔는지 검토하기에 앞서, 나는 근대화 이론의 역사를 먼저 개괄하고자 한다.

---

6 Ernest Gellner, 'Do nations have navels?' *Nations and Nationalism* 2:3 (1996), pp. 366-70.

근대화 이론, 민족 그리고 민족주의

고대와 근대를 대조할 적에, 후자인 근대가 우위에 서게 된 것은 18세기 계몽주의 시대로 거슬러 올라간다.[7] 애덤 스미스(Adam Smith), 데이비드 흄(David Hume), 애덤 퍼거슨(Adam Ferguson) 같은 스코틀랜드 학자는 원시 사회부터 시작된 '진보(progress)'의 단계에 대해 윤곽을 제시했는데 이는 글로벌 무역, 자본주의적 농업, 제조업이란 특징을 지닌 '상업 사회'가 근자에 이룩한 성취로써 그 정점에 도달했으며, 개인이 그네들의 이익을 추구하기 위해 이성을 자유롭게 이용하는 것을 긍정적으로 바라봐야 한다고 주장했다. 한 세기 후엔 새로운 에너지원(증기, 전기, 화학물질)을 방출하는 기술에 강조점이 찍혔고, 이에 제조업과 농업 생산성, 교통과 통신이 갖는 속도와 규모, 국가가 지닌 군사력, 글로벌 제국이 가진 영향력이 어마어마하게 늘어나 무엇이든 가능해졌다. 카를 마르크스(Karl Marx), 막스 베버(Max Weber), 에밀 뒤르켐(Emile Durkheim)과 같은 사상가는 사회적 전환이 수반하고 있는 것을 이해하기 위해 근대성과 관련된 다양한 관념을 이용했다. 그때까지만 해도 민족주의는 근대성과 관련될 수 있는 일반적인 현상처럼 식별되지 않았다.

1918년 이후 세계를 주름잡은 두 강대국, 미국과 소련은 경쟁하고 있던 글로벌 제국에 대한 대안으로 '민족자결(national self-determination)'과 '민족 해방(national liberation)'이란 이상을 선언했다. 반면에 가장 공격적인 형태의 민족주의였던 파시즘(Fascism), 나치즘(Nazism), 일본 군국주의(Japanese militarism)는 다른 사람이 품은 민족적 열망에 훼방을 놓으면서 새

---

7 이 책의 제2장 참조.

118

로운 제국을 추구했다. 1945년에 파시즘, 나치즘, 일본 군국주의가 패배
하게 된 일은 반동적이면서 반근대적인 민족주의가 패배했다는 것과 여
러 가지 면에서 동일시되었다.

그럼에도 불구하고 1945년 이후 세계는 두 초강대국이 근대성과 진보
라는 미명 아래 지지했던 민족 국가의 각축장이 되었다. 이 냉전 시대에
근대화 이론은 소련식 공산주의에 대한 대안으로써 미국에서 명백하게
정교화되었다.[8] 두 강대국은 유럽 제국이 해체되면서 탄생한 새로운 민
족 국가가 따라야 하는 본보기로 근대성과 관련하여 경쟁력을 지닌 여
러 이본(異本)을 제시했다. 안정된 민족 정체성과 민족 국가를 가진 '선진
(developed)' 세계와 '민족 건설(nation-building)'을 통해 근대성을 추구하고
있는 신생 국가로 구성된 '후진(underdeveloped)' 세계 사이에는 뚜렷한 차
이가 생겼다. 여전히 민족 건설은 근자에 패배하고 불명예를 떠안은 '민
족주의'와 거의 상관이 없는 것처럼 여겨졌다.

1980년대 초반에 근대주의는 반동적 민족주의와 진보적 민족 건설 사
이에 생긴 뚜렷한 차이만 다루는 '고전적' 근대화 이론에서 민족주의 전
반을 다루는 근대주의 이론으로 넘어가면서, 민족주의를 주제로 하는 최
초의 이론 논쟁을 선도했다. 그 이후에 더 많은 발전이 이루어져 왔다. 소
련 붕괴, 자본주의 불황, 많은 지역에서 지속된 고질적인 불안정이 집단
폭력과 사회 붕괴로 그 정점에 달하면서 근대성과 진보에 대한 사상들
은 신뢰를 상실했다. 전통적인 것이나 후진적인 것을 비용으로 치르며
발전해간다는 이원론적 근대화 모델은 너무 단순하다는 이유로 오랫동

---

8 Michael E. Latham, *Modernization as Ideology: American Social Science and
   «Nation Building» in the Kennedy Era* (Chapel Hill, NC., 2000).

안 받아들여지지 않아 왔다. 연관된 사상은 '후진성(backwardness)' 그 자체가 글로벌 자본주의가 어떻게 발전했는지를 보여주는 하나의 양상이라는 것이다. 근대성을 둘러싼 관념은 '복수의 근대성(multiple modernities)'이란 개념으로 인해 더욱 복잡해졌다.[9] 마지막으로, 포스트 근대주의자(post-modernists)는 근대화와 관련된 어떠한 개념이라도 실제로 작동하는 것인지를 의심해왔다.

1983년 민족주의 연구에서 가장 영향력 있는 근대주의적 텍스트 중 세 권이 출판되었다. 이 해는 민족주의에 대한 연구 역사에 있어 경이로운 해(*annus mirabilis*)라 이름 붙이기에 부족함이 없다. 출판된 세 권 중 두 권은 어니스트 겔너(Ernest Gellner)와 베네딕트 앤더슨(Benedict Anderson)이 각각 저술했으며, 나머지 한 권은 에릭 홉스봄(Eric Hobsbawm)과 테런스 레인저(Terence Ranger)가 공동 편집했다.[10] 세 권 모두 전혀 새로운 내용을 담은 것은 아니었지만, 여기에 담긴 주장은 무엇인가 기대해 볼 수 있었다는 점은 짚고 갈 필요가 있겠다: 1914년 이전에는 오토 바우어(Otto Bauer)와 카를 레너(Karl Renner); 1945년 이후에는 카를 도이치(Karl Deutsch)와 엘리 케두리(Elie Kedourie).[11] 또 전간기부터 민족주의를 보편적 역사로 설명하는 두 가지 관점이 있었는데 하나는 묵시적으로 근대주의적 태도를

---

9 다음의 두 논문을 참조. In *Daedalus* (2000), 129:1: Shmuel Eisenstadt, 'Multiple Modernities', pp. 1-29 and BjörnWittrock, 'Modernity: One, None, or Many? European Origins and Modernity as a Global Condition', pp. 31-60.

10 Ernest Gellner, *Nations and Nationalism* (Oxford, 1983); Benedict Anderson, *Imagined Communities: Reflection on the origin and spread of nationalism* (London, 1983); Eric Hobsbawm & Terence Ranger (eds.), *The Invention of Tradition* (Cambridge, 1983).

11 바우어(Bauer)와 레너(Renner)에 관해서는 이 책의 제3장을 참고하라. Karl Deutsch, *Nationalism and Social Communication* (New York, 1953), Kedourie, *Nationalism*.

보였고, 다른 하나는 다소 이름이 알려지지 않았지만 근대주의적 사회학, 심리학, 정치학 태도를 보인 독일 연구자가 이뤄낸 작업이었다.[12]

그러나 이와 같은 초기 연구자는 1980년대 초반부터 여러 다른 출판물과 더불어 학계에 파장을 일으키거나 1983년 출판물만큼 주류 역사쓰기에 큰 영향을 미치지 않았다.[13] 반동적 민족주의와 진보적 민족 건설을 뚜렷하게 구분하는 게 보편적이었던 현실이 이 두 가지 형태를 통합하는 이론으로 가지 못하게 경로를 차단했기 때문이다.

유럽 역사학은 민족 정체성을 당연하게 여겼는데, 비록 국가가 근대 민족 정체성보다 선행했던 '국가 민족state-nations'(프랑스, 영국, 스페인)과 그 순서가 역순이었던 '민족 국가nation-states'(독일, 이탈리아, 세르비아 등)을 뚜렷하게 구별했음에도 불구하고 민족 정체성을 민족 국가의 형성과 관계지었다. 국가 간의 관계를 연구한 사람들(군사 및 외교사학자, 국제관계학자)과 국가와 관련된 내정을 연구한 사람들(사회 및 정치사학자, 사회학자, 인류학자)을 구분하는 연구 분업화도 이루어졌다. 첫 번째 그룹인 군사 및 외교사학자, 국제관계학자는 '민족 국가(nation-state)'에서 '민족(nation)'이란 술어를 검토하지 않은 채 내버려 두었다. 두 번째 그룹인 사회 및 정치사학자, 사회학자, 인류학자는 민족을 '사회(society)'와 같은 것으로 간주하면서 계급, 직업, 지역과 같은 내적 차이를 탐구했다.

---

12 Carlton Hayes, *The Historical Evolution of Nationalism* (New York, 1931); Hans Kohn, *The Idea of Nationalism* (New York, 1944; 2nd ed., 2005). Two outstanding German books were Eugen Lemberg, *Nationalismus* (2 vols., Munich, 1964), and Heinz Ziegler, *Der moderne Nation* (Tübingen, 1931).

13 베네딕트 앤더슨(Benedict Anderson)의 『상상된 공동체(*Imagined Communities*)』의 제2판 (1991) 서문 참조. 4개의 핵심 근대주의 텍스트 중 상대적으로 뒤에 출판된 것이 에릭 홉스봄(Eric Hobsbawm)의 『1780년 이후의 민족과 민족주의(*Nations and Nationalism since 1780*, Cambridge, 1990)』이다.

비유럽권 세계 대부분에 대해서는, 널리 알려져 있지도 않으면서 거의 이해되지도 않는 비-민족적 과거에서 어떻게 근대 민족으로 나아갈 수 있었을까에 그 초점이 있었다. 몇몇 사례(예: 중국과 일본)에 대해서는 유럽에서 나타난 '국가 민족'에 대해 적용되었던 것과 같은 유사한 접근법이 취해졌다.

결론적으로 말하면 1945년 이후 민족주의는 구식이고, 반동적이며, 패배로 둘러싸였던 과거 속에서 운 좋게 살아남은 것처럼 보였다.[14] 이는 선진 민족 국가에 자리 잡은 민족 정서나 신생 민족 국가에서 민족 건설을 위해 일어난 민족주의와는 대조를 이룬다. 여기에는 강력한 도덕적 함의가 있다: 패배한 민족주의는 종족적이고(ethnic), 배타적이며(exclusive), 과거에 뿌리를 내리고(rooted in the past) 있으나, 반면 선진화되고 근대화된 민족 국가와 관련된 민족주의는 시민적이고(civic), 포용적이며(inclusive), 미래 지향적(forward looking)이었다. 1980년대에 시작된 근대주의 논쟁은 이런 구별 짓기에 도전했고, 이와 같은 하나의 전체적인 틀로 다양한 형태의 민족주의를 통합하고자 했다.

1980년대 초반에 나온 중요한 텍스트에서 나는 몇몇 독특한 주제를 식별했다. 첫째, 근대 민족이 어떻게 발전해왔는가 하는 문제를 설명하는 '민족 형성(nation formation)'이 있다. 1980년대 이전에 출간된 중요한 연구 중 하나는 유진 베버(Eugen Weber)가 쓴 것으로, 프랑스 민족 형성을 주제로 한다. 이는 차후에 더 자세히 검토하려 한다. 민족은 많은 경우에 '전체 사회(whole society)'를 의미하며, 모든 주요 계급으로 구성되어 있고,

---

14 케두리는 1960년에 쓴 저작의 서문에서 민족주의가 이제 엄밀하게 다뤄져야 하는 역사적 주제임을 명시했다. 에드워드 할렛 카(Edward Hallett Carr)도 제2차 세계대전 직후에 쓴 책의 표제를 *Nationalism and After* (London, 1945)라고 정했다.

정체성이란 공유되는 감각을 지니면서 특정한 영토에 위치한다. 둘째, '민족주의(nationalism)'는 많은 경우에 민족 자치를 추구하면서 민족을 핵심 가치로 만드는 이념을 정당화하는 정치운동을 의미한다. 내가 저술한 책의 초점도 바로 이것이었다.[15] 셋째, '민족 국가'가 있다. 민족 국가는 민족 형성이나 민족주의를 비교 연구와 같은 방식으로 하는 데에 도움이 되지 않는다.

유엔에서 '민족 국가'로 승인되었다는 점은 민족 정체성이나 민족주의에 대해서는 우리에게 아무것도 말해주지 않는다. 이와 같은 법률적 실체로서 형성되고 승인을 얻는 것은 강력한 민족주 또는 대중적 민족 정체성을 수반할 수도 있으나 수반하지 않을 수도 있으며, 일단 형성되고 나면 이를 성공적으로 촉진할 수도 있고 그렇지 않을 수도 있다. 더욱이, 민족 국가 형성은 1914년 이전까지만 해도 별로 중요하지 않은 주제였다. 1914년이 되고나서 어느 글로벌 제국이 부상하고, 어느 글로벌 제국이 몰락할 것인지가 중요한 문제로 등장했다. 그리고 1918년 이후에서야 '민족 해방'(레닌Lenin)과 '민족자결'(우드로 윌슨Woodrow Wilson)에 대한 외침이 제국이 사라진 세계라는 비전을 뚫고 나왔다. 근대주의는 민족 국가 형성과 연관된 우발적 사건을 설명하는 데 어려움이 있기에 근대주의 연구자는 많은 경우에 민족 형성과 민족주의에만 초점을 둔다.[16]

한 사회를 '근대(modern)'로 만드는 것은 무엇이며, 근대성은 민족 형성과 민족주의를 어떻게 설명할 수 있을까? 물론 전방위적인 논쟁을 하

---

15 John Breuilly, *Nationalism and the State* (Manchester, 1982).

16 민족 국가에 대한 실질적인 정의는 다음을 참고하라. John Breuilly, 'Nationalism, national self-determination, and international relations' in John Baylis, Steve Smith and Patricia Owens (eds.), *The Globalization of World Politics* (7th.ed., Oxford, 2017), pp. 434-49 (437).

려면 사회 변화를 둘러싼 모든 측면을 필수적으로 다루어야만 하겠지만 우선 경제적, 문화적, 정치적 설명부터 시작해보려 한다.[17] 경제적 근대성에 강조점을 두는 사람들은 계급 관계나 기술에 초점을 맞춘다. 마르크스(Marx)는 '생산관계(relations of production)'와 '생산력(forces of production)'을 구분해 근대화를 둘러싼 두 가지 다른 의미를 포착했다. 대다수 마르크스주의자는 '관계'에 집중하는데, 이는 다양한 '생산 양식(modes of production)'(예를 들어 노예제, 봉건제, 자본주의)이 갈등과 발전을 가르고 주요 노선을 결정짓는 계급 구조에 따라 특색을 갖게 된다는 것을 뜻한다. 많은 마르크스주의 이론가와 역사학자에게 있어 자본주의의 글로벌 발전, 민족과 민족 국가의 형성, 민족주의의 부상 사이에는 밀접한 관계성이 존재하는 것이다.[18] 어려움은 계급 이해관계, 정체성과 이념('부르주아적' 자유주의, '귀족적' 보수주의, '노동 계급적' 사회주의)에서 계급의 '실제' 연대를 초월하는 대중적 민족 정체성과 민족주의 전념을 설명하는 것으로 옮겨갔다.[19]

어니스트 겔너는 '생산력'에 집중하면서, 경제적 근대성('산업주의 industrialism')이 계급 정체성보다 우위에 있었던 민족적인 무언가를 설명한다고 주장했다.[20] 겔너는 보편적 인류 역사를 세 단계로 요약했

---

17 Michael Mann, *Sources of Social Power, vol I*, (Cambridge, 1986). 제1장에서 마이클 만은 네 가지 종류의 힘을 식별했다: 군사적 힘, 행정적 힘, 경제적 힘, 정치적 힘. 필자는 강압, 경제, 문화라는 세 가지 요소가 한 세트를 이루는 구분을 선호한다; 다음을 참조. Gianfranco Poggi, 'Political power un-manned: a defence of the Holy Trinity from Mann's military attack' in *An Anatomy of Power: the social theory of Michael Man*, edited by John A. Hall and Ralph/Schroeder (Cambridge, 2006), pp. 135-49.

18 John Breuilly, 'Eric Hobsbawm: nationalism and revolution' *Nations and Nationalism*, 21:4 (October, 2015), pp. 630-657.

19 이 책의 제3장 참조.

20 Umut Ozkirimli, *Theories of Nationalism* (3rd ed., Basingstoke, 2016). See also John Hall, *Ernest Gellner: an intellectual biography* (London, 2010).

다: 수렵·채집(hunter-gatherers), 정주농업(sedentary agriculture), 산업주의 (industrialism).[21] 겔너가 평생에 걸쳐 관심을 두었던 것은 사회적 존재와 지식의 본성을 바꿔낸 인류 역사에 있어서 근대성을 중대한 분기점으로 이해하는 것이었다. 『민족과 민족주의(Nations and Nationalism)』에서 겔너는 자신의 일반론을 민족 형성과 민족주의에 적용했다.

실제로 겔너는 두 가지 관련 이론을 제시했다: 첫째, 산업주의는 민족을 어떻게 형성하는가, 둘째, 산업화 중이던 민족으로부터 배제되고, 착취당하며, 지배당한다고 느끼는 사람이 이끄는 분노로 가득한 정치체 (politics)가 어떻게 민족주의를 낳는가.[22] 겔너가 말하는 핵심 주장은 산업주의가 전례 없는 사회적 유동성을 만들어냈다는 것인데, 이런 유동성은 지리적인 "위아래"가 중요하지 않았으며, 지속적인 직업 변혁을 통해 이루어졌다. 사람들은 출생이나 특권과 같은 기준에 따라 부여되는 고정된 지위를 비교하는 것으로는 더 이상 그네를 식별할 수 없었다. 이것은 사람이 개인으로서 전달하고 공유하는 '문화(culture)'로 대체되었다. 겔너는 산업사회에서 '통용되는(generic)' 지식과 기술을 체계적으로 배우는 것에 대해 그 중요성을 강조했는데, 이는 보편적이고 강제적인 초등교육과 대중 문맹률 감소의 성취를 통해서만 가능했다. 문화는 문맹자 대다수가 쓰는 지역 방언, 라틴어처럼 엘리트만 제한적으로 사용하는 문자 언어와 같이 대개는 '죽은' 언어를 분리해내는 것보다는 문자화된 방언에 결부되었다. 이런 문자화된 방언들은 '민족적' 언어가 되었다.

겔너는 역사학자에게 문제를 제기한다. 겔너는 역사적 증거를 이용함

---

21 Ernest Gellner, *Plough, Sword, Book* (London, 1988).

22 John Breuilly, 'Introduction' in Ernest Gellner,
Nations and Nationalism (2nd edition: Ithaca, 2006), pp. xiii-li.

에 거침이 없다. 『민족과 민족주의』에 포함된 겔너가 쓴 '역사적' 챕터는 허구로 가득한 작품이다! 겔너는 루리타니아(Ruritania) 속주의 그 핵심부가 산업화된 메갈로마니아(Megalomania) 제국 내에 포함되는 것이라고 상상한다. 그런 다음에 겔너는 이것이 어떻게 루리타니아 민족주의를 발생시켰는지를 요약하여 제시하였다. 이는 그 특정한 지역이 훗날 체코슬로바키아(겔너가 나고 자란 곳)가 된 것이 아니라는 한에서 합스부르크 제국 말기와 얽히어 희미하게 위장된 역사처럼 보인다. 그러나 겔너가 만들어 낸 기발하고 재치 있는 이야기를 역사적 세밀함과 연관짓기는 어렵다. 이는 겔너가 역사학자와 대립각을 세우지 않을 수 있도록 해주었다. 하지만 토론에서 겔너는 너무나 많은 '역사적 예외(historical exceptions)'를 인정했기 때문에 자신의 이론이 참된 역사적 근거가 없다는 비난을 받아야 했다.[23]

겔너와 마찬가지로, 앤더슨(Anderson)은 근대성을 시간과 공간에 대한 개념조차 변화시키는 심오한 변형으로 취급한다. 앤더슨이 말하는 '인쇄 자본주의(print capitalism)' 출발점은 기술(인쇄된 문헌을 대량 생산하고 유통하는 것)과 조직(자본주의와 결부된 인쇄하기)을 결합한 하이브리드 경제적 개념이다. 하지만 이 주장은 문화적 개념에 대한 것으로 신속하게 바뀐다. 앤더슨의 관심은 다른 거대 집단과 마찬가지로, 민족이 어떻게 '상상된(imagined)' 실재로서만 존재할 수 있는가에 있는데, 민족을 구성하는 개별적 구성원이 모두를 서로 직접적으로 아는 것은 절대 가능하지 않기 때문이다. 따라서 근대성은 특정한 방식으로 민족을 상상하는 것이 가능

---

23 Ernest Gellner, 'Do nations have navels?' *Nations and Nationalism* 2:3 (1996), pp. 366-370.

하게 한다. 개인이 민족 독자층을 구성하는 일원으로서 신문과 어떤 문헌을 읽을수록, 그들은 "혈통적인 조건에 따라 한정되면서도 주권을 가졌다고 상상하게 되는(imagined as both inherently limited and sovereign)" 거대 집단, 바로 자신이 속해 있는 민족 독자층을 상상하게 된다.[24]

이런 상상하기는 점점 더 뚜렷하고 자율적인 '공적 영역(public sphere)'에서 일어난다. 겔너가 주장했듯이 대중 문맹률 감소는 아이를 특정 기관, 즉 학교에 배치하는 의무적인 초등교육을 필요로 한다. 또 근대 산업과 행정은 고등교육을 받은 사람들로 구성된 일군의 관리자를 필요로 하기에, 근대 대학과 기술 관련 기관도 필수적이다. 확장된 교양 중산 계급과 숙련된 노동 계급은 신문, 극장, 박물관, 미술관, 공원, 음악회, 음악당을 찾는 청중이란 재화를 공급하며, 이는 언론인, 편집자, 큐레이터, 대중 작곡가, 대중 예술가, 대중 연구자와 같은 제도권에 서비스를 제공하는 직업군을 생산한다. 이와 같은 '문화 영역(cultural sphere)' 없이, 찰스 디킨스(Charles Dickens)나 루트비히 판 베토벤(Ludwig van Beethoven), 루브르 박물관이나 대영 박물관 등은 상상할 수 없다. 이런 인물과 기관이 민족적이었다는 주장이 갈수록 사실로 확인된다.

『상상된 공동체(Imagined Communities)』는 판매 부수, 판본 발행 횟수, 번역 출판 언어 수, 인용 횟수와 같은 기준으로 측정했을 때 민족주의 연구를 주제로 하는 어떠한 단행본보다도 가장 큰 영향력을 미쳐왔다.[25] 주된 이유는 『상상된 공동체』가 광범위한 연구주제를 다루면서도 이를 탁월하게 풀어냈기 때문인데, 『상상된 공동체』를 구성하는 몇몇 장은 전 세

---

24 Benedict Anderson, *Imagined Communities*, p. 15.

25 John Breuilly et al., 'Benedict Anderson's Imagined Communities: a symposium', *Nations and Nationalism*, 22:4 (October, 2016), pp. 625-59.

계에 존재하는 다양한 종류의 민족 상상하기와 민족공동체를 간결하게 담아냈다. 겔너가 쓴 책과 마찬가지로 『상상된 공동체』는 상상과 공동체의 틀에서 민족 형성과 민족주의에 대한 이중 초점을 두고 있다. 상상하기와 공동체 사이의 관계성은 겔너가 바라보는 민족 형성과 민족주의 사이의 관계성보다 더 밀접하면서도 다소 선명하지 않다. 더 밀접하다는 것은 앤더슨이 역사적 사례에서 상상하기와 공동체를 연결하기 때문이다. 다소 선명하지 않다는 것은 상상하기가 설득력이 있는 생각이긴 해도 구체적으로 정의하긴 어려운 생각이기 때문인데, 산업주의가 매우 명시적인 개념이라는 점과 비교하면 이해가 쉽다. 상상하기와 공동체 사이의 관계성은 양면적이기도 하다. 대다수 역사학자는 지식인, 정치인, 국가 관료라는 작인(agency)에 집중해 왔다: 이런 작인을 앤더슨은 민족주의를 주도하고 민족공동체를 만드는 사회적 유형이라고 묘사한다. 문화적 역사학자와 이론가는 개인 또는 집단이란 작인보다는 '민족적 상상하기(national imagining)'의 과정과 결과에 초점을 맞추었다.

『발명된 전통(Invented Traditions)』은 문화적 근대주의(cultural modernism)를 설명하는 또 다른 관점에서 집필된 책이다. 공동편집의 산물인 이 책은 민족 형성과 민족주의에 관해 특별하게 관심을 두지 않았다. 하지만 소련의 붕괴, 전 세계에 걸친 민족주의 운동의 부상, 정치의 문화적 측면에 대한 관심이 높아진 것과 맞물려, 이 책의 중심 주제는 민족주의와 민족 전통 및 의식을 '발명한(invented)' 사람인 것처럼 이해되었다.

역사학자는 발명하기(inventing) 내지 상상하기(imagining)와 관련된 관념에 문제를 제기한다. 발명하기나 상상하기는 아주 명확한 개념이라기보다는 극적인 이미지다. 더욱이 양자는 왕왕 상호 교환할 수 있는 것으로 보이기도 하지만 이 둘은 서로 다른, 심지어 반대되는 의미를 포함한다.

발명하기는 발명가를 의도를 지닌 행위자로 암시하는데, 이점은 상상하기와 관련된 생각에서는 찾아볼 수 없는 것이다. 영어 용법에서 민족주의를 주제로 하는 단행본과 기획 시리즈 제목(발명하기, 상상하기, 쓰기, 위조하기 등)으로 인기가 많은 현재 분사는 명사나 대명사(즉, 대상이나 작인)를 그 앞에 두는 것을 허용하지 않는다. 작인과 구조간 양가성, 다시 말해서 엘리트 프로젝트로서의 민족주의와 근대성이 의도하지 않은 결과로써의 민족 형성 간 양가성은 민족주의를 상충하는 관점에서 바라보는 세 권의 1983년 출판물이 지닌 광범위한 영향을 설명하는 데 도움이 된다.

앤더슨이 역사적 사례를 검토했다는 사실은 역사학자에게 새로운 문제를 부여한다. 역사학자는 역사적 세밀함을 결여했다는 것을 이유로 겔너를 외면하거나 그 주장에 이의를 제기할 수도 있다; 물론 역사학자는 앤더슨이 역사적 세밀함을 검토하는 방식에 대해서도 반대할 수 있다. 많은 라틴 아메리카 역사학자는 그네들의 저술에서 앤더슨을 중요한 인물로 부각하지만, 다른 한편으로 앤더슨의 설명이 근본적인 결함을 지니고 있다고 주장한다. 앤더슨은 라틴 아메리카를 일반 독자층으로 하여금 '그 중요성을 각인'시키며, 민족주의가 라틴 아메리카에서 시작되었다는 점을 시사했다. 라틴 아메리카 역사학자는 앤더슨이 이룬 선구적인 역할을 향유 하면서도, 많은 경우에 있어 앤더슨이 구축한 대담한 주장을 계속해서 해체한다.[26]

정치적 근대주의(political modernism)도 두 가지 측면을 가지고 있는데, 그중 하나가 국가 근대화이다. 『민족주의와 국가(Nationalism and the State)』

---

26 John Breuilly (ed.) *The Oxford Handbook of the History of Nationalism* (Oxford, 2013) 중에서 Don H. Doyle, Eric Van Young and Nicola Miller가 쓴 부분 참조. 필자는 이에 대한 비판적 검토를 고려하고 있음.

에서, 나는 이렇게 주장했다: 근대 국가는 더 명확하게 정의되고 치안을 유지하는 영토에 속한 거주민에 대한 지배를 주장하는 전문화된 기관(관료제, 의회, 법원, 대규모 징병 군대)의 집합이다.[27] 이런 정치적 과정은 대중 시민을 새롭게 만들어내어 민족 형성을 촉진한다. 국가의 임무는 국가를 구성하는 시민('민족')이 추구하는 가치와 이익을 대변하는 것이다. 다른 측면은 대중적 지지를 얻기 위해 민족주의 언어를 구사하는 전문 정치인이란 계급을 수반하는, 선거, 정당, 노동조합, 전문직 협의회를 통해 이뤄지는 대중 동원과 같은 근대적 조건 아래에서 벌어지는 정치 변혁이다. 겔너의 산업주의와 분노, 앤더슨의 상상하기와 공동체처럼 여기에도 이중의 초점이 있다. 민족 형성과 민족주의에 대한 한 가지 접근법은 제도, 엘리트, 계획적인 프로젝트에 관심을 두고 있는 반면에, 다른 접근법은 대규모 사회 과정과 그네가 의도치 않았던 결과물에 관심을 두고 있다.

문화적 근대주의와 정치적 근대주의는 서로 연결되어 있다. 산업주의, 인쇄 자본주의, 국가 관료제, 대규모 징집 군대는 서로를 필요로 한다. 야심만만한 근대주의 이론은 이 모든 필요를 연결하고자 하며, 그렇게 하여 민족 형성과 민족주의를 근대화의 핵심 결과로 제시하려 한다. 주목할만한 종합이 마이클 만(Michael Mann)의 기념비적인 저서, 『사회적 권력의 원천(Sources of Social Power)』에서 이루어졌다. 만은 제1권에서 고대 문명으로 거슬러 올라가지만, 제2부터 제4권에서는 18세기 중반 이후의 시기를 고찰한다. 만이 사용한 주요 개념을 개괄하고 있는 제1권도 1980년대에 나온 또 다른 고전이라 할 수 있다.[28]

---

27 John Breuilly, *Nationalism and the State*.
28 Michael Mann, *The Sources of Social Power* (Cambridge 1986-2012) 4 volumes.

민족주의를 '종합적으로(as a whole)' 다룬 근대주의적 주장은 1980년 대 초에 쏟아진 출판물에서 나왔다. 왜 이런 일이 일어났을까? 그리고 그 때는 어떤 시절이었을까? 다 지나간 후에 돌이켜 보니 주요 글로벌 정치 변화가 결정적이었다. 1970년대 초에서 중반까지 미국 경제는 석유 수 출국이 주도한 조직적인 가격 인상으로 악화일로에 있었고, 이는 달러화 에 연동된 조종 환율을 포함하는 포스트 1945년 금융 대금 결제 방식의 포기로 이어졌다. 이는 완전 고용과 복지국가를 유지하려는 목표를 지닌 케인스주의적 경제 관리(Keynesian economic management)에서 탈피되었다는 변화를 예고하였으며, 또 경제 정책에 관한 주요 정당의 합의가 종식되 었음을 예고했다. 1979년 영국 보수당 총리 마거릿 대처(Margaret Thatcher) 와 1980년 미국 공화당 대통령 로널드 레이건(Ronald Reagan)의 당선으 로 서구 정치는 극명하게 양극화되었다. 한때 '이데올로기의 종말(end of ideology)'이란 특징으로 묘사되던 전후 시대는 끝이 났다.

수반된 글로벌 경제 위기는 이란 혁명, 여러 나라의 내정에 대한 미 국의 노골적인 개입, 서유럽에서 일어난 분리주의 운동의 부상, 동유럽 에서 일어난 민족적 반대를 부차적으로 야기했다. '민족 정체성(national identity)'은 많은 유럽 역사학자를 통해 더욱 강조되었다.[29] 민족주의는 더 이상 과거에 출현했던 '안전하게 다룰 수 있는 무엇'이 아니라, 바로 지 금의 문제였다. 정치는 더 이상 혼합경제를 어떻게 운영할 것인지를 두 고 벌이는 협소한 논쟁이 아니라, 민족 정체성에 대한 주장이 중심적인

---

29 페르낭 브로델(Ferdinand Braudel)은 1986년에 프랑스의 정체성을 주제로 하는 첫 번째 책을 출판했다; 톰 네언(Tom Nairn), *The Breakup of Britain* (London, 1977)은 에릭 홉 스봄(Eric Hobsbawm)에게 매서운 비판을 받았다; 소위 1980년대 중반에 벌어진 독일 역 사의 시대구분에 대해 벌인 역사학자의 논쟁(*Historikerstreit*) 참조; De Felice published "positive" evaluations of Mussolini and Fascism in the late 1970s and 1980s.

역할을 하는 가치 충돌이었다. 경제 위기와 고조된 신자유주의가 1945년 이후 민족 국가를 구성하는 시민이라는 의미에 실체를 부여한 기관(노동조합, 사회주택, 무상 대학 교육과 의료, 양질의 연금과 실업 수당)을 공격하면서, 마치 제도적인 형태로 구성된 연대감을 대신하는 제물이라고 할 만큼 '정체성'(젠더, 인종, 종족성, 계급, 그리고 민족성/국적)은 더욱 강조되었다.[30]

한 학자의 연구작업을 통해서 이런 변화의 추이를 되짚어볼 수도 있다. 1971년 출판된 민족주의를 주제로 다룬 앤서니 스미스(Anthony Smith)의 첫 번째 책은 박사 학위 지도교수 어니스트 겔너(Ernest Gellner)에게 빚지고 있는데, 그는 민족주의가 형성되는 과정에 국가 관료제와 같은 근대적 제도가 한 역할을 강조하였다. 1987년 스미스는 여러 세대에 걸친 민족 정체성의 생산과 재생산에 대해서 매우 다른 주장을 담은 책을 출간했다.[31] 1987년의 그 저술에서 스미스는 비평을 통해 민족주의와 관련된 근대주의적 관점을 정의하고, 대안을 제시했다. 이는 생산적인 토론을 위한 두 가지 필수 요소를 제공했다: 논쟁과 관련된 공통된 기반과 그 위에서 벌어지는 찬반 논쟁이 그것이다. 근대주의자와 반근대주의자는 근대 민족주의가 정체성과 이념으로서 중요하다는 데 동의했다; 하지만 이들은 근대 민족주의가 설명하는 것에 대해서는 동의하지 않았다.

그 당시에 민족주의를 주제로 다룬 출판물은 미래에 어떤 일이 생길지를 보여주는 작은 조짐에 불과했다. 이를 묘사하기 위해 개인적인 일화 하나를 예로 들자면, 2015년에 나의 동료 근대 독일 역사학자는 내가 민

---

30 참조. Bo Stråth, 'Identity and Social Solidarity: An Ignored Connection: A Historical Perspective on the State of Europe and its Nations' *Nations and Nationalism* 23 (2017) pp. 227-47

31 Anthony D. Smith, *Theories of Nationalism* (London, 1971) and Idem *The Ethnic Origins of Nations* (Oxford, 1987).

족주의를 주제로 강연하게 된 자리에서 나를 이렇게 소개했다: "나와 내 동료는 존 브륄리가 1982년에 그토록 주변적인 주제를 다룬 저서를 출판했었다는 것을 알고선 너무나 놀랐습니다." 1991년 이후에야 민족주의를 주제로 다룬 작업은 학자로서의 경력에서 얼마나 현명한 전환이었는지 인정을 받게 되었다! 거의 모든 사람과 마찬가지로, 나는 브레주네프 시대에 있었던 소련의 침체와 부패를 알아차린 지 오래였지만, 그럼에도 불구하고 소련의 갑작스러운 붕괴를 전혀 예감하지 못했다. 다른 사람과 마찬가지로 나 역시 계급이 인종, 젠더, 종족성, 민족성/국적보다 더 중요하고, 국제 관계가 냉전과 얽힌 초민족적 이해관계와 가치를 중심으로 돌아가고 있다는 가정에 부합하지 않는 '어떤 분위기'에 대해 매우 어렴풋하게나마 의식하고 있었을 뿐이다.

1990년대에 들어서 소련과 유고슬라비아의 붕괴, 유럽 일부 지역에서 일어난 전쟁의 재출현, 유럽 그리고 유럽 너머 세계에서 일어난 종족 민족주의적 수사, 대량 살상, 대량 학살의 부활, 남아프리카에서 벌어진 인종 분리 정책의 철폐 등등 이후에야 민족주의를 주제로 다루며 명맥만 유지하던 출판물이 홍수처럼 넘쳐났다. 1980년대 초에 나온 텍스트가 지닌 중요성은 이어지는 민족주의에 대한 논쟁(근대주의자 대 반근대주의자)에서 인용되는 술어를 확립했다는 데 있다.

민족과 민족에 관한 근대주의적 역사 쓰기

근대주의가 민족주의에 관한 역사 쓰기에 어떠한 영향을 미쳐왔는지를 종합적으로 조망하는 것은 불가능하다. 대신 나는 베버(Weber)가 쓴 독창적인 저작 『농민을 프랑스인으로(Peasants into Frenchmen, 1976)』를 시작으로 몇 가지 핵심 텍스트에 초점을 맞추려 한다.[32] 이 책의 제목은 민족 형성과 근대화를 연결하려는 의도를 분명하게 해준다. 베버는 고전격 근대화 문헌을 끌고 와 이용했는데, 가령 '민족 건설(nation-building)'에는 초점을 두고 민족주의는 무시했던 도이치(Deutsch)의 『민족주의와 사회 커뮤니케이션(Nationalism and Social Communication)』이 포함된다.[33] 통합(integration)과 침투(penetration)와 같은 개념은 근대화가 어떻게 서로 다른 계급과 지역으로 구성된 민족을 주조할 수 있었는지를 보여주기 위해 이용되었다. 베버는 제1부 '존재하고 있던 것(The way things were)'에서 19세기 중반 프랑스 시골 지역을, 그 대다수에서 그 거주민은 프랑스어로 말하지 못하고, 문맹이며, 끝도 없이 이어지는 노동, 가난과 미신, 개선의 여지조차 없는 절망의 세계에 둘러싸인, 일련의 고립되고 낙후된 지역으로 표현했다. 이렇게 프랑스 시골 지역에 살고 있던 사람들은 도시 사람들과 교양을 갖춘 엘리트가 경험한 방식으로 '프랑스(France)'도 '프랑스인이 되는 것(being French)'도 경험할 수 없었다. 프랑스인이 되기 위해서는 시골 지역에 살고 있는 사람들의 세계가 바뀌어야 했다.

제2부는 대략 1880년과 1914년 사이에 있었던 결정적인 변혁을 일으킨 '변화의 작인(the agencies of change)'에 대해 설명한다. 광범위한 도로 건설은 물리적 고립을 감소시키고 대규모 도시 이민이 가능하게 만들었다. 초등교육의 확장은 프랑스어가 널리 구사될 수 있도록 했으며, 문해

---

32 Eugen Weber, *Peasants into Frenchmen: The Modernization of Rural France, 1870-1914* (London, 1976).

33 참조. Charles Tilly (ed.), *The Formation of National States in Western Europe* (Princeton, NJ., 1975).

력을 증대시켰다. 청년들의 징집은 또 다른 차원의 민족적 경험을 제공했다. 농업 발전은 생활 수준과 기대치를 높였다. 이 모든 것은 사회적 커뮤니케이션을 증가시켰다. 베버는 도이치의 말을 인용한다: "한 나라는 그 나라를 인식할 수 있는 상호의존성만큼이나 크다(A country is as large as the interdependence that it perceives)."[34] 아니면 앤더슨의 말한 것처럼: 수백만 명 아니 그보다 더 많은 프랑스에 속한 거주민이 이제 그네를 프랑스인이라고 상상하게 되었다. 제3부에서 베버는 일어났었던 '변화와 동화(change and assimilation)'를 요약하며, 프랑스 민족이 근대화를 통해 만들어졌다고 결론짓는다.

전체적으로 프랑스에 집중하고 있는 베버의 설명은 학교 감독관과 군사 위원회가 작성한 보고서뿐만 아니라 그 보고서 작성에 영향을 미친 진술서와 같은 1차 사료까지 기초했음에도 불구하고, 베버는 프랑스를 단지 하나의 사례에 불과한 것으로 간주했다. 베버는 프랑스의 시골이 어떻게 프랑스가 되었는지를 프랑스가 해외 식민지를 변환시킨 방식과 비교한다. 근대화 이론이 1945년 이후에 근대성을 전파하는 방식으로 군사적 정복을 포기했을지는 몰라도, 근대성은 다른 방식으로 '정복하기(conquering)'를 했던 셈이다.

베버의 책은 비프랑스 역사학에 현격한 영향을 미쳤다.[35] 이탈리아와 스페인 역사학자는 프랑스 민족 형성의 '성공'을 입증하면서, 그네들의 국가에서 겪은 '실패'와 대조하며 베버의 책을 읽었다. 독일 역사학자

---

34 Eugen Weber, *Peasants into Frenchmen*, p. 485.
35 Miguel Cabo and Fernando Molina, 'The Long and Winding Road of Nationalization: Eugen Weber's *Peasants into Frenchmen* in Modern European History (1976-2006)' *European History Quarterly* 39:2 (2009), pp. 264-86.

는 제2제국이 급속하게 근대화되어 1914년에 대규모 민족 정체성을 만들어냈음을 인정했다. 그러나 급속한 근대화는 자유주의와 같은 근대화의 중요한 요소를 약화했다. 이런 '부분적 근대화'는 대중적이지만 비자유적인 민족주의의 성장을 촉진했고, 독일만이 아닌 전 세계에 치명적인 결과를 가져왔다. 따라서 20세기의 '진보적' 민족주의와 '반동적' 민족주의의 대조는 19세기에 있었던 다른 종류의 민족 형성과 연결되었다. 베버의 책은 '후진' 유럽 왕조 제국 및 농민을 오스트리아, 러시아, 오스만 제국으로 편입하지 못한 제국의 실패에 대한 역사적 연구에 영향을 미쳤다. 그래서 베버의 연구가 '성공적' 근대화나 '완전한' 근대화가 프랑스에는 예외적으로 유효한 것으로 해석했지만, (프랑스가 아닌) 다른 곳에서 베버의 방법을 모방한 결과 근대화는 '부분적' 또는 '실패한'으로 이어졌다.

그러나 베버를 수용하는 일은 고전적 근대화 이론에 질문을 던지는 실증적 비판들로 인해 복잡해졌다. 베버의 책은 비이론적이다. 근대화는 정의되는 게 아니라 하나의 거대한 실제이며—도시의 성장, 산업, 개량된 농업, 도로, 학교, 문맹률 감소, 징병제, 프랑스어, 물질적 생활 수준 향상—이는 '상호 의존'의 경험을 가능케 만들어서 점점 더 많은 프랑스인에 속한 거주민이 스스로를 근대적이고 민족적인 존재로 이해하게 만든다. 근대적 그리고 민족적이란 두 술어는 심지어 상호 교환이 가능한 것으로 보인다. '설명'에 관해서 두 술어는 '변화의 작인'이다. 작인은 행위자가 된다: 도로 건설은 기술자, 교사와 교육 개혁가의 학교, 육군 장교의 징집. 여기에는 이원론적인 모델이 있다: 근대적 행위자는 비근대적 농민을 근대적 프랑스인으로 바꾸기 위해 작업한다. 여성에게 무슨 일이 일어나는지도 불분명하다.

베버의 책을 깎아내리고자 하는 의도는 없다. 만약 베버가 이론에 빠져들었다면, 베버는 이토록 경이로운 책을 써내지 못했을 것이다. 그럼에도 불구하고 베버의 책이 비이론적이라는 점은 베버에 대한 비판의 포문을 열었다. 프랑스를 연구하는 영국과 미국 역사학자가 주도한 초기의 비판적 검토는 실증적이지만 이론적이지 않았는데, 이들은 1848-49년 혁명과 루이 나폴레옹의 1851년 12월 쿠데타에 대한 저항으로 일어난 7월 왕정 복고 아래 농민 정치체의 형태가 포괄적, 심지어 '민족적'이었다고 주장하였다. 베버의 증거—대규모의 구체적 사례들—는 가장 낙후된 지역 중에서도 가장 낙후된 부분에서 선정되었고, 국가 전체에 걸친 변화의 불연속적이며 다양한 본질을 기록하는 데 실패했다. 베버의 책이 프랑스어로 번역되자 프랑스 역사학자는 이런 주장을 비판하는 데 동참한 반면 다른 사람들은 베버의 주장을 옹호했다.

그러나 (프랑스 역사학자가 동참한) 비판의 두 번째 파도는 고전적 근대주의에 질문을 제기했다. 프랑스를 연구하는 역사학자는 '지방주의(regionalism)'를 두고 근대화된 개혁가가 추구하는 노력에 저항하는 것이나 동화되는 것보단 어떤 다른 무엇으로서 검토하기 시작했다.[36] 같은 비판적 반응이 비프랑스 역사학에도 영향을 미치기 시작했다. 베버가 주장했던 것처럼 프랑스가 '성공적으로' 근대화되지 않았다면, 아마 다른 나라는 '실패하지도' 않았을 것이다. 만약 프랑스 농민이 변화를 거부하거나 수용하지도 않고, 복잡하면서도 다채로운 그리고 불연속적 방식으로 '협상했다면', 실패는 다른 곳처럼 (프랑스에서도) 일어날 수 있었다. 만약 변화의 작인이 가톨릭교회와 농민 협동조합을 포함하는 것이라면, 근대

---

36 이 책의 제11장 참조.

성을 근대적 사고방식을 지닌 사람들(합리적인 학교 교사, 과학적인 기술자, 민족주의적 관료, 무엇보다도 세속적이고, 반-성직적이며, 진보적인 사고방식을 지닌 공화주의적 엘리트)이 전적으로 주도하여 밀어붙이는 프로젝트로서 이해해야만 하는 것이 당연할까?[37]

이것은 강력한 비판이다. 그러나 비판은 실증적 역사를 복잡하게 만들어 근대화 이론을 정면으로 비판하지 못하고 있다. 협상은 지배보다 잘 작동하고, 상향식(bottom-up) 변화는 하향식(top-down) 변화에 곁들여져야만 하며, 상호작용은 이원론을 대신해야 한다. 이런 비판만 따로 떼놓는 것은, 역사학자가 근대화나 민족주의에 대한 일반적인 논쟁과 연관시키지 않고 특정 이슈에 대해서만 논하고, 또 근대 프랑스 역사를 '그 고유한 관점에서만' 이해하려 하면서, 그네들의 민족이란 틀에 갇힌 네모박스로 되돌아가는 것을 부추길 수 있다; 간단히 말해, 방법론적 민족주의(methodological nationalism)로 되돌아가는 것 말이다.

이런 한계를 넘을 수 있는 방식이 있다면, 그것은 근대화를 프로젝트(project)로서 이해할 것인지와 프로세스(process)로서 이해할 것인지를 구별하는 것이다. 베버의 책은 민족 형성을 주제로 다룬 것이다. 간혹가다가 베버가 민족 형성을 민족주의라고 칭하더라도 말이다. 베버가 주장하는 도로와 학교의 건설자와 군대 징병관은 겔너의 산업주의와 대칭을 이룬다. 하지만 겔너는 산업주의를 민족 형성과 연결하는 이론을 가지고 있는 반면 베버는 그렇지 않다. 그럼 그 이론을 소개해보면 어떨까?

도이치를 인용했다는 점에서 베버는 우리에게 도움을 주었다. 중요한 것은 학교, 도로, 군대 그 자체가 아니라 학교, 도로, 군대가 만들어내는

---

37 Miguel Cabo and Fernando Molina, 'The Long and Winding Road'.

공통된 경험이다. 공통된 경험은 똑같은 경험을 의미하는 것이 아니라 경험의 교환에서 일어나는 상호의존성을 의미한다. 이런 의미는 베버의 이원론 모델을 약화한다. 베버 자신이 지적했듯이, 농민은 이런 경험의 확대가 제공하는 새로운 기회를 적극적으로 포착해야 한다. 농민이 학교에서 이뤄지는 배움을 통해 아무런 의미를 찾지 못한다면, 농민의 자녀도 배우려 하지 않을 것이다. 도로는 도시의 더 나은 지위 찾기를 목표로 하는, 지금 막 문맹에서 벗어난 거주민이 여행을 다녀야만 유지될 수 있었다. 징집병은 완전히 강요된 군대 복무라는 생각을 벗어난 경험을 가졌을 때, 또 그네들 스스로 총알받이라는 생각을 벗어나는 경험을 가졌을 때만 프랑스인이 될 것이다. 1851년 12월 쿠데타(December 1851 coup)와 같은 '민족적' 사건에 대한 저항은 광범위할 수 있고 인쇄물 선전 같은 근대적 방법을 사용할 수도 있지만, 중요한 것은 이런 행동이 근대성의 확장되고 전문화된 관계성에 깊이 뿌리를 내리게 되었다는 점이다. 이와 같은 행동이 일어나기 위해서는 예외적인 에피소드가 아니라 일상적인 에피소드가 되어야만 했다. 제1차 나폴레옹 징병은 예외적이었고, 지방적이었으며, 뒤죽박죽이었고, 저항에 부딪혔다; 이는 제3공화국의 방식으로 겪은 '민족적 경험'이 아니었다.

다시 말해서, 민족 형성으로 근대화는 프로젝트가 아니라 과정이다. 소수의 교사, 징병관, 도로 건설자는 자의식적으로 '민족 건설'을 할 수도 있으나 대다수는 단지 3R(읽기(Reading), 쓰기(wRiting), 산수(aRithmetic))을 가르치고, 군대를 모으거나, 두 장소를 연결하려 애썼다. 바로 이런 행동이 민족을 형성하는 많은 사람들에 의해 전유되는 방식이다.

민족 형성은 정치적 정체성이나 동기가 아니라 경험의 민족적 교환을 일상화한 것이다. 우리는 베버의 또 다른 책으로 시선을 돌려서 이런 차이가 갖는 힘을 발견할 수 있다.[38] 초창기 베버의 역사적 관심은 우익 민족주의, 특히 제1차 세계대전 이전과 이후 프랑스 및 다른 여러 지역(특히 베버의 출생지, 루마니아), 전간기 파시즘에 있었다. 베버가 쓴 『프랑스에서 일어난 민족주의 부활(The Nationalist Revival in France)』은 한 유형의 민족주의의 쇠퇴와 다른 유형의 민족주의의 부상에 관한 것이다. 샤를 모라스(Charles Maurras)와 그의 조직 '행동하는 프랑스인(Action Française)'과 같은 우익 민족주의자는 중앙집권주의에 반대하는 지방주의(regionalism), 세속주의에 반대하는 가톨릭주의를 끌어안으면서 공화국의 가치에 격렬히 반대했다. 우익 민족주의는 그것이 반대하는 편(지방주의와 가톨릭주의)에 기생하고 있었다. 이런 우익 민족주의는 프랑스에서 1914년까지 지지를 받지 못했다. 베버가 언급한 '부활'은 사회주의자 장 조레스(Jean Jaurès)와 밀접하게 관계되어 있다. 그러나 조레스는 민족주의를 반동적인 것으로 규정하는 좁은 의미에 따라 반민족주의자로 이해된다. 모라스는 '민족'을 종교, 전통, 지역 등과 연관을 지으며, 자신의 모든 담론의 중심으로 삼았으나 조레스에게 중심이 되었던 것은 국제주의적 술어들로 구성된 사회 정의에 대한 가치였다.

이런 차이를 '동기적(motivational)' 민족주의와 '구조적(structural)' 민족주의라는 틀에 넣어볼 수 있다.[39] 동기적 민족주의는 민족에 대한 전념을 행동의 유일한 또는 주요한 동기라고 대변한다. 구조적 민족주의는 민족이나 민족 정체성을 핵심 가치로 선포하는 것이 아니라 사회 정의, 민주

---

38 Eugen Weber, *The Nationalist Revival in France, 1905-1914* (Berkeley, Cal., 1968).

39 John Breuilly, 'What does it mean to say that nationalism is popular?' in Maarten Van Ginderachter and Marnix Beyen (eds.), *Nationhood from below Continental Europe in the long nineteenth century* (Basingstoke, 2012), pp. 23~43.

주의나 개인의 자유 같은 다른 가치를 선포한다. 그러나 사회주의자, 급진적 민주주의자, 자유주의 운동은 민족 국가를 그네들의 가치를 실현하기 위해 운영되어야만 하는 틀로 받아들인다. 1914년 8월의 프랑스처럼 국가 존립이 위협받는 것처럼 보일 때, 그런 운동은 민족 국가의 붕괴가 그네들의 가치를 실현하는 능력도 파괴할 것이라는 이유를 근거로 그네들의 핵심 가치보다 국가의 방어에 우선순위를 부여한다. 역사학자가 이런 요소를 분리해내기는 어려운 일이며, 또 위기 속에서 사람이 이전에는 중요하게 보지 않았던 가치를 새로이 인식하기도 어려운 일이다. 하지만 더 정확하게 말하자면 그런 위기는 어떻게 민족 형성이 다른 유형의, 심지어 반대되는 유형의 민족주의를 일으킬 수 있는지를 이해하는 데 도움이 될 수 있다. 1914년에 반공화주의적, 반동주의적, '동기적' 민족주의를 무색하게 한 것이 친공화주의적, 사회주의적, '구조적' 민족주의였다는 점을 고려해보면, 이는 베버가 『농민을 프랑스인으로』에서 묘사하는 진보적이고 통합적인 민족 형성 과정이 1914년까지 긍정적인 결과를 많이 성취해왔다는 점을 시사한다.

독일 사례는 근대화, 민족주의, 역사 쓰기 사이의 관계성과 관련된 다른 관점을 제시한다. 꼭 마치 1914년까지 조레스 대신에 모라스의 독일적 등가물이 대두되었다가 이후에 1933년에 극단적인 형태로 다시 대두된 것처럼 보인다. 근대 독일 역사에 대한 이런 해석은 독일어로 존더베그(Sonderweg)나 영어로는 특수 경로(special path)란 개념으로 알려지게 되었다. 이 해석을 정교하게 설명한 한스 울리히 벨러(Hans-Ulrich Wehler)와 같은 역사학자는 서독의 자유민주주의적 가치를 명시적으로 옹호했고, 독일이 '정상적인(normal)' 경로를 벗어났던 지점이 어디인지를 명확하게 밝혀내는 것과 정상적인 경로로 돌아갈 수 있도록 협조하는 것을 그네들의 임무로 이해했다. 실제적으로도 이 입장은 반민족주의적이었는데, 만약 우리가 민족주의를 반자유주의적이면서도 권위주의적인 이념이라고 의미를 부여하는 한에 있어서는 그렇다. 방법론적으로 특수 경로는 민족주의적이었는데, 이것은 독일 역사를 유일무이한 것으로 이해했기 때문이다. (특수 경로를 주장하는) 역사학자는 근대화 이론에 많은 빚을 지고 있을 뿐만 아니라 독일 사례를 두고 근대화에서 발생한 결정적인 실패, 즉 자유민주주의가 발전하다가 발생한 실패이며, 근대성의 힘이 반자유주의라는 멍에를 쓰게 되었음을 의미한다고 주장했다.[40]

이 해석은 두 명의 영국 역사학자가 1980년대 초기에 쓴 다른 텍스트에서도 비판의 대상이 되었다.[41] 그들은 질문했다. 도대체 무슨 이유에서, 근대화가 자유민주주의와 '정상적으로(normally)' 이어진다고 가정해야 하는가? 근대화는 산업과 도시의 성장, 대규모 문맹률 감소, 늘어난 사회적 유동성을 의미하면서, 왜 '정상적으로' 의회 민주주의와 같은 새로운 유형의 권위주의적 또는 전체주의적 지배를 수반할 수 없었을까? 예컨대 그들은 부상하는 자본주의 계급이 의회 민주주의를 통치의 형태로 '선택'했고, 이 통치의 형태를 통해 지배력을 가장 잘 행사할 수 있었으며, 자유민주주의의 실패가 자본주의적 실패라는 정통 마르크스주의적 주장에 의문을 제기했다. 자본주의자들은 1914년 이전 독일처럼 강력하고 급진적인 노동운동을 경험했던 사회에서 자유민주주의로 인한 위협을 느꼈을 것이다. 그리고 그들은 권위주의적 민족주의를 받아들이

---

40 이 주제를 다룬 문헌은 정말 많다. 이 주제에 대한 연구와 비판을 엮은 다음의 책을 참고하라. Sven Oliver Müller and Cornelius Torp (eds.), *Imperial Germany Revisited: Continuing Debates and Perspectives* (New York, 2011).

41 David Blackbourn and Geoff Eley, *The peculiarities of German history: bourgeois society and politics in nineteenth-century Germany* (Oxford, 1984)

는 편이 더 좋다는 점을 알아차렸을 것이다.

그 이후로 많은 근대화 사회는 자유민주주의 체제를 갖추는 데 '실패' 했다. 고전적 근대화 이론은 냉전 그리고 서구가 근대화를 자유민주주의 와 연결시켜야 하는 필요성과 연결되었다. 1970년대 후반부터 자유주의 적 전후 질서의 위기가 크게 고조된 것은 반자유주의적 민족주의가 자 유주의적 민족주의만큼이나 근대화의 한 측면이며, 근대화가 수많은 다 른 형태를 취할 수도 있다는 주장으로 이어졌다. '복수의 근대성(multiple modernities)'이란 사상이 1990년대에는 점점 더 인기를 갖게 되었다.[42] 복 수의 근대성이란 사상은 근대화와 관련된 전반적인 관념을 그대로 유지 하면서도, 고전적 근대화 이론의 단선적 형태와는 분리되기를 원하는 역 사학자에게 하나의 가능한 개념적 토대를 제시했다.

1914년 이후 민족주의는 새로운 형태를 띠었다. 강력한 제국과 민족자 결권이라는 탁월한 사상은 제한된 문화적, 정치적 자주권을 넘어서는 목 표를 추구하는 것은 고사하고, 이제 민족주의 운동으로 하여금 이전에는 상상할 수조차 없었던 그네들의 목적으로 주권을 가진 민족 국가를 선언 할 수 있게 되었다는 것을 의미했다. 한 가지 중요한 사실은 1914년 이전 의 주요 서구 강대국, 그리고 보다 제한적인 범위로는 발칸 반도에 있었 던 소수의 '작은' 민족 중에서, 또 '강력한 민족 국가'라고 자처했던 일본 만이 '민족적' 역사를 쓸 수 있었다는 것이다. 1918년 이후에야 민족주의 가 제국들의 세계에 하나의 글로벌적 대안으로 제시된 것처럼 보였다.

하지만 민족주의가 민족 역사의 부산물이라는 오랜 가정은 계속되었 다. 파리평화회의에서 민족주의적 주장은 민족 역사와 민족 정체성을 근

---

42 이 장의 각주 9번 참조.

거로 정당화되었다. 미국 대통령 우드로 윌슨(Woodrow Wilson)은 자신이 속한 '신생' 다종족 민족/국가(multi-ethnic nation)를 자랑스럽게 여겼지만, 전후 유럽을 구성하는 조직체의 주요 원칙으로는 종족을 기반으로 하는 민족성/국적(ethnic nationality)을 택했고, 이런 가정을 이용하고자 하는 사람들은 그에 따라 그네들의 요구사항을 만들어냈다. 또 볼셰비키는 민족국가로 이루어진 세계가 그네들의 궁극적인 목표가 아니었을지라도, 민족을 유기체적이면서 객관적인 실체를 지닌 것으로 정의했다. 콘(Kohn) 과 헤이스(Hayes) 같은 역사학자는 "민족주의"를 보편적인 현상처럼 서술하면서도, 민족주의를 그 민족적 틀에 계속 놓아두었다.

그러나 이런 주장은 유럽적 탈식민지화와 함께 점점 더 긴장을 유발하게 되었다. 가나나 인도네시아는 민족적 신뢰도가 없었고, 심지어 유고슬라비아나 체코슬로바키아보다도 민족적 신뢰도가 낮았다. 역사학자는 비로소 국가자격을 획득하게 된 작은 민족을 포함하여 오래전에 확립된 민족으로 구성된 유럽과 제국의 지배를 받다가 '새로운 민족'을 건설해야 하는 비유럽 지역을 구별 지음으로써 그 문제를 부분적으로 해결했다. 상상된 공동체에서 앤더슨은 그 초점을 유럽 밖으로, 또 '큰' 민족에서 '작은' 민족으로도 옮겼다.

바로 이런 변화에 영감을 준 역사가가 체코의 미로슬라프 흐로흐(Miroslav Hroch)였다.[43] 유럽에 있는 '작은 민족(small nations)'에 대한 흐로흐의 선구적인 연구는 민족 형성, 민족주의 이데올로기, 정치체를 검토했다.

---

43 *Social Preconditions of National Revival in Europe* (Cambridge, 1985); Miroslav Hroch, 'From National Movement to the Fully-Formed Nation: The Nation-Building Process in Europe' in Gopal Balakrishnan (ed.) *Mapping the Nation* (London, 1996), pp. 78-97 and *European Nations: explaining their formation* (London, 2015).

마르크스주의적이면서도 민족 정체성의 선제적 실재를 전제로 했던 흐로흐의 작업은 몇 가지 혁신을 만들어냈다. 흐로흐의 작업은 체계적이면서 비교적이다. 다양한 언어에 대한 흐로흐의 박식함은 많은 유럽 사례를 비교할 수 있게 하였다. 그리고 그가 주장한 민족주의 (발전 과정에) 3단계 이론은 분석적이면서도 서사적인 방식으로 표현되었다.

1단계는 민족적 사상들의 지성적 정교화였다. 민족 정체성은 체코인과 마찬가지로 오래전부터 존재해왔지만, 표준화된 문자를 지닌 속어와 방언을 통해서 민족 정체성을 표현되는 것이었고 연극, 소설, 역사서, 시각 예술, 음악으로 민족적 이야기를 묘사했다: 이것들은 어떠한 민족 운동도 가능하지 않았다면 그저 근대적 성취물에 불과한 것이었다. 2단계는 이런 민족적 사상을 엘리트 주도하에 정치적 형태로 변환하는 것이었다. 3단계는 엘리트 정치에서 대중 정치로 전환하는 것이었다. 흐로흐는 이런 3단계를 거치는 과정에서 어떠한 필수 불가결한 것도 없다는 점을 분명히 했다. 엘리트적 민족 운동은 대중적 지지를 동원하지 않고도 국가 지위(statehood)를 획득할 수 있고, 강력한 반대나 대중 정치에 유리하게 작용할 여건의 부재에 직면하여 실패할 수도 있다. 그러나 민족주의가 반드시 세 단계를 모두 거치지 않았더라도, 민족주의는 3단계의 순서를 따랐다.

민족 형성과 민족주의에 대해서는 이중적 초점이 존재하는데, 민족 형성을 민족주의 사상보다 앞서 일어났던 것이면서 경제 변화에 의존한 것으로 이해하였다. 흐로흐는 민족 운동의 부상을 상업적 농업을 하던 지역과 원거리 무역 및 제조업에 종사했던 도시로, 또 계급 이해관계로 소급하여 추적한다. 민족적 이념은 지식인 및 정치 엘리트들의 작업과 연결되어 있다. 이후 이 모델은 근대 유럽에 있었던 작은 민족과 민족 운동에 얽힌 역사를 쓰는 표준 방식이 되었다.

하지만 이 모델에는 여러 문제가 있다.[44] 민족 운동보다 앞서 존재했던 민족 정체성을 가정하여 중부 유럽에 있었던 수없이 다양하면서 경쟁적인 민족적 주장을 고려할 때, 왜 그런 주장들 일부는 성공하고 나머지는 실패했는지를 설명하는 데 있어 이 모델은 도움이 되는가? 또 몇몇 성공 사례가 성공을 맞이하기 직전에 민족적 의식과 관련하여 매우 빈약하기 짝이 없는 형태라도 가지고 있다는 사실을 설명하는 데 도움이 되는가? 민족 운동은 국가 지위를 달성하기 직전에 정교한 민족적 이데올로기를 필요로 하는가? 세르비아는 민족 형성에 필요한 근대적 조건을 거의 갖추지 않고도 가까스로 민족 국가가 되었으며 논쟁의 여지가 있지만 민족을 만들어낸 국가였다.[45] 이 논쟁은 강력한 국가가 민족 운동보다 선행했다는 '큰(big)' 민족으로 확대되는 것일까?

그럼에도 불구하고 흐로흐의 작업은 민족주의 연구의 새로운 지평을 열었고, 어떻게 민족 역사를 써야 하는지에 중요한 영향을 미쳤다. 한편 흐로흐의 작업이 별 영향을 미치지 못한 두 가지 역사적 분야가 있다: '서구(western)' 역사 쓰기에 1980년대의 주요 근대주의 텍스트를 전유하는 것과 비유럽 역사를 쓰는 것이다.[46]

민족주의는 근대적이며, 1980년대 초의 근대주의 텍스트는 근대성이 민족주의를 만들어가는 방식을 이해하기 위한 열쇠를 제공한다는 사

---

44 John Breuilly, 'Constructing Nationalism as an Historical Subject' in Pavel Kolár and Miloš Rezník (eds.), *Historische Nationsforschung im geteilten Europa 1945-1989* (Köln, 2012), pp. 15-27.

45 참조. Sinisa Malešević, 'The Mirage of Balkan Piedmont: State Formation and Serbian Nationalisms in the nineteenth and early twentieth century', *Nations and Nationalism* 23 (2017) pp. 129-50.

상은, 서구 세계의 많은 역사학자에게 있어 상식과 같은 전제가 되었고, 1990년대 후반부터 이런 관점이 담긴 연구가 출판되었다. 예를 들어 에드워드 아놀드(Edward Arnold)가 2000년에서 2004년 사이에 주도적으로 출판한 '민족 발명하기(Inventing the Nation)'(슈테판 베르거가 쓴 독일을 주제로 한 책을 포함) 시리즈에서 여섯 권의 책들은 모두 앤더슨, 겔너, 홉스봄, 홉스봄/레인저라는 이름으로 구성된 짜 맞춘 것 같은 조합을 언급하는데, 이는 대개 책을 시작하는 초반부 몇 페이지에서 금방 발견된다.

앤더슨, 겔너, 홉스봄, 레인저는 때로 오랫동안 존재해온 민족 정체성과 민족주의를 연결한 역사학을 비판하고 인쇄 매체, 산업주의, 근대식 전쟁, 대중 정치를 여러 가지 방식으로 강조한다.[47] 매우 구체적인 영향력을 추적하기는 어려운 일인데, 앤더슨, 겔너, 홉스봄 세 사람의 차이점을 비롯해 모순까지도 어떠한 주장을 일관되게 뒷받침하는 방식으로 인용되지 않은 데다, 심지어 그들과는 반대되는 주장과 연결되기도 했기 때문이다. 예를 들어 일부 텍스트는 상상된 공동체에 관해 앤더슨을 인용하지만 상상된 공동체가 전근대적인 뿌리를 가지고 있다고 주장하거나, 사회적 과정인 '민족을 상상하기'에서 엘리트 프로젝트인 '민족을 발명하기'로 은연중에 전환되었다고 주장했다. 전형적으로 역사학자는 이론을 자신의 사례에 체계적으로 '도입'하지 않거나 이론을 뒷받침하기 위

---

46 공산주의 사회에서 역사학적 관점으로 민족주의를 어떻게 연구했는지, 이것이 포스트 공산주의에 남긴 유산이 무엇이었는지는 다음을 참고하라. Miroslav Hroch, *European Nations*; Sabine Rutar (ed.), *Beyond the Balkans: towards an inclusive history of South-eastern Europe* (Vienna, 2014) and Idem, 'Nationalism in Southeastern Europe, 1970-2000' in *The Oxford Handbook of the History of Nationalism*.

47 John Breuilly, '*Benedict Anderson's Imagined Communities: a symposium*', pp. 625-59. 이 장의 각주 25번 참조.

해 자신의 사례를 이용하지도 않는다. 더 많은 경우에 근대주의적 관점은 느슨하게 문제의 중심에 있는 특정 민족주의의 역사를 뒷받침한다.

또 근대주의는 중국과 일본처럼 역사학자가 전근대적인 민족 역사를 사실상 받아들일 수 있는 몇몇 예외 사례를 제외하고는 비유럽 역사를 특히 지배해왔다. 하지만 이런 비유럽 역사를 다루는 많은 역사학자는 오랫동안 존재해왔던 '국가(states)'나 '문명(civilization)', 근대 민족, 민족주의, 심지어 종족성(ethnicity)까지도 매우 첨예하게 구분하고 있다.[48]

물론 앤더슨이 영국령 아메리카, 특히나 스페인령 아메리카의 '크리올 민족주의(creole nationalism)'가 유럽 민족주의의 원형이라는 참신한 주장을 제시했을지라도 아메리카 지역과 관련된 역사학자는 일반적으로 그 주장을 거부한다. 이는 스페인에 저항하는 독립운동이 일어나기 이전에 민족주의의 어떤 유형이 이미 존재하고 있었다거나, 더욱 흔하게는 독립이란 목표를 달성한 이후에야 민족주의가 일어나게 되는 것이라는 주장에 근거를 둔다.[49] 아메리카, 아프리카, 중동, 남아시아, 동남아시아에서 제국주의 세력이 주도하여 확립한 임의적인 경계뿐만 아니라 고전

---

48 Henrietta Harrison, *China: Inventing the Nation* (London, 2001). 종족성(ethnicity)에 대해서는 다음을 참고하라. Frank Dikotter, *The Discourse of Race in Modern China* (Hong Kong, 1992).

49 참조. Don Doyle and Eric Van Young, 'Independence and nationalism in the Americas' in *The Oxford Handbook of the History of Nationalism*; Claudio Lomnitz, 'Nationalism as a practical system: Benedict Anderson's theory of nationalism from the vantage point of Spanish America' in Miguel Angel Centeno and Fernando López-Alves (eds.), *The Other Mirror: Grand Theory Through the Lens of Latin America* (New Jersey, 2001), pp. 329-49; Eric Van Young, 2006. 'A nationalist movement without nationalism: the limits of imagined community in Mexico, 1810-1821' in David Cahill and Bianca Tovias (eds.), *New Worlds, First Nations: Native Peoples of Mesoamerica and the Andes under Colonial Rule* (Brighton, 2006), pp. 218-51.

적 근대성과 얽힌 노선을 따라서 사회를 '발전'시키지 못한 실패는 역사학자로 하여금 식민지 이전 역사, 식민지 역사, 식민지 이후 역사를 아우르는 장대한 민족적 거대서사를 구성하는 데 어려움을 겪게 했다. 또 많은 부분에 있어 민족은 민족주의와 더불어 '새로운' 것처럼 묘사되었다. 고전 근대화 문헌은 이와 같은 민족주의를 '민족 건설'의 주요 작인처럼 비쳐왔다.

민족 건설에 대한 낙관론이 사라지자—또 1980년대부터 가속화되면서—역사학자는 다른 방향으로 나아갈 수 있었다. 몇몇은 '전체 집단(whole group)'의식의 핵심 형태로서 '종족성(ethnicity)'이란 개념을 통해 민족적 틀을 유지하고자 했다. 영존주의자는 이것이 제국주의 세력이 주도하여 강제적으로 부과된 '인공적인' 경계를 가로지르는 식민지 이전의 유산이자, 신생 포스트 식민지 국가를 위해 영토적 틀을 형성해온 식민지 이후의 유산이라고 주장할 수 있었다. 이런 영존주의적 주장에 대하여 근대주의자는 부족을 가리켜 민족과 같은 노선에 있는 근대적 구성체라고 주장해왔다. 『전통의 발명(Invention of Tradition)』의 공동편집자인 테렌스 레인저는 동중부 아프리카를 연구하는 역사학자로서 이런 주장을 계속해왔다.[50]

---

50 Terence Ranger, 'The Invention of Tradition in Colonial Africa' in Idem and Eric Hobsbawm (eds.), *The Invention of Tradition*, pp. 211-62: a revised view in Idem., 'The Invention of Tradition Revisited: the Case of Colonial Africa' in Terence Ranger and Olufemi Vaughan (eds.), *Legitimacy and the State in Twentieth Century Africa* (Baisngstoke, 1993), pp. 62-111. 참조. Gabriella Lynch, *I Say to You: Ethnic Politics and the Kalenjin* (Chicago, 2011).

결론: 근대주의 패러다임은 끝인가?

지금까지 나는 전문적 역사학자가 주도한 민족주의 역사 쓰기의 동향을 서술했다. 이런 동향이 민족 국가 정권의 '공식적인(official)' 관점뿐만 아니라 민족 역사와 민족주의에 대한 대중적 이해에 어떤 영향을 미쳤는지 고찰하면서 이 장을 맺고자 한다. 또 근대주의적 패러다임이 전문적 역사학자에게 얼마나 더 오래 영향력을 계속 행사할 것인지 묻고자 한다.

학계는 민족주의와 민족이 근대적 현상이라 주장하지만, 많은 정권은 합법성을 획득하기 위한 노력의 일환으로 민족주의 역사학(nationalist historiography)을 장려한다. 예로 우리는 '제국 역사와 민족 역사가 체계적으로 융합(혼재)된 중국사'를 주제로 하는 국가 지원 연구에서 이를 발견한다.[51] 중국 정부는 주요 고고학 발굴을 지원하며, 최근에는 청나라 왕조를 주제로 열린 런던 왕립예술아카데미(Royal Academy of Arts) 전시회를 위해 인상적인 범위의 예술품을 대여해주었다.[52] 튀르키예 정부도 또 다른 왕립 아카데미 전시회를 비슷한 방식으로 지원했다. 카탈로그에는 영국 총리 블레어(Blair)와 튀르키예 총리 에르도안(Erdogan)이 쓴 서문이 담겨 있었다. 서문의 부제는 민족주의적 메시지가 선명하게 드러난다.[53]

---

51 Joshua Fogel (ed.), *The Teleology of the Modern Nation-State: Japan and China* (Philadelphia, 2005); Lydia Liu, *The Clash of Empires: the invention of China in modern world making* (Cambridge, Mass., 2004).

52 Evelyn Rawski and Jessica Rawson (eds.), *China: The Three Emperors, 1662-1795* (London, 2005)

53 David Roxburgh (ed.), *Turks: A Journey of a Thousand Years, 60-1600* (London, 2005).

이것은 '공식적인' 관점과 전문적 역사학자, 사회과학자의 연구 및 사상 사이에 큰 차이가 있음을 말한다. 한나라 제국이든 앵글로색슨족이든 간에 세계 여러 지역에서 일어난 방어적 민족주의의 부활은 유구한 민족 역사에 대한 주장을 통해 뒷받침된다. 소비에트 연방 중앙아시아 지역에 있는 옛 공화국과 같은 신생 민족 국가는 종족 민족적 신화를 지어낸다. 인도, 케냐, 남수단이나 옛 유고슬라비아에서 일어난 집단 폭력은 '고대적' 민족 적대감에 근거를 두고 있다는 비난을 받는다.[54] 역사 교과서는 한 정권이 다음 정권에 권력을 내주는 것에 맞춰 지속적인 적응을 요구받는다고 하더라도 많은 국가의 유구한 민족 이야기를 전달한다.[55]

하지만 동시에 전문적 역사학자는 민족과 부족이 근대 산업주의, 자본주의나 제국주의의 산물, 즉 '상상된(imagined)' 산물이거나 '발명된 (invented)' 산물이라 주장한다. 민족주의는 단일한 민족적 맥락 안에서 이해할 수 없는 초민족적 현상으로 해석된다. 민족주의 목적론은 19세기 후반과 20세기 초반에 번성했던 범민족주의 운동과 같은 민족주의의 '실패한' 형태에 대한 연구로 인해 도전을 받는다. 민족주의에 대한 '공식적인' 관점과 학문적 관점 사이에는 큰 차이가 있는데, 전문적 역사학자 사이에서도 근대주의적 사상이 가장 영향력을 가지고 있으며 목적론적(teleological) 관점과 원생주의적(primordial) 관점은 공식적으로도 우세할뿐만 아니라 방어적 민족주의(defensive nationalism)의 부상은 그와 같은 견해의 대중적 영향력도 증가시켜 온 것으로 보인다.

---

54 David Laitin, *Nations, states and violence* (Oxford, 2007).

55 레이첼 허친슨(Rachel Hutchinson)이 최근에 '서구' 국가를 주제로 다룬 역작을 냈다. 이를 참고하라. *National and History Education: Curricula and Textbooks in the United States and France* (New York, 2016).

또 근대주의의 영향을 약화하는 것은 학계 내에서 벌어지는 근대주의의 파편화와 주변화이다. 근대화는 과거 속에 존재하는 오늘이기에 매우 분명한 전환이었던 고로, '포스트 근대 사기(post-modern times)'에 존재하는 민족주의에 대해서 우리에게 설명할 수 있는 게 거의 없다. 근대성은 오늘날 부차적이고, 파생적이며, 다양한 형태를 취하고 있다. 법적 주권을 비롯하여 '근대적' 교육과 의료 체계는 중동 산유 국가와 같은 1차 상품의 수출에 전적으로 의존하는 '식민지' 사회에서 달성될 수 있다. 선진 경제는 마치 옛 소비에트 연방에서 생겨난 국가 중 일부가 그런 것처럼 퇴보할 수도 있다. 정체성 정치가 주목을 받으며 민족에 대해 갈피를 잡기 어려운 모순적인 주장이 제기되고 있다. 민족주의와 근대성 양쪽 모두의 속성을 지닌 순전한 형태는 1980년대에 주요 텍스트에서 구체화했던 민족주의와 관련된 근대주의적, 비근대주의적 이론 사이에서 벌어지는 논쟁과 얽힌 술어에 더는 포함될 수 없으나, 다만 민족주의 기원 및 출현과 관련된 논쟁은 예외가 될 수 있다.

저널 「민족과 민족주의(Nations and Nationalism)」의 책임편집자 중 한 사람으로서 나는 갈수록 숫자가 늘어나는 원고는 근대주의 논쟁으로 인해 제기되었던 문제를 그야말로 회피하고 있으며, 그 대신 '매일의(everyday)' 또는 '진부한(banal)' 민족주의, 정체성, 포퓰리즘적(populist) 민족주의 운동에 대한 지지의 원천과 관련된 정량적 연구 및 많은 다른 주제에 초점을 맞추고 있음을 알고 있다. 이것은 20세기와 그 이전으로 소급되는 역사적인 연구에서는 거의 있을 수 없는 일이지만, 이런 주제도 가령 젠더(gender)와 민족주의에 관련된 역사적 질문의 선택에 영향을 미친다. 수정된 근대주의 패러다임이 전개되고 민족주의에 대한 미래의 역사적 연구를 어떻게 만들어 갈 것인지, 나아가 수정된 근대주의 패러다임이 대중적, 공식적 수준에서 이뤄지는 민족 신화 만들기(national myth-making)의 부활에 도전을 할 수 있는지는 앞으로 지켜볼 과제로 남아 있다.[56]

더 읽을거리

Timothy Baycroft & Mark Hewitson (eds.), *What is a Nation? Europe, 1789-1914* (Oxford, 2006).

John Breuilly (ed.), *The Oxford Handbook of the History of Nationalism* (Oxford, 2013).

Carlton Hayes, *The Historical Evolution of Nationalism* (New York, 1931).

Miroslav Hroch, *Social Preconditions of National Revival in Europe* (Cambridge, 1985).

Hans Kohn, *The Idea of Nationalism* (New York,1944; 2nd ed., 2005).

Eugen Weber, *Peasants into Frenchmen: The Modernization of Rural France, 1870-1914* (London, 1976).

Oliver Zimmer and Len Scales, (eds.), *Power and Nation in European History* (Cambridge, 2005).

---

56 '근대주의 패러다임'이 시대별로 어떠한 역할을 했는지를 폭넓게 검토하기 위해서는 다음을 참고하라. Umut Ozkirimli, *Theories of Nationalism: A Critical Introduction* (3rd ed., Basingstoke, 2017), especially chap. 7, 'Nationalism: Theory and Practice'. 필자는 민족주의를 이해하기 위해 명시적인 근대화 이론을 이용했음을 밝힌다. 다음을 참고하라. 'Modernisation and Nationalist Ideology', *Archiv für Sozialgeschichte*, 57 (2017), pp. 131-54.

5장

민족들은 (때론) 영원하다:
근대주의적 접근에 대한 대안들

아비엘 로시월드(Aviel Roshwald)

1860년대에 액튼 경(Lord Acton)은 유럽 대륙을 뒤덮고 있는 현상에 대하여 깊은 우려를 표명했다. 액튼 경에게 신기하면서도 위험스러운 느낌을 준 이 현상은 바로 '국적/민족성 이론(the theory of nationality)'이었다. 지나칠 정도로 미래를 예견했던 것일까? 액튼 경은 인종이나 문화의 공동체로 합법적인 정치적 주권이 무조건적이면서 배타적으로 귀속되는 것은 개인의 자유보단 집단적 권위를, 소수의 권리보단 다수의 이익을, 시민적 자유보단 국가 권력을 고양할 우려가 있다고 주장했다.[1]

겉으로 드러난 내용만 보면 액튼의 주장은 민족주의(nationalism) 연구에 있어 훗날 근대주의 진영이란 이름으로 알려지게 된 범주에 포함되는 듯 보이기도 한다(이게 사실이라면 액튼의 분석이 에르네스트 르낭의 분석보다 수십 년 앞선다는 점을 고려했을 때, 액튼을 근대주의의 창립자 중 하나로 간주해야 한다는 점은 분명하다.

---

1 John Emerich Edward Dalberg-Acton (Lord Acton), 'Nationality' (1862) in Idem, *The History of Freedom and other Essays* (London, 1919), pp. 270-300.

허나 이제 그만 웃고 본론으로 들어가는 것이 순리겠다). 액튼은 '국적(민족성) 이론'을 전례 없는 이데올로기적 구성물로 특징짓고서 다음과 같은 혐의를 제기하였다. 역설적으로 민족주의적 원칙의 제도화하는 것에 의해서 촉발될 가능성이 많은 억압과 불관용은 민족주의적 원칙 정도 "… 국적(민족성)과 얽힌 권리의 가장 위대한 맞수" 정도는 될 것이라고 했기 때문이다.[2] 이는 민족주의적 주장으로, 모든 민족은 주권 국가와 거의 같은 국경을 가져야만 한다는 것이었다. 액튼은 이를 새롭지만 해로운 현상이라 비난했다. 액튼은 보통 말하는 '민족'이 문화적 전통과 독특한 가치의 전달자로서 역사적 무대에서 오랫동안 역할 해왔음을 명백한 사실처럼 상정했다.

게다가 액튼은 민족이 "… 국가의 형태를 결정하는 데 있어서 본질적이기는 하지만 가장 중요한 요소는 아니며", "큰 규모의 국가 구성요소로서 생산적인 정치 활동을 한다"고 확신했다.[3] 이는 역사에 뿌리를 둔 공동체로서 민족의 역량에 모든 것이 달려 있다는 주장이었고, 액튼은 중앙집권화된 권력을 제약 없이 행사하는 국가의 능력을 국민주권이란 이름으로써(in the name of a sovereign people) 견제하는 방식을 통해 영국과 합스부르크 왕조처럼 다민족적 또는 초민족적 실체(multi-or supra-national entities)의 틀 내에서 민족이 얼마든지 자율적으로 상호작용할 수 있다고 주장했다. 이는 민족과 민족, 민족과 국가는 초-민족적 정치체의 틀 안에서 일어난 변증법적 상호작용을 통해서 이루어졌으며 '정치적 민족성'(우리가 시민적 민족주의라고 부를 수도 있는 것)의 원칙은 액튼이 순수하게 귀속적 특징(예를 들어 공유된 혈통적 기원과 지리적 기원)에 따라 정의되는 민족성(nationhood)과 얽

2　Ibid., 297.
3　Ibid., 289.

힌 매우 고대적이고 원시적인 특성이라고 이해했던 것보다 우세하게 되었다.[4] 혈통적 기원이든 지리적 기원이든 간에 관계없이, 액튼은 '민족성 이론'에 내재한 모순이 궁극적으로 '이론상 불법으로 정죄하는 것, 즉 하나의 주권 공동체에 속한 구성원이지만 다른 민족성을 법적으로 보장받을 권리를 취득하는 데 기여'할 것으로 예상했다.[5] (왕정 절대주의의 이름으로든—액튼의 관점에서는 더욱 위험천만하게 보였던—국민 주권의 이름으로든) 국가의 손에 중앙집권화된 권력을 쥐여주는 근대적 경향과 관련하여 자유주의 가톨릭 비평가로서 액튼은 '민족'이란 역사적, 사회 문화적 공동체는 종교적 양심과 더불어 다수의 폭정을 막아내기 위한 장벽으로 역할 할 수 있는 잠재력을 가지고 있다고 이해했으며, 이런 다수의 폭정은 민족 국가(nation-state)라는 사상에 내재 되어 있는 것이라고 믿었다.[6]

이처럼 예리한 대조는 액튼의 에세이가 출판된 이후 1세기하고도 50년이 지나는 동안에 벌어진 민족주의를 둘러싼 논쟁의 격랑 속에서 왕왕 실종되었다. 이런 논쟁은 근대 역사가 펼쳐지는 동안 세계에 주기적으로 소동을 일으켜 왔던 주권, 정체성, 자결권과 얽힌 근본적인 문제에 대한 변형적, 폭력적 투쟁에 많은 영향을 받아왔다. 한편 민족주의적 정치 의제를 전파하고 합법화하기 위한 투쟁에 몰두하고 있는 이념주의자, 대중적 지식인, 당파적 역사가, 정치인, 정부는 영존주의(perennialism)에 빠져드는 경향이 있다. 영존주의는 본질주의적 특성과 강력하게 연계되어 있고 환원주의적(reductionist)이며, 이론에 대해 어떠한 반성도 하지 않는 형태로

---

4   Ibid., pp. 291-92.

5   Ibid., p. 298.

6   Gertrude Himmelfarb, *Lord Acton: A Study in Conscience & Politics* (1952; Grand Rapids, 2015).

〈그림 5.1〉 튜토부르크 숲의 헤르만 기념탑

규정할 수 있겠다. 즉 영존주의에 빠진 사람들은 그네가 민족의 이름으로 주장을 펼치면 그 민족이 지닌 영존적, 내재적, 본질적으로 변하지 않는 정체성과 특징에 대한 독단적인 주장을 펼친 것이고, 그네들의 정치적 주장도 이를 근거로 삼아왔다는 것이다. 앤서니 스미스(Anthony Smith)가 지적했듯이 최대한 시기를 거슬러 올라가도 19세기부터야 민족주의 이념주의자는 그네가 신봉하는 자유를 지녔던 사람을 예사로 묘사했다. 묘사된 그는 한때나마— 고대에 존재했던—정치적 자유권(political liberty), 사회적 결속, 문화적 특수성, 문화적 업적의 황금기를 누렸으나 내적 분열, 외침과 압제 또는 둘 모두에서 초래된 결과로 지독하게 길었던, 수백 년 내지 천 년의 장기 쇠락기와 장기 휴면기에 빠져있었다.[7] 즉 민족주의자의 과업은 이토록 낭만적인 과거에서 영감을 끌어내어 깊은 잠에 빠진 민족을 잠에서 깨우고, 민족의 태생적 권리를 주장할 수 있게끔 민족을 일깨우는 것이었다.

그리하여 19세기 독일의 민족 통일과 세력 확장을 지지하던 사람들은 서기 9년 튜토부르크 숲에서 로마 군대를 산산조각 낸 게르만 족장인 헤르만(독: Hermann, 영: Arminius) 숭배문화를 조장했다.(그림 5.1. 참조)[8] 19세기와 20세기 초 체코 민족주의자는 합스부르크와 로마 가톨릭 권위주의에 저항하는 후스파 전통이 체코 사람들과 얽힌 불굴의 정신을 표현하는 것처럼 상기되도록 만들었다; 1621년 화이트 마운틴 전투(Battle of the White Mountain)에서 합스부르크 반종교개혁(Counter-Reformation) 세력의 승리는

---

7 Anthony Smith, 'The 'Golden Age' and National Renewal,' in Geoffrey Hosking and George Schöpflin, eds., *Myths and Nationhood* (New York, 1997).

8 참조. Roland Vogt and Chong Li, 'German National Identity: Moving Beyond Guilt?' in Roland Vogt, Wayne Cristaudio, and Andreas Leutzsch (eds.), *European National Identities: Elements, Transitions, Conflicts* (New Brunswick, NJ, 2014), p. 77.

체코인에게 암흑시대의 시작을 알리는 전조였고, 이 암흑시대로부터 체코인은 구원을 받아야만 했다.[9] 메이지 천황의 비호 아래 일본을 중앙집권화와 근대화의 길로 이끌었던 1860년대의 정치 혁명은 전통적인 제국의 권위 회복으로 포장되었으며 이어지는 수십 년 내내 일본 민족주의자와 군국주의자는 일본의 민족적 성격('야마토 정신')이 지닌, 이른바 세월이 흘러도 변하지 않는 특성에 호소하면서 그네들의 팽창주의적 야망을 위해 지지를 결집했다.[10] 아랍 민족주의의 19세기 후반 선구자 다수와 그네들의 20세기 후계자는 초기 이슬람의 정신적, 정치적, 문화적 업적을 최초의 오스만 제국이나 유럽의 군사적 힘과 물질적 힘의 영향에 빠져든 근본적인 아랍 민족의 비범함을 표현하는 것으로써 묘사했다.[11] 영존주의라는 회귀적인 환원주의 형태는 오늘날까지도 민족주의 담론에서 주목할 만한 역할을 하고 있다: 자국 사람을 자신의 선조가 지녔던 가치와 희생, 고대 적과 경쟁하는 공동체와 동일시하는 것은 흔하고 친숙한 현상인데, 수많은 사례 중 옛 유고슬라비아와 북아일랜드에서 최근 몇 년 동안 일어난 적대적인 분쟁을 대표적으로 들 수 있다.

반면 영존주의의 선동적 버전이라고 규정할 수 있는 '쓸데없이 날카로운 교조적 말투'는 대개 이를 통해서 출현하고 인정받는 너무나 거창한 정치적 주장 그리고 폭력적 갈등과 함께, 민족주의의 비평가가 어떤

---

9 Derek Sayer, *The Coasts of Bohemia: A Czech History* (Princeton, 1998), pp. 127-53.

10 Kenneth J. Ruoff, *Imperial Japan at its Zenith: The Wartime Celebration of the Empire's 2,600th Anniversary* (Ithaca, 2010), chapter 1 and p. 81; Owen Griffiths, 'Japanese Children and the Culture of Death, January-August 1945' in James Marten (ed.), *Children and War: A Historical Anthology* (New York, 2002).

11 Albert Hourani, *Arabic Thought in the Liberal Age, 1798-1939* (Oxford, 1962), chapters 6, 9, and 11.

모양과 형태로 영존주의적 주장에 의문을 제기해야 하는지를 오랫동안 자극해 왔다. 일찍이 1880년대에 프랑스 종교 및 사회 철학자 에르네스트 르낭(Ernest Renan)은 새로이 통일된 독일이 알자스 지방을 병합하는 것 (이를 독일 민족주의자는 알자스 지방에 사는 사람이 독일계 족류 문화적(ethno-cultural) 조상과 유산을 물려받았다고 주장을 하면서 해당 지역에 거주하는 일부 사람이 가진 불만에 맞서 정당성을 부여했음)에 묵시적으로 반대했는데, 이는 자신의 고유한 정체성(르낭이 '매일의 민족투표'라고 규정했던 것)보다 다른 어떤 것에 기초하여 집단의 사람들에게 민족적 소속감을 부여한다는 바로 그 개념에 의문을 제기함으로써 이루어졌다.[12]

액튼과 마찬가지로, 19세기 마르크스주의 전통에 뿌리를 둔 사람들부터 에르네스트 르낭(Ernest Renan)에게 영감을 받은 탈냉전 사회 구성주의자(social constructivists)에 이르기까지 근대주의와 얽힌 다양한 학파는 귀속적 특성에 따라 정의되는 집단에 배타적 영토-주권을 부여하는 정치적, 윤리적 합법성(ethical legitimacy)에 대해 의문을 제기했다. 그러나 민족주의적 쇼비니즘(nationalist chauvinism)이란 투박한 영존주의 형태가 지닌 오류를 지적하고 폭로하려던 열망 속에서, 근대주의의 다양한 학파 중 다수는—정치적으로 의미 있는 형태의 민족주의는 고사하고—민족 정체성이라고 할법한 어떤 것이든, 그게 아니라면 매우 수동적이고 비정치적인 형태의 어떤 것이라도 근대성의 시작보다 앞선 것인지에 대해 계속 의문을 제기했다(산업혁명, 프랑스혁명의 발발, 인쇄기의 발명이 언제 시작되었고 어떻게 정의되는지와는 상관없이). 에릭 홉스봄과 같은 전통적인 마르크스주의자, 어니스트

---

12 Ernest Renan, 'What is a Nation? (March 1882)' in Geoff Eley and Ronald Grigor Suny (eds.), *Becoming National: A Reader* (New York, 1996), pp. 41-55.

겔너와 같은 반(反)마르크스주의 구조주의자, 또는 베네딕트 앤더슨과 같은 포스트 근대주의/마르크스주의의 혼합 등 많은 근대주의 학자에게 민족 정체성의 전근대적 기원에 대한 주장은—기껏해야—허공에서 날조된 민족 역사 거대서사와 상호교환될 수 있을 정도로 아주 작은 진실에 기초를 두고 있을 뿐이다.[13] 20세기에 인종 청소와 대량 학살로 정점을 찍은 사이비 과학적 인종주의(pseudo-scientific racism)와 통합적 민족주의의 연계는 1945년 이후 진보적 학자 사이에서 급진적 회의론으로 확실하게 강화했는데, 이들은 의심할 여지 없이 민족 정체성의 본질주의적 이해가 기여할 수 있는 어떠한 가능성도 인정하지 않는 역사적 주장에 반대하였다. 민족 국가와 민족주의의 쇠락이란 20세기 후반의 예상은 글로벌화에 직면하면서 민족의 개념과 민족 국가의 역할이라는 게 과도기적이면서 역사적인 현상이라는 관점을 더욱 지지하는 것처럼 보였다.

20세기 후반 학자 사이에서 민족주의에 대한 근대주의적 해석의 명백한 승리가 아직 선포된 것은 아니다. 다양한 근대주의 학파가 공통으로 공유하는 치명적인 약점은 민족주의가 사람들에게 행사할 수 있는 강력한 감정적 지배력을 만족스럽게 설명하는 데 실패했다는 것이다. 만일 민족주의가 근대화와 연관된 특정 사회경제적 과정의 기능적 파생물이자 문화적/이념적 부산물에 불과한 것이라면, 왜 민족주의는 그토록 많은 사람에게 깊은 반향을 일으켜 심금을 울리는 것처럼 보였을까? 민족주의는 인간 본성의 어떤 심오한 속성이나 대중 주권 및 자결권과 얽힌

---

13 Eric Hobsbawm, *Nations and Nationalism since 1780: Programme, Myth, Reality* (Cambridge, 1990); Ernest Gellner, *Nations and Nationalism* (Ithaca, 1983); Benedict Anderson, *Imagined Communities: Reflections on the Origin and Spread of Nationalism* (rev. ed., London and New York, 1991; 1983).

근대적 개념을 형성하는 어떤 것보다 선행하고 기여한 사회적 정체성과 연결될 수 있을까?

이어지는 페이지에서 우리는 근대주의에 대한 몇 가지 주요 이론적 대치점에 대한 조사를 시작으로 하여 실증적 역사학에 근거한 질문을 고찰하고, 근대성이란 인간 경험에 있어 급격한 단절이라고 하는 바로 그 개념에 대한 최근의 학문적 비판이 근대주의 분야에 미치는 함의를 간략하게 언급하면서 결론 맺을 것이다.

근대주의에 대한 이론적 도전

근대주의적 결벽에 대한 이론적 공격은 거의 40년 전쯤 인류학자 피에르 반 덴 베르게(Pierre van den Berghe)가 인종과 민족성의 사회생물학적 기초에 대해 쓴 짧지만 강력한 파급력을 지녔던 에세이에서 전개되었다.[14] 반 덴 베르게는 앤서니 스미스가 '원생주의적(primordialist)'이라고 불렀던 민족주의에 대한 인식을 체계적으로 표현했다: 민족주의란 사회적 동물이라는 매우 진화론적 기원을 바탕으로 타고난 인간 본성이 나타나는 것이라고 보는 견해다. 사회생물학적 모델에 따르면 족류 문화적(ethno-cultural) 공동체의 사회적 구성과 동일시는 농업 혁명이 시작된 이래로 너무나 경쟁적이고 복잡해진 세계에서 경쟁 우위를 유지하는 데 필수적인 '가상적 친족(virtual kin)'이란 집단의 범위를 넓히기 위해서 공유된 문화

---

14 Pierre L. van den Berghe, 'Race and Ethnicity: A Sociobiological Perspective' *Ethnic and Racial Studies* 1:4 (October 1978), pp. 401-11.

적 그리고 골상학적 특성에 집착하여 친족을 위한 이타적 행동을 보존한 상태로 유전적 소인을 수정하는 데 성공한 여러 방식 중 하나이다.

정치학자 아자 가트(Azar Gat)는 최근에 집필한 민족의 '긴 역사'에서 반 덴 베르게의 통찰을 바탕으로 기록된 인류 역사의 장기 지속(longue durée)을 관통하는 정치적 족류성과 민족주의의 영존주의적 중요성에 대한 가장 지속적이고 완고한 사례 중 하나를 구성했다.[15] 가트는 국가의 맥락에서 민족주의를 족류성의 정치화로 이해한다. 전근대에서든 근대 국가에서든 가트는 "특정한 족류(ethnos)와는 대조적으로 일반적 족류성(ethnicity in general)은 항상 우리 종의 정의할 수 있는 특징이었다는 점에서 원생적이다"라고 주장한다.[16] 가트는 공유된 문화가 농업 혁명 이전에 전 세계 인구의 압도적 다수를 구성하고 있었던 수렵-채집 집단 사이의 유전적 친밀성과 강한 상관관계를 가지고 있을 가능성이 매우 높다는 것을 시사함으로써 이것을 설명한다. 이런 이유로 문화적 특성을 공유하는 사람들과 친밀감을 느끼는 경향 자체가 인간 진화 과정에서 유전적으로 선택되었을 가능성이 크다. 가트의 관점에서 보면 이것은 왜 족류 민족적 (ethno-national) 연대가 제1차 세계대전의 발발과 같은 위기의 순간에 개인의 이익 및 계급 이익처럼 다른 요인보다 우선시되는 경향이 있었는지를 설명하는 데 도움을 준다. 가트는 인간 행동의 선사 시대적, 사회생물학적 뿌리를 인식하는 것이 그것을 규범적으로 검증하는 데 도움이 되지 않는다고 서둘러 덧붙인다. 사람들은 여전히 윤리적인 선택을 해야 하며, 그런 선택은 우리에게 유전적으로 뿌리내린 소인의 일부에 도전할

---

15 Azar Gat with Alexander Yakobson, *Nations: The Long History and Deep Roots of Political Ethnicity and Nationalism* (Cambridge, 2013), chapter 2.

16 Ibid., p. 42.

수 있고, 또 왕왕 도전해야만 한다. 하지만 가트의 요점은 그 유산의 힘을 부정하는 것이 어리석은 일이라는 데 있다.[17]

가트가 강조한 것처럼 반 덴 베르게는 일상적으로 인용되는 반면, 베르게의 이론은 가트의 이론 외에 민족주의에 대한 많은 역사적 서술에는 실질적으로 영향을 미치지 않는 것 같다. 이것은 의심의 여지 없이 학자가 제2차 세계대전의 인종차별적 혐오 이후로 인간 행동에 대한 생물학적으로 결정론적 이해를 어떠한 방식으로든 비판하기를 피해왔기 때문이다. 그러나 그것은 사회생물학적 이론이 본질적으로 매우 보편적이고 광범위하며 포괄적이라는 사실을 반영할 수도 있다. 반 덴 베르게를 읽는 것은 민족주의가 하나의 종으로서 인류에 깊이 뿌리를 둔 특성에서 비롯된다는 기존의 직관에 과학적 정당성을 강화하고 부여할 수 있다. 하지만 역사학자는 일반적으로 변화하는 환경, 맥락, 우연성이 인구와 시간이 지남에 따라 인간 문화와 정체성의 변화를 어떻게 형성하는지 설명하는 데 더 관심 있다. 인간은 자신의 내집단을 가상적 친족으로 생각하고 외집단을 이방인으로 생각하는 강력하고 생물학적으로 뿌리 깊은 강한 성향을 가지고 있다는 것을 쉽게 인정할 수 있다; 그러나 이것은 단지 왜 이런 경향이 족류적(ethnic), 민족적(national), 종교적(religious), 이념적(ideological), 그리고/또는 시간이나 장소가 주어진 다른 형태로 구성된 무한한 조합 중 어떤 특정한 것으로 현현하는지를 묻는다.

얼마 전 작고한 역사사회학자 앤서니 D. 스미스(Anthony D. Smith)는 근대주의에 대한 훨씬 더 영향력 있고 지속적인 비판을 전개하여 '족류 상

---

17 Ibid., chapter 2.

징주의(ethno-symbolism)'라고 명명한 개념을 제시했다. 주목할 만한 점은 스미스가 유명한 근대주의 이론가 어니스트 겔너(Ernest Gellner)의 제자로서 학계에 발을 들여놓았다는 것이다. 지성사의 한 획을 그었던 겔너의 접근법에 대해[18] 1980년대에 스미스는 사회와 문화의 전근대적 구조와 근대적 구조 사이의 지나치게 급진적인 단절을 전제로 두고 있다는 결론을 내렸다. 스미스도 처음에 근대화가 다양한 의미에서 인간 경험에 심오한 변화를 가져왔다는 데 동의했을 것이다. 스미스는 명시적으로 표현되고 널리 보급된 정치 프로그램으로서의 민족주의가 근본적으로 근대적인 현상이라는 주장을 문제 삼지 않았다. 사실 스미스는 자신의 접근법을 '영존주의'와 구별하기 위해 애썼다. 영존주의자는 스미스가 민족주의 선전가뿐만이 아니라 역사학자 그리고 (이전에 존재하던 집단의 것이든 오래전에 사라진 사람들과 연관되어 있든) 민족주의가 아득한 옛날부터 인류 역사의 영존주의적 특징이라고 대충 사실처럼 가정하는 사람을 지칭하기 위해 사용했던 술어이다. 스미스가 주장한 것은 인류가 전근대적 족류 문화적 전통과 정체성의 요소를 빠르게 변화하는 세계에서 살아남기 위한 조건들에 맞춰 적응시킴으로써 부분적으로 근대화와 근대성의 도전에 대응해왔다는 것이다; 결과적으로 그런 전통과 정체성은 민족 국가로 구성된 근대 세계를 형성하는 데 기여했다. 더 구체적으로 말하자면, 스미스의 '족류 상징주의' 이론이 시사하는 것은, 민족주의(민족 주권 획득에 전념하는 대중적 정치 운동이란 의미에서 보면)가 근대적이지만, 민족주의가 뿌리를 내린 장소와 형태는 족류 정체성(ethnic identity)과 사회 문화적(socio-cultural) 역사의 전근대적인 패턴에 엄청난 영향을 받았다는 것이다.[19]

---

18 이 책의 제4장 참조.

다시 말해서 대부분의 근대주의자는 민족주의를 (반직관적으로) 민족에 선행하는 것으로 보는 반면, 스미스는 자신이 (종족 공동체와 관련된 프랑스어 술어를 사용하여) 족류 공동체(ethnie)—공유된 조상의 신화를 통해 현현되고, 또 공유된 문화적 상징과 관행, 정의할 수 있는 영토에 대한 애착심을 통해서 강화되는 공동체—라고 불렀던 것이 민족주의보다 앞서 존재했다고 주장했다.[20] 스미스는 민족주의 의제를 중심으로 사회적 대중을 성공적으로 동원하는 것은 이념적 전위대의 선택, 조작, 그리고 이전부터 존재하던 족류 공동체와 연관된 상징과 신화에 대한 재해석에 달려 있다고 주장했다. 1995년 워릭대학교에서 벌어진 유명한 토론 중에 어니스트 겔너는 근대 민족의 전근대적 선조들에 대한 스미스의 관심을 두고 중세 신학자가 여자에게서 태어나지 않은 아담(Adam)에게 배꼽이 있는지 없는지에 대해 집착했던 것과 유사하다며 농담 섞인 비판을 가했다. 하지만 스미스는 차분하고 침착한 목소리로 전근대적 족류 공동체(ethno-communal) 기반이 존재하지 않는다면, 오늘날의 민족주의적 노력의 씨앗도 그 뿌리를 내렸을 것 같지 않다고 대응했다.[21]

옛 스승이었던 겔너가 던진 장난기 넘치는 예리한 비판 이후에도 스미스는 수많은 작품을 집필하면서 천천히 그리고 조금씩 영존주의적 입장

---

19 스미스의 범주구성은 필자가 이 장에서 정의하는 것보다 더욱 체계적이고 정밀하다. 다음을 참고하라. Anthony D. Smith, *Nationalism and Modernism: A Critical Survey of Recent Theories of Nations and Nationalism* (London, 1998), chapters 7-8.

20 Anthony D. Smith, *The Ethnic Origins of Nations* (Oxford: Blackwell, 1986), pp. 21-32. 또 다음을 참고하라. Idem, *Ethno-Symbolism and Nationalism: A Cultural Approach* (Abingdon, 2009).

21 Anthony D. Smith, 'Nations and their Past' and Ernest Gellner, 'Do Nations Have Navels?' in Anthony D. Smith and Ernest Gellner, 'The Nation: Real or Imagined? The Warwick Debates on Nationalism,' *Nations and Nationalism* 2:3 (1996), pp. 357-70.

으로 이동했다. 오늘날 어떤 착실한 전문 역사가나 사회과학자도 당대의 모든 민족이 그 기원을 특정되는 불변의 특성을 지닌 고대 민족으로 소급하여 추적할 수 있다고 주장하지 않을 것이다. 그렇기에 스미스의 주장은 영존주의의 반역사적, 환원주의적 형태는 아니다. 오히려 스미스가 제안한 것은 민족의식(nationhood)이라는 인식할 수 있는 형태가—족류성(ethnicity)과 공유된 대중문화의 연관, 선조의 고향에 대한 '점유와 발전'—17세기와 18세기 이전, 수 세기 또는 수천 년 전에 여러 주목할 만한 사례를 통해 이미 나타났을 가능성이 농후하다는 것이다. 스미스는 고대 유대인과 고대 이집트인을 그런 사례로 강조했다. 스미스는 그런 형태의 민족적 정체성이 정치적, 문화적 엘리트에게 심한 통제를 받았을 것이라고 강조했다; 그에 따르면 정치적 사상의 대중 확산을 위한 근대적 기반 시설과 기술의 부재를 통해서, 상당한 대중적 추종자에 의해 수용되는 이념적 의제 형태의 완전한 민족주의는 그때까지도 가능하지 않았다. 그러나 스미스는 이런 전근대적 사례 중 일부를 통해서라도 우리는 민족이 존재하고 있었다고 주장할 수 있으며, 공유된 족류 문화적 (ethno-cultural) 정체성과 최소한 합법성을 가진 정치적-영토적 권위 사이의 연관성이 존재했었다는 매우 수동적 인식을 지닌 큰 공동체라는 의미에 대해서도 생각해볼 수 있게 되었다.[22]

앤서니 스미스 사상의 진화는 역사적 사례 연구와 비교 연구에 대한 문헌의 급증에 부분적으로 영향을 받았는데, 문헌 중 다수는 스미스의 획기적인 학설에 영향을 받아 형성되었다. 대부분의 역사학자는 근대주의 학파의 가정을 따랐던 반면, 주목할 만한 소수는 실증적 영존주의라

---

22 Anthony D. Smith, *The Antiquity of Nations* (Cambridge, 2004).

고 규정할 수 있을법한 다양한 것을 수용했다: 즉 다양한 전근대 사회에 의해 남겨진 주요 사료를 면밀하게 검토함으로써 주목할만한 소수는 설득력 있는 증거를 발견했는데, 어떠한 형태로든 민족 정체성이 수많은 전근대 사회에서 중요한 역할을 했다는 것을 말한다; 일부는 심지어 민족주의의 전근대적 형태도 존재했었다고 주장하며 결론을 내린다(민족 정체성의 이름으로 적극적인 정치적 주장을 분명하게 표현했다는 의미에서 본다).[23]

물론 이 증거에 대한 해석은 많은 논쟁의 여지가 있다. 정치 공동체와 족류 문화적 소속에 대한 전근대적 술어와 근대적 술어 사이에 존재하는 유사점들은 맥락, 의미, 사고방식에 있어서 근본적인 차이가 있으며, 민족의식(民族疑識, nationhood)과 민족주의의 근대적 개념은 명백한 전근대적 선례와 공통점이 거의 없다고 주장하는 초기 근대주의자와 중세주의자가 많다.[24]

그러나 부분적으로 냉전 말기 내내 근대주의자에 의한 이론화의 절정에 대한 반응으로, 냉전 종식과 경제적, 문화적 글로벌화에 반대하는 세계적인 민족주의 반발에 따라 점점 더 많은 역사학자는 세계의 다른 지역뿐만 아니라 탈공산주의 동유럽에서 이루어진 족류 민족주의(ethnic nationalism)의 부활을 고려하며, 최근 몇 년 동안 민족주의가 사회경제적, 문화적, 정치적 근대성의 특정 단계와 배타적으로 결부되어 있다는 개념에 의문을 제기해 왔다.

---

23 역사학적 영존주의의 실증적 특성과 족류상징주의, 근대주의와 관련된 다양한 학파를 이론에 따라 구분하는 것을 제안한 존 브륄리에게 감사를 전한다.

24 참조. Patrick Geary, *The Myth of Nations: The Medieval Origins of Europe* (Princeton, 2003).

근대주의에 대한 유럽 역사학자의 비판

1996년 퀸스대학교 벨파스트에서 이루어진 와일즈(Wiles)의 강의안을 바탕으로 작성된 민족 정체성 형성에 대한 역사적 사례 연구 모음집에서 신학자이자 종교 역사학자인 에이드리언 헤이스팅스(Adrian Hastings)는 민족주의(존재하고 있었던 정치체의 족류 문화적 정체성의 응집성과 구별성에 근거하는 정치 주권을 주장하는 배타주의적 주장이라는 관점으로 이해하면서)가 중세 말기 잉글랜드 역사에서 형성적인 역할을 했다고 주장함으로써 근대주의자에게 도전장을 던졌다. 헤이스팅스는 전형적인 성공 사례로서 중세와 근대 초기 잉글랜드 민족 국가가 유럽과 그 밖의 다른 국가에서 민족주의의 이어지는 발전에 영향을 미쳤다고 주장했다.[25] 같은 이유로 헤이스팅스는 초기 잉글랜드 민족주의와 그 모방자들 모두 훨씬 더 고대적 사례의 영향을 강하게 받았다고 주장했는데, 예를 들어 히브리어 성서에 등장하는 선택된 사람들(Chosen People)에 대한 거대서사와 가르침이 있다.

이런 통찰을 했던 것은 헤이스팅스만이 아니다. 히브리 정치 연구(Hebraic Political Studies)로 알려진 전체 분야는 지난 20년 동안 급격히 성장했으며, 다양한 초기 근대 엘리트가 그네들의 정치적 사업을 합법화하기 위해 도입하고 채택한 신성한 거대서사와 족류 정치적(ethno-political) 신학의 원천으로서 히브리 성서의 역할에 초점을 맞춰왔다. 2005년부터 2009년 사이에 「히브리 정치 연구(*Hebraic Political Studies*)」라는 이름의 학술지가 발간되었고, 학술지의 내용과는 별개로 많은 학술 서적이 최근

---

25 Adrian Hastings, *The Construction of Nationhood: Ethnicity, Religion and Nationalism* (Cambridge, 1997), chapters 1-2 and *passim*.

몇 년간 그 주제를 체계적으로 탐구해 왔다. 네덜란드 공화국, 잉글랜드/영국, 종교개혁과 반종교개혁 시대 뉴잉글랜드에서 이루어진 청교도 정착은 16세기, 17세기, 18세기의 민족적 또는 원형적-민족 사회의 흔하게 인용되는 사례 중 하나이며, 그네들은 자신이 고대 이스라엘 민족의 현대판 등가물이라고 상상했다. 그들은 개신교 신앙의 일부가 된 언약 신학을 지지하면서, 이 사회들 각각의 중요한 단면은 그네들의 민족을 새롭게 선택된 사람들로 상상하는 것이었고, 그네가 정치적 자치권을 획득하고(또는 획득하거나) 보전하는 것은 기독교적 순수성을 추구하는 것에 대한 하늘로부터 내려온 보상이자 이를 위한 전제조건이었다.[26]

주의를 기울여야 하는 점은 이런 이념을 민족적—심지어 민족주의적—이라고 동일시할 때 민족 정체성의 근대적 형태와 전근대적 형태가 그렇게 단순하게 만들어서 융합되는 게 아니라는 것이다. 이는 후기 유럽 근대성의 세속화 경향이 많은 민족주의적 거대서사를 과거에 존재하던 합법화와 영감의 명백히 종교적인 원천에서 멀어지게 했다는 것을 인정하는 셈이다.

하지만 이것은 산업적, 정치적 근대성 이전에 어떤 형태로든 존재했던 민족주의의 개념 자체를 완전히 거부하기보다는 민족주의의 전근대 이본과 근대 이본 사이의 진화적 연결을 강조하는 것이다. 더욱이 그것은 종교

---

26 Simon Schama, *The Embarrassment of Riches: An Interpretation of Dutch Culture in the Golden Age* (New York, 1987), chapter 2; Philip S. Gorski, 'The Mosaic Moment: An Early Modernist Critique of Modernist Theories of Nationalism' *American Journal of Sociology* 105:5 (March 2000), pp. 1428-68; Adam Sutcliffe, *Judaism and Enlightenment* (Cambridge, 2003), chapter 2; Diana Muir Applebaum, 'Biblical Nationalism and the Sixteenth-Century States' *National Identities* 15:4 (2013), pp. 317-32; Anthony D. Smith, 'Biblical Beliefs in the Shaping of Modern Nations,' *Nations and Nationalism* 21:3 (2015), pp. 403-22.

적 사상과 정체성이 다양한 현대 민족주의를 계속 형성하고 있다는 인식을 반영한다: 1980년대 폴란드의 연대 운동(Poland's Solidarity movement)을 지속하고 형성하는 데 중요한 역할을 했던 가톨릭, 미국에서 민족 정체성의 우익 개념에 대한 복음주의 개신교(Evangelical Protestantism)의 영향, 또 1967년 6일 전쟁 이후 이스라엘에서 종교적 시온주의(Zionism)에 대한 늘어나는 대중적 관심은 수많은 사례 중 극히 일부에 지나지 않는다. 이런 현상이 계몽주의, 미국혁명, 프랑스혁명의 유산과 관련된 대중 주권과 자결권이라는 특별한 세속적, 자연권적 개념들에 부합하지 못한다는 이유만으로 민족주의적이 거나 근대적이지 않은 무엇으로 여겨져야만 할까?

근대 초기 유럽 민족주의의 형태를 만드는 데 있어서 민족의식의 성서 적 개념이 수행한 중대한 역할에 대한 광범위한 인식은 명백한 질문을 던진다: 고대 히브리인들 사이에서 민족 정체성은 무슨 역할을 했는가? 근대주의자(Modernists)와 문헌 해체주의자(literary deconstructionists)는 잘못 된 문자주의에 근거한 그 질문에 대해 재빨리 반대의견을 표명할 것이 다; 초기 근대 유럽 민족 건설자는 결국 그네들의 의제를 그들이 살고 있 는 사회에서 신성한 것으로 받아들여 보편적인 고대 텍스트에 투영했을 수 있다. 그러나 많은 학자는 고대 유대 민족 정체성에 대한 성서적, 고고 학적 증거를 안일하게 무시하기보다는 진지하게 평가해야 하는 중요한 문제로 받아들여야 한다고 주장해 왔다. 이점에 있어 시선을 끄는 것이 스티븐 그로스비(Steven Grosby)의 연구인데, 그로스비는 이 현상의 다양한 측면(또 근대 민족 신화와 정체성에 관한 히브리 패러다임의 영향)에 관해 학문적 영향 력이 큰 일련의 논문을 발표했다.[27] 스미스와 마찬가지로 그로스비는 근

---

27 Steven Grosby, *Biblical Ideas of Nationality: Ancient and Modern* (Winona Lake, 2002).

대 민족주의와 전근대 민족 정체성의 차이를 주의 깊게 구분하는 것과 동시에 근대 민족의식과 민족주의의 근간을 이루는 힘에 대한 근본적인 이해를 위해 민족 정체성의 결정적 중요성을 강조한다. 그로스비의 관점에서 보면, 고대 이스라엘이 일찍이 제1성전 시대 말기(즉, 기원전 7세기 또는 6세기)에 하나의 민족으로서 결정화되었다는 강력한 문헌 증거가 있었는데, 그때는 신과 사람 사이의 언약과 얽힌 중대한 사상이 유대 족류 종교적(ethno-religious) 전통에서 일관성과 중심성을 획득했던 때이다.[28]

나는 내가 쓴 다른 글에서도 (그로스비처럼) 민족을 식별했던 유대 사상이 초기 이스라엘 시대로 역투영되었을 수 있다는 점을 인정했다. 그러나 유대적, 헬레니즘적, 로마적 문헌, 고고학적 증거와 화폐학적 증거는 이런 역투영의 전통이 빨라도 기원전 2세기나 기원전 1세기 무렵에 시작된 것임을 강하게 시사한다.[29] 그런 공동체의 상상된 의식이 소수의 식자층 엘리트의 전유물이었을 것이라는 반론에 대해, 그로스비는 늦어도 제1성전 시대 후기에는 유대인 대중 사이에 상대적으로 광범위한 문해력이 있었다는 증거로 윌리엄 슈니드윈드(William Schniedewind)의 연구에 주목했다.[30] 수없이 다양한 전근대 사회를 무대로 활동하는 역사학자들 또한 지적한 바와 같이 표준화된 정보나 공식적인 정보, 혹은 엘리트적인 정보의 보급은 신성한 텍스트, 왕실의 선언 등이 청중(회당에서 모세오경을 매

---

28 Ibid., *Biblical Ideas*, chapters 1-2. 또 David Goodblatt, *Elements of Ancient Jewish Nationalism* (New York, 2006)을 참조.

29 Aviel Roshwald, *The Endurance of Nationalism: Ancient Roots and Modern Dilemmas* (Cambridge, 2006), pp. 14-22.

30 William M. Schniedewind, *How the Bible Became a Book* (Cambridge, 2004). Idem., *A Social History of Hebrew: Its Origins through the Rabbinic Period* (New Haven, 2013).

주 읽는 유대교 전통에서 볼 수 있는 것처럼)에 의해서 읽혀질 수 있는 사회에서 반드시 문헌을 통해서만 제한적으로 이루어지는 것은 아니다.

다른 고대 사회도 전근대 민족공동체의 사례로 인용되었다. 그로스비는 정치적으로 분열된 기원전 1000년경의 아람 공동체(Aramean communities) 사이에서 민족의식(nationhood)에는 간발의 차이로 이르지 못했으나 공유된 족류 지리학적(ethno-geographic) 정체성의 존재에 대한 증거를 탐구했다.[31] 또 그로스비는 분란으로 분열된 서기 1000년 중반 스리랑카에서 일어난 싱할라족-불교(Sinhalese-Buddhist) 역사학자가 과거 족류 종교적(ethno-religious) 정복과 정화에 관한 신화를 선전적으로 사용한 점에 주목했다.[32] 에드워드 코헨(Edward Cohen)은 서로를 인정하며 경쟁을 벌이던 도시-국가 사이에서 고대 아테네가 스스로 더 넓은 그리스 세계의 일부로서 자긍심을 가져야 한다고 주장했음에도 불구하고, 하나의 민족으로서 상상된 폴리스의 하나였다는 사례를 구축했다.[33]

종교개혁 시대 유럽-대서양 세계에서, 그리고 고대/고전 지중해 세계의 규모는 작지만 더 응집력 있는 (그리고 기원전 5세기 아테네 사례와 같은, 심지어 민주적이기까지 한) 정치체에서 민족 정체성과 민족주의적 정치체까지 인식할 수 있는 (그러나 그들 자신의 시간과 장소에 고유한) 사례를 찾기는 비교적 손쉬울 것이다. 하지만 중세 유럽과 르네상스 유럽은 어떠한가? 그 시절은 제국 권력과 지방 권력이 서로 뒤죽박죽으로 중첩되어 갈피를 잡기 어려울 만큼 복잡한 구조를 띠고 있었고, 카스트 계급 제도에 가까운 봉건주의

---

31 Steven Grosby, *Biblical Ideas*, chapter 6.

32 Steven Grosby, *Nationalism: A Very Short Introduction* (Oxford, 2005), pp. 60-61.

33 Edward E. Cohen, *The Athenian Nation* (Princeton, 2000). See also Roshwald, *The Endurance of Nationalism, pp. 22-30.*

와 얽힌 구분, 명시적으로 자기중심주의 정치적 주장에 대한 보편주의적 종교적 표현의 명백한 우위가 상호작용하면서 민족 정체성을 부적절하고 시대착오적인 전거처럼 보이게 만든다. 실제로 이는 18세기, 19세기, 20세기의 정치 사상가가 주도적으로 그려낸 극명한 대조일 가능성이 높아 보인다. 정치 사상가는 국가 주권을 영토적으로 또 인구학적으로 획일성 있게 적용해야 한다는 근대적 이상이 있었으며 중세적 정치 세계에 외견상 존재하는 무정부적-비합리주의 사이의 극명한 대조를 그려냈다. 이는 마찬가지로 근대 민족주의와 모든 전근대 (어니스트 겔너가 명명했던) '농업 식자 사회(agro-literate societies)'에 기인하는, 근본적으로 다른 정체성 형성 패턴 사이의 날카로운 모순에 기여했다.[34]

그럼에도 불구하고 앞서 설명했던 것처럼 에이드리언 헤이스팅스는 중세 후기 잉글랜드 대중문화의 민족주의적 특성을 주장함으로써 통설에 도전했다. 헤이스팅스에 동조하는 목소리가 높아지고, 역사학자를 중심으로 헤이스팅스와 비슷한 비판을 제기하는 목소리도 커지면서, 중세 후기와 르네상스 시대의 유럽에는 다양한 민족적 준거 틀이 존재한다는 주장이 이뤄지고 있다. 이런 역사학적 경향은 부분적으로 민족주의 연구에 대한 근대주의 학파 내에서 이루어진 문화적 전환을 통해 영감을 받았을 수 있다. 또는 최소한 간접적이고 의도하지 않은 검증을 발견할 수 있다. 물질적으로 구조화된 공동체로서의 민족에 대한 마르크스주의(Marxist)와 겔너주의적(Gellnerian) 개념이 민족의 '상상된(imagined)' 특성의 앤더슨주의적(또는 신 르낭주의적) 강조로 대체되는 경우에 한하여[35] 인

34 Ernest Gellner, *Nations and Nationalism* (1983; Ithaca, 2008), chapter 2.
35 Benedict Anderson, *Imagined Communities*.

쇄기가 발명되기 이전의 사회에서 민족적 성향을 감지하는 것은 손쉬운 일이 된다(인쇄기는 '인쇄 자본주의'란 개념으로 마르크스주의와 포스트 구조주의적 분석 방식을 통합하려고 했던 앤더슨의 기발한 시도에서 매우 중심적인 역할을 한다).[36] 이런 맥락에서 카스파르 히르시(Caspar Hirschi)는 정치적으로 야심을 가졌으나 뜻을 펴지 못했던 르네상스 시대 인문주의의 대중주의자와 선전가가 민족주의란 사상의 기원으로 중대한 역할을 했다고 주장했다: "… 모든 정치적 경계를 초월한 독립적인 학문 공동체의 상상이 가능케 한 유토피아적 에너지는 다른 민족과 명예를 두고 치열한 경쟁을 벌이면서, 자주적 공동체로서 민족을 고안하는 것이 가능하게 만들었다. 이런 의미에서 근대 국제주의와 근대 민족주의는 같은 문화적 배경, 즉 정치적 무대로 구성된 인문주의적 문학 영역에 그 기원을 두고 있다."[37]

영국 민족주의에 대한 헤이스팅스와 그의 수위권 주장에 대해

콜레트 본(Colette Beaune)은 잉글랜드 민족주의의 탁월함을 주장했던 헤이스팅스를 조심스럽게 비판하면서 종교개혁 이전 시기 로마 가톨릭 군주제와 중세 후기 프랑스에서 민족 정체성이 강력한 역할을 했던 확실한 사례를 제시한다. 본은 가톨릭의 보편주의가 프랑스를 '으뜸가는 기독교(most Christian)' 왕국으로 잘 표현함으로써 어떻게 프랑스가 선택받았

---

36 스미스는 앤더슨의 주장이 '양날의' 특성을 지니고 있다는 점을 지적한다. *Nationalism and Modernism*, p. 142.

37 Caspar Hirschi, *The Origins of Nationalism: An Alternative History from Ancient Rome to Early Modern Germany* (Cambridge, 2012), p. 141.

다는 주장을 강화했는지 구체적으로 설명했다.[38] "그 술어 '으뜸가는 기독교'는 프랑스 왕, 사람들, 영토를 구분하지 않고 적용되었다."[39] 15세기 프랑스에서 민족의식과 관련된 개념은 교회, 군주제, 사회적 위계질서의 상징 및 이미지와 결부되어 있었고, 그 개념은 시민으로 구성된 민족이라는 훗날의 공화주의적 개념과는 분명하게 근본적인 차이를 갖고 있었다. 그러나 본은 그런 상징과 이미지가 (문맹이 만연한 시대에선 문자로 작성된 텍스트보다 더 중요하며) 동전이나 교회 장식 같은 매개체를 통해서 대중 사이에 전방위적으로 전파되었고, 교구를 단위로 성당에서 이루어진 설교는 문자 그대로 프랑스의 선택받음, 프랑스 왕들의 선택받음, 프랑스 사람들의 선택받음에 대한 말을 전파하는 데 사용될 수 있었다고 주장한다. 이 모든 것은 개신교 서유럽에서 고전적 정치 헤브라이즘(Hebraism)의 부상을 발견하게 된 시점을 기준으로도 최소 1세기 이전, 아니 그보다 훨씬 이전에도 존재하고 있었다. 따라서 선전된, 민족의식과 관련된 사상은 내부적 도전과 잉글랜드와 벌인 소모적인 백년전쟁을 직면하면서 프랑스의 정치적 결속을 촉진하고 유지하는 데 있어 중요한 역할을 했다. 본은 잉글랜드란 적에 맞서 프랑스 왕을 지지하는 소작농 출신 소녀 잔 다르크(Joan of Arc)가 지녔던 열성이 갑자기 어디에서 나타난 것이 아니었으며 동시에 시대착오적이면서 이례적인 일도 아니었음을 시사한다.[40]

수전 레이놀즈(Susan Reynolds)는 중세 봉건제와 군주제가 민족 정체성과 양립할 수 있음을 보다 체계적인 주장을 통해 분명하게 표현해왔다.

---

38 Colette Beaune, *The Birth of an Ideology: Myths and Symbols of Nation in Late-Medieval France* (1986 [orig. French edn]; trans. Susan Ross Huston, Berkeley and Los Angeles, 1991), chapter 6.

39 Ibid., p. 192.

40 Colette Beaune, *Birth of an Ideology*, p. 193 and pp. 320-25.

레이놀즈의 요점은 권위와 공동체에 대한 중세적 개념이 충성을 독점하는 민족공동체라는 근대적 개념을 통해 이해할 수 없을 정도로 다층적인 술어로 이해되었기 때문에, 근대 역사학자는 중세적 상상 속에서 (사회적 연대감을 지닌 지역적, 종교적, 기타 형태들과 함께) 점유되었던 공동체로서 왕국이란 이상화된 관념을 중요한 위치에 놓는 것에 실패해 왔다는 데 있다. 레이놀즈는 초창기 작업에서 왕국이란 중세적 사상을 '사람들로 인식되는 통치의 단위'로 묘사하면서 '민족적'이란 술어를 가급적 사용하지 않는 방식을 선택했는데, 이는 간단하게 말해서 그 술어에 대한 환원주의적 근대적 이해가 의미론적 혼란을 일으킬 것을 염려했기 때문이었다.[41] 하지만 레이놀즈가 2005년 에세이에서 강조했듯이 그녀가 중세적 충성을 논할 때 '민족적'이라는 술어 대신 '왕국적'이라는 술어를 사용하기로 결심한 것은 스미스처럼 생각해서가 아니며, 혹은 단지 중세 왕국이 '근대적 의미의 민족'이 아니라고 생각해서도 아니며, '민족적'이란 술어가 다른 사람이 근대적 경계를 가진 근대 '민족 국가'에 초점을 두게 했던 것 때문이었다. 이어서 레이놀즈는 자신의 관점을 단호하게 주장하는데, "… 중세 왕국은 '근대적 의미에서… 민족'과 매우 유사한 무엇처럼 빈번하게 인식되었다." 레이놀즈의 근본적인 요점은 중세 유럽인이 당시에 그네들에게 주어진 경계와 환경이란 틀 안에서 그네들의 왕국을 '단지… 왕에게 속해 있는 영토가 아니라, 사람으로 구성된 집단적이거나 공동적인 집단에 속한 영토라고' 생각하는 경향으로 기울어 있었다는 것이다.[42]

---

41 Susan Reynolds, *Kingdoms and Communities in Western Europe, 900-1300* (Oxford 1984), chapter 8; 인용된 내용은 p. 331을 참고.

스케일스(Scales)와 짐머(Zimmer)가 공동편집한 같은 책에서, 패트릭 워멀드(Patrick Wormald)는 에이드리언 헤이스팅스를 한껏 높이며 다음과 같이 주장했다. "…1066년 이전과 마찬가지로 수 세기 동안, 잉글랜드 왕국의 운영에서 가장 중요했던 것은 왕과 단연코 광범위한 정치적 민족의 상호 의존이었다."[43] 렌 스케일스(Len Scales)는 중부 유럽에서도 독일 민족의 신성 로마 제국의 정치적 분열이 지리적으로 다양한 중세 후기의 연구자—이들의 대다수는 사회경제적 배경이 상대적으로 변변치 않았음—의 상상에 활력을 주었다고 주장한다. 이런 중세 후기의 연구자는 독일 정치적 정체성이란 비전을 분명하게 표현했지만, 스케일스의 주장에 따르면 그들은 독일 정치적 정체성보다는 독일 문화적 민족의식이란 사상에 활력을 불어넣은 셈이다.[44]

이런 학자 중 일부는 중세와 근대 초기 서유럽 사회에 있었던 인구 대다수가 자기를 프랑스인, 잉글랜드인, 독일인 등으로 식별해야겠다고 생각했는지를 알기 어렵다고 인정하면서도,[45] 민족의식이란 사상을 언급하고 열심히 알려던 노력이 결국 중세와 근대 초기 유럽에서 다양한 식자 계층의 선전적, 자기 검증적 수사법에서 중요한 역할을 했다는 점을 강조한다.[46] 문자로 기록된 글이 유럽 사회의 역사가 형성되는 과정에서

---

42 Susan Reynolds, 'The Idea of the Kingdom as a Political Community' in Len Scales and Oliver Zimmer (eds.), *Power and the Nation in European History* (Cambridge, 2005), p. 56.

43 Patrick Wormald, 'Germanic Power Structures: The Early English Experience,' in Len Scales and Oliver Zimmer (eds.), *Power and the Nation*, p. 118.

44 Len Scales, 'Late Medieval Germany: An Under-Stated Nation?' Len Scales and Oliver Zimmer (eds.), *Power and the Nation*, pp. 152-79.

45 참고. Len Scales, *The Shaping of German Identity: Authority and Crisis, 1245-1414* (Cambridge, 2012), p. 537.

불균형하게 중요한 역할을 했다는 점을 인정하는 경우, 이런 역사적 맥락에서 민족 정체성과 관련된 표현은 순전히 부수적인 호기심처럼 치부되어서는 안 된다. 왜냐하면 그들은 종교적, 사회-위계적, 지역주의적/지방주의적, 개인적 정체성과 공동적 정체성의 다른 원천과 함께 정치적 단계의 통제를 공유하거나 경쟁했기 때문이다.

근대주의에 대한 아시아주의적 비판

유럽주의자만 근대주의를 비판해온 것은 아니다. 몇몇 아시아주의자(Asianists)도 근대 민족주의의 맹아가 여러 근대 아시아 국가의 식민지 이전, 근대 이전의 선례에서 식별될 수 있다는 가능성에 대해서 논의했다. 하지만 실질적인 분석 범주로서의 민족의식에 대한 가장 매서운 비판 중 일부가 아시아 역사를 연구하는 학자에게서 이제야 나온 것도 사실이다. 이런 회의론자는 탈식민 사회에서 민족주의 자체가 (서구화된 탈식민지 엘리트에 의해 채택되고 이용되는) 제국적 구조의 인공물을 구성하고 있는 요소 그 자체가 될 수 있음을 시사했다. 파르타 차터지(Partha Chatterjee)를 비롯한 서발턴 연구(Subaltern Studies) 학파와 관계된 다른 학자는 남아시아 민족주의의 승리주의적 거대서사에 대한 학계의 몰두가—깔끔하게 정리된 족류 민족적(ethno-national) 구분을 무효로 만드는—셀 수 없이 많은 농민과 다른 사회 문화적 '서발턴(subalterns)'과 얽힌 다양하고 복

---

46 참조. The Introduction and some of the essays in Lotte Jensen, *The Roots of Nationalism: National Identity Formation in Early Modern Europe, 1600-1815* (Amsterdam, 2016).

잡한 경험, 관점, 정체성을 바라보지 못하게끔 눈을 멀게 만들었다고 주장했다.[47]

그러나 보다 최근의 학문적 경향은 이른바 유럽-대서양 문명의 우월성 및 서구 제국주의의 유산과의 연관성으로부터 근대성이란 사상을 '구출'하려 노력하면서 방법을 찾는 것이다. 그보다도 일부 학자가 문서로 기록하려고 하는 것은 사회경제적, 문화적, 정치적 근대성에 이르는 다양한 역사적 경로의 존재와 복수의 근대성(multiple modernities)의 존재이다. 이 접근법은 비서구적 민족주의가 정치적 정당성과 정체성의 서구적 형태를 인위적으로 복제한 것 이상일 수 있음을 시사한다. 이런 민족주의 중 일부는 오히려 그들 고유의 토착적이면서 식민지 이전의 역사적 뿌리를 가지고 있을 수 있다. 베일리(C. A. Bayly)는 19세기와 20세기의 많은 비서구 민족주의 운동이 유럽 제국주의에 대한 직접적인 반응으로 일어났다는 것을 인정했다. 하지만 베일리도 이런 운동 중 일부가 그가 영토 애국주의의 오래된 형태라고 규정하는 것에 기인하고 있음을 주장한다. 베일리는 '… 북부 베트남, 한국, 일본, 에티오피아와 같은' 사례에서 "만약 민족이 실제로 '구성된(constructed)' 것이라면, 그것은 매우 오랜 기간에 걸쳐 이루어졌을 것이고…" 서구 제국주의에 대한 직접적인 도전을 예견하는 것이었음을 시사한다.[48]

비슷한 선상에서 빅터 리버만(Victor Lieberman)은 동남아시아와 유럽의 역사적 궤적에 대한 방대한 2권의 비교 연구를 통해 자신이 '정치화된

---

47 Partha Chatterjee, *The Nation and its Fragments: Colonial and Postcolonial Histories* (Princeton, 1993). See also chapter by Seth.

48 C. A. Bayly, *The Birth of the Modern World 1780-1914: Global Connections and Comparisons* (Oxford, 2004), p. 218.

족류성(politicized ethnicity)'이라고 부르는 것이 빠르면 15세기에 여러 동남아시아 국가 사이에서 정치적 권위의 합법화에 중요한 역할을 했다고 주장하였다. 리버만은 이런 정치체 중 일부(예: 버마와 베트남)의 기원을 9세기(각각 파간와 다이 비엣)로 소급하며, 역사적 기억과 문화적 전통의 연속성을 늦어도 15세기부터로 주장한다. 그런 역사적 기억과 문화적 전통의 연속성은 15세기 이후 수 세기에 걸쳐 더욱 중앙 집권화되고, 문화적으로 동화주의적인 국가가 존재하는 이 지역에서의 주기적인 재창조(정치적 붕괴가 뒤따름)에 도움을 주었다. 리버만은 이런 정치체가 이전 정치체와 대략 비슷한 영토적 경계선을 따라 구성되었으며 특정한 종교적·언어적 연속성을 특징으로 한다고 주장한다. 리버만이 발견한 이런 패턴이 놀라운 것은 주요 유럽 민족 국가가 된 문화 정치적 권위의 통합체로 이어지는 궤적과의 평행 및 수렴(조건에 따라 달라지는 것이라기보다)에 있다.[49] 같은 이유로, 청 왕조(1644-1911) 치하 중국의 광대한 제국 영역 내에서 족류 정체성(ethnic identity)의 정치적, 사회적 중요성은 마크 엘리엇(Mark Elliott) 주장한 것처럼 중국의 종족상 만주인(ethnic-Manchu) 통치자에 의해 인식되고 조심스럽게 조작되었다.[50]

마지막으로, 중국을 연구하는 역사학자인 프라센짓 두아라(Prasenjit Duara)는 근대주의자가 현대판 민족주의의 특성으로 귀속시키는 과거 형태의 정치적, 사회 문화적 정체성과 근본적인 단절에 의문을 제기했다.

---

49 Victor Lieberman, *Strange Parallels: Southeast Asia in Global Context, c 800-1830*, Vol. 2: *Mainland Mirrors: Europe, Japan, China, South Asia and the Islands* (New York, 2009), chapter 1.

50 Mark Elliott, *The Manchu Way: The Eight Banners and Ethnic Identity in Late Imperial China* (Stanford, 2001).

정치적 자의식을 일으킬 수 있는 유일한 사회적 형태가 근대 사회라
며 일종의 특권을 부여하면서, 겔너와 앤더슨은 민족 정체성을 의식을
뚜렷하게 드러내는 근대적 양식의 하나로 간주한다… 실증적 기록은
근대와 전근대 사이의 양극성을 입증할 수 있는 그토록 강력한 진술의
근거를 제공하지 않는다…. 인도에서든 중국에서든 사람들은 역사적
으로 공동체를 대변하는 다른 표현과 일체화되었고, 이런 일체화가 정
치화되면서 그들은 근대적 '민족 정체성'이라고 불리는 것과 닮게 되
었다.[51]

신제국주의적 전환과 전통적 시대구분의 문제

민족주의에 대한 근대주의적 해석의 기저에 있는 근대성에 대한 유럽
중심적 가정에 대한 그런 질문은 다소 역설적이긴 하나, 내가 '신제국주
의적 전환(the neo-imperial turn)'이라고 부르는 것에 의해 강화될 수 있다.
이는 민족 국가보다는 중요성이 덜 하지만 근대화를 실행할 수 있는 엔
진으로서 제국에 대한 역사학자의 관심이 최근에 재개된 것이다. 이런
전환은 탈제국주의 민족적, 국제적 제도가 그네들의 가능성을 충분하게
펼치지 못한 것에 대한 좌절 그리고 부분적으로 제국주의의 비공식 이
본(異本)이 1945년 이후 탈냉전 세계에서 한때 상상되었던 것보다 훨씬
구조적으로 중요한 역할을 계속하고 있다는 인식을 통해 일어났다. 영토

---

51 Prasenjit Duara, *Rescuing History from the Nation: Questioning Narratives of Modern China* (Chicago, 1995), p. 54.

상 인접한 제국과 해외 제국의 역사학자는 제국이 민족 국가로 해체되어야 한다는 필연성이 크게 과장되어 있으며, 20세기의 양차 세계대전이 제국의 분열을 촉발한 외생 변수로서 중요한 역할을 했다고 여러 가지로 시사해 왔고, 양차 세계대전이 없었더라면 제국은 해체되기보다는 계속 진화하는 방향으로 나아갔을 수도 있었다는 점을 시사했으며, 그리고 탈식민화란 바로 그 개념 자체가 매우 우발적이고 도덕적으로 모호한 일련의 선택의 산물이라기보다는 (이전의 통치자와 피통치자 사이의 경계들과 객관적인 불평등과 얽혀 형성되어 왔기 때문에) 역사적으로 점진적인 필연성으로서 제국 붕괴의 무비판적인 수용을 유도하기 위해 고안된 사후적 발명이라는 점도 시사했다.[52]

놀라울 것도 아니겠지만 어떻게 보면 이런 역사학적 경향은 진위성 및 고대성과 관련해서 민족주의적 주장에 대한 깊은 회의론과 함께 해왔다. 그러나 제국이 민족 국가의 포유류 시대의 시작에 적응하기 위해 공연히 고군분투만 하는 운명을 지고 있는 공룡이 아니라 근대성의 강력한 엔진이자 종족 정치적(ethno-political) 정체성의 적극적인 형성자이자 조작자로 볼 수 있다고 제시하는 것은, 적어도 민족 정체성이 전적으로 근대적인 현상인지에 대한 질문을 간접적으로 제기하는 셈이다. 제국은 역사

---

52 참조. Pieter Judson, *Guardians of the Nation: Activists on the Language Frontiers of Imperial Austria* (Cambridge, 2006); Jeremy King, *Budweisers into Czechs and Germans: A Local History of Bohemian Politics, 1848-1948* (Princeton, 2002); *Tara Zahra, Kidnapped Souls: National Indifference and the Battle for Children in the Bohemian Lands, 1900-1948* (Ithaca, 2008); *Karen Barkey, Empire of Difference: The Ottomans in Comparative Perspective (Cambridge, 2008);* Todd Shepard, *The·Invention of Decolonization: The Algerian War and the Remaking of France* (Ithaca, 2006); Frederick Cooper, *Citizenship between Empire and Nation: Remaking France and West Africa, 1945-1960* (Princeton, 2014).

를 통해 흥망성쇠를 거듭해 왔고, 제국의 시대 전체는 완전히 우리 뒤에 있지 않을 수도 있다; 아마 민족도 근시안적으로 인식되는 근대성의 배타적이고 필연적인 산물로 묘사되기보다는 역사의 과정을 통해 구체화되고 녹아 들어가며, 실재의 안과 밖을 넘나들어 왔던 것으로 이해되어야 할 것이다. 필립 테르(Philipp Ther)는 지난 몇 세기 동안(그리고 수십 년에 걸쳐) 민족주의 동원과 민족의식의 비선형 궤적은 민족주의 연구의 근대주의 학파의 약점을 말해준다고 지적한다: 그것은 실증적으로 근거를 찾을 수 없는 목적론적 가정들에만 기초하고 있다는 것이다. 나는 근대성에 민족주의의 내재성이 존재하는지에 대해 의문을 제기하는 것이 최소한 간접적으로 민족주의가 반드시(necessarily) 근대적인 것이어야만 하는지를 의심하는 데 도움이 될 것이라는 제안을 하고자 한다.[53]

그런 해석상의 문제는 보다 광범위한 경향과 함께 발생했다(아마도 부분적으로 종교 근본주의의 부상, 유럽연합의 위기, 글로벌 금융 및 경제적 불안정, 그리고 냉전 시대의 여파로 자유주의적 국제주의가 세계적으로 자리를 잡지 못한 데서 영감을 받았을 것이다.) 서구의 부상, 세속주의의 승리, 시민적 형태의 정치적 정체성의 성공에 관한 목적론적 서사에 의문을 제기하는 것, 간단히 말해서 근대성은 인간 존재의 과거 형태와 규범으로부터 날카롭고 돌이킬 수 없는 단절이라는 바로 그 관념이다. 미국역사학회의 대표 저널에 실린 최근 기사는 "역사에 대한…우리의 분석에서 근대성의 문법에 있는 핵심 요소를 제거"를 공식적으로 요청했다.[54] 이것은 우리 중 일부에게는 너무 지나칠 수 있지만, 인

---

53 Philipp Ther, 'Imperial Nationalism' as a Challenge for the Study of Nationalism' in Stefan Berger and Alexei Miller (eds.), *Nationalizing Empires* (Budapest, 2015), p. 580.

54 Daniel Lord Smail and Andrew Shyrock, 'History and the 'Pre'' *American Historical Review* 118:3 (June 2013), pp. 709-37.

류 역사에 가장 최근에 부여된 층으로서 그 측면에서 근대성을 탐구해야 할 필요가 분명히 있다. 이는 계속해서 사회 및 정치 구조, 인식 및 정체성에 반영되며 근대성 자체의 발전을 형성한다. 이런 광범위한 논쟁에 비추어 볼 때, 민족의식에 대한 본질주의적 이해에 대한 비판을 개척한 근대주의적 민족주의 학파는 그 자체로 본질주의적 죄에 대한 비난에 취약한 것으로 판명될 수 있다. 앤서니 스미스(Anthony Smith)가 주장한 바와 같이, "… '근대 민족'이 대중적 현상이라고 인정하더라도, 우리가 선험적으로 '민족'의 유일한 종류는 '근대 민족'이라는 방정식을 받아들이지 않는다면, 아마도 우리는 전근대 시기에 엘리트 현상 그 이상에 가까운 어떤 유형의 민족이 있었다는 점을 인정해야만 할 것이다."[55]

결론

그렇다면 우리는 지나치게 단순한 영존주의적 또는 원생주의적 입장이라는 환원주의적 늪에 빠지지 않고 민족 정체성을 배타적으로, 필연적으로, 그리고 근대성의 특징으로 주장하는 지나치게 결정론적이고 잠재적으로 비역사적인 함정에서 어떻게 벗어날 수 있을까? 위에서 제안한 바와 같이 아마도 '단절적인 원생주의(punctuated perennialism)'라고 부를 수 있는 여지가 있을 것이다. 즉, 민족 감정을 어떤 상황에서는 촉진되고 활성화될 수 있지만 다른 상황에서는 약해지는 변동하는 현상으로 보는 견해이다. 비슷한 개념이 앤서니 스미스(Anthony Smith)의 '반복되는 원생

---

55 Anthony D. Smith, *Nationalism and Modernism*, p. 164.

주의(recurrent perennialism)' 개념에 담겨 있다.[56] 데릭 세이어(Derek Sayer)의 체코 민족 정체성에 대한 연구는 그런 역동성의 완벽한 사례이다. 세이어는 전근대 체코 민족의식의 발전상을 이렇게 설명한다: 대중에 뿌리를 두고 있음이 분명하고, (17세기까지 끈질기게 계속되었다고도 볼 수 있는) 15세기 후스파 반란 시대 내내 정치적 영향력을 행사했으며, 이는 1620년 화이트 마운틴 전투 이후 보헤미아에서 분리독립을 주장했던 엘리트와 종교 개혁주의가 합스부르크에 의해 진압된 이후에서야 위축되고 사라졌다. 자신감 있는 어조로 대담하게 전근대 체코 민족 정체성을 하나의 사례로 정리하고서, 세이어는 19세기 체코 민족주의의 부상이 낭만주의 민족주의자가 주장하는 것처럼, 활력에 차 있었지만 마음에 잠겨있던 대중의식의 저류가 다시 재부상한 것처럼 이해되어서는 안 된다는 주장으로 나아갔다.[57] 오히려 체코 민족의식은 수 세기 동안 사실상 사라졌던 것이다. 세이어는 이렇게 주장한다: 19세기에 변화하는 경제적, 정치적 상황의 영향으로 일어났던 것은—선조의 과거와 그럴싸하게 연결되기에 목적한 청중에게 반향을 일으킬 수 있는 체코다움(a sense of Czechness)을 구성하기 위해—(다양한 원천을 통해서) 끌어들인 후스파 시대의 상징, 신화, 전통, 선례를 새로운 민족 운동이란 것에 포섭했던 일이다. 세이어가 묘사한 체코의 사례는 민족 감정의 역사에서 연속성과 단절을 탐구하기 위해 보다 광범위하게 적용할 수 있는 모델이 될 수 있을까?

무엇보다도 대부분의 학자가 목욕물과 함께 근대주의란 아기를 버리

---

56 Anthony D. Smith, *Nationalism and Modernism*, pp. 167 and 190. 또 John A. Armstrong, *Nations before Nationalism* (Chapel Hill, 1982), p. 4를 참조; John Hutchinson, *The Dynamics of Cultural Nationalism: The Gaelic Revival and the Invention of the Irish Nation-State* (London, 1987), Introduction.

57 Derek Sayer, *Coasts of Bohemia*.

고 싶어 하지 않는다는 사실을 상기할 필요가 있다. 근대 민족주의가 전 근대적 형태의 민족 정체성을 포함하는 방대한 역사적 준거 틀 내에서 가장 잘 이해된다고 해서 고려되어야 할 발전 궤적이 전혀 없다는 것을 암시할 필요는 없다. 우리엘 아불로프(Uriel Abulof)는 전근대 시기의 (이방 인 통치에 대한 반대의 형태로) '부정적 민족주의(negative nationalism)'와 근대 ('합 법적인 정치와 권위에 각각' 뿌리를 둔 자결권과 대중 주권을 주장하는) '긍정적 민족주의 (positive nationalism)'를 영리하게 구분했다.[58] '단절적인 영존주의'의 관점 에서 볼 때, 민족 정체성을 영토 주권 주장에 대한 지배적이고 세계적으 로 만연한 정당화의 원천으로 변형시킨 근대성의 중요한 특징은 산업화 자체가 아니라 대중 주권의 교리에 있다(그 자체로 다양한 사회경제적, 이데올로기 적, 지정학적 변형의 산물임). 관념적으로 분리할 수 없는 주권을 군주의 유기적 으로 단일한 조직에서 수백만의 신민이 된 시민에게 양도하는 것은 필 연적으로 그 수백만의 조직을 유기적 응집력으로 만드는 것이 무엇인지 에 대한 질문을 제기한다. 개별 부분보다 더 큰 주권적 전체? 답은 불가 피하게 내부 분열을 초월하는 일종의 집단적 정체성에 있다. 그리고 역 사적 증거가 우세하다는 것은 그런 집단적 정체성이 허공에서 쉽게 발 명될 수 없다는 것을 시사한다. 앤서니 스미스가 주장했듯이 그것들은 기존의 정체성, 상징, 문화적 공통점 및 역사적 선례와 그럴듯하게 연결 될 때 견인력을 얻을 가능성이 가장 크다.

자결권과 대의제 정부라는 바로 그 원칙은 액튼 경보다 세속적이며 자 유주의적인 사상가인 존 스튜어트 밀(John Stuart Mill)이 지적했듯이 민족 정체성 문제를 사회에 강요한다. "인간의 다양한 집단적 조직 중 어떤 조

---

58 Uriel Abulof, *The Mortality and Morality of Nations* (New York, 2015), p. 20.

직과 연합하기로 결정했는지 결정하지 않으면 자유로울 수 있다." 밀은 계속해서 "자유로운 제도는 다양한 민족성으로 구성된 나라에서 거의 불가능하다."라고 주장했다.[59] 이것이 우리가 이 에세이를 시작했던 지점이자, 액튼 경이 문제를 제기한 견해이다. 액튼이 지적한 위험은 너무 현실적이었다. 그러나 자의적 권위와 제도화된 위계질서와 불평등에 기반한 정치 체제를 재창조하려는 시도 외에 다른 어떠한 대안도 구체적으로 눈에 드러나지 않는다.

더 읽을거리

Pierre L. van den Berghe, "Race and Ethnicity: A Sociobiological Perspective," *Ethnic and Racial Studies*, Vol. 1, No. 4 (October 1978), 401-411.

Azar Gat with Alexander Yakobson, *Nations: The Long History and Deep Roots of Political Ethnicity and Nationalism* (Cambridge: Cambridge University Press, 2013).

Steven Grosby, *Biblical Ideas of Nationality: Ancient and Modern* (Winona Lake, Indiana: Eisenbrauns, 2002).

Adrian Hastings, *The Construction of Nationhood: Ethnicity, Religion and*

---

59 John Stuart Mill, *Considerations on Representative Government* (1861) in Mill, *Utilitarianism, On Liberty*, and *Considerations on Representative Government*, ed. H. B. Acton (London: Dent and Sons, 1972), 361. 밀은 실제로 다양한 예외를 인정했다. 밀이 '국적/민족성'을 수용한 것은 쇼비니즘에 대한 동정이라기 보다는 자유주의 정치체의 생존을 염두했던 것이라고 보는 게 타당하다. 다음을 참고하라. Georgios Varouxakis, *Mill on Nationality* (London: Routledge, 2002), *passim*.

Nationalism (Cambridge: Cambridge University Press, 1997.

Caspar Hirschi, *The Origins of Nationalism: An Alternative History from Ancient Rome to Early Modern Germany* (Cambridge: Cambridge University Press, 2012).

Aviel Roshwald, "On Nationalism," in J. R. McNeill and Kenneth Pomeranz, eds., The Cambridge World History, Vol. VII, *Production, Connection, and Destruction, 1750 - Present, Part 1: Structures, Spaces, and Boundary Making* (Cambridge: Cambridge University Press, 2015), pp. 306-330.

Len Scales and Oliver Zimmer, eds., *Power and the Nation in European History* (Cambridge: Cambridge University Press, 2005).

Anthony D. Smith, *The Ethnic Origins of Nations* (Oxford: Blackwell, 1986).

6장

1945년 이후 민족주의 역사와 구성주의

크리스티안 비크(Christian Wicke)

서론[1]

구성주의(Constructivism)는 진리, 지식, 현실이 사회적으로 구성되어 있다고 주장한다. 구성주의는 '분명한 것', 외관상 '정상적인 것'에 대해 의문을 제기하면서 민족 신화에 대한 환멸을 불러왔다. 제2차 세계대전 이후 수십 년 동안 민족과 민족주의(nations and nationalism)의 역사는 점점 더 많은 학자의 비판을 끌어들였고, 1960년대부터 사회 구성주의(social constructivism)는 사회과학과 인문학에서 주류 관점으로 자리 잡았다. 1980년대 초반부터 민족 전통은 '발명된 것(invented)'[2], 민족공동체는

---

1 필자는 존 폭스(Jon Fox)의 전폭적인 검토의견에 깊은 감사를 표한다. 또 아비엘 로시월드 (Aviel Roshwald)의 유용한 의견에도 감사하다. 마지막으로 필자의 원고에 아낌없는 질정을 보내준 두 편집자 슈테판 베르거(Stefan Berger)와 에릭 스톰(Eric Storm)에게도 감사를 전한다.

2 Eric Hobsbawm, 'Introduction: inventing traditions' in Idem and Terence Ranger (eds.), *The Invention of Tradition* (Cambridge, 1983).

'상상된 것(imagined)'[3]이라는 생각이 주류가 되었다. 분명 사회 구성주의
자는 민족의 명백한 진정성을 어느 정도 훼손했으며, 이는 세계 도처에
서 벌어지는 일상 문화와 정치 문화를 구성하는 매우 중요한 한 부분으
로 자리 잡았다.[4]

6장은 민족과 민족주의의 역사를 연구하는 데 있어서 사회 구성주의
가 지닌 중요성을 논하려 한다. 나치즘의 영향으로 깊은 상처를 남긴 초
민족적(transnational) 사건·사고, 어느 정도 탈식민화 운동이라고 할 수 있
었던 것, 그리고 냉전 종식 후의 종족 민족주의 부흥은 구성주의 이론과
민족주의의 역사학을 완전히 형성하게 했다. 구성주의자는 민족이 역사
속에서 정적인 문화 단위가 아닌, 정치체와 사회 속에서 민족주의적 서
사와 상징을 통해 표현된 유동적이고 조작할 수 있는 범주로 여겨져야
한다고 주장했다. 1980년대 초반부터 시작된 간학문적 민족주의 연구
의 발흥은 전근대 사회에서 근대 사회로 이행하는 내내 민족과 민족주
의의 역사에 비판적으로 적용되었던 구성주의적 사고 덕분이다. 민족주
의에 대한 근대주의적 관점[5]은 본질적으로 구성주의적이라 할 수 있다.
시간과 공간에서 단일하고 고정된 개체로서 민족 역사와 민족의 역사를
목적론적으로 구성된 정당성, 그에 따른 인간 조건의 규칙성으로 민족의

---

3 Benedict Anderson, *Imagined communities: reflections on the origin and spread
of nationalism* (Revised and extended. ed.), (London, 1991 [1983]), pp. 6-7.

4 민족주의에 대한 구성주의적 접근방법을 적극적으로 옹호하는 연구자 중 하나인 우무트
외즈키리믈리(Umut Özkirimli)가 '건설주의(constructionism)'라는 술어를 사용한다는 점
에 주목할 필요도 있다. Umut Özkirimli, *Contemporary Debates on Nationalism: A
Critical Engagement* (Basingtoke, 2005), p. 162. 또 1980년대와 90년대 민족주의 연구
에서 근대주의와 구성주의가 전성기를 구가하던 시절을 설명하기 위해 해체주의적 접근
방법을 언급한다는 점도 주목할만한 가치가 있다. 다음을 참조하라. Christian Jansen and
Henning Borggräfe, *Nation-Nationalität-Nationalismus* (Frankfurt/M, 2007), p. 14.

5 이 책의 제4장 참조.

존재에 의문을 제기했기 때문이다. 흥미롭게도 최근 수십 년 동안 민족의 전근대 형성에 대한 역사적 연구 역시 구성주의적 방법과 관점으로 진행되었다. 그리고 대부분의 역사 연구자가 '위로부터(from above)' 국가와 엘리트의 역할에 초점을 맞추었지만, 일부에서 과거에 존재했던 평범한 사람들의 민족과 민족주의 건설(및 수용)을 더 잘 이해할 수 있는 방법을 모색하기 시작했다.

20세기의 민족 정체성의 환멸

1882년 소르본에서 시작된 에르네스트 르낭(Ernest Renan)의 '민족이란 무엇인가?(Qu'est-ce qu'une nation?)'라는 유명한 연설은 인종, 언어, 종교, 경제적 이해관계, 지리적 경계와 같이 '객관적' 범주에 기초한 민족의 영원성과 토대에 대해 이미 여러모로 의문을 제기하거나 해체한 셈이다. 르낭은 민족이 구성된 과거에 의존한다는 사실을 알아차렸다. 신화 및 과거의 대단한 에피소드와 그다지 대단치 않은 에피소드를 기억하고 또 잊어버리는 것. 르낭에 따르면 바로 '매일의 민족투표(daily plebiscite)'가 민족을 형성하는 데 궁극적으로 필요한 것이었으며, 르낭에게 민족은 본래 '의지의 공동체'였다. 1871년에 신생 독일 제국에 의해 합병된 알자스에서는 주민이 원한다면 프랑스인도 독일인도 될 수 있었다. 그러나 르낭은 이런 의지가 어떻게 구성되었는지를 비판적으로 검토하지 않았다; 오히려 르낭은 다소 허구적인 민족의 세계에서 민족적인 것의 본질적인 만족과 상상을 당연하게 여겼다. 따라서 르낭을 구성주의 역사학자처럼 이해하는 태도는 바람직하지 않다. 다만 르낭이 역사의 혼돈 속에서 민족이 확실한 대상으로 존재한다는 낭만적인 가정을 문제화했다는 사실은 확실하다.

논쟁의 여지가 있겠지만, 20세기에 부쩍 자라난 민족주의의 '어두운 면'은 매우 비판적인 구성주의적 관점을 불러일으켰다. 진즉에 가톨릭 역사학자 칼튼 헤이스(Carlton Hayes)는 민족주의를 두고 '세속화'란 근대적 과정에서 출현한 위험스러운 사이비 종교로 전간기 내내 묘사했었다.[6] 1940년대부터 '비판 이론(critical theory)'은 미국 자본주의 모델과 독일 나치즘의 문제에 대한 불만을 넘어 계몽주의 이후 서구 사회에서의 '합리화'에 대한 일반 비판으로 발전했다; 그 자체가 호르크하이머(Horkheimer)와 아도르노(Adorno) 같은 프랑크푸르트 학파(Frankfurt School)의 설립자와 비판 이론이 주장하는 새로운 신화를 생산하는 과정이었다.[7]

제2차 세계대전과 홀로코스트(Holocaust) 경험에 대한 응답으로 학자들은 민족주의의 역사를 필두로 재앙의 원인을 근원적으로 이해하기 위한 연구에 착수했다. 예를 들어, 배경이 유대인이라는 이유로 프라하에서 미국으로 이주한 역사학자 한스 콘(Hans Kohn)은 민족주의가 다른 무엇도 아닌 근대적 '정신 상태(state of mind)'의 하나라고 주장했다. 민족주의가 어떤 민족에게는 '선한(good)' 시민과 자유주의적 경로가 될 수 있지만, 또 어떤 민족에게서는 '악한(bad)' 종족과 반자유적 형태로 변질될 수 있었는데, 그 대표적인 사례가 독일이었다.[8] 독일은 여러 면에서 민족주의 연구의 전형적인 사례로 볼 수 있다. 나치 독일의 제2차 세계대전 촉

---

6 Carlton Hayes, *Essays on Nationalism* (New York, 1926).

7 Max Horkheimer and Theodor W. Adorno, *Dialectic of Enlightenment: Philosophical Fragments* (trans. E. Jephcott) (Stanford, 2002 [1944]). 또 Thorsten Mense, *Kritik des Nationalismus* (Stuttgart, 2016)을 참조.

발과 독일인에 의해 유럽에서 자행된 반인도적 범죄는 극단적 민족주의 모티프에 의해 추진되었다. 콘을 포함하여 여러 연구자는 독일 지성사를 통해 초기 낭만주의와 개신교 전통(독일의 문화적 특수 경로, 독: Sonderweg)으로 거슬러 올라가는 나치즘의 뿌리를 추적했다. 이에 따라 독일 역사학은 격렬한 논쟁의 대상이 되었다. 독일 역사학은 더 이상 자축에만 빠져 있을 수 없었고, 더욱더 민족적 과거와 얽힌 자기성찰적 서사가 되어야 했다. 그렇게 민족의 역사는 민족과 그 과거를 미화하는 전통에서 벗어나 적어도 어느 정도의 속박을 벗어났다.

알제리 전쟁과 같은 (포스트) 식민지 세계에서 벌어진 잔혹한 에피소드는 서구에 존재하는 민족주의에 대한 비판적 접근을 뒷받침했다. 전후 시대의 포스트 식민지 경험은 에드워드 사이드(Edward Said)와 자크 데리다(Jacques Derrida) 같은 학자에게 영감을 주어 서구 문명의 역사, 언어와 사고를 더욱 '해체하여(de-construct)' 서구 문명이 세계에서 지배적인 위치에 오르도록 했다.[9] 그 외에도 영향력 있는 프랑스 사상가인 롤랑 바르트(Roland Barthes)는 근대 사회의 일상생활에서 신화의 지속적인 역할을 폭로했으며,[10] 미셸 푸코(Michel Foucault)는 역사적으로 성장한 사회 내부 및 사회 사이의 패권적 관계에 의문을 제기했다. 이런 연구자는 '진리(truth)'가 절대적이기보다는 끊임없이 변하고 있다고 주장했다.[11] 예를 들어, 푸코는 인종적 순수성에 대한 부조리한 생각을 제도화하는 국가의

8 Hans Kohn, *The Idea of Nationalism: A Study in Its Origins and Background* (New York, 1944). 또 Liah Greenfeld, *Nationalism: Five Roads to Modernity* (Cambridge, 1992)를 참조.

9 Jacques Derrida, *De la Grammatologie* (Paris, 1967); Edward Said, *Orientalism* (New York, 1978).

10 Roland Barthes, *Mythologies* (Paris, 1957).

역할을 비판했다.[12]

　많은 학자는 민족주의가 근대 사회를 유지하는 데 유익한 것도 아니며, 엄밀하게 말해서 꼭 필요한 것도 아니지만 근대성의 조건이라고 주장했다. 프라하 태생의 정치학자 카를 도이치(Karl Deutsch)는 사회적 커뮤니케이션과 사회적 유동성을 민족 정체성 구성을 위한 기본 요건으로 이해했다. 산업화와 세계 도처에서 눈덩이처럼 커지는 도시화는 동원과 커뮤니케이션의 증대를 요구했고, 그리하여 근대 세계에서 민족 형성을 가능하게 했다. 그러나 도이치는 이것을 피할 수 없는 조건으로 인식하지 않고, 대신 인류가 민족 국가로 나뉜 세계에 대한 대안을 찾아 나설 것을 독려했다.[13]

　'사회 구성주의(Social constructivism)'는 피터 L. 베르거(Peter L. Berger)와 토마스 러크만(Thomas Luckmann)이 큰 파급효과를 일으켰던 『현실이란 사회적 구성(The Social Construction of Reality)』을 출판한 후에야 정의된 방법론 또는 지적 전통으로서 형태를 갖추게 되었다. 빈에서 태어난 베르거는 홀로코스트를 탈출해 팔레스타인을 거쳐 미국으로 갔다. 그리고 종교사회학을 공부한 러크만은 유고슬라비아 왕국에서 서로 다른 민족적 배경을 가진 부모 사이에서 태어났다. 베르거와 러크만은 그 책에서 사회적 현실의 구성, 즉 신념과 상징의 제도화를 지적했다. 베르거와 러크만의 사

---

11 참조. Michel Foucault, *Histoire de la folie à l'âge classique: Folie et déraison* (Paris, 1961); Michel Foucault, *Les mots et les choses: Une archéologie des sciences humaines* (Paris, 1966).

12 Michel Foucault, *Society Must be Defended* (transl. by D Macey) (London, 2003 [1976]).

13 Karl W. Deutsch, *Nationalism and Social Communication: An Inquiry into the Foundations of Nationality* (Cambridge, 1953); Karl W. Deutsch and W. J. Foltz (eds.), *Nation-Building* (New York, 1966); Karl W. Deutsch, *Nationalism and Its Alternatives* (New York, 1969).

고방식은 정치 제도와 집단적 정체성을 합법화한 확립된 규범과 가치에 압력을 가했다. 다소 논쟁의 여지가 있기는 하나 베르거와 러크만은 왕왕 우리의 일상생활에서 역사적이며 논쟁의 여지가 없는 조건을 구성하는 것으로 인식되어 온 민족 국가의 역사에 대해 비판적으로 설명할 수 있는 토대를 구축했다고 할 수 있다. 베르거와 러크만은 의미와 지식을 타고난 것이자 정적인 것이 아니라, 사회적 영역에서 일어나는 상호작용을 통해서 시간이 지남에 따라 담론적으로 구성된 것이라 이해했다. 세계에 대한 사회의 이해는 서로에 대한 인식의 산물로 이해되어야 하며, 따라서 우리 자신에 대한 인식의 산물로 이해된다. 그런 인식의 제도화는 우리가 흔히 정상이라고 생각하는 것을 형성한다. 교육과 졸업식, 사랑과 결혼, 인종과 아파르트헤이트(apartheid)에 대한 생각, 또는 다른 문화의 인간 젠더 관계에 대해 생각해 보라. 대체로 사회적 현실은 비현실적인 것이 아니라 구성되어 있는 것이므로 당연하게 여겨져서는 안 된다. 마찬가지로 민족은 시간이 지나도 변하지 않는 정적인 구성물이 아니라 현실이면서도 상상된 것, 둘 다이다.

한편 구성주의가 많은 것을 의미한다는 점을 명심해야 한다. 모든 구성주의자의 생각이 같은 것도 아니다. 민족과 민족주의의 기원과 역사에 대한 텍스트가 구성주의적 관점에서 쓰였는지를 식별하는 한 가지 방법은 그 텍스트에 사용된 술어를 살펴보는 것이다. '신화(myth)', '허구(fiction)', '상상(imagination)', '내레이션(narration)', '발명(invention)', '조작(fabrication)'이나 '구성(construction)'과 같은 단어의 조합은 저자가 구성주의적 태도임을 넌지시 내비친다. 구성주의자는 대개 민족이란 동질적 실체가 소위 역사 속에 존재하는 어떤 유형의 고정된 실체로부터 파생된 것이 아닌, 담론적으로 생산된 것이라 믿으며 이런 담론적 과정이 사회

경제적, 지적, 정치적 이행이 이루어지는 시간에 강화되었다고도 믿는다. 이토록 주요한 전환은 왕왕 근대 사회의 전개 과정과 관련되어 있기 때문에, 역사적 구성주의와 민족의 기원에 대한 근대주의적 관점을 명확하게 구별하기 어려울 수 있다. 그렇다고 모든 구성주의자가 근대주의자였던 것도 아니다.

민족 정체성을 연구하는 구성주의 학자는 민족의 역사에서 '부자연스러운(unnatural)' 것을 드러냄으로써 과거에 대해 확립된 신화를 해체했다. 따라서 구성주의는 종족 갈등, 영토 주장, 국가/민족끼리 벌이는 전쟁의 정당성을 그 근본부터 허물어뜨릴 가능성이 있다. 이는 오늘날 존재하는 가장 중추적인 이념 중 하나인, 민족주의의 필연성에 의문을 제기한다.[14] 설령 문화가 우리에게 선천적으로 주어지거나 본질적인 것처럼 너무나 친숙하게 느껴진다고 해도 구성주의자에게 문화는 민족에게 선천적으로 주어지거나 본질적인 무엇도 아니다.[15] 몇몇 구성주의자는 사회에 존재하는 고유한 문화를 타인에게 강요할 수 있었던 주류 집단 주도로 민족 문화가 건설되었다고 주장한다. 어떤 사람들은 가령 제도, 교통, 커뮤니케이션, 예술, 문학, 의례, 상징을 통한 민족 정체성의 생산을 연구한다. 구성주의 역사학자는 시간이 지남에 따라 이런 요소의 기원과 의미의 변화를 조심스럽게 추적함으로써 액면상 '명백한 것'과 '정상적인 것'을 해체한다.

민족주의의 역사에서 상대적으로 초기에 사회 구성주의 연구를 이끈

---

14 Sandra Fullerton Joireman, *Nationalism and Political Identity* (London/New York, 2003), pp. 54-70.

15 참조. Jonas Frykman and Orvar Löfgren, *Culture Builders: A Historical Anthropology of Middle Class Life* (Brunswick, 1987).

두 가지 사례를 꼽는다면 1970년대에 출판된 유진 베버(Eugen Weber)의 『농민을 프랑스인으로(Peasants into Frenchmen)』와 조지 모스(George Mosse)의 『대중의 민족화(The Nationalization of the Masses)』를 들 수 있다. 『농민을 프랑스인으로』는 1789년과 1848년의 '민족' 혁명 시기에 프랑스 민족 정체성의 광범위한 존재에 의문을 제기했다. 베버는 혁명 당시 프랑스에 거주하던 인구 전체를 단일 민족으로 간주하는 것은 사실상 불가능하다고 주장했다. 하우스만(G.-E. Haussmann, 1809-1891)이 회고록에서 "우리나라는 세계에서 가장 '단일'하다"라고 기록했을 때, 베버는 "신화가 현실보다 힘이 더 세다"라고 생각했다.[16] 베버는 다문화적인 루마니아에서 태어나 잉글랜드에서 교육을 받고 영국 육군에서 복무했으며, 프랑스에서 공부한 뒤 미국으로 이주했다. 베버는 초민족적 경험을 통해 20세기에 접어들면서 외국인 혐오로 전환된 민족주의에 대해 반감을 품게 되었다. 베버는 '행동하는 프랑스인(Action francaise)'으로 대표되는 1차 세계대전 이전의 민족주의 부흥에 특히 관심을 기울였다. 베버는 책을 통해 독자에게 프랑스 민족의 건설이 전반적으로 파리 사람이 주도한 프로젝트였음을 알렸다. 프랑스혁명이 일어나고 한 세기가 지나서야 근대화 과정을 아우르는 무엇이 일어났고 프랑스 농촌도 완전히 민족화되었는데, 이는 농민이 프랑스어와 '사상'을 받아들였다는 것을 의미한다. 베버는 민족 문화의 전파를 주제로 연구했는데, 이는 가령 국가의 선진화된 부분과 저개발된 부분 사이의 격차를 좁히는 상호 연결 경제 시스템을 이끄는 건설, 교통, 커뮤니케이션 네트워크를 통해 이루어졌다. 또 베버는 교

---

16 Eugen Weber, *Peasants Into Frenchmen: The Modernization of Rural France, 1870-1914* (Stanford, 1976), p. 9. 또 이 책의 제4장을 참조.

육 개혁을 통한 민족 문화의 제도화와 사법 제도에 관심을 기울였으며, 특히 농촌 공동체에 프랑스어와 프랑스적 가치 및 문화의 전파를 촉진하는 군 복무를 고찰했다. 베버의 관점에서 바로 이 역동적인 과정이 '농민을 프랑스인으로' 바꾸어 놓은 것이었다. 제1차 세계대전이 발발할 무렵 프랑스 정부는 애국가를 부를 수 있는 수백만 명의 충성스러운 프랑스 애국자를 계산에 넣을 수 있었다; 마침내 민족이 완전히 건설된 것이다.

조지 모스의 『대중의 민족화』는 민족주의의 시대에 있었던 정치의 미학(aesthetics)에 초점을 맞췄다. 모스는 유대계 출신이라는 이유로 고향 베를린을 떠나 잉글랜드를 거쳐 미국으로 이주했는데, 독일 민족주의와 나치 독재의 뿌리를 나폴레옹 전쟁 중 프랑스에서 퍼져나간 새로운 정치 스타일로 소급했다. 그러나 모스는 나치 독일을 예외적인 것으로 표현하지 않고 도리어 극단적인 사례처럼 표현했는데, 이는 만들어지고 있던 다른 민족들처럼 군중 민주주의와 대중 주권을 지향하는 발전 방향으로 비슷하게 가다가 발생한 것이었다. 민족주의는 근대의 합리적 담론을 무색하게 만드는 '세속 종교(secular religion)'의 하나가 되었다. 이 과정은 전례, 상징, 형태, 신화를 통해 연구될 수 있는 민족주의 미학을 수반했으며, 이는 군중을 민족화하면서 자연스럽게 기존 정치 체제를 합법화했다. 민족 기념물, 건축물, 축제와 기념일, 노래와 시를 떠올려 보면 답이 나온다. 모스는 새로운 민족 상징주의가 노동 단체에서 체조 클럽, 합창단, 사격 협회에 이르기까지 다양한 시민 사회 단체에게 전폭적인 지지를 받았다는 것을 보여주었다.[17]

---

17 George L. Mosse, *The Nationalization of the Masses: Political Symbolism and Mass Movements in Germany, from the Napoleonic Wars Through the Third Reich* (New York, 2001 [1975]).

1983: 기적의 해(Annus Mirabilis) 그리고 얻어진 민족주의 연구의 결과물

때로 어니스트 겔너가 저명한 민족주의의 근대주의와 기능주의 이론을 1964년에 출판했다는 점이 간과되는데, 이 저작은 근대 민족주의가 중부 유럽에서 전통적인 형태의 다문화주의를 파괴한 방식에 대한 비판적 검토로 읽힐 수 있다. 『사상과 변화(Thought and Change)』에서 겔너는 이렇게 주장한다: '민족주의는 민족이란 자의식을 깨우는 것이 아니다. 민족주의는 기존에 존재하지 않았던 민족을 발명하는 것이다.'[18] 그리고 1983년에 겔너가 쓴 『민족과 민족주의(Nations and Nationalism)』는 1990년대를 향해가던 민족주의 연구의 새로운 장을 열었다. 1890년대에 출간된 앤서니 호프(Anthony Hope)의 저작을 바탕으로 만들어낸 허구의 민족인 루리타니아(Ruritania)를 희화적으로 재구성한 겔너의 작업은 구성주의적 관점에 관심이 있는 민족주의 신진연구자라면 누구나 추구할 가치를 지닌 매우 영향력 있는 연습이었다.[19]

대부분의 민족주의 연구자와 달리 겔너에게 다문화 과거는 민족화된 현재보다 훨씬 더 자연스럽게 느껴졌을 것이다. 겔너는 유대계 보헤미아 출신이었고, 집에서는 독일어로 말했으며, 범세계적인 분위기가 물씬 풍기는 프라하에서 자랐다. 겔너가 만들어낸 루리타니아인은 태생적으로 다종족 제국에서 하층계급을 차지하던 농민이었고, 단일 언어가 아닌 여러 종류의 방언을 구사했으며, 매우 느슨하게 연결된 영토 중에서도 매우 협소한 특정 지역에 거주하고, 상이한 전례를 따르는 다양한 교회를

---

18 Ernest Gellner, *Thought and Change*, p. 11.
19 참조. Anthony Hope's *The Prisoner of Zenda* (1894), *The Heart of Princess Osra* (1896), and *Rupert of Hentzau* (1898).

추종했다. 루리타니아인에게 공통된 민족 정체성은 낯선 것이자, 단지 대중교육과 문화정책을 통한 산업화 과정에서 새롭게 만들어진 것에 불과했다. 이런 정체성 구성은 궁극적으로 '메갈로마니아 제국' 내부에서 벌어진 참혹한 종족 분열을 초래했다. 근대 민족주의는 새로운 정상성이 되었다. 겔너는 이것을 극도로 파괴적일 뿐만 아니라 기만적인 발전으로 이해했으며, 다음과 같은 반어적 논평을 남겼다: "한 명의 사람은 한 개의 민족성/국적을 가져야만 한다. 그것은 사람이 한 개의 코와 두 개의 귀를 가져야 하기 때문이다; 이런 세부 사항 중 어느 하나라도 결핍된 것은 감히 상상조차 할 수 없는 것이 아니고, 때때로 벌어지기도 하지만 단지 어떤 재난의 결과일 뿐이자 그 자체가 일종의 재난이다."[20]

에릭 홉스봄(Eric Hobsbawm)은 겔너식 민족주의 정의와 비판에 격하게 공감했다. 홉스봄의 가족 배경도 문화적으로 뒤섞여 있었고, 그 성장환경도 범세계주의적이었다. 1933년(히틀러가 권력을 잡았던 해) 런던으로 이주하기 전에, 홉스봄은 유년기와 청년기를 빈과 베를린에서 보냈다. '발명된 전통(invented tradition)'이라는 개념을 설명하는 홉스봄의 입문서는 겔너의 『민족과 민족주의(Nations and Nationalism)』와 같은 해에 출판되었다. 비판적 저널인 「과거와 현재(Past & Present)」가 후원하는 컨퍼런스에 이어, 홉스봄과 테렌스 레인저(Terence Ranger)는 근대로의 이행 과정에서 구성되고 있던 민족으로서 사회가 목격한 '연속성의 단절'을 자세하게 설명하는 에세이 모음집을 편집했다. 홉스봄은 이런 이행기에 엄청난 인기를 누렸던 전통의 발명은 전통 사회의 관습과 구별되는 것으로 이해되어야 한다고 주장했다. 새로운 전통은 새로운 상부구조, 즉 민족주의에 '의례

---

20 Ernest Gellner, *Nations and Nationalism*, p. 6. 또 이 책의 제4장을 참조.

화된 실천(ritualized practice)'을 통해 대응하도록 설계되었다.[21] 홉스봄에게 있어 적절한 과거를 제조하는 작업은 19세기 후반부터 근대 민족주의의 실존적 필요였다. 홉스봄이 심지어 민족 건설에 봉사하는 자신의 직업에 대해서도 비판적이었다는 점에 주목할 필요가 있다.[22] 민족주의는 역사적 서사 없이 작동할 수 없기 때문에, 홉스봄은 나중에 민족주의와 관련된 역사학자와 역사학의 사회적, 정치적 기능에게서 위험성과 책임감을 보았다고 말했다.[23] "파키스탄의 양귀비 재배자에게 헤로인 중독자가 필요한 것처럼 역사학자에게는 민족주의가 필요하다: 우리는 그 시장을 위해 필수적인 원재료를 공급한다."[24]

홉스봄은 급격한 변화의 시대, 즉 이전의 전통이 더 이상 새로운 사회적, 정치적 패턴에 적합하지 않을 때 역사적 상징주의의 생산이 증가했다고 주장했다.[25] 바로 이때 발명된 전통에 대한 '수요와 공급 측면'이 함께 커졌다. 근대성의 조건 아래서 군대, 대학, 교회와 같은 중요한 기관은 근본적으로 새로운 사회적, 정치적 맥락에서 운영되어야 했고, 그에 따라 그네들의 상징적 표현도 재창조되었다. 더 중요한 것은 '역사(history)'를 지닌 모든 것에 정통성이 내재한 것처럼 보였기 때문에 새로운 전통은 대중 사회에서 문화적, 정치적 엘리트가 추구하는 '참신한 목적'을 제공하기 위해 왕왕 재활용되고, 재조립되는 태곳적 과거에서 유래한 이른바 '고전적 재료'로 구성되었다:

21 Eric Hobsbawm, 'Introduction: inventing traditions', p. 2.
22 Ibid., pp. 12-13.
23 Eric Hobsbawm, On History (London, 2007 [1997]), p. 356.
24 Eric Hobsbawm, 'Ethnicity and Nationalism in Europe Today' *Anthropology Today* 8:1, p. 3.
25 Eric Hobsbawm, 'Introduction: inventing traditions', pp. 4-5.

일반적으로 발명된 전통은 공공연하게 또는 묵시적으로 받아들여진 규칙과 의례적, 상징적 본성에 따라 지배되는 일련의 관행을 의미하는데, 이는 자동으로 과거와의 연속성을 암시하는 반복성을 통해 행동의 특정 가치와 규범을 머릿속에 심으려 한다. 실제로 가능하다면 그들은 일반적으로 적절한 역사적 과거와의 연속성을 확립하려고 시도한다.[26]

  새로운 상징은 진정성을 시사했으며 대개 민족 정서를 유발하고 민족을 대표하는 기관과 엘리트에 대한 충성을 담보하는 것에 목표를 두었다. 홉스봄은 인종학자 루돌프 브라운(Rudolf Braun)의 '빛나는' 연구를 언급했는데,[27] 브라운은 스위스에서 전통 민요가 어린 학생을 민족화 하려 했던 교육자에 의해 어떻게 재구성되었는지를 밝혀냈다. 민족의식이라고는 머리카락 한 올도 가지고 있지 않았던 고대 영웅이 갑자기 민족 영웅으로 대변되듯 옛 선율은 완전히 새로운 의미를 얻게 되었다. 그러나 많은 경우에 전통은 완전히 처음부터 새롭게 만들어져야 했다; 제한된 정체성 레퍼토리에서 연속성을 지닌 어떤 재료도 전혀 찾아낼 수 없을 때. 이런 맥락에서 보면 많은 나라의 국기, 국가, 국군 법규는 전적으로 새로운 발명이었다. 홉스봄에게 이것은 자격조건을 시사하는 가장 중요한 상징이었다: 이런 회원자격은 지금까지 존재하지도 않았던 것이었다.
  1870년부터 1914년 사이의 유럽에서는 수많은 '대량 생산된 전통 (mass-producing traditions)'이 '공식적으로나 비공식적으로' 발명되었다.[28]

---

26 Ibid., p. 3.
27 참조. Rudolf Braun, *Sozialer und kultureller Wandel in einem ländlichen Industriegebiet im 19. Und 20. Jahrbundert* (Zürich, 1965), ch. 6.

예를 들어 "국가에 고용된 군인과 어린 학생처럼 국가에 얽매인 대중의 숫자가 늘어났고, 이를 지휘하는 공식적인 새로운 공휴일, 의식, 영웅이나 상징"은 신생 독일 민족 국가에서 발명되었다. 1898년 철의 수상이 사망하자 독일 전역에서 비스마르크 탑이 우후죽순처럼 세워졌던 것은 독일의 역사적 문화를 민족화하는 데 기여했다.

병행적 민족 건설 과정이 일어난 영국도 전통의 발명 논문에 풍부한 역사적 사례를 제공했다. 그것은 어떻게 근대 상징이 왕왕 전근대 연속성을 시사하게 되었는지를 보여주었다. 18세기 스코틀랜드 고원 문화의 낭만적인 내레이션이나 19세기에 와서야 스코틀랜드 민족의 대표 상징이 된 킬트(kilt)와 백파이프(bagpipe)를 생각하면 답이 나온다. 실제로 전통의 발명은 영국 세계에서 제국주의적 방법이었다는 점을 기억할 필요가 있다. 예를 들어 유럽에서 온 지배자는 아프리카를 식민지로 만들려고 달려가면서 원주민 귀족과 아프리카 군주제의 존재를 가정하여 제국에 편입시키려고 했다: "영국과 아프리카의 정치, 사회, 법률 시스템 사이에는 연결고리가 거의 없었기 때문에, 영국 관료는 아프리카인을 위한 아프리카 전통을 발명하기 시작했다."[29] 전통적인 부족 아프리카는 대체로 유럽인이 했던 상상하기의 산물이었고, 종족성(ethnicities)은 충성심과 정체성의 복잡한 네트워크에 질서를 창조하려는 시도로 구성되었다. 군주제의 새로운 전통은 결국 식민지 아프리카의 정치, 군사 문화를 근본적으로 변화시켰고 이어진 다음 세기의 신흥 민족 운동도 식민지 개척자에 의해 이식된 이념과 상징을 통해 힘차게 뻗어나갈 수 있었다.

---

28 Eric Hobsbawm, 'Mass-producing traditions: Europe, 1870-1914' in Idem and Ranger (ch.7), p. 263.

29 Ibid., p. 212.

아마도 홉스봄은 자신을 비롯한 구성주의 역사학자가 과거의 민족화된 서사를 사회에 제공함으로써 민족주의적 생산 시스템에 불가피하게나마 공헌하지 않았다는 점을 아주 명확하게는 이해하지 못했던 것 같다. 또 역사학자도 확립된 민족의 역사에 이의를 제기하거나 글로벌 차원에서 얽히고설킨 관계를 강조함으로 역사를 탈민족화할 수 있었다. 모든 역사가 민족 '시장'의 '원재료'인 것은 아니다. 예를 들어 베네딕트 앤더슨(Benedict Anderson)은 같은 해인 1983년에 민족주의를 다룬 유명한 책을 출판했다. 홉스봄과 마찬가지로 앤더슨은 '역사학자의 눈에는 민족에 대한 객관적 근대성이, 민족주의자의 눈에는 주관적인 고대성'으로라는 대립 구도를 분명하게 대조했다.[30] 앤더슨은 겔너와 마찬가지로 약간의 문화적 동질성을 요구하는 근대 사회의 익명성을 강조했다. 따라서 민족이란 정치 공동체는 애초에 '상상된' 것이어야 했다. 앤더슨의 작업은 여전히 민족주의에 대해 극도로 비판적인 것으로 읽히며, 이 분야에서 구성주의 문헌의 대표 사례로 간주해야 한다. 그러므로 앤더슨이 어니스트 겔너의 구성주의적 수사법과 항상 자신을 구별하려고 노력했다는 점에 주목하는 것도 매우 흥미로운 일이다: "… 겔너는 민족주의가 거짓의 가면을 쓴 채 정체를 숨기고 있음을 보여주기 위해 열심히 '발명하기(invention)'를 '상상하기(imagining)'와 '창조하기(creation)'가 아니라 '조작하기(fabrication)'와 '위조하기(falsity)'에 동화시켰다."[31] 겔너는 진정한 공동체가 존재하고, 그 공동체가 민족과 근본적으로 다르다는 것을 암시한 반면, 앤더슨은 자신의 구성주의를 민족공동체 그 자체로 제한할 의

---

30 Benedict Anderson, *Imagined Communites*, p. 5.
31 Ibid., p. 6.

사가 전혀 없었다: "사실 원시적으로 모든 구성원의 얼굴을 알고 있는 (설령 모든 구성원의 얼굴을 알고 있는 원시 공동체라고 해도) 모든 공동체는 상상된 것이다." 나중에 한 인터뷰에서 앤더슨은 이렇게 말했다: "민족주의를 추악한 것으로 생각하지 않는 사람을 한 명 적어야 한다면 그것은 바로 나입니다. 당신이 겔너 혹은 홉스봄 같은 연구자를 생각해 본다면, 두 사람 모두 민족주의에 대해 꽤 적대적인 태도를 보인다는 것을 알 수 있다. 나는 실제로 민족주의가 매력적인 이념이 될 수 있다고 생각한다. 나는 민족주의가 지닌 유토피아적 요소를 좋아한다."[32] 앤더슨의 견해에 따르면 민족은 "… 하나의 공동체를 상상하는 것인데, 각 민족에 만연할 수 있는 현실적 불평등과 착취에 구애받지 않고, 민족은 언제나 깊고 수평적인 동지애를 마음에 품게 만들기 때문이다." 그러나 문제는 바로 그와 같은 동포애가 "비록 지난 두 세기 동안 수많은 사람이 살인을 하는 데 이르지는 않았지만, 너무나 제한적인 상상의 산물을 위해서 기꺼이 목숨을 바치도록 만들었다는 데 있다."[33]

앤더슨은 민족주의 연구의 토대를 만든 다른 학자와 여러모로 달랐다. 예를 들어 콘, 홉스봄, 겔너와 달리 앤더슨은 유대계도 아니었고 가족 배경에 중부 유럽과의 연결점도 없었으며 민족주의로 인해 고향을 잃어버렸다는 어떠한 인식도 없었다. 하지만 앤더슨도 범세계주의적인 환경에서 성장했고 이를 통해 앤더슨도 민족과 민족주의를 외부자의 관점에서 바라볼 수 있었다. 앤더슨은 여러 언어를 구사했으며 매우 간학문적 관

---

32 참조.
https://www.uio.no/english/research/interfaculty-research-areas/culcom/news/2005/anderson.html (last accessed on 4 August 2016).

33 Benedict Anderson, *Imagined Communites*, p. 7.

점에서 연구를 수행했다. 동남아시아에 대한 앤더슨의 인류학적 관심은 그로 하여금 주로 이 지역의 식민 경험에서 파생된 민족과 역사의 세계를 다소 추상적인 관점에서 접근하게 했다. 앤더슨은 민족의 구성에서 초민족적 연결과 민족 기억 문화에서 이런 연결에 대한 습관적인 '망각(forgetting)'을 조명했다.[34]

계몽주의 세계관이 전통적인 권위와 종교에 의문을 제기하고 평등주의의 이상을 장려함에 따라, 전 세계 곳곳에 존재하는 무명용사의 무덤은 근대 세계에서 이와 같은 민족의 본질적 의미를 보여주는 전형으로 자리 잡았다.[35] 이런 연유로 앤더슨도 근대 민족주의의 종교적 특색을 매우 중요하게 받아들였다.[36] 앤더슨은 사회와 시간을 가로지르는 수평적, 수직적 초월성을 민족적 상상하기의 필수적인 특징으로 인식했다. 홉스봄처럼 앤더슨은 "민족 국가가 '새로운 것'이자 '역사적인 것'으로 널리 인정되고 있다"는 아이러니를 의식하고 있었지만, "민족 국가가 정치적으로 표현하는 민족은 언제나 태곳적 과거로부터 어렴풋이…."[37] 앤더슨의 관점에서 근대 민족의 먼 과거와 기원은 언제나 문헌 교류를 통한 담론적 구성에 달려 있었고, 이는 대중 사회에 존재하는 익명의 개인들 사이에서 공유될 수 있는 새로운 신화를 창조하는 것이었다.

앤더슨은 인쇄 자본주의 시대에 저렴한 책과 신문의 보급으로 민족 구성이 촉진되었을 뿐만 아니라 왕왕 합법성을 잃어가던 군주제로 인

---

34 Benedict Anderson, *Imagined Communities*, ch. 11; 또 Benedict Anderson, *Under Three Flags: Anarchism and the Anti-Colonial Imagination* (London, 2007)을 참조.

35 Ibid., p. 9, pp. 11-19.

36 Ibid., p. 10.

37 Ibid., p. 11.

해 위로부터도(하향식) 촉진된다는 것을 알고 있었다. 군주제의 이행기 내내 '발명된 전통' 붐에 반향을 일으킨 앤더슨은 저서의 한 부분에 '공식적 민족주의(official nationalism)'란 이름을 붙였다.[38] 민족주의 사상과 아래로부터(상향식) 민족운동을 직면했을 때, 유럽 왕조는 자발적으로 '귀화(naturalize)'하고 민족의 대표자임을 자처해야 하는 상황에 내몰린다. 따라서 통치자는 구체제(ancien régime)를 버리고 새로운 유행에 따라 구체제를 다시 합법화할 위로부터(하향식) 민족주의를 촉진하려 했다. 앤더슨의 저작은 세계 도처에서 일어난 공식적 민족주의와 관련된 역사적 사례를 풍성하게 담고 있다. 특히 앤더슨과 홉스봄은 민족주의의 역사에 전통적인 군주제가 중대한 작인으로 역할을 했다는 데 중요성을 부여했다. 그럼에도 '제1차 세계대전이 고압적인 왕조 시대를 끝장'[39]내면서 제국과 민족의 양립 가능성을 유지하기는 대개 어려운 일이었음이 드러난다. 그러나 앤더슨은 이런 민족 국가로의 전환을 정치와 종교의 합리화뿐만 아니라 더 근본적으로 사람이 근대로의 이행 과정에서 획득한 새로운 시간 개념에 기인하는 것으로 설명했다. 앤더슨은 근대 사회가 동시성(simultaneity)의 인식을 통해 연결되어 있음을 깨달았다: 실제로 만난 적이 없는 개인이 소설과 신문을 통해 주관적으로 받아들인 정보를 공유하기 시작했다. 그렇게 개인의 지평이 넓어졌고, 실제로 살아가는 것보다 더 넓은 사회적 맥락을 상상하기 시작했다. 가상의 세계와 현실의 세계는 결국 하나로 합쳐지기 마련이다. 따라서 겔너와 마찬가지로 앤더슨은 문

---

38 이 개념은 앤더슨이 자신의 저작보다 몇 년 앞서 출판된 휴 시튼-왓슨(Hugh Seton-Watson)의 저작에서 차용한 것이다. 시튼-왓슨은 그 책에서 민족의 기원을 주제로 다루었다: Hugh Seton-Watson, *Nations and states: an enquiry into the origins of nations and the politics of nationalism* (Methuen, 1977).

39 참조. Benedict Anderson, *Imagined Communities*, 특히 6장과 7장.

화적 동질화 과정과 모든 사회 계층의 개인적 삶을 빚어나갈 새로운 '고급문화(high cultures)'를 만드는 데 초점을 맞췄다. 홉스봄과 마찬가지로 앤더슨 역시 매년 반복되는 공공 의식과 같은 시간의 새로운 조직화에 따라 대중 사회에서 가능해진 새로운 전통의 중요성을 강조했다. 매일 아침 기도하는 대신 달력에는 국경일이 '역사적으로 기록'되어야 했다.

앤더슨의 이런 시간(및 공간) 개념의 전환에 대한 서사에서 민족주의를 공부하는 학생이 대중 사회에서 일어난 민족의식(nationhood)의 '갑작스러운' 구성을 인식하는 것은 거의 불가능하다. 신성한 언어와 문자, 군주제와 종교적 권위의 쇠퇴, 그리고 근대적 '일시성의 개념'은 하루아침에 일어난 일이 아니다.[40] 식민화와 탈식민지화, 종교개혁, 국가의 관료화라는 장기적인 과정과 결합된 인쇄 자본주의는 내부적으로는 동질적이고 외부적으로는 원형 민족 언어 집단으로 구성된 다양한 경관을 만들어냈다. 이것은 민족주의의 구성주의적 역사가 그렇게까지 엄격하지 않은 근대주의적 관점에서도 쓰일 수 있음을 시사한다. 앤더슨이 결론 내린 것처럼 개인의 전기와 달리 민족의 전기는 '분명하게 증명할 수 있는 탄생이란 대목을 서술할 수 없고, 죽음이란 대목도 서술할 수 없으며, 설사 죽음이란 대목을 서술할 수 있다고 해도 그 죽음은 결코 자연스러운 죽음이 아닐 것이다.'[41]

바로 겔너, 홉스봄, 앤더슨 덕분에 민족의 시대로의 이행에 대한 구성주의적 설명은 실증적, 이론적 차원에서 엄청난 양의 비판적 연구가 이루어지는 데 영감을 주었다. 예를 들어 1988년에 이매뉴얼 월러스틴

---

40 Ibid., p. 36.
41 Ibid., p. 205.

(Immanuel Wallerstein)과 에티엔 발리바르(Etienne Balibar)는 서로 다른 문화 및 법률 시스템에 존재하는 집단을 역사적으로 분류하는 것에 문제가 있다고 지적했다. 월러스틴은 '인종(race)', '종족(ethnicity)', '민족(nation)'이 장소와 시간에 따라 너무나 일관성이 없어 사회적, 정치적, 지적 실천에서 어떻게 귀화 효과를 유지할 수 있었는지 의아하다고 썼다.[42] 발리바르는 이것이 주로 이런 다양한 범주가 지속적인 프로젝트로 서사 된 방식 때문이라고 추론했다. 민족의식의 신화를 조작하는 이런 역사적 전통은 서구에서 나타나며, 이를 모델로 삼은 식민 세계를 가로질러 '오래된(old)' 민족에서 '젊은(young)' 민족으로 퍼졌다. 따라서 이상적인 민족은 '가상 종족(fictive ethnicity)'으로 구성되었다. 더욱이 발리바르에게 이런 '사회의 민족화(nationalization of society)'는 아래로부터 유기적 과정이 아니라 부르주아의 헤게모니 덕분에 가능했던 것이었다. 민족주의는 사회적 위계질서에 달린, 위로부터 과정이었다.

홉스봄의 발명된 전통 개념과 '공식적 민족주의'에 대한 앤더슨의 성찰 모두를 밀접하게 적용한 역사학 분야에서 가장 뛰어난 사례 중 하나는 아타튀르크(Atatürk)가 튀르키예 공화국의 '국부'가 되기 불과 몇 년 전에 쇠퇴하는 오스만 제국에서 튀르키예 민족의식의 구성을 위로부터의 (하향식) 것으로 설명한 셀림 데링길(Selim Deringil)의 작업이었다. 행정 과정을 분석함으로써 데링길은 19세기 후반에 군주제 체제가 아래로부터 민족주의 운동과 유럽 열강과의 관계 변화에 대해 어떻게 위협을 느꼈는지 보여주었고, 위로부터 민족주의의 발전을 통해 군주제 체제의 정치

---

42 Immanuel Wallerstein, 'The Construction of Peoplehood: Racism, Nationalism, Ethnicity' in Idem and Etienne Balibar (transl. Chris Turner), *Race, Nation, Class: Ambiguous Identities*, (London, 1991 [originally published in French, 1988]), pp. 71-85.

권력을 다시 합법화하고자 했다. 데링길은 1876년부터 1909년까지 술탄 압둘 하미드 2세(Sultan Abdul Hamid II)의 통치 동안 구성된 공식 언어, 교육 및 정형화된 생각을 비판적으로 검토했다. 데링길이 분석한 국가 상징은 음악, 의식, 건축, 장식 등으로 구성되어 있다. 예를 들어 어떤 이탈리아 예술가는 종교적, 철학적, 군사적, 국가적 상징을 구성하고자 하는 술탄을 위해 유럽식 문장을 발명하라고 초대받았다. 국가는 점점 더 공적 및 사적 문제에 개입했다. 이슬람교가 칼리프 제도의 발명으로 국가 관리에 의해 재해석됨에 따라 개종은 제국의 이익에 보탬이 되었다. 하미디아(Hamidian) 행정부는 제국을 유럽 민족 국가(이들은 대부분 기독교 국가)로 만들기 위해 노력했지만, 이슬람교를 따르지 않는 신민과 외부 세력에게 위협을 느꼈다.[43]

또 오스만 제국에서 민족주의가 출현하는 동안 종교와 종족 정체성 발명의 관계는 종족 종교 집단인 드루즈파와 레바논 산에 거주하는 기독교 마론파 사이의 갈등을 다룬 우사마 막디시(Ussama Makdisi)의 작품에서도 강력한 테마였다. 막디시는 "유럽의 상상력이 레바논 부족을 발명했다"(p.23)라고 주장했는데, 이는 단순히 근대 제국주의에 대한 원생주의적 반작용의 형태로 등장한 것은 아니었다. 막디시는 대립적인 종파의 발명이 국내외 엘리트 간 이해관계의 역동적인 과정이 낳은 독창적인 발명품임을 밝혀냈다. 근대에 있었던 외부 영향 이전까지만 해도 드루즈파와 마론파 공동체는 평화로운 공존을 누렸다. 종족 지학적 '지식', 역사에 대한 목적론적 개념과 '동양'의 부족사회에 대한 오리엔탈주의

---

43 Selim Deringil, *The Well-Protected Domains: Ideology and the Legitimation of Power in the Ottoman Empire, 1876-1909* (London, 1998).

적 상상은 당시 프랑스와 영국 같은 유럽 국가에서 파생되었고, 끔찍하게 폭력적인 결과를 초래한 민족주의 담론을 만들어냈다. 이런 '타자화(othering)' 과정은 오스만 제국의 탄지마트(Tanzimat) 개혁에 대한 반작용으로 발생했으며, 모든 집단을 술탄의 직속 신민으로 만듦으로써 세속화된 이슬람 국가로 제국을 재합법화하려고 했다. 유럽에서 식민주의적 태도는 기독교인이 동양에서 압제 받고 있다는 것으로 대변되는 문명화 사명을 따랐다. '도리에 따른 성전(gentle crusade)'의 일환으로 지역 엘리트는 외부로부터 물질적 지원을 받았고, 그렇게 종파적 정체성의 근대적 구성을 실현했다.[44] 따라서 종파적 정체성의 근대적 구성은 내생적 과정으로 이해되어야 할 뿐만 아니라 민족주의가 점점 더 중요해지는 복잡한 지정학적 맥락에 따라 이해되어야 한다.

가까운 과거에는 유라시아에서 일어난 갑작스러운 냉전의 종식과 종족 부활은 민족주의자에게 다시 한번 민족과 종족성이 공산주의 이념에 의해 억압되었던 (구성된 것이 아닌) 자연적인 범주임을 시사하는 데 도움을 주었다. 유라시아의 종족이 민족으로 구성된 세계에서 그네들의 자리를 되찾기 위해서 유기적으로 번성하기도 전에 말이다. 신생 민족 국가의 출현은 역사의 행복한 결말이라는 자유민주주의의 승리와 관련되어 있었다. 민족주의와 종족성은 그것을 압도하려고 했던 (다른) 어떤 이념보다도 현실적이고 정의로우며 강력한 것처럼 모습을 드러냈다. 민족주의 부활로 유라시아 지역에서 많은 유혈 사태가 발생했음에도 불구하고 민족주의는 여러 사람에 의해 인권, 참여 및 연대를 증진하는 것으로 받아들

---

44 Ussama Makdisi, *The Culture of Sectarianism Community, History, and Violence in Nineteenth-Century Ottoman Lebanon* (Oakland, 2000).

여겼다. 그리고 이 시기 내내 민족주의는 매우 중요했기에 정치 이론 분야에서도 깊은 학문적 성찰을 일으켰다. 데이비드 밀러(David Miller)와 같은 민족주의 학자는 민족의 구성력을 받아들였지만, 민족 신화가 더욱 포괄적인 사회를 만드는 데 도움이 된다는 것을 발견했다: 민족의 구성력은 민주주의의 실행 가능성을 위해 합리적으로 유효한 무엇으로서 받아들여져야 한다.[45] 그리고 위르겐 하버마스(Jürgen Habermas)를 필두로 하는 다른 학자는 자유주의 사회가 민족주의 없이도 잘 될 수 있기에, 사회의 재민족화(re-nationalization)를 반드시 막아야 한다고 생각했다.[46]

1990년대 초반 민족주의가 강력하고 또 매우 폭력적인 이념으로 남아 있다는 것이 실제로 입증되면서, 종족성과 민족이라는 유동적인 범주 사이에 구성된 관계성은 학문적 가치를 더욱 인정받았다.[47] '공산주의의 몰락'이 민주주의의 부흥으로 이어졌을지는 몰라도, 민주주의 그 자체가 민족/국가 주권을 주장하는 소수 종족 집단 사이의 폭력적인 갈등을 막을 수는 없었다. 민족주의 재구성에서 로저 브루베이커(Rogers Brubaker)는 냉전 종식 후 신 유럽에서 벌어진 민족 부활을 성찰하고, 민족 정체성의 유동성을 세계에 상기시켰다. 월러스틴(Wallerstein)과 발리바르(Balibar)와 마찬가지로 브루베이커에게 민족은 하나의 '우발적 사건(contingent event)'이었지만 동시에 '관용구, 관행 및 가능성'을 통해 구체적으로 표현되며 강력하게 제도화된 사회적 관행이었다. 브루베이커에

---

45 David Miller, *On Nationality* (Oxford, 1995).

46 Jürgen Habermas, *The Postnational Constellation: Political Essays* (Cambridge, 1998).

47 Craig Calhoun, 'Nationalism and Ethnicity' *American Review of Sociology* 19 (1993), pp. 211-39; Thomas Hylland Eriksen, *Ethnicity And Nationalism: Anthropological Perspectives* (London, 1993).

게 그것은 우리의 일반적인 사고방식 및 의사소통 방식이 민족을 '실제' 대상인 것처럼 구체화하기 때문에 가장 중요한 인지 범주였다. 우리는 사람을 단일한 실체처럼 이야기하고, 그렇기에 어떤 면에서 사람을 그 실체가 아닌 무엇처럼 바꾸기도 하는데, 다시 말해서 사람을 이른바 국가 지위를 합법적으로 주장하는 하나의 동질적인 민족이라고 바꿔서 이야기한다.

브루베이커는 전후 유럽에서 특히나 강력하게 작동하는 민족주의의 세 가지 이상형을 찾아냈다: 민족화 중인 민족주의, 국경을 초월하는 민족주의, 소수자 민족주의. 시간이 지남에 따라 국경선이 다시 그려지면서 신생 국가는 국내 사회의 민족화(민족화 중인 민족주의)를 촉진하는 동시에 국가 영토 외부에 있는 '고토(homeland)'에 대한 권리를 왕왕 주장(국경을 초월하는 민족주의)하기도 했다. 마찬가지로 소수자 민족주의는 왕왕 최소한으로 민족화되어 있는 국가 하나 이상에 걸쳐있는 고토를 근거로 국가 지위를 주장했다. 자신이 속한 집단을 종족이 아니라 민족이란 집단처럼 대변하면서, 또 자신의 국가에 대한 권리를 주장했던 정치, 문화 엘리트는 자연스럽게 우리가 어울리지 않는 영역에서 살도록 강요받았다는 생각을 전파했다. 그러나 브루베이커에게 이런 민족 집단은 역사적으로 유동적일 뿐만 아니라 사회적으로—그리고 정치적으로—구성된 것이었다. 민족 집단은 정적인 실체처럼 이해되어서도 안 된다. 그들의 기원, 발전 및 영토 주장도 당연히 매우 신중하게 평가되어야 한다.[48] 이 작업에서 영감을 받은 역사학자 알렉산더 맥스웰(Alexander Maxwell)은 '슬로바키아

---

48 Rogers Brubaker, *Nationalism Reframed: Nationhood and the National Question in the New Europe* (Cambridge, 1996).

선택(Choosing Slovakia)'에서 브루베이커의 우발성 이론이 민족주의 역사학
자에게 여전히 유용한 도구임을 보여주었다: 종족 집단의 민족 정체성은
때때로 이중적인데, 종족 집단의 민족 정체성은 하나 이상의 민족(예를 들
어 체코인, 헝가리인이나/또는 슬로바키아인)에게 충성하면서도 시간이 지남에 따라
민족주의자가 국적/민족성을 주장하는 이념적, 법적 틀에 '우발적으로'
영향을 미치는 지정학적 변화를 반영하며 실질적으로 변화했다.[49]

　민족주의의 역사는 여전히 뜨거운 감자다. 논쟁의 여지가 있겠지만 근
대 민족주의의 발상지라고 할 수 있는 유럽은 여전히 다양한 유형의 민
족주의에 대해 치열한 다툼이 벌어지고 변화의 힘을 경험하는 정치의
장이다. 욥 레이르센(Joep Leerssen)이 비교적 최근에 집필한 『유럽의 민족
사상(National Thought in Europe)』은 민족주의를 정적인 '어떤 무엇(thing)'으
로 연구하기를 거부하고, 오히려 '물질적 발전과 정치적 발전 사이를, 다
른 한편으로는 타자에 대한 지적 성찰과 시적 성찰 사이를 끊임없이 왔
다 갔다 하면서 모양을 갖춰가는 역동적인 세계관, 역사적 과정, 문화적
현상'으로 해석했다. 레이르센은 사실상 자신의 연구 대상이 역사적으로
명백한 것이지만 잘못된 가정에 의해 형성되어 왔다고 상정했다: a) 인
류는 자연적으로 민족으로 나뉘어 있고, 자연스럽게 민족은 주된 충성의
대상이 된다; b) 국가에 대한 충성은 논리적으로 민족적(문화적, 언어적, 종족
적 주권을 포함하는) 주권에서 파생된다; c) 지구상 이상적인 정치 구조는 국
가와 민족의 일치에 기초해야 한다.[50] 레이르센은 2006년에 발표한 「민
족주의와 문화의 배양(Nationalism and the cultivation of culture)」이란 논문에서

---

49 Alexander Maxwell, *Choosing Slovakia: Slavic Hungary: The Czechoslovak
Language and Accidental Nationalism* (London, 2009), p. 69.

50 Joep Leersen, *National Thought in Europe: a cultural history* (Amsterdam, 2006).

민족주의의 역사에 대한 초민족적 접근을 주장했는데, 이는 문화 엘리트 사이의 국경을 넘나드는 네트워크의 상호작용 기관 덕분에 유럽에서 출현한 것이었다.[51]

이 점은 앤 마리 티에스(Anne-Marie Thiesse)를 통해서 강하게 제기되었다. 티에스는 18세기 후반부터 현재까지 유럽에서 일어난 민족주의의 부상에 대한 탁월한 개론서인 『민족 정체성의 창조(La création des identités nationales)』를 집필한 연구자이다. 티에스의 근대주의적 설명은 민족 정체성의 문화적, 감정적, 미적 구성에 중점을 맞춘다. 티에스의 관점에서 민족의 공식 역사는 19세기 유럽에서 성장한 의식적 행동과 초민족적 민족주의 이념에 의존하여 최근에 구성한 근대 민족의 '실제' 역사보다 훨씬 더 과거로 거슬러 올라간다. 민족이란 창조적인 사상이 민족의 현실보다 앞선다는 것이다. 티에스는 모든 민족이 자신을 유일무이한 존재로 표현하면서도 엇비슷한 구성 계획을 따랐음을 입증했다. 민족은 모두 영웅, 민속, 휴일, 교육, 기념물, 유전자, 도상학, 언어, 시각 예술, 경관, 음악 등의 진정성 부여(민족화)를 필요로 했다. 민족 문화의 대중화에 대한 티에스의 초민족적 설명에서 매력적인 점은 지식인과 예술가가 외국 민족의식의 구성에 적극적으로 참여했다는 것이다. 민족 구성은 범유럽적 프로젝트였다. 엘리트는 문화 수도에서 서로 교류하며 물리적인 만남을 가졌고 민족 건설 활동에서 있어 서로를 모방했다. 근대 유럽의 민족주의는 문화적 전이(cultural transfer)의 산물인 것이다. 철학자, 역사학자, 고고학자, 문헌학자와 같은 학자는 자기 민족만이 아니라 국제적 차원에서

---

51 Joep Leerssen 'Nationalism and the cultivation of culture' *Nations and Nationalism*, 12:4 (2006), pp. 559-78; see also *Encyclopedia of Romantic Nationalism in Europe*, online at: http://ernie.uva.nl/viewer.p/21

다른 민족을 위해 민족의 이름으로 정치적 주장을 할 수 있는 '증거'를 제공한 셈이다.[52]

전근대 구성주의?

이처럼 근대주의적 구성주의 접근법은 18세기 후반부터 민족주의가 근대 대서양 세계만을 종횡무진 가로지르며 시작했다는 생각에 만족하지 못하여 민족의 연원을 오래된 과거로 거슬러 올라가 연구한 유능한 여러 학자의 노력으로 결실을 맺은 구성주의를 통해 강화되었다. 1986년에 출판된 『민족의 종족적 기원(The Ethnic Origins of Nations)』이라는 책에서 겔너의 제자였던 앤서니 스미스는 근대 국가를 구성하는 데 사용된 재료가 본질적으로 근대적인 것이라는 가정을 반박했다. 대신 스미스는 민족에게는 대개 종족 집단이 제공하여 이미 존재하는 정체성 레퍼토리가 필요하며, 종족 집단 중 일부는 자체적으로 민족 구성을 위한 열쇠도 가지고 있다고 주장했다. 이런 이유로 고대 신화는 근대에 민족의 이름으로 재구성될 수 있었다. 스미스는 민족주의에 대한 족류 상징주의적 접근법(ethno-symbolist approach)의 최고 권위자라고 불리기에 부족함이 없다.[53] 또 에이드리언 헤이스팅스(Adrian Hastings)도 민족의식이 중세 시대부터 구성되어 왔다고 주장하면서 민족주의에 대한 근대주의적 관점에 이의를 제

---

52 Anne-Marie Thiesse, *La Création des identités nationales Europe: XVIIIe-XXe siècle* (Montrouge, 1999).

53 참조. Anthony D. Smith, *The Ethnic Origins of Nations* (Oxford, 1986). 덧붙여 이 책의 제5장 참조.

기했다. 헤이스팅스는 국가가 이 사회 구성의 주요 작인으로 이해되어야 한다는 것, 그리고 전근대 잉글랜드가 민족 국가의 원형(prototype)으로 연구되어야 한다는 것을 알아냈다.[54]

포괄적인 개요를 제공하는 것은 불가능하겠지만, '전근대 구성주의(premodern constructivist)'로 분류될 수 있는 민족과 민족주의를 다룬 아주 흥미로운 역사적 연구는 많다. 이런 연구 중 일부는 아주 오래된 과거로 거슬러 올라간다. 예를 들어 에드워드 코헨(Edward Cohen)은 2,000여 년 전에 아테네(고전 그리스 세계의 다른 작은 폴리스와 달리)를 이미 하나의 민족으로 간주할 수 있음을 시사했다. 코헨의 주장은 앤더슨의 상상된 공동체 개념에 기반을 두었는데, 이 개념에서 익명의 그룹은 "응집성, 유일무이함, 자기 결정권 및/또는 지위 확대에 대한 이 그룹의 권리주장을 확립하거나 강화하는 역사적 구성/조립에 근거한 '신화'의 창조와 항구화가 필요했다."[55] 코헨의 관점에서 볼 때 상상된 공동체로의 이행기 동안의 고전 아테네는 근대 민족주의와 비슷하게 영토에 강력하게 결부된 공통 역사를 주장하는 "공통의 역사가 영토에 묶여 있다고 주장하는 민족 건설 이야기"를 경험했다. 이런 공통 기원의 신화가 아테네의 문화에 깊이 뿌리내리게 되면서 상대적으로 이질적인 이주민 사회는 자신을 아테네 땅에서 자라난 토착민의 후손이라고 상상할 수 있었다. 기원전 4세기에 소크라테스는 조국을 지켜내기 위해 그런 '고귀한 거짓말'이 공동의 이익을 위한 것이므로 존중되어야 함을 알고 있었다.

빅터 리버만(Victor Lieberman)은 2권으로 된 대작 『기묘한 평행선(*Strange*

---

54 Adrian Hastings, *The Construction of Nationhood: Ethnicity, Religion and Nationalism* (Cambridge, 1996).

55 Edward E. Cohen, *The Athenian Nation* (Princeton, 2004), p. 4.

Parallels)』에서 이른바 근대 이전에 동남아시아에서 있었던 종족 민족주의의 구성을 강조했고, 그러면서도 두 지역 간의 차이를 과장하는 것에 대한 주의를 당부했다: 또 동남아시아 국가에서 민족 정체성은 "기록된 역사, 민담, 순례 전통, 인형극, 수호신에게 바치는 민족 숭배"를 통해 구성되었다.[56] 리버만은 민족주의의 관점에서 보면 문화적 통합이 1500년 이후 버마, 시암, 베트남, 러시아, 프랑스에서, 지역 정체성이 더 지배적이었던 일본에서보다 더 많은 유사성을 가졌다고 보았다.[57] 그럼에도 불구하고 리버만은 동남아시아에서 초기적 형태의 민족의식 표현은 통치자에 의해 위에서부터 더 강력하게 구성되었으며, 유럽식 민족주의에서 볼 수 있는 평등주의적 비전이 부족했다고 주장했다. 따라서 리버만은 이런 형태의 위계적 민족주의를 수 세기에 걸쳐 대량 학살과 동화라는 결과물을 낳은 소위 '정치화된 종족성(politicized ethnicity)'이라고 이해했다.[58] 예를 들어 18세기 후반/19세기 초 버마에서는 소수 종족이 탄압을 피하기 위해 버마식 의복을 입고 버마어를 사용함으로써 자신들의 정체를 숨겼다.[59] 그렇게 리버만은 민족 구성의 문화적, 상징적 차원이 종족적, 정치적 폭력과 단절된 것으로 이해되어서는 안 된다는 점을 일깨워 주었다.

마찬가지로 마크 엘리엇(Mark Elliot)은 청나라 시대(1644-1912)의 중국 민

---

56 Victor Lieberman, *Strange Parallels: Southeast Asia in Global Context, 800-1830*, vol 1 (Cambridge, 2003), pp. 202 ff.

57 Victor Lieberman, *Strange Parallels: Southeast Asia in Global Context, 800-1830*, vol 2, Cambridge, 2009), p. 490.

58 Victor Lieberman, *Strange Parrallels*, vol 2, p. 41; Victor Lieberman, *Strange Parrallels*, vol 1, pp. 202ff;

59 Victor Lieberman, *Strange Parallels*, vol 1, pp. 204-05.

족의 형성과정과 복잡하게 얽힌 종족 관계에 관한 연구에서 스미스의 '신화의 복원(myths of restoration)'이란 개념을 영감의 원천으로 삼았다: 이런 신화는 현재 세대를 공유된 고귀한 기원과 연결하고, 대개 영토적, 정치적 주장을 합법화하여 공동체를 건설하는 것을 목표로 한다. 엘리엇에게 종족성은 "… 인간 집단이 언제 어디서든 접촉할 때마다 정체성(즉, '자기 자신')을 구성하는 방법이었다…"[60] 따라서 엘리엇에게 종족성의 사회적 구성은 항상 존재하고 있던 것이지만, 그럼에도 특정한 종족 정체성은 역사적으로 우발적이고 매우 쉽게 변화되는 범주였다. 엘리엇은 20세기 후반 중국에 존재하는 만주족 인구가 자연적 재생산이 아니라 소수 민족 (재)구성을 통해서만 합리적으로 설명될 수 있을 정도로 크게 증가했음을 알아냈다. 그리고 엘리엇은 만주족이 중화제국에 대한 권력을 장악한 17세기에도 이와 유사한 사회 구성주의적 과정이 발생했던 것은 아닌지 궁금해했다: "누가 만주족인지를 알기 위해서는 역사적으로 '만주족'이란 범주가 어떻게 만들어졌는지, 다른 종족이란 범주는 어떻게 만들어져 각각의 경계선을 갖게 되었는지, 경계는 어떻게 보호되었고, 시간이 지남에 따라 어떻게 그 경계가 변화되었는지를 추적해서 밝혀내야 했다."[61] 청 왕조가 지속되는 내내 이 지배적 소수 민족인 만주족은 다른 집단과 구별되는 자신만의 정체성을 유지하는 데 매우 관심을 기울였고, 동시에 권력을 유지하기 위해서 열심히 동화되고자 했다. 엘리엇은 17세기 초부터 이런 종족적 정체성이 상대적으로 유연한 군사, 사회, 경제, 정치 제도를 통해 자라났고, 이어지는 다음 세기에서도 그렇게 살

---

60 Mark Elliot, *The Manchu Way: The Eight Banners and Ethnic Identity in Late Imperial China* (Stanford, 2001), p. 19.

61 Ibid., p. 44.

아남았다고 주장했다. 나아가 만주족이란 무엇인지에 대한 관념이 항상 존재했으며, 이 관념은 정확성에 관한 것이 아니라 근대적 관습과 신념이 고대적 뿌리를 가지고 있으며 민족/종족성이 일종의 공통 출생지를 갖고 있다는 생각과 관련된 역사적 근본 신화를 통해 전달되었다. 만주족은 비만주족을 쉽게 통합했지만, 옹정제(1678-1735)는 모든 만주족이 궁극적으로 4명의 같은 조상을 모시는 후손이라고 주장했다.[62] 따라서 엘리엇의 만주족 연구 작업은 설령 서로 경쟁 관계에 있는 정체성 프로젝트가 궁극적으로 근대 중국을 만드는 데 성공했을지라도, 민족 구성의 메커니즘은 적어도 17세기부터 이미 중국에 존재하고 있었다는 점을 시사한다.

또 필립 고르스키(Philip Gorski)는 16세기 네덜란드 민족 운동의 역사에 관한 논문을 통해 입증하려고 애를 쓴 것처럼, 근대 민족주의가 초기 근대 민족주의와 근본적으로 다르지 않다는 것을 알아냈다. 고르스키는 네덜란드 공화국의 정통성을 구성하는 근본이라 생각한 두 가지 신화를 분석했다. 두 신화 모두 공화주의 운동가와 지식인의 지지를 받아 공식 상징물과 공적 의례의 일부가 되었다. 초기 근대 네덜란드에서 민족주의자는 네덜란드인을 다른 민족보다 위에 있는 선택된 사람들 내지 새로운 이스라엘 사람처럼 표현했고, 신의 명령을 따르는 한 신의 축복을 받을 것이라고 표현했다. 동시에 로마와 스페인에 저항했던 자유를 목숨 바쳐 사랑하는 사람들, 즉 '고대 바타비아인'과 연속선상에 있다는 상상도 강하게 존재했다. 고르스키는 네덜란드 반란 동안 북부의 개신교 지방이 스페인-가톨릭 통치에 저항했을 때 '히브리 민족주의(Hebraic

---

62 Ibid., p. 65.

Nationalism)'가 발명되었음을 주장했다. 그것을 보여주는 강력한 사례는 1577년 스페인 지배를 벗어나게 된 해방을 축하하는 행사로, 오렌지의 윌리엄(William of Orange. 윌리엄 3세)은 브뤼셀의 셀트강을 따라 노를 저어 내려갔다. 각각 다른 상징적 이미지를 묘사한 몇 개의 뗏목이 뒤따랐고, 윌리엄은 a) 골리앗(즉, 강력한 스페인 왕 필립 2세)을 무찌르는 다윗, 그리고 b) 이집트(즉, 합스부르크 스페인의 지배)의 속박에서 이스라엘의 아이를 해방시킨 모세, 그리고 c) 야곱과 그의 혈통을 해방하고, 부족을 재결합하고, 민족적 통일(즉, 1576년 겐트의 평화)을 창조한 요셉과 어깨를 나란히 하는 인물처럼 표현되었다. 고르스키는 히브리 민족주의의 핵심 주체가 네덜란드 칼빈주의자였으나 더 온건한 개신교도와 가톨릭교도도 이 신화를 촉진했다고 설명했다. 고르스키는 히브리 민족주의 이미지가 담긴 기념 주화를 비롯하여 매우 다양한 상징적 물품을 활용했다. 스페인에게 포위당했다가 승리한 레이던 시의 승리를 찬미하고, 기원전 7세기 아시리아의 대규모 원정을 언급하고 있는 한 주화에는 이렇게 글이 새겨져 있다: "예루살렘의 센나케립(Sennacherib)처럼, 밤이 되자 스페인 사람이 레이던에서 도망쳤다."[63]

히브리 민족주의와 함께 바타비아 민족주의와 관련된 세속적 신화가 발명되었고, 고르스키에 따르면 17세기에 평범한 네덜란드인의 마음도 움직이는 힘이 생겨났다. 베스트셀러가 된 그로티우스(Grotius)의 『바타비아 공화국의 고대성에 관한 논문(Treatise on the Antiquity of the Batavian Republic)』(처음 작성된 것은 1601년)은 네덜란드인의 조상인 바타비아인이 군

---

63 Philip S. Gorski, 'The Mosaic Moment: An Early Modernist Critique of Modernist Theories of Nationalism' *American Journal of Sociology* 105:5 (2000), pp. 1428-68.

주제에 의해 통치받은 적이 없고, 항상 '최상의 통치체제'에 의해 통치받아왔다고 자랑스럽게 주장했다. 고르스키는 공화국의 혁명 정신을 고대로 소급하여 찾는 이 신화가 어떻게 네덜란드 공화국의 공식 민족주의의 일부가 되었는지를 설명했다: "예를 들어… 1612년에 헤이그의 시장은 로마에 저항했던 바타비아 반란을 묘사하고 있는 한 시리즈의 에칭 36점을 구매했다. 그리고 이듬해 홀란드(Holland)의 주에는 같은 주제로 의뢰를 받은 그림 12점이 각 회의실에 걸렸다."

독일 역사학자 슈테판 베르거(Stefan Berger)는 최근 역사 쓰기를 통한 민족 정체성의 구성을 연구했는데, 이는 왕왕 근대 민족 국가가 구현되기 이전에 존재했던 민족주의 사상을 포함했다. 따라서 베르거는 근대주의적 관점에서 민족의식의 전근대적 구성에 무게를 두는 관점으로 옮겨간 셈이다. 베르거는 과거 독일에 얼마나 많은 독일이란 개념이 존재했는지 입증함으로써 단일한 독일 정체성이 지난 수 세기 동안 존재해왔다는 생각을 해체했다. 『정상성을 찾아서(In The Search for Normality)』에서 베르거는 독일 역사학의 민족주의 전통을 강조하며 역사학자가 전통적으로 이데올로기적 모티프를 신봉했다는 사실, 또 상대적으로 단명한 민족 국가(1871-1945, 그리고 다시 1990년 이후에)를 위한 긍정적이고 연속적인 역사를 구성하고자 애썼다는 점을 증명했다. 베르거는 『역사로서의 과거(The Past as History)』에서 민족주의의 역사와 역사학의 역사 사이의 관계성을 중심으로 초민족적 연구를 수행하며 앞서 살펴본 구성주의적 접근법을 심화시키고 그 폭을 확장했다. 이 연구에서 베르거는 중세 시대에도 유럽에서는 전문 역사가가 민족의 과거에 대한 서사를 써왔다는 것을 알아냈다. 역사의 전문화는 점점 더 과거의 생산자인 역사학자에게 사회에서 헤게모니적 권위를 부여하여 과거의 민족화에 크게 이바지할 수 있게 했다. 역사, 그리고 역사에 대한 방법론적 민족주의는 존경스럽고 논쟁의 여지가 없는 '과학(science)'이 되었다. 따라서 베르거는 민족주의 역사학이 민족 국가의 시대 이전에 이미 존재했으며, 왕왕 역사적으로 합법성을 갖고자 했던 군주와 국가를 위해 봉사했다고 주장했다. 이 학문적 전통은 1850년경부터 1차 세계대전까지 일어난 보다 포괄적인 발전의 토대를 마련했다. 그 동안 역사 쓰기의 '과학성(scientificity)'은 지배적이고 세계화하는 이념으로서의 민족주의의 부상과 함께했다. 역사를 다루는 직업의 제도화는 박물관, 대학, 저널, 역사 관련 학회의 급증을 통해 명백해졌다.[64]

구성주의 '아래로부터(상향식)'

많은 연구에 적용된 근대 구성주의와 전근대 구성주의는 민족과 민족주의가 정치, 문화, 지식인 엘리트에 의해 주로 생산되었음을 시사했다. 그러나 최근 몇 년 동안 민족주의를 연구하는 학자는 '아래로부터(from below)', 다시 말해서 평범한 사람들로 구성된 사회 내부에서 시작된 민족의식의 구성을 연구하려는 방안을 탐색하는데 더 많은 관심을 기울여왔다. 자료 수집이 늘 쉬운 일이 아니기에 '아래로부터' 접근법은 민족주의를 공부하는 학생들에게 어려운 과제가 될 수 있다: 대통령의 연설은 쉽

---

64 Stefan Berger, *Germany* (Inventing the Nation), (London, 2004); Stefan Berger, *The Search for Normality: National Identity and Historical Consciousness in Germany since 1900* (Oxford, 1996); Stefan Berger, *The Past as History: National Identity and Historical Consciousness in Modern Europe* (Basingstoke, 2015).

게 온라인으로 다운로드할 수 있는 반면, 술집에서 평범한 사람이 나누는 대화를 모으는 작업은 시작조차 어렵기 때문이다.

1990년대 초 토마스 하일랜드 에릭센(Thomas Hylland Eriksen)은 사회의 개별 행위자에게 민족 정체성의 의미를 가시화하는 '생활밀착형 접근법(life-world approach)'을 요청했다.[65] 이에 마이클 빌리그(Michael Billig)는 산업화된 서구에서 민족주의는 시간과 공간의 주변부(과거나 위기 지역)에서만 연구되고, 확립된 사회의 중심부에서는 연구되지 않았다는 사실에 관심을 가졌다. 따라서 빌리그는 전통의 발명에서 탐구한 '의식화된 관행'을 연상시키는 민족주의의 일상적 소비에 더 집중하기 시작했다; 빌리그가 발견한 민족 상징주의의 연속되면서도 반성찰적인 내재화(미국 국기만큼이나 '일상이 되어버린')는 민족이 자연스럽게 나타난 산업화된 서구에서 민족주의가 끊임없이 존재감을 가질 수 있게 했던 핵심이었다.[66]

국가 상징물에 초점을 둔 하향식 접근방식을 취하는 빌리그의 일상 중심 구성주의적 접근법은 상향식 관점을 시사하는 최근의 민족주의 연구에서 여전히 영향력을 갖고 있다.[67] 가장 인상적인 연구 중 하나는 루마니아에 있는 트란실바니아 마을인 클루지나포카의 민족 정체성을 주제로 다룬 사회학적 연구이며, 이를 로저 브루베이커(Rogers Brubaker), 마르깃 페이스미트(Margit Feischmidt), 존 폭스(Jon Fox), 리아나 그란시아(Liana

---

65 Thomas H Eriksen, 'Ethnicity vs. Nationalism' *Journal of Peace Research* 28:3 (1992), pp. 263-78.

66 Michael Billig, *Banal Nationalism* (London, 1995).

67 참조. Rogers Brubaker, Margit Feischmidt, Jon Fox and Liana Grancea, *Nationalist Politics and Everyday Ethnicity in a Transylvanian Town* (Princeton, 2007) and J. Paul Goode and David R. Stroup, 'Everyday Nationalism: Constructivism for the Masses' *Social Science Quarterly* 96:3 (2015), pp. 717-39.

Grancea)가 수행했다. 이 연구는 구성주의에 무게를 둔 추가적인 연구의 필요성을 불러일으켰다: 구성주의적 중론은 문화적, 사회적, 정치적 범주로서의 민족이 실제로 어떻게 구성되는지에 대한 질문에 거의 관심을 기울이지 않았다. 그들은 민족주의의 형성이 실제로 어떻게 평범한 사람들 사이에서 작동하는지 이해하기 위해선 지역적 수준에서 더 밀접하게 살펴볼 필요성을 크게 느꼈다; 평범한 사람들은 어떻게 위로부터 시작된 민족화 작업에 반응하는지도 더불어서 말이다. 그리고 평범한 사람들은 민족주의의 역사에서 작인으로서 어떻게 행동해 왔을까? 저자들은 주로 루마니아인, 헝가리인, 독일인, 유대인으로 식별되는 집단이 인구의 다수를 구성하고 있는 다양한 종족이 존재하는 도시를 둘러싼 정치에서 시간의 흐름에 따른 민족주의적 주장과 반론을 분석했고, 중대한 정권 교체를 여럿 찾아냈다. 루마니아와 헝가리 민족주의 사이의 관계에 주로 초점을 맞추어 그들은 먼저 영토 경계, 중앙집권적 정책, 민족주의 정당 및 조직체, 교육을 통한 민족주의의 제도화를 연구했다. 하지만 이 연구의 후반부는 사적인 대화, 언어 구사, 다른 종족 집단에 속한 개인과 혼합된 집단이 얽힌 순간 사이의 잦은 마주침 등 인구 사이의 '매일 마주하는 종족성(everyday ethnicity)'이 어떻게 인식되고 상연되는지에 대한 다소 상세한 종족지학적 연구를 제공한다. 그렇게 민족주의와 종족성은 사람이 '해야 할 것' 또는 '하면 안 되는 것', 그리고 '갖추어야 하는 것' 또는 '갖추고 있으면 안 되는 것'을 알려주는 담론적 범주가 된다. 더 오래된 과거를 연구하기 위해 이와 비슷한 접근법이 타라 자흐라(Tara Zahra), 피터 저드슨(Pieter Judson), 제레미 킹(Jeremy King)에 의해 도입되었다.[68]

---

68 이 책의 제11장 참조.

마틴 반 힌더라흐터(Maarten van Ginderachter)와 마르닉스 바이엔(Marnix Beyen)은 국가와 엘리트가 구상하는 정체성 프로젝트가 반드시 의도한 대로 작동하는 것은 아니라는 점을 강조했다. 오히려 민족화의 우발성은 과거에 존재했던 평범한 사람들 사이에서 민족 정체성이 분명히 드러날 때 확실히 이해될 수 있었다. 명저 '아래로부터 민족의식(Nationhood from below)'에서 그들은 19세기 유럽의 민족이 풀뿌리와 같은 수준에서 무엇을 의미하는지, '위로부터 민족주의(nationalism from above)'가 사회에서 어떻게 받아들여졌는지, 그리고 민족의식과 얽힌 대중적 사상이 사회 집단 사이에서 얼마나 유행했는지를 이해하기 위해 애썼다. 이 책의 저자는 경제 주기가 사람들의 민족주의에 어떻게 영향을 미치는지, 민족적 충성이 언제 변하고 또 왜 변하는지, 마을 사람이 얼마나 애국심이 많았는지, 매우 지역적 수준에서 종족 정치가 어떻게 수행되었는지, 다양한 정체성(예를 들어 젠더, 계급, 지역, 종교)이 어떻게 혼합되어 있는지에 대해 논했다.[69] 일상생활의 역사에서 민족주의를 연구하는 것은 민족과 민족주의의 내부에 존재하는 미세한 차이를 이해하기 위한 도전적이고 중요한 실천으로 남아 있다. 예를 들어 글렌다 슬루가(Glenda Sluga)는 시민권을 구성하는 여성적 형태와 남성적 형태를 구분했다. 더욱 실천적인 차원에서 슬루가는 19세기 중산층 가정 내에서 젠더 역할이 남성이 지배하는 민족의식의 이미지에 어떤 영향을 미쳤는지를 탐구했다. 슬루가의 견해에 따르면 민족주의의 역사에서 인간의 몸에 대한 생각의 변화는 언제나 민족공동체가 상상되고 합법화되는 방식에 영향력을 행사했다.[70]

---

69 참조. Maarten Van Ginderachter and Marnix Beyen eds., *Nationhood from Below: Europe in the Long Nineteenth Century* (Basingstoke, 2012).

근자에 조나단 헌(Jonathan Hearn)은 '정체성의 생태학(ecology of identity)'을 주장했는데, 이는 민족적, 역사적 서사가 개인에게 논리적 질서와 미래 지향성에 대한 인식을 제공했음을 시사했다. 스코틀랜드 정체성의 역사에 대한 종족지학적 연구를 끌어가면서 헌은 개인이 민족 역사의 주인공과 자기 자신을 동일시하게 만들며, 민족 서사가 개인을 동원하여 특정 행동을 취하게 한다고 주장했다. 평범한 민족주의자들에 대한 전기를 연구하는 것은 개인의 사회적, 정치적 맥락에서 개인 민족주의의 역학관계와 위로부터 민족주의, 또 아래로부터 민족주의 사이의 상호작용적 구성을 더 잘 이해하는 데 매우 도움이 될 것이다.[71]

반성적으로 맺은 결론

1983년의 주요 텍스트에 의해 영향받은(또는 다시 깨닫게 된 것은) 민족과 민족주의의 역사를 주제로 다룬 구성주의 연구 결과가 이룬 탁월한 기여 모두를 언급하는 것은 불가능하다. 또 민족주의 연구에서 명확하게 정체를 파악할 수 있는 구성주의 학파도 없다. 20세기 후반에 구성주의적 접근은 제2차 세계대전이란 끔찍한 경험 이후에도 지속되었던 민족과 민족주의의 역사에 대한 비판적 탐구와 함께 출현했다. 포스트 식민주의적 관점은 서구에 대한 비판과 민족주의를 수출하는 서구의 역할을 뒷받침

70 Glenda Sluga, 'Identity, Gender, and the History of European Nations and Nationalisms' *Nations and Nationalism* 4:1 (1998), pp. 87-111.

71 Jonathan Hearn, 'Nationalism, Biography and the Ecology of Identity' *Humanties Research* 19:1 (2013), pp. 5-22.

했다. 민족 국가의 역사는 더 이상 민족 정체성을 구성하기 위해 기록된 것이 아니라 그것에 대항하기 위해 쓰여졌다. 따라서 학계는 민족이 인간 생활의 자연적 단위라는 기존 세계관에 도전했다. 유럽과 대서양 건너편 세계에서 근대화 과정의 일부로 민족이 사회적으로 구성되었다는 생각은 20세기 말에 주류 견해가 되었으며, 여기에는 민족과 민족주의의 구성이 전근대 시기에 이미 비일비재했다는 것을 시사하는 중요한 기여를 포함한다. 구성주의 연구 대다수는 민족과 민족 정체성이 창조되는 방식에 대해 주로 엘리트주의적인 관점을 취했다. 최근 몇 년 동안, 민족주의 연구가 대중적 수준에서 민족 정체성의 구성을 조사하는 방향으로 더 나아가야 한다는 목소리가 커지고 있다.

1990년경에 벌어진 갑작스러운 지정학적 변화는 탈민족적 미래에 향한 희망에 재갈을 물렸다. 민족을 위해 과거를 구성하는 것은 학계 안팎에서 여전히 인기 있는 실천이다. 민족주의로부터 역사를 구하자는 프라센짓 두아라(Prasenjit Duara)의 탄원은 여전히 화제다.[72] 그럼에도 새로운 민족 국가의 수립과 관련된 최근의 민족 갈등은 민족주의의 글로벌적 정상성에 계속해서 도전하는 비판적 역사 쓰기를 더욱 자극했다. 21세기의 역사학자는 '민주주의의 어두운 면'[73]을 비판적으로 역사화할 뿐만 아니라 민족의 영역을 구성하는 데 있어 그네들의 역할을 반영하는 것이 중요하다고 생각한다. 또 우리는 민족주의 비판자에 대한 부정론적이고 보수적인 주장에 의해 구성주의가 도구화되는 것을 경계해야 한다. 예를

---

72 Prasenjit Duara, *Rescuing History from the Nation: Questioning Narratives of Modern China* (Chicago, 1995).

73 Michael Mann, *The Dark side of Democracy: Explaining Ethnic Cleansing* (Cambridge, 2005).

들어 이른바 역사 전쟁(History Wars)에서 호주 역사 내 (원주민에 대한) 집단 학살과 관련된 요소를 지적한 비판적 역사학자는 민족주의자에게 역사를 '조작하고 있다'는 공격에 시달린다.[74] 구성주의 연구가 시사하는 것처럼 민족주의는 역동적이고 다소 우발적인 과정인데, 이는 역사적 진실을 주로 다루는 것이 아니고 신념과 권위로 이루어진 체계가 변화하면서 만들어진 하나의 담론인 것이다.

더 읽을거리

Stefan Berger, *The Past as History: National Identity and Historical Consciousness in Modern Europe*, Basingtoke: Palgrave Macmillan, 2015.

Michael *Billig, Banal Nationalism*, London: Sage, 1995.

Rogers Brubaker, Margit Feischmidt, Jon Fox & Liana Grancea, *Nationalist Politics and Everyday Ethnicity in a Transylvanian Town*, Princeton: Princeton University Press, 2007.

Selim Deringil, *The Well-Protected Domains: Ideology and the Legitimation of Power in the Ottoman Empire, 1876-1909*, London: IB Tauris, 1998.

Prasenjit Duara, *Rescuing History from the Nation: Questioning Narratives of Modern China*, Chicago: University of Chicago Press, 1995.

Joep Leersen, *National Thought in Europe: a cultural history* (Amsterdam, 2006).

---

74 Stuart Macintyre and Anna Clark, *The History Wars* (Melbourne, 2004).

George L. Mosse, *The Nationalization of the Masses: Political Symbolism and Mass Movements in Germany, from the Napoleonic Wars Through the Third Reich* (New York, 2001 [1975]).

Maarten Van Ginderachter and Marnix Beyen eds., *Nationhood from Below: Europe in the Long Nineteenth Century* (Basingstoke, 2012).

7장

해체된 민족주의:
문화적 전환과 포스트 구조주의

가브리엘라 엘게니우스(Gabriella Elgenius)

서론

이 장에서는 '민족과 민족주의'에 관련된 중심 담론(discourses)을 해체하는 관점을 탐구한다. 우리가 쓰고 말하는(담론) 근본적인 가정, 개념 및 방식에 대한 비판적 평가(해체)는 우리를 사회적 연대, 민족적 동질성 및 민족적 통합에 대한 민족주의적 주장으로 안내한다. 민족은 그런 주장, 정치적 정당성, 그리고 권위에 대한 역사의 전유(appropriation)에 의존한다. 이 장은 문화적 전환(cultural turn)과 포스트 구조주의(poststructuralist) 학파가 만든 몇 가지 중심적 기여에 초점을 맞추고 구성주의를 다룬 이전 6장과 포스트 식민주의를 다루는 8장을 연결하는 교두보 역할을 할 것이다. 문화와 포스트 구조주의로의 '전환(turns)', 문화와 권력 사이의 관계에 대한 간략한 개요가 제시될 것이고, 그 후에는 민족주의와 그에 관련된 수사, 내레이션, 사회적 연대의 담론을 통해 지지받는 상징적 레퍼토리, 통합, 획득한 자격요건을 차례로 검토할 것이다.

문화적 전환과 문화를 향한 방향 변경

사회과학에서 '문화적 전환'은 1970년대 이후의 시대, 그리고 역사와
문화를 문제화하려는 여러 학문 내에서의 일련의 이론적 충동을 모두
의미한다. '문화적 전환(cultural turn)'이라는 술어는 1988년 『사회학 핸드
북(Handbook of Sociology)』[1]에서 제프리 알렉산더(Jeffrey Alexander)의 '신 이
론 운동' 장에 등장했고, 문화의 주관적 의미와 사회 구조적 제약을 강조
했다. 문화, 문화의 표현방식, 차원, 불평등한 조건에 대한 실질적인 방
향 변경은 우리가 문화와 역사를 사회적으로 구성된 것이자 기존 권력
구조를 지원하는 것이며 지식, 의미, 주관성과 상호 연결된 것으로 이해
하는 방식에 심오한 영향을 미쳤다.[2] 따라서 문화적 과정은 '의미의 체
계(systems of signification)', 즉 내부자-외부자 또는 다수-소수와 같은 이항
대립(binary concepts)을 통해 표현되는 가치를 부여한 '코드화된 차이'로
재해석된다. 문화는 모든 사회 영역에 필수적인 요소이자 역사적 과정
의 문화적 이미지로 가득 차 있기에 규범과 가치는 '일상생활 전반을 통
해 소비'된다.[3] 그렇게 문화는 지식, 사회 역사적 서사, 사회 변화의 생산

---

1 Jeffrey Alexander, 'The New Theoretical Movement' in N.J. Smelser (ed.),
   Handbook of Sociology (Beverly Hills, 1988).
2 David Chaney, *The Cultural Turn: Scene Setting Essays on Contemporary Cultural
   History* (London, 2002).
3 Fredric Jameson, *The Cultural Turn: Selected Writings on the Postmodern, 1983-
   1998* (Brooklyn, 2009) p. 111.

에 필수적인 의미를 대표하고 또 전달한다.[4] 따라서 문화의 정치체 또는 문화적 정치체를 구성한다는 측면에서 문화가 어떻게 의미의 체계로서 작동하는지를 이해하는 것은 필수적이다. 그런 점에서 미셸 푸코(Michel Foucault)의 '정치체(politics)'와 '권력(power)'의 사용은 문화가 사회생활과 관행에 영향을 미치는 방식을 평가하는 좋은 출발점이다. 푸코에 따르면 문화는 필수적인 구성요소이며 실제 '정치체의 존재 기반'[5]을 제공하는 역학관계와 사회적 정체성의 중심부를 형성하는데, 이는 '권력이 어디에나 존재하기'[6] 때문이다.

> 권력은 복수로 존재한다: 셀 수 없는 거점에서 행사되는 것이지 단일한 정치적 중심부에서 유래하는 것이 아니다. 마치 한 엘리트 집단의 소유처럼, 관료 제도의 논리처럼 존재하는 것이 아니란 말이다. 또 하나의 지배적인 프로젝트에 의해서 통제되는 것도 아니다.[7]

방향을 변경하여 문화와 문화적 이미지를 분석의 중심에 두게 된 전환은 민족주의 연구에 영향을 미쳤고 국가 정책 및 이데올로기적 전투의 도구로서 문화적으로 구성된 관행과 문화의 표상과 관련된 연구를 북돋았다.[8] 문화적 전환은 민족 국가를 사회질서의ー단일한 지배적 프

---

4 Mark Jacobs and Lyn Spillman, 'Cultural sociology at the crossroads of the discipline' *Poetics* 33 (2005) pp. 1-14.

5 Michel Foucault, 'The Subject of Power' *Critical Inquiry* 8:4 (1982) pp. 777-95. See also Kate Nash, 'The "Cultural Turn" in Social Theory: Towards a Theory of Cultural Politics' *Sociology* 35:1 (2001), pp. 77-92.

6 Michel Foucault, *The History of Sexuality: An Introduction* (Harmondsworth, 1984).

7 Kate Nash, 'The "Cultural Turn" in Social Theory', p. 82.

로젝트로서—중심에 놓았던 설명을 넘어서는 것과 문화를 사회질서의 생산과 경험의 중심에 두는 방향으로 나아가는 것을 궁극적인 목표로 삼았다.[9] 따라서 선진 자본주의 사회 내부에 존재하는 문화는 통일되거나 단일한 것으로 존재한다기보다는 점점 더 파편화되고 불안정하며 끊임없이 변화하는 것에 가까워져 왔기에 자연스럽게 계급(class), 종족성(ethnicity), 젠더(gender), 인종(race), 섹슈얼리티(sexuality)에 기반한 불편함의 교차점을 통해 연구가 잘 이루어질 수 있었다.[10] 따라서 문화와 권력의 관계성은 민족 담론을 해체하고 민족주의와 민족 역사의 맥락에서 지식 창조의 중심적이자 내밀한 권력관계를 폭로한다. 민족주의의 담론은 민족들에 대한 지배적인 가정을 체계적으로 지원함으로써 문화를 정치체와 권력으로 바꾸어 놓는다. 또 의미를 확립하는 것은 개인과 집단을 주체(행위자) 또는 객체(행위의 대상이 되는 것)로 바꾼다. 따라서 담론은 말로 표현되거나 쓰인 문자 이상의 뜻을 담고 있다: 담론은 '권력 지식(power-knowledge)'과 배제 규칙을 통해 객체를 통제한다.[11] 그러므로 우리는 주체가 어떤 상황에서 객체에 대해 말하거나 글을 쓰는지, 그리고 그 이유가 무엇인지에 대해 물어야 하지 않을까? 누가 누군가에 대해 말할 권리가 있을까? 그것도 아니라면 민족의 경우 우리가 말로 표현하거나 글로 쓰고 있는 상상된 공동체는 누구의 것이라 할 수 있을까?

---

8 Peter Jackson, 'Pierre Bourdieu, the "cultural turn" and the practice of international history' *Review of International Studies* (2008) pp. 155-81.

9 Raymond Williams, *The Sociology of Culture* (Chicago, 1981).

10 Kate Nash, 'The "Cultural Turn" in Social Theory'; Kate Nash, *Contemporary Political Sociology: Globalization, Politics and Power*, 2nd edition (Chichester, 2010).

11 Michel Foucault, 'Truth and Power' in Colin Gordon (ed.), *Power/Knowledge: Selected Interviews and other writings 1972-77* (Brighton, 1980); Michel Foucault, 'The Subject of Power'.

문화적 전환은 사회적 관계와 정체성의 형성에 있어서 문화의 구성적 역할뿐만 아니라 사회적 변화와 관련된 문화의 역사적 토대를 분석함으로써 이론적으로 문화를 탐구해 왔다. 인식론적 방향인 전자는 포스트 구조주의 사상 및 담론 분석과 연결되어 있지만, 역사적 방향인 후자는 포스트모던 사상의 기초를 제공했다.[12]

'포스트 구조주의적 전환'과 특권적 정체성의 해체

포스트 구조주의는 1960년대 이후 구조주의(20세기 초에서 중반까지로 추정하는)에 대한 비판(또는 그로부터의 전환)과 함께 등장했다.[13] 구조주의에 대한 주요 반대는 기표와 기의를 나타내는 자급자족형 이항 대립구조(주체-객체)를 사용하는 것에 대한 것이었다. 가령 문명인-야만인, 근대인-원시인, 남성-여성, 공적-사적, 기록된 것-기록되지 않은 것과 같은 것 말이다. 이런 이분법은 일상 언어, 문화적 이미지, 역사적 이미지를 통해 전달되는 위계질서와 편견에 기반한 지식 구성을 분명하게 보여준다. 서구의 우월성과 근대 유럽의 민족 국가는 이런 대립구조와 이분법에 기초하여 확립되었다. '서구(West)'의 개념을 해체함으로써 우리는 어떻게 유럽이 이름 없는 '나머지(Rest)'를 희생시키며 촉진했던 역사의 핵심에 자

---

12 Kate Nash, *Contemporary Political Sociology*.

13 Caroline Rooney, 'From Liberation Theory to Postcolonial Theory: The Poststructuralist Turn' in Benoît Dillet, Iain MacKenzie and Robert Porter (eds.), *The Edinburg Companion to Poststructuralism* (Edinburg, 2003), pp. 471-88; David Howarth, *Poststructuralism and after: Structure, Subjectivity and Power* (Basingstoke, 2013).

신의 이름을 기록했는지 연구할 수 있다.[14]

구조주의와 포스트 구조주의 사이의 경계는 모호하다. 미셸 푸코 (Michel Foucault), 롤랑 바르트(Roland Barthes), 자크 라캉(Jacques Lacan)은 구조주의와 포스트 구조주의 양자 모두와 연관되어 있다. 반면 자크 데리다(Jacques Derrida),[15] 질 들뢰즈(Gilles Deleuze), 쥘리아 크리스테바(Julia Kristeva)[16]는 포스트 구조주의의 수호자로 불린다. 자크 데리다는 서구 문화와 철학에 대한 비판적 평가와 지적 사상의 민주화를 추구했다는 점에서 해체주의의 창시자로 불린다. 데리다는 역사적 텍스트에서 확립된 의미들 사이의 관계성에 도전하여 겉으로 드러난 텍스트와 하위 텍스트 사이의 숨겨진 갈등, 즉 숨겨진 내부 의미 또는 잘못된 표상을 폭로했다. 데리다는 다음과 같이 주장한다:

> 이런 은폐(concealments)와 맥락화(contextualizations)는 모든 텍스트가 이해될 것을 사실처럼 전제하는 가정으로 이해된다. 그러나 그런 가정은 억제되고 독자의 관심은 그로부터 흩어진다.[17]

데리다에게 차이의 중요성(차별적 중요성)을 이해하는 것은 하나의 바이너리가 다른 바이너리에 비해 누리고 있는 특권을 해체하고 드러내는

---

14 Bill Ashcroft, Gareth Griffiths and Helen Tiffin, *Post-Colonial Studies: The Key Concepts* (Abingdon, 2007).

15 Jacques Derrida, *Structure, Sign and Play in the Discourse of Human Sciences* (Baltimore, 1966). See also Idem, *Writing and Difference* (Chicago, 1967).

16 이 책의 제9장 참조.

17 Ben Agger, 'Critical Theory, Poststructuralism, Postmodernism: Their Sociological Relevance' *Annual Review of Sociology* 17 (1991), pp. 105-31 (quotation on page 112).

데 결정적이다. 이는 위계적 모델(이진법 개념, 이원론, 반대 또는 모순을 통해 지원을 받는 것)이 참조점이나 존재하지 않는 것으로 알려진 무엇과의 대조에서 창조된다는 차이점에 기초한다. 따라서 '정체성에 부여된 특권'의 해체는 지식의 (재)생산을 이해하는 데 필수적이다.[18] '서구'란 개념은 주변부와 대조적으로 '중심부(the Centre)'로서의 우월성을 서사하는 데 사용되는 다양한 다른 술어들과 마찬가지로, 권위 있는 관계성에 합법성을 부여한다.[19] 한 바이너리가 특권을 향유한다는 것은 특권을 정당화하는 동시에 다른 바이너리의 불평등과 착취도 정당화한다. 따라서 데리다는 특권과 위계적 관계를 영속화하는[20] 데 기여하는 차이와[21] 인식된 종속과 타자성에 도전하고, 재개념화하고, 해체한다.

정치적 지배와 경제적 착취에 대한 포스트 식민주의 연구는 포스트 구조주의 학파가 발전시켜온 개념과 분석에 크게 의존하며, 이 두 사조는 서로 밀접하게 연관되어 있다.[22] 필립 레너드(Philip Leonard)는 포스트 구조주의와 포스트 식민주의 전반적인 목표는 식민지 유산, 포스트 식민주의 저항, 세계화가 민족 정체성에 미치는 영향을 재고하는 것이라고 주장하는데,[23] 이를 위해서는 문화적으로 구성된 '유럽중심주의 소프트웨어

---

18 Caroline Rooney, 'From Liberation Theory to Postcolonial Theory: The Poststructuralist Turn', pp. 471-88.

19 Jacques Derrida, 'Structure, Sign, and Play in the Discourse of the Human Sciences' (Chicago, 1978), p. 353. Also produced in the edited volume by Joyce Oldham Appleby et al. *Knowledge and Postmodernism in Historical Perspective* (London, 1996), p. 438.

20 Jacques Derrida, 'Structure, Sign, and Play' in Idem, *Writing and Difference* (Chicago, 1978).

21 Jacques Derrida, *Of Grammatology* (Baltimore, 2016).

22 Ben Agger, 'Critical Theory, Poststructuralism, Postmodernism: Their Sociological Relevance', pp. 105-31 (quotation on page 106).

(Eurocentric software)'의 해체가 필요하다.[24] 이 두 학파는 문화와 역사에 대한 하나의 설명 모델에 도달하는 것이 아니라 차별화, 세계화, 민족주의의 불균등하고 불평등한 과정을 면밀하게 조사하는 것이며 배타적인 정치 상황, 즉 한때 파르타 차터지(Partha Chatterjee)가 베네딕트 앤더슨이 민족을 상상된 공동체라고 정의했던 것에 대하여 다음과 같이 질문함으로써 면밀한 조사를 계속한다: "누구의 상상된 공동체인가?"[25] 이 지점에서 유럽 역사는 불일치의 역사라는 도전을 받는데, 즉 "공통의 인간성을 위한 자유와 민주주의를 뒷받침하는 계몽주의 이상과 그와 같은 이상이 유럽에서도 유보되고 그 식민지에서는 보류되고 있는 현실 사이의 불일치" 말이다.[26]

여기에서 검토하는 [포스트 구조주의 및 포스트 식민주의] 이론가에 의해 이루어진 가장 중요한 기여는 이런 민족 정체성 담론이 도전받을 필요가 있지만, 지리적, 문화적, 역사적 위치의 특이점을 무시하거나 공포증을 일으키는 차별에 하나의 제복을 입혀 감추려는 작전과도 같은 일상적 차원에서 진행되는 민족 동일시를 무시해서도 안 된다고 주장한다는 점이다. 이론가에게 민족 정체성은─심지어 민족주의

---

23 Philip Leonard, *Nationality between Poststructuralism and Postcolonialism: A new Cosmopolitalism* (Basingstoke, 2005), p. 154.

24 Peter Jackson, 'Pierre Bourdieu, the "cultural turn" and the practice of international history', pp. 155-81.

25 Partha Chatterjee, 'Whose imagined community?' in Idem, *The Politics of the Governed: Reflections on Popular Politics in Most of the World* (New York, 2004); See also Partha Chatterjee, *Nationalist Thought and the Colonial World: A Derivative Discourse?* (Oxford, 1986).

26 Caroline Rooney, 'From Liberation Theory to Postcolonial Theory: The Poststructuralist Turn', pp. 471-88.

까지―부와 권력의 균등한 분배에 도달하기 위해 반드시 극복되어야 하는 고민거리가 아니었다. 서로 다른 집단이 민족의 특수성에 대한 서구적 서사에 관여하고, 반응하며, 다시 쓰게 되면서, 결과적으로 문화 이론은 민족 국가와 그 변형에 대한 보다 복잡한 분석을 전개할 필요가 있다.[27]

포스트 구조주의 관점은 민족 정체성의 일부로서 갈등, 저항, 차별을 강조했는데 이를 통해 세계화가 민주화를 위한 힘을 구성하고, 다문화주의가 사람과 사상의 자유로운 흐름을 위한 운동을 구성한다고 반박한다. 그렇게 함으로써 포스트 구조주의자는 사회정치적 정체성을 구성하는 작인과 구조, 권력, 문화와 차이 사이의 관계성에 대해 설명할 수 있었다.[28]

수사, 내레이션, 상징적 레퍼토리로서의 민족주의

위의 내용을 염두에 두고 우리는 민족주의의 담론적 주장에 비판적으로 관여하고, 해체나 담론 분석을 기반으로 하거나 관계된 민족주의에 대한 몇 가지 접근방식으로 관심을 돌려본다. 민족주의와 역사에 대한 다음 가정을 염두에 두는 것이 유용하다: 민족 역사는 역사적 선례에 대한 적절한 관심 없이 특정 역사적 시기에 국한될 수 있는 '기억할 만'하고 의미심장한 사건에 의해 부분적으로 정의된다. 정치 엘리트는 사건이

---

27 Philip Leonard, *Nationality between Poststructuralism and Postcolonialism*, p. 154.
28 David Howarth, *Poststructuralism and after*.

어떻게 선택되고, 서사화되며, 기억되는지, 자기 정의(우리가 누구인지) 및 타인의 분류(우리가 아닌 사람이 누구인지)의 모든 중심적 특징에 대해 발언권을 가지고 있다.[29] 민족적으로 중요한 사건으로써 구성된 서사와 기억은 민족을 단수형으로 – 하나의 민족은 하나의 공동체, 하나의 정체성을 가지는 것처럼 – 인식하는 데 기여하고, 전통적으로 주변부에 머무르던 집단이 왜 민족 역사에서 왕왕 생략됐는지를 설명한다. 민족의 배타적 성격과 민족주의적 주장은 사회적 연대, 종족적 동질성, 획득된 자격요건과 같은 민족주의에 대한 담론적 주장에 대한 지원, 관련된 이념적 습관, 내레이션, 상징적 레퍼토리, 수사를 통해 아래에서 논의할 것이다.

마이클 빌리그(Michael Billig)는 『일상이 되어버린 민족주의(Banal Nationalism)』에서 민족주의가 '존재하는 이데올로기적 토대', 친숙한 이미지와 클리셰의 수사, 가시적이지는 않으나 효과적이기는 한 방식으로 민족을 재생산하는 데 기여하는 관행 및 신념과 밀접하게 연관되어 있다고 주장한다. 따라서 민족주의 주장의 본질은 '일인칭 복수'(우리)의 이념과 적절하게 비교된다.[30] 빌리그는 민족주의가 일차적으로 전쟁, 갈등, 분리주의나 우익 운동 등과 관련되어서는 안 된다고 주장한다. 대신 이념적 습관은 '우리', '우리에게', '우리의', '여기'에 대한 아무런 언급도 없이 당연한 것처럼 민족의 재생산을 유지한다. 예를 들어 '우리 총리', '우리 날씨', '우리의' 팀 또는 '국내'(국제에 반대되는 의미로) 뉴스를 참조하여 민족 언론이 보도한 묵시적 친근함과 연대감을 생각해 본다. 민족 주

---

29 Edwin Arderner, 'The Construction of History: "vestiges of creation'" in Elizabeth Tonkin, Maryon McDonald, Malcolm K. Chapman (eds.), *History and Ethnicity* (ASA Monograhs 27) (New York, 1989), p. 24‐32.

30 Michael Billig, *Banal Nationalism* (London, 1995), p 70.

장에 대한 암묵적인 언급은 민족 상징물, 문화적, 사회적, 정치적 기관(박물관, 학교 건물이나 의회 건물) 밖에 걸려 있는 국기나 스포츠 경기 또는 기타 민족 행사에 동원되는 국기를 통해서 담론적으로 뒷받침된다. '우리의 것'을 둘러싼 경계도 국가 여권과 국가 통화의 도움 덕분에 구체화된다.

궁극적으로 추상적인 민족을 조용하고 보이지 않게 객관적인 현실[31]로 만들고, 민족을 동원할 수 있도록 하는 게 바로 이런 이념적 습관과 같은 '일상이 되어버린 민족주의(banal nationalism)'인 것이다. 민족의 수사는 '우리의 것'(그리고 우리가 공유하는 영토, 역사, 신념)의 내면화에 기여하고 다른 사람들의 신념을 '외국적인' 신념으로 바꾸며 회원자격을 갖추지 못한 사람을 배제할 수 있게 한다.[32] 따라서 당연한 것으로 여겨지는 문구, 수사적 언급, 이미지, 클리셰, 민족 상징은 순진무구한 게 아니다. 반대로 그것들은 '우리의' 민족이 많은 비판적 관심을 받지 않고도 '우리' 민족의 재생산을 용이하게 만든다.

또 민족은 소설이나 영화에 나오는 이야기의 내레이션과 닮은 정치적 권위의 내레이션 또는 서사 전략으로도 접근할 수 있다. 호미 바바(Homi Bhabha)의 『민족과 내레이션(Nation and Narration)』에 따르면 민족 역사는 다른 것보다 일부 역사적 사건을 강조하는 거대서사에 따라 내레이터를 대신하여 적극적으로 구성된다. 이것은 민족 담론이 항상 민족들 너머의 명확한 경계를 가진 통일되고 단일한 문화에 대한 주장에 대해 어느 정도 양면성을 포함할 것임을 의미한다. 바바가 이해하는 민족은 다음과 같은 술어들로 설명된다: "문화를 가장 생산적인 위치에 붙잡아두

---

31 Michael Billig, *Banal Nationalism*, pp. 5-17.
32 Julia Kristeva, *Nations Without Nationalism* (New York, 1993), pp. 38-9.

는 양가적 내레이션"과 종속의 힘. 따라서 공식 내레이션과 정반대로 민족은 "내부적으로 문화적 차이, 불만 가득한 사람, 반대파의 권위, 긴장감 넘치는 문화적 위치로 얽힌 이질적인 역사로 점철되어 있다."[33] 그렇기에 민족은 '야누스의 얼굴을 하고 있으며' 위치, 세대, 젠더, 인종, 계급으로 묶인 동일시의 교차점을 기반으로 형성된 혼합성, 경쟁, 적대감으로 특징지어진다.[34] 허나 못지않게 중요한 복잡성은 묻혀 있다; 공식적인 역사 서술은 단선적 이야기, 통일된 역사, 단일한 문화를 생산하는 경향이 짙다. 민족적 내레이션은 거대서사의 일관성, 또는 연대와 화합의 정신을 위태롭게 만드는 모순을 허용하지 않는다. 예를 들어 억압된 문제이나 주변부로 밀려난 집단, 혹은 정체성에 의해 제기되는 모순과 편차는 자연스럽게 배제된다. 민족 거대서사는 소설과 영화가 연구자와 감독에 달려 있는 것처럼 그와 비슷한 방식으로 내레이터에 의해 형성된다.

바바는 민족이 문화적 차이와 다양성, 내부 경쟁, 경계성 및 전환과 관련하여 양면성이 특징이라고 강력하게 주장한다. 민족의 기원, 거대서사, 통합된 역사에 대한 '사실'에 근거한 확실성이 제시되더라도 말이다. 그 양면성은 특히 대도시 중심의 식민지 담론, 그네들의 차별 및 권위 인정의 규범에서 뚜렷하다.[35] 민족의 역사적 확실성은 여러 각도에서, 그리고 다양한 사람이 삶을 영위하는(단일 문화라고 서사 되는 것과 반대되는) '지역성(locality)'의 변화하고 다양하며 복잡한 본질을 강조함으로써 도전받을 수 있다. 바바는 다음과 같이 썼다:

---

33 Homi Bhabha, 'DissemiNation: time, narrative, and the margins of the modern nation' in Idem, *Nation and Narration* (London, 1990), pp. 291-322 (quotation on page 310).

34 Homi Bhabha, *Nation and Narration*, p. 3.

35 Philip Leonard, *Nationality Between Postructuralism and Postcolonialism*, p. 128.

이 지역성은 역사성보다 시간성에 더 가까운 것이다: '공동체'보다 더 복잡한 생활 형태의 하나이다; '사회'보다 더 상징적이다; '나라'보다 더 함축적이다; 애국심(patrie)에는 미치지 못한다; 국가의 이성보다 더 수사적이다; 이데올로기보다 더 신화적이다; 헤게모니보다 덜 동질적이다; 시민보다 덜 중심적이다; '주체'보다 더 집단적이다; 문명적이기보다 더 초자연적이다; 사회적 적대감에 얽힌 위계질서나 이항 대립적 구조로 표상되는 것보다 문화적 차이들과 동일시(젠더, 인종, 계급)를 구체적으로 표현하는 더 혼합적인 것이다.[36]

요컨대 지역성의 현실은 경쟁, 혼합성, 통합을 지향하기보다는 '그들' 안의 '우리'와 '우리' 안의 '그들'을 지목한다. 따라서 민족은 양면성, 혼합성, '분할성'[37] 그리고 정치적 권위의 서사 전략으로 가장 잘 정의된다.[38] '타자'는 결코 우리 밖에 있거나 미지의 세계에 있는 게 아니다; 그것은 문화 담론 내에서 우리가 가장 친밀하고 타고난 '우리끼리만'이라고 생각할 때 강력하게 나타난다.[39] 텍스트 분석을 통해 지배적인 서사와 편견을 해체하고 폭로하기 위해 내레이터는 '글을 쓰는 사람의 언어'와 '언어와 함께 살아가는 사람'을[40] 연결하도록 중심부에서 벗어나야 한다.[41] 케임브리지대학의 학생과 교수진은 최근 지식 생산의 불평등을 이유로 "남반구의 문학을 더 포함하기 위해 영어 교과과정이 다루는 범위

---

36 Homi Bhabha, 'DissemiNation: time, narrative, and the margins of the modern nation', pp. 291-322 (인용된 내용은 p. 292를 참고).

37 Peter Herman (ed.), *Historicizing theory* (New York, 2004).

38 John Scott, *Fifty Key Sociologists - The Contemporary Theorists* (London, 2006).

39 Homi Bhabha, *Nation and Narration*, p. 4.

40 Homi Bhabha, *Nation and Narration*, p. 1.

를 확대"할 것을 요청했다.[42]

담론적 정보는 또한 정치적 권위와 민족 정체성을 주장하는 상징적 레퍼토리를 통해 해체될 수도 있다. 린 스필만(Lyn Spillman)에 따르면 상징은 의미와 가치, 정치적 행동 및 정체성 주장의 문제를 표현한다. 스필만은 『민족과 기념(Nation and Commemation)』에서 다음과 같이 설득력 있게 주장을 전개한다:[43]

> 민족 정체성은 주장을 전개할 때 우발적으로 동원되는 상징의 레퍼토리로 이해된다. 이런 레퍼토리는 민족성을 구성하는 기본적이고 지속적인 담론 분야, 즉 특정한 상징적 주장을 (예를 들어 지역적이나 종족적이라기보다는) '민족적'으로 만드는 분야와 구별되는 것이자 만들어지는 것이다. 이는 내부 통합, 국제적 지위, 또는 모두와 관련된 문제에 특정한 상징적 주장을 배치함으로써 이뤄지는 것이다.[44]

주장을 전개하기 위한 동원은 1876년 미국 독립 100주년 기념식(7월

---

41 바바는 단어 너머의 의미와 형식적인 문법 규칙, 단어와 기호의 배열 및 문장에서 그네가 갖는 관계성(직접 거론된 내용 이상의 무엇)을 통해 주어지는 숨겨진 의미를 탐구하여 통사론적 특성의 '과잉'을 해체한다.

42 Maev Kennedy, 'Cambridge academics seek to 'decolonise' English syllabus' *The Guardian* 25 October 2017, Available at: https://www.theguardian.com/education/2017/oct/25/cambridge-academics-seek-to-decolonise-english-syllabus.

43 Lyn Spillman, *Nation and Commemoration: Creating National Identities in the United States and Australia* (Cambridge, 1997).

44 Lyn Spillman and Russell Faeges, 'Nations' in Julia Adams, Elisabeth S. Clemens, and Ann Shola Orloff (eds.), *The Making and Unmaking of Modernity: Politics and Processes in Historical Sociology* (Durham N.C., 2005), pp. 409-37, 인용된 내용은 p. 432를 참고.

4일)과 1888년(오늘날 호주의 날) 호주 정착 100주년 기념식, 그리고 1976년과 1988년에 열린 200주년 기념식을 비교하는 것을 통해 연구할 수 있다. 이주와 다양성에 기반을 둔 비교적 젊은 두 개의 '정착민 민족'으로서, 그네들의 담론 경로가 서로 다른 장소에서 민족성, 역사와 다양성에 대한 비전, 세계 속 민족의 지위에 대한 다양한 이미지로 끝났다는 사실을 알아가는 것은 중요하다.[45]

상징적 레퍼토리는 정체성 주장을 내세우고 공식 규범과 가치를 재생산하기 때문에 분석해야 하는 중요한 주제이다. 스필만은 규범을 생산하는 중심부와 규범을 수용하는 주변부[46]라는 실즈(Shils)의 구별법을 발전시킴으로써 문화적 의미와 규범의 생산이 불균등하며 민족화가 진행되는 과정임을 입증했다: 규범, 가치 및 의미는 문화적 중심부와 구조적 움직임, 역할, 네트워크에 의해 촉진되고 생산되는 반면 주변부의 경우 스스로 생산하기보다는 위와 같은 것의 기념을 통해 가치와 규범을 수용한다. 2010년은 아프리카 10여 개국의 독립 50주년을 기념하는, 규범을 생산하는 중심부에 대한 반항과 중심부 지위의 회복이란 관점에서 이해되어야 한다. 또 영국으로부터 벗어난 인도 독립 기념일(1947년 8월 15일)도 식민주의로부터의 탈피와 건국 기념일을 통해 민족 정체성 담론을 극적으로 표현하는 방식의 전략적 역할에 대해 많은 것을 말해주며, 특히 후자의 경우 뿌리 깊은 종족-종교적 분파 기반의 포스트-분할구도를 기반으로 포스트 식민주의 맥락에서 이해되어야 한다.

상징적 레퍼토리와 관련하여 가브리엘라 엘게니우스(Gabriella Elgenius)

---

45 Lyn Spillman, *Nation and Commemoration*.
46 Edward Shils, 'Center and Periphery: An Idea and Its Career, 1935-1987' in Liah Greenfeld and Michel Martin (eds.), *Center: Ideas and Institutions* (Chicago, 1988).

는 『민족과 민족주의의 상징: 민족의식 기념하기(*Symbols of Nations and Nationalism: Celebrating Nationhood*)』에서 민족 상징과 민족의식을 공식적 민족 건설의 표식으로, 그리고 민족을 상징적 체제라고 분석한다. 민족 상징은 자의적으로 선택되는 것과는 거리가 멀고 국기, 국가, 국경일의 채택은 정치적 권위, 주권 및 정체성에 대한 주장을 구성한다.[47] 상징주의의 체제로서 민족을 탐색하는 것은 민족의 역사에 있어 중추적인 시기에 민족 상징의 채택, 수정이나 폐지를 통해 민족 건설을 추적하는 데 도움이 된다. 또 상징주의적-체제 접근법은 민족 상징을 통해 만들어진 경쟁적 주장의 '경쟁 클러스터'에 초점을 맞춘 상징의 비교 연구를 위한 틀을 제공한다. 역사, 영토, 국적에 대한 라이벌적 주장은 예를 들어 영국(잉글랜드, 북아일랜드, 스코틀랜드, 웨일스), 스페인(예: 바스크 지방, 카탈루냐, 마드리드), 스칸디나비아(덴마크, 핀란드, 아이슬란드, 노르웨이, 스웨덴), 또는 키프로스, 그리스, 튀르키예에서 국기, 국가 기념일이나 국립 미술관의 설립을 통해 추적할 수 있다.[48] 이런 사례는 하나의 국기 또는 하나의 국경일이 모든 진실을 말하지 않으며 그에 대항하는 세력의 깃발과 기념일 등을 통해 저항이 이뤄질 가능성이 있음을 말해준다. 따라서 공식 국경일은 전략적 통일 내레이션과 지배적 정체성의 권력자의 대본으로서 중요한 분석 대상이다. 예를 들어 유럽에서 국경일은 일반적으로 하나의 민족 기원, 황금시대(성인, 후원자와 영웅), 하나의 공화국, 연방, 헌법의 형성, 또는 해방과 독립에 대한 공식 신화를 지지해왔다.

---

47 Gabriella Elgenius, *Symbols of Nations and Nationalism* (Basingstoke, 2011).

48 Gabriella Elgenius, 'National Museums as National Symbols: A Survey of Strategic Nationbuilding; Nations as Symbolic Regimes' in Idem and Peter Aronsson (eds.), *National Museums and Nation-building in Europe 1750-2010: Mobilization and Legitimacy, Continuity and Change* (Basingstoke, 2015), pp. 145-66.

위에서 언급한 중심부와 주변부의 구분은 역사적 내레이션의 대표성 뿐만 아니라 국경일 설계의 포괄성과 민족의식(儀式)에 대한 접근성을 이해하는 데에도 유용하다.[49] 역사적으로 말하자면 노동계급, 여성, 종족 집단과 같은 집단은 유럽의 다른 사회 기관보다 훨씬 더 늦은 단계에 국경일과 국가 의식에 접근할 수 있었다.[50] 따라서 국경일 기념행사의 설계와 안무는 공통성과 평등(계급 없음)의 이미지를 강화하기 위해서 민족 건설 전략과 정체성 주장을 드러내므로 주의를 기울여야만 한다. 국경일 설계는 민주화와 사회적 포용의 더 큰 과정에 대한 렌즈가 될 수 있다.[51]

간단히 말해서 정체성 주장, 의미와 규범의 (재)생산, 타인에 대한 어떤 서사의 제정, 사회적 접근과 사회적 포용의 지표처럼 민족 상징과 민족의식의 타고난 본성은 기존의 위계질서와 권력관계, 그리고 사회적 연대의 담론으로서 민족주의를 강화하는 데 도움이 되는 정체성 도구로서 여러 각도로 민족 담론을 해체하고 유의미한 분석이 가능케 한다.

크레이그 칼훈(Craig Calhoun)은 『민족은 중요하다(Nations Matter)』에서 민족은 민족주의 없이 존재할 수도 없고, 또 사회적 연대의 담론 없는 민족

---

49 Gabriella Elgenius, 'The Principles and Products of the Identity Market: identity, inequality and rivalry' in Gunnar Olofsson, Sven Hort and Robin Blackburn (eds.), *Class, Sex and Revolutions: Göran Therborn, a critical appraisal* (Stockholm, 2016), pp. 337-54.

50 참조. Paul Connerton, *How Societies Remember* (Cambridge, 1989); John R. Gillis (ed.), *Commemorations: The Politics of National Identity* (New Jersey, 1996).

51 Gabriella Elgenius, 'The Politics of Recognition: Symbols, Nation-building and Rival Nationalism' *Nations & Nationalism* 17:2 (2011), pp. 396-418; Gabriella Elgenius, 'A formula for successful national day design' ('Varför är 17e maj fortfarande så populär? En formel för lyckat nationaldagsfirande.') *Bibliotheca Nova* 1 (2014) p. 92-107. Available at: http://www.nb.no/Om-NB/Publikasjoner/Skriftserien-Bibliotheca-Nova.

주의도 존재할 수 없다고 주장했다. 논쟁의 여지가 있지만 '민족(nation)'이라는 술어는 18세기와 근대 국가 이전부터 존재했으며, 사회적 연대의 담론이 자결권, 대중 주권, 시민권의 원칙과 연결되면서 사회생활의 강력한 빌딩 블록이 되었다. 따라서 민족은 '객관적으로' 존재하기 이전에 담론적으로 존재하며, 민족 역사는 사회정치적 맥락에 따라 회고적으로 재구성되어 근대 역사 쓰기의 핵심 틀을 구성하는 요소로 자리 잡게 되었다.[52]

칼훈에 따르면 민족의 수사는 세 가지 민족 주장 클러스터를 중심부로 갖고 있다. 수사의 첫 번째 클러스터는 민족의 경계, 지리적 영토, 자급자족형 국가(또는 국가가 될)의 주권에 해당하는 인구와 관련 있다. 두 번째 클러스터는 공통 문화, 언어, 신념 및 가치를 통해 전 세대를 포괄하는 하나의 인구를 서로 연결하는 영토 및 공통 종족적·인종적 혈통과 결부된 특별한 관계성을 기반으로 발전하는 주장을 중심으로 진화한다. 민족 수사의 세 번째 클러스터는 정당성, 즉 대중의 의지에 의해 지원되는 합법적인 정부라는 상향식 관념에 따라 직접적인 정치 자격요건 및 참정권, 시민권의 평등, 민족 대소사에 사람이 관여하는 것과 대중적 참정권을 이용한다. 민족에 대한 담론적 형성, 우리가 만드는 가정 및 생각하는 개념은 일상적인 민족주의나 방법론적 민족주의를 통해 비교 조사연구에 접근하도록 이끄는 관행을 만든다. 이때 일상적인 민족주의나 방법론적 민족주의는 특정 민족과 국가에 소속되는 것을 조직하고, 역사학자가 민족의 이야기를 묶은 역사를 조직하며, 사회학자가 민족을 단위로 하는 일

---

52 Stefan Berger, *The Past as History: National Identity and Historical Consciousness in Modern Europe* (Basingstoke, 2014).

련의 데이터세트를 가리킨다.[53] 그렇기에 사회적 연대로서의 민족주의에 대한 담론은 '사회를 다룸에 있어 구별된 정체성, 문화, 제도를 지닌 경계가 있고 통합된 전체로서의 사회를 광범위하면서도 때론 문제가 있는 것으로 다루는 방식'이라는 함의를 갖는다.[54] 사회적 연대 담론의 집단적 자기표현은 공동체로서의 민족의 수사에 의해 뒷받침되고, 민족의 경계와 그 사람들의 특별한 관계성에 대한 수사의 도움을 받아 생산된다. 칼훈은 민족의 인위적으로 구성된 본성을 '실재하지 않는 것(not being real)'과 동일시하는 것은 실수라고 강조한다.

하지만 전통은 발명되거나 심지어 거짓을 포함하기 때문에 오히려 더 현실적일 수 있다. 민족의 현실성이 집단적 자기표현의 정확성에 달려 있다고 생각하는 것은 사회학적 오해이다.[55]

또 지역 경험의 다원주의는 『연결된 사회(Connected Sociologies)』에서 밤브라(Gurminder Bhambra)에 의해 분석되었다.[56] 영국의 브렉시트 캠페인 중 '뒤처진 사람들(left behind)'에 대한 밤브라의 분석은 이 장과 특히 관련이 있으며, 민족주의가 어떻게 담론적 분열의 기초가 되었는지 보여준다.[57] 민족 형성에 내재한 구조적 불평등과 일부 집단의 다른 집단에 대한 지배력도 이를 통해 드러난다. 2016년 영국에서 실시된 국민투표는 유럽

---

53 Craig Calhoun, *Nations Matter: Culture, History and the Cosmopolitan Dream* (London, 2007), p. 27.

54 Ibid., p. 40.

55 Ibid., p. 41.

56 Gurminder K. Bhambra, *Connected Sociologies* (London, 2014).

연합(EU)에 잔류하거나 탈퇴하기 위한 것이었는데, 두 캠페인 사이에서 싸움이 벌어진 이후 탈퇴 캠페인이 승리를 거두었다. 탈퇴 캠페인 내의 분파는 자격이 없는 사람으로부터 '우리나라를 되찾자(take our country back)'는 시민권의 수사와 연관되었다. '뒤처진 사람들' 담론은 세계화의 기회에서 소외되거나 배제된 저학력, 빈곤층, 선거권을 박탈당한 사람, 사회적 약자를 지칭하는 것으로 대중에게 받아들여졌다. 좌파의 맥락에서 노동계급은 '백인 영국인 노동계급' 또는 '백인 잉글랜드인 노동계급'으로 불리며 권리를 박탈당해 왔던 것으로 알려졌다.[58] 의심할 여지 없이 영국 노동계급은 긴축 정책과 복지 삭감으로 이어진 2008년 경제 침체와 그 여파로 극심한 경제적 고통을 받았다.[59] 그러나 브렉시트 운동의 좌파 담론은 인종을 전면에 내세우면서 자격이 있는 사람과 받을 자격이 없는 사람 사이의 담론적 구분을 지지했고, 종족 집단은 피부색과 관계없이 노동계급이 점점 더 공유하는 불평등에 대해 비난받았다. 더욱이 밤브라에 따르면 "자신을 뒤에 남겨진 사람으로 인식하는 사람들"[60]에 대한 담론적 정보는 '이주자' 범주로 강등되어, 권리를 박탈당한 영국 시

---

57 Gurminder K. Bhambra, 'Class Analysis in the Age of Trump (and Brexit): The Pernicious New Politics of Identity' (2016). Available at: https://www.thesociologicalreview.com/blog/class-analysis-in-the-age-of-trump-and-brexit-the-pernicious-new-politics-of-identity.html 2016]; Gurminder K. Bhambra, *Viewpoint: Brexit, Class and British 'National' Identity* (2016) Available at: http://discoversociety.org/2016/07/05/viewpoint-brexit-class-and-british-national-identity/

58 Gurminder Bhambra, 'Locating Brexit in the Pragmatics of Race, Citizenship and Empire' in William Outhwaite, *Brexit: Sociological Responses* (London, 2017), p. 91.

59 Gabriella Elgenius, 'Social Division and Resentment in the Aftermath of the Economic Slump' in Shana Cohen, Christina Fuhr and Jan-Jonathan Bock (eds.), *Austerity, Community Action, and the Future of Citizenship in Europe* (Bristol, 2017).

60 Gurminder K. Bhambra, Class Analysis in the Age of Trump (and Brexit).

민이었던 많은 '배제된 사람들'과 경쟁했다. '사회경제적 불평등의 인종화'[61]는 반이민 담론 내에서 생겨났는데,[62] 이는 계급의 인종화가 획득된 자격 요건에 대한 주장을 통해 뒷받침되었기 때문이다. 앞서 논의한 담론적 이분법적 분할의 구조는 내부자(원주민, 시민, 구성원) 대 외부자(외국인, 이주자)에 대한 수사적 구도의 필수적인 부분을 구성하며 민족을 주권적이고 동질적인 것으로 계속 상상하기의 증거가 된다. 이 수사는 부분적으로 유럽의 다른 곳에서 볼 수 있는 종족성에 기반을 둔 민족주의를 반향했는데, 그 안에서 민족은 대도시 엘리트와 국제적 엘리트에게 배신당한 동질적인 종족공동체라는 틀을 갖고 있었다.[63]

결론 및 토론: 관련성과 비평

이 장에서는 민족주의, 특정 문화 및 역사적 시기에 대한 담론으로 생산되고 주관적으로 형성된 지식을 넘어서고자 하는 몇 가지 해체주의적 접근법을 탐구했다. 민족의 주관성을 '극복'하려는 바람은 이에 대한 비판을 불러왔다. 예를 들어 스미스(Smith)는 해체주의적 접근법이 역사적

---

61 Gurminder K. Bhambra, Viewpoint: Brexit, Class and British 'National' Identity.

62 Gabriella Elgenius, 'Ethnic Bonding and Homing Desires: The Polish Diaspora and Civil Society Making' in Kerstin Jacobsson and Elżbieta Korolczuk (eds.), *Civil Society Revisited: Lessons from Poland* (Oxford, 2017).

63 Gabriella Elgenius and Jens Rydgren, 'Frames of Nostalgia and Belonging: The Resurgence of Reactionary Ethno-Nationalism in Sweden' *European Societies* https://doi.org/10.1080/14616696.2018.1494297; Gabriella Elgenius and Jens Rydgren, 'The Sweden Democrats and the Ethno-Nationalist Rhetoric of Decay and Betrayal *Journal of Sociological Research, Sociologisk forskning* 54:4 (2017), pp. 353-58.

깊이가 없으며, 사람을 결속시키는 객관적인 요인을 과소평가하였기에 궁극적으로 민족의식의 호소를 설명할 수 없다고 주장한다.[64] 이론의 여지가 있겠지만, 대부분의 민족주의 이론은 민족 건설의 메커니즘과 민족이 왜 중요한지에 대해 심도 있는 설명이 필요하다. 민족주의 담론과 관련하여 헤치터(Hechter)는 그런 담론이 강력해지는 조건에 초점을 맞춰야 한다고 주장한다.[65] 더욱이 해체와 관련된 이론적 개념은 '생산적 모호성'을 만들어냈으며 추가적인 발전이 필요하다.[66] 예를 들어 문화의 개념은 환상적이며 그 부정확성은 이론적 및 실증적 작업에서도 심화된다. 비록 문화적 전환이 새로운 이론적 충동으로 많은 분야를 활성화했지만 많은 결과물은 문화의 개념에 대해 부정확하게 적용했으며, 문화가 개인과 집단을 만들어내는 방식에 관련하여 비판받았고, 다른 사회경제적 구조를 희생시키는 것으로 행위자의 문화적 성향을 과장했다.[67]

끝으로 이 장의 목적은 담론의 해체가 민족주의적 주장을 분석할 수 있는 몇 가지 방법을 논의하는 데 있었다. 표면적으로는 그런 담론이 아무런 해를 끼치지 않는 것처럼 보일 수 있지만 잃어버린 주권(민족 안팎에서), 내부의 동질성 상실 또는 자격 없는 사람들에 대한 배제를 두고 배타적 담론 정보로서 번역하면 그렇지 않다. 요약하자면 문화적 전환과 포

---

64 Anthony D. Smith, *Nationalism and Modernism: A critical survey of recent theories of nations and nationalism* (London, 1998); Anthony D. Smith, *Ethnosymbolism and Nationalism: A Cultural Approach* (Abingdon, 2009).

65 Michael Hecther, *Internal Colonialism: The Celtic Fringe in British National Development* (New Brunswick, 1999).

66 Mark Jacobs and Lyn Spillman, 'Cultural sociology at the crossroads of the discipline' *Poetics* 33 (2005), pp. 1-14.

67 Jackson, P., 'Pierre Bourdieu, the "Cultural Turn" and the practice of international history' Review of International Studies 34:1 (2008), pp. 155-81.

스트 구조주의적 설명이 제시하는 분석적 관점은 민족과 문화의 통일성과 동질성에 도전한다는 것에 가치가 있다. 그들은 민족적 서사의 다양성과 혼합성, 특권적 정체성과 차이의 의미를 통해 구성된 서구의 우월성을 강조함으로써 실제로 그렇게 한다. 따라서 담론의 해체는 민족주의적 담론에서 역사의 역할을 비판적으로 평가하고 주변부로 밀려난 역사와 정체성을 인정하는 민족주의 이론에 있어 중요한 역할을 수행한다.

더 읽을거리

Michael Billig. 1995. *Banal Nationalism*. London: Sage Publications.

Homi Bhabha. 1993. Ed. *Nation and Narration*. London: Routledge.

Craig Calhoun. 2007. *Nations Matter: Culture, History and the Cosmopolitan Dream*. London: Routledge.

David Chaney, 2002. *The Cultural Turn: Scene Setting Essays on Contemporary Cultural History*. London: Routledge.

David Howarth. 2013. *Poststructuralism and after: Structure, Subjectivity and Power*. Palgrave.

Philip Leonard. 2005. *Nationality Between Postructuralism and Postcolonialism: A new Cosmopolitalism*. Basingstoke: Palgrave.

Kate Nash. 2010. *Contemporary Political Sociology: Globalization, Politics and Power*. 2nd edition. Chichester, United Kingdom: Wiley-Blackwell.

Lyn Spillman. 1997. *Nation and Commemoration: Creating National Identities in the United States and Australia*. Cambridge University Press.

8장

포스트 식민주의와 반식민주의적 민족주의

산자이 세스(Sanjay Seth)

서론

포스트 식민주의(Post colonialism)는 일련의 분석 도구, 질문, 그리고 일반적으로는 사고방식에 부여되는 개념으로, 이는 식민주의를 관심의 중심에 둔다. 이런 간학문적 이론은 이 책에 담긴 다른 접근방식만큼은 알려지지 않았고 비교적 새롭기에 포스트 식민주의에 대한 간략한 설명으로 이 장의 포문을 열어보려 한다.[1] 그런 다음 민족주의(nationalism) 분석과 관련하여 인도 역사를 주제로 하였으며, 탈식민지 이론화에서 매우 중요한 흐름을 형성한 역사학 프로젝트 서발턴 연구(Subaltern Studies)에 초점을

---

1 참조. Leela Gandhi, *Postcolonial Theory: A Critical Introduction* (Edinburgh, 1998); Robert J.C. Young, *Postcolonialism: An Historical Introduction* (Hoboken, 2016) and Idem, *Postcolonialism: A Very Short Introduction* (Oxford, 2003); Ania Loomba, *Colonialism/Postcolonialism* (London/New York, 2015, 3rd edition).

맞춰 설명을 이어 나갈 것이다.

　포스트 식민주의는 한 가지 중요한 측면에서 오해의 소지가 있는 술어인데, '포스트(post)'는 식민주의가 지나버린 과거에 불과하거나 단지 역사적 관심의 대상이 되는 정도의 시대 구분만을 나타낸다고 왕왕 여겨지기 때문이다. 포스트 식민주의의 '포스트'는 사실 정반대의 주장을 적극적으로 개진한다: 즉 식민주의는 그 이후의 전체 기간을 만드는 데 중심적이었고 산업혁명, 자본주의의 확산, 계몽주의처럼 근대 세계의 경제, 정치, 문화, 지적 생활을 만들었다. 식민주의는 산업혁명을 부채질한 약탈품, 원자재와 시장을 제공했을 뿐만 아니라 서양과 동양의 식민자와 피식민자의 자아의식을 형성하였으며, 세계가 알려지게 되는 것이 무엇인지와 이해된다는 것이 무엇인지에 대한 범주를 구조화하였고, 이로써 식민자뿐 아니라 피식민자도 변화시켰다.

　식민주의를 특징으로 하는 무지막지한 형태의 정치적 지배와 경제적 착취는 오랫동안 연구되어 온 주제이기에 새로운 술어와 접근법이 개입할 여지가 거의 없었다. 포스트 식민주의가 우리의 이해에 무엇인가를 더하는 경우(여기서는 이론적 주장이자 역사적 주장임)는 식민지와의 조우가 문화와 지식을 비롯한 다른 영역에서도 지속적인 영향을 미쳤다는 사실에 관심을 두게 만든다; 그리고 바로 식민주의가 갖는 권력과의 관계성 때문에 이런 다른 영역은 권력의 관계성(우리가 대개 문화와 지식을 생각하는 방식)의 '외부의 것(outside)'이나 '남아 있는 것(remainder)'이 아닌 권력과 불평등으로 스며들었다. 지식과 문화를 권력에 연결하는 데 있어 포스트 식민주의는 포스트 구조주의가 발전시킨 개념과 분석을 이용하는 등 많은 영향을 받았다.[2]

　이는 초기의 중요한 텍스트 중 하나인 에드워드 사이드(Edward Said)의

『오리엔탈리즘(Orientalism)』에서 볼 수 있다. 사이드는 미셸 푸코(Michel Foucault)의 연구를 통해 두 가지 통찰을 끌어낸다: 지식과 담론은 사물을 '표상(represent)'할 뿐만 아니라 실제 영향을 준다(지식과 담론이 단순히 무엇을 묘사하는 것만이 아니라 묘사하고 있는 대상을 만들어낸다); 그리고 지식과 권력은 떼려야 뗄 수 없는 관계에 있다. 사이드는 오리엔탈리즘(아랍과 아시아 세계와 관련된 방대한 저술 및 기타 표상)을 '동양(the Orient)'과 (대부분의 시대에) '서양(the Occident)' 사이에 만들어진 존재론적, 인식론적 구분에 기초한 사고방식으로 특징지으며 이를 연구에 활용한다.[3] 동양을 이해하면서 표상하는 이런 방식은 식민주의를 정의한 권력관계에 의해서만 가능했던 것은 아니고, 그 권력의 형태 중 하나였다. 사이드가 오리엔탈리즘이라고 부르는 표상과 지식의 촘촘한 네트워크는 '[동양]…에 대한 진술서를 작성하고, 그 오리엔탈리즘에 대한 견해를 승인하고, 오리엔탈리즘을 묘사하며, 오리엔탈리즘을 가르치고, 오리엔탈리즘을 지배했던 것을 다루는 하나의 방식이었다. 그리고 오리엔탈리즘은 동양을 지배하고, 재구성하며, 권위를 가졌던 서양의 스타일 중의 하나였다.[4] 물론 동양이 표현되고 이해되는 방식에는 상당한 차이가 있었지만 그렇다고 아무런 한계도 없던 것은 아니었다. 사이드는 "동양을 주제로 쓰고, 생각하며, 행동하는 어느 누구도 오리엔탈리즘에 의해 부과된 사상과 행동이 지닌 한계를 고려하지 않는다는 게 말이 안 된다"[5]는 주장은 동서양이 근본적으로 다르다고 가정한 한계가 있다고 주장했다.

---

2 이 책의 제7장 참조.

3 Edward Said, *Orientalism* (London, 2003 [1978]), p. 2.

4 Ibid., p. 3.

5 Ibid., p. 3.

(포스트 식민주의를 이루는 중심축의 하나인) 사이드의 주장에 따르면, 동양에 대한 서구의 표현과 지식은 식민 지배를 전제로 하며 그 자체로 권력의 한 형태였다. 이것은 주로 '오만(arrogance)' 때문이 아니라—근대 서구는 오만에 대한 독점권을 지니지 못했으며, 비서구세계를 비롯한 다른 문화권에서도 우리는 '맞고' 다른 사람은 '틀렸다'는 가정이 통용되었다—다른 두 가지 요인 때문이었다. 첫째, 식민주의 시대에 유럽은 그네가 옹호한 지식만이 오직 진리라고 주장할 수 있었는데, 왜냐하면 유럽만이 그네들의 주장을 강제할 힘을 지니고 있었기 때문이다. 둘째, 새롭고 과학적이며 보편적인 형태의 지식을 발견했다는 계몽주의적 주장은 이전의 어떤 주장이나 경쟁적인 주장과는 질적으로 달랐다. 문화적으로나 역사적으로 특정한 공동체와 그에 수반되는 관행, 신념에 뿌리를 둔 다른 지식 및 문화와는 다르게 포스트-계몽주의 지식은 역사나 문화의 어떤 특수성에도 오염되지 않은 순수이성 그 자체에서 추론된 것이라고 주장되었다. 역사에 오염되지 않은 이성의 순수성에 바탕을 둔 지식은 특히 지식과 역사 및 권력의 관계에 대해 무지하면서도 그 자체로 논쟁의 여지가 없다는 성격만을 고집스럽게 주장하는 것이었다. 다른 지식과 문화는 항상 누군가의 지식 주장이었고 누군가의 도덕성과 문화였다; 반면에 식민지 개척자의 지식은 역사적, 실증적 '불순물'의 영향을 받지 않은 '대단한' 지식이라며 자신을 표현했다.

따라서 포스트 식민주의는 한편으로는 지식과 문화, 다른 한편으로는 권력 사이의 연결성을 전면에 내세운다. 모든 지식, 문화 및 도덕이 특정한 역사와 문화의 산물이라고 주장하면서—근대 서구, 오늘날 글로벌화된 근대성을 지닌 세계와 얽힌 지식과 문화를 포함하여—지식과 삶의 형태가 상호작용하여 서로의 구성에 영향을 미치는 방식에도 주의를 기울인다. 이것이 민족주의를 이해하는 방식에도 영향을 미친다는 사실은 이내 명백해질 것이다. 반식민주의적 민족주의는 서구의 지배에 대한 도전이면서, 반식민지주의적 민족주의가 추구하는 주권 국가 지위와 근대성만큼이나 서구의 지식과 문화에 밀접하게 연결되어 있었기 때문에 서구적 지배를 재생하기도 했다.

포스트 식민주의 이론의 비호하에 민족주의를 주제로 다룬 가장 지속적인 조사는 1982년부터 2005년까지 인도에 대한 (대부분) 역사 에세이 12권을 공동으로 제작한 서발턴 연구(Subaltern Studies) 그룹의 역사가가 수행한 것이다. 하지만 서발턴 연구서, 그룹 구성원의 모노그래프 및 기타 저작물은 이미 존재하고 있었던 포스트 식민주의를 인도 역사에 적용했던 것이 아니다. 실제로 서발턴 연구의 초창기는 포스트 식민주의적인 것이 아니라 오히려―설령 독창적이고 도발적인 것이라고 치더라도―마르크스주의적 이본(異本)에 가까웠다. 그러나 서발턴 연구는 이후에 독특한 '포스트 식민주의' 이론화 양식을 발전시킨 대명사 중 하나로 자리 잡았고, 특히 인도의 과거와 민족주의에 관련해서 발전했다: 이런 연유로 이 장에서는 서발턴 연구에 초점을 맞춘다.

서발턴 연구

서발턴 연구의 첫 번째 책은 라나지트 구하(Ranajit Guha. 이 시리즈의 1~6권의 편집자이자 영향력 있는 지식인)가 서발턴 연구 프로젝트의 계획을 천명하는 내용으로 시작한다. "인도 민족주의의 역사학은 오랫동안 식민주의적 엘리트주의와 부르주아적 민족주의 엘리트주의가 지배해 왔다." 두 엘리트주의 모두 "민족주의라는 인도 민족의 형성과 그 인식의 과정이 배타적으로 또는 지배적으로 엘리트에 의해 성취된 결과물이라는 편견"을 공유해왔다.[6] 식민주의 역사학에서—식민지 시대에 생산된 영국의 역사들, 또 구하가 식민주의자라고 특징짓고 비판했던 당대 '인도 역사의 케임브리지 학파'[7]—인도 민족주의는 '학습 과정'으로 가장 잘 이해되었으며, '토착 엘리트는 식민지 당국에 의해 도입된 복잡하게 얽혀 있는 제도와 그에 못지않은 문화적 복합체와 협상하고자 애를 쓰며 정치에 관여하게 되었다.' 이와는 대조적으로 민족주의적 다양성에 대한 엘리트주의적 역사서에서는 인도 민족주의를 '토착 엘리트가 민중을 예속에서 자유로 인도한 모험'으로 표현했고, 인도 민족주의의 역사는 일종의 '인도 엘리트의 정신적 자서전'처럼 작성되었다.

이 두 종류 역사 사이의 대립도 '민중 스스로 만들어낸 공헌, 즉 이런 민족주의의 형성과 발전에 대한 엘리트의 공헌과 무관한 것'을 인정하거나 이해할 수도 없다는 사실을 감출 수 없었다. 특히 대중적 주도권이 "엘리트 통제에 저항하거나 엘리트 통제가 부재한 상태에서" 행사되었을 때 벌어진 대중의 급증을 적절하게 설명할 수 없었다. 요컨대 어느 쪽도 설명할 수 없는 것이 바로 '인민의 정치체(the politics of the people)'였다; 엘리트 정치와 평행을 이루는 것은 "주요 행위자가 토착민 사회나 식민지 당국의 지배적인 집단이 아니라 노동 인구로 이루어진 대중을 구성

---

6 Ranajit Guha, 'On Some Aspects of the Historiography of Colonial India' in Idem (ed.), *Subaltern Studies I* (Delhi, 1982), pp. 1-8.

7 참조. Anil Seal, *The Emergence of Indian Nationalism: Competition and Collaboration in the Later Nineteenth Century* (Cambridge, 1968) and John Gallagher, Gordon Johnson and Anil Seal (eds.), *Locality, Province and Nation: Essays on Indian Politics 1870 to 1940* (Cambridge, 1973).

하는 서발턴 계급과 집단… 다시 말해서 바로 민중이 인도 정치의 또 다른 영역이었다. 이것은 엘리트 정치에서 비롯된 것도 아니고 엘리트 정치에 의존하지도 않았기 때문에 자주적인 영역이었다." 이런 민중 정치의 가장 눈에 띄는 형태는 농민 봉기였는데, 이는 구하의 명저 『식민지 인도 농민 반란의 초기 양상』의 주제이기도 했다. 농민정치는 식민지-근대적인 것이 아니라 구조와 감정에 뿌리를 두고 있다는 점에서 '전통적'이었지만, 이는 단지 "그 구조와 감성의 뿌리를 식민지 이전 시대로 소급할 수 있는 경우에 한정되는 것이고, 오히려 시대에 뒤떨어지는 것이라는 의미에서 결코 고풍스러운 것이 아니었다." 실제로 구하는 저서인 『식민지 인도 농민 반란의 초기 양상』을 통해 1900년까지 농민 반란에 대한 정보를 제공한 반군 의식을 문서화하고 복원하려고 노력하면서, "이 의식의 실제 이력은 19세기를 훨씬 뛰어넘는다"고 제시하고, 농민 반란과 이를 알린 자주적인 의식이 20세기의 민족주의자와 공산주의자의 동원에서 발견된다는 것을 시사함으로써 결론을 맺는다.[8]

구하의 관점에서 볼 때, 두 종류의 엘리트주의 역사학은 서발턴 정치의 존재를 간과했다. 서발턴 정치는 엘리트 민족주의가 지배하지 못했던 독립적인 정치의 한 형태로서 인도 민족주의에 다양하게 존재했으며, '인도 부르주아 계급이 민족을 대변하는 데 실패'했다는 것을 증명했다. 역으로 지역주의를 넘어서기 위해 민족 해방 운동을 일으켰던 서발턴 의식과 정치의 실패는 그 단점을 설명하고, 1947년 인도의 정치적 독립을 쟁취하는 데 성공한 민족주의 투쟁의 부족한 급진주의와 정치적 독립에 상

---

8 Ranajit Guha, *Elementary Aspects of Peasant Insurgency in Colonial India* (Delhi, 1983), p. 334.

응하지 못했던 사회적 변화도 제국주의와 완전히 단절된 것은 아니었다.

서발턴 연구의 초기 작업은 설령 관습적이지 않고 혁신적이었다고 치더라도, 마르크스주의 역사학의 아종이라고 인정받을만했다.[9] 이는 서발턴 연구가 이탈리아 마르크스주의 이론가이자 공산주의 지도자인 안토니오 그람시(Antonio Gramsci)의 연구에 명시적으로 빚을 졌기 때문이다. 바로 '서발턴(subaltern)'이란 술어를 비롯하여 다른 개념과 결정적 도구('헤게모니'가 이런 것 중 하나임)도 그람시의 연구에서 빌려온 것이다. 농민과 인도 사회의 여러 측면을 특징짓는 반봉건적 관계와 권력을 행사하는 양식에 대한 강조는 마오주의(Maoism)에 명백한 빚을 지고 있기도 하다. 그리고 부르주아 민족주의가 농민과 노동자 급진주의를 특정 범위 내로 유지하면서 인도 엘리트와 인도 사회의 하층 계급 간의 착취와 지배 관계에 의문을 제기하지 않은 채 영국의 지배를 위협했다는 주장은 적어도 몇몇 학자, 특히 인도 마르크스주의의 초창기 세대 학자가 예측했던 것이었다.[10] 그리고 서발턴 연구는 크리스토퍼 힐(Christopher Hill), 조지 루드(George Rude), 에릭 홉스봄(Eric Hobsbawm), 톰슨(E. P. Thompson)이 선구적으로 개척한 '아래로부터 역사'와 많이 닮아 있으며 혹은 그보다 조금 더 일찍 시작되었다고도 볼 수 있는데, 이 연구방식은 서발턴 연구보다 앞서 이루어진 것이었으면서 단순히 역사적 사료를 혁신적으로 사용하는 것 이상이었다.

그러나 서발턴 연구도 대부분 인도 민족주의에 대한 마르크스주의 역사 쓰기에 비판적이었고, 이것이 식민주의와 부르주아 역사 쓰기의 특징

---

9 이 책의 제3장 참조.

10 로이(M.N. Roy)와 더트(R.P. Dutt)도 포함된다. 다음을 참조. Sanjay Seth, *Marxist Theory and Nationalist Politics: The Case of Colonial India* (New Delhi, 1995).

과 매우 유사한 단점을 갖고 있다고 비판했다: 즉, 서발턴 반란이라고 이름 붙일만한 의식을 구체적으로 증명하는 데 실패했다. 서발턴 연구자들에 따르면 식민주의 역사학은 농민 반란군을 마치 이성적인 의식이 전혀 없는 것처럼, 또는 반란을 마치 충동적으로 아무런 목적도 없이 분노를 표출하는 것처럼 다루었다. 부르주아 민족주의 역사학은 농민 반란을 두고 고유한 집단의식이나 의지가 없기에 오직 엘리트 지도자만 따를 수 있는 것처럼 엘리트적 집단의식으로 읽었다. 구하에 따르면 마르크스주의 역사학자는 반란군의 집단의식이 대개는 세속적이기보다 종교적이었고, 때로는 종파적이었다는 사실에 동의할 수 없었다: "종교성을 식민지 인도의 농민 집단의식을 구성하는 중심 양상으로 이해할 수가 없기에… 자연히 구하는 반란 정치의 모호함을 부득이하게 합리화할 필요가 있었고", 이를 반란군을 "반란의 역사적 실제에 가까운 명칭보다는 이상적인 것, 즉 노동자와 농민이라는 추상적인 개념"으로 바꿔 부르는 것을 통해 이뤄냈으며 '얕은 급진주의'라는 결과에 도달했는데 이는 "… 반란에 대한 구체적인 집단의식을 탐색하고 묘사하는" 책임을 포기한 셈이었다.[11]

마르크스주의에서 포스트 식민주의로

초창기에는 서발턴 연구가 마르크스주의 역사학의 하나로 (창조적이고 혁

---

11 Ranajit Guha, 'The Prose of Counter-Insurgency' in Idem, (ed.), *Subaltern Studies II* (Delhi, 1983), quotes from pp. 33-38.

신적인) 등장했다고 치더라도, 포스트 식민주의 방향으로 발전해갈 것을 예상케 하는 특성들과 긴장은 이미 존재하고 있었다. 엘리트/서발턴 분할에 대한 주장은 모호한 것이었고 두 가지 해석이 가능했으며, 또 인도 역사 연구에 어떠한 결과를 초래할 것인지에 대한 상이한 해석도 가능했다. 두 개의 구별된 사회적 실체의 존재 방식에 대한 실증적 주장으로 받아들여진다면, 서발턴 연구 프로젝트의 중심 목표는 엘리트 정치에 의해 포섭되지 않고 도리어 엘리트로부터 분리된 자주적인 서발턴 민족주의 정치체가 존재했다는 것을 확인하는 동시에 증명도 되는 셈이었다. 구하가 이후에 쓴 요약을 보면, 많은 서발턴 공헌자는 "그와 같은 [민족주의적] 캠페인의 주도권이 [인도 국민회의(Indian National Congress)]의 엘리트 지도부로부터 고위층의 지휘에 반기를 들었던 서발턴 참가자로 이루어진 대중에게 넘어갔는데… 이는 대중 저항의 전통을 구체적인 관례를 중심으로 투쟁이란 하나의 틀로 만들어내고, 함께 살아가면서 일하는 공동체적 경험으로부터 파생된 관용구로 그 투쟁을 그네들의 투쟁으로 만들어내기 위함이었다."[12] 이런 연구가 가치 있었던 것만큼 서발턴 정치체에 대한 강조도 중요했기 때문에 서발턴 연구에 동정적이었던 많은 비평가는 '자주성'에 대한 주장에 불편함을 느꼈다. 엘리트와 서발턴 계층이 사회적, 경제적 공간을 공유하는 사회에서 '자주적' 서발턴 영역에 대한 주장이 가당키나 했을까?

더욱이 자주성에 대한 주장은 엘리트/서발턴의 관계가 주로 소유한 토지와 부의 차별적 크기가 아니라 주로 권력의 자주성에 기인한다는

---

12 Ranajit Guha, 'Introduction' in Idem (ed.), *A Subaltern Studies Reader, 1986-1995* (Minneapolis, 1997), p. xviii.

사실에 관심을 갖게 만들기 위해 고안되었다는 또 다른 해석과 상충했다. '반(半)봉건' 인도에서 불평등은 토지 소유권과 관련이 있는 것이기는 하되 그렇다고 단순하게 환원될 수 있는 것도 아니었다; 지배와 종속이 의복, 언어, 몸짓 언어 등에 새겨져 있었다. 대조적으로 형식적 평등에 대한 특정 개념이 뿌리를 내린 부르주아 사회에서 불평등은 생산 수단의 소유권에 대한 차이에서 비롯된다. 당신은 값비싼 식당에서 식사하기 위해 옷을 잘 갖춰 입을 필요가 없는데, 이는 당신이 밥값을 지불할 돈이 충분히 가지고 있음을 전제로 한다. 영국이나 미국과 같은 부르주아 사회와 인도 사이의 불평등과 권력의 형태에서 존재하는 이런 차이가 아대륙에 엘리트와 서발턴이 명백하게 분리된 상황을 구성했다. 그러나 이것은 권력에 대한 관계적 이해였으며, 분리와 자주성에 대한 주장과도 호응하지 않았다. 또 이것이 단순히 '후진성'의 기능이며 인도가 더 자본주의적이고 '근대적'이 되면서 사라질 운명에 있다는 것도 전혀 시사하지 않았다. 반대로 훗날 디페시 차크라바티(Dipesh Chakrabarty)가 말했던 것처럼, 요점은 "자본주의의 글로벌 역사가 모든 곳에서 동일한 권력의 역사를 재생산할 필요는 없다는 것이다. 근대성의 미적분학에서 권력은 신뢰할 수 있는 변수가 아니며 오직 자본만이 독립적인 변수가 된다. 자본과 권력은 분석적으로 분리 가능한 범주로 취급될 수 있다."[13] (부르주아 사회의 노동을 규범으로 삼는 관점에서도 독특하다고 할 수 있을법한) 인도에서 벌어진 권력의 독특한 작동은 비서구 사회가 "권력과 권위의 사회적 관계성에서 벌어지는 철저한 민주적 변화를 초래하거나 요구하지도 않고도" 자본의

---

13 Dipesh Chakrabarty, 'A Small History of Subaltern Studies' in Idem, *Habitations of Modernity: Essays in the Wake of Subaltern Studies* (Chicago, 2002), p. 13.

글로벌적 순환으로 통합되었다는 사실에 근거한다.[14]

엘리트/서발턴 분리에 대한 이 두 가지 설명은 모두 서발턴 연구의 초기에 존재하고 있었지만, 각기 서로 다른 방향으로 나아갔다. 전자인 엘리트 중심 연구는 실증적 연구를 통해 검증할 수 있는 일반 명제의 형태를 취했다; 후자인 서발턴 중심 연구는 인도 사회 내 다른 계층 사이의 관계가 권력에 의해 만들어지고 스며드는 방식에 주의하는 연구를 즐겨야 하는 이론적 주장이었다. 그 관계는 특정 유형의 마르크스주의에 의해 강조된 경제적 불균형으로 환원될 수 없었고, 권력이 존재하더라도 형식적 평등 앞에서 어느 누구의 손도 들어줄 수 없었으며 익숙하게 사용하는 술어로는 설명할 수도 없는 것이었다. 전자는 사회 집단끼리 서로 얽혀 있더라도 구별해내는 것이 가능하다는 점을 강조한다; 권력에 대한 후자의 강조는 논리적으로 관계성에 대한 강조를 수반했는데, 왜냐하면 여기서 권력은 '소유물'이 아니라 하나의 관계구조로 이해되었기 때문이다 (지주에게는 권력이 있고 농민에게는 권력이 없다는 것이 아니라, 도리어 권력이 지주와 농민이란 차이를 정의했다는 것이며, 이는 지주가 누구이고 농민이 누구인지를 정했다).[15] 결국 강조점은 후자로 옮겨졌고, 이는 포스트 식민주의 이론에서 중요한 이정표가 된 공동체의 개념화와 민족주의의 분석으로 이어졌다.

또 서발턴 연구의 초기에는 (서발턴) 주제를 '회복'하고, 고유한 주관성을 복원하려는 시도와 휴머니즘적 허구처럼 '주체성(서발턴)'의 범주에 대한 이제 막 시작된 비판 사이에 긴장이 존재했으며 때로는 노골적인 모

---

14 Dipesh Chakrabarty, 'A Small History of Subaltern Studies', p. 13.

15 참조. Rosalind O'Hanlon, 'Recovering the Subject: Subaltern Studies and Histories of Resistance in Colonial South Asia' [1988년에 「*Modern Asian Studies*」를 통해 최초 발행되었고, 이후 재발행됨] Vinayak Chaturvedi (ed.), *Mapping Subaltern Studies and the Postcolonial* (London, 2000), pp. 84-5를 참고.

순이 드러나기도 했다. 앞서 언급한 것을 쭉 살펴보면 서발턴 연구 자체가 부분적으로 무언가를 회복시키는 것을 목표로 하는 프로젝트였다는 점은 분명해 보인다. 엘리트 중심으로 기록된 역사학에서 다른 집단의식 때문에 간과되었거나 동화되었던 서발턴 집단의식이란 것을 발굴하여 회복하려 했던 것이다. 허나 이는 구조주의적 그리고 반휴머니즘적 이론을 구성하는 관계항과 상충되는데, 이는 서발턴 연구서에 있어 중요한 기여를 한 사람들 일부와 관계되는 것이기도 하며 주체와 어떤 집단의식은 다른 모든 것을 낳는 '근거'와 원인이 아니라, 특정한 제도와 관행의 '영향'이기 때문이다. 이런 제도와 관행은 서구 근대 역사에서 생겨났고 근대 부르주아 사회의 출현과 밀접하게 연관되어 있었다. 따라서 그 주체는 초역사적이거나 모든 시간과 장소에 따라 일반화할 수도 없다.

이 긴장은 서발턴 연구에 공감하며 화답했던 연구자를 통해 널리 알려졌다. 로잘린드 오핸론(Rosalind O'Hanlon)은 "두 입장 사이에 지속적인 흔들림이나 미끄러짐이 존재하는 것으로 드러났다"는 점에 주목했고,[16] 가야트리 스피박(Gayatri Spivak)은 서발턴 연구서 제4권을 집필하면서 서발턴주의자를 다음과 같이 논평했는데, "휴머니즘을 비판하면서 연속성을 결여한 집단의식, 전체성, 문화주의에 기댄 관념으로 물러나는 연구자이며,"[17] 그게 아니라면 정체성과 집단의식은 세계 속에 당연히 존재하는 한 부분도 아니며, 당연하게 주어지는 것도 아니며 도리어 대조와 대립을 통해서 생산되고 구성되는 것이라는 서발턴주의자의 강조로써 표현되는 하나의 비평이다. 주체는 정치, 이념, 언어의 근거이자 원

---

16 Ibid., p. 81.

17 Gayatri Chakravorty Spivak, 'Subaltern Studies: Deconstructing Historiography' in Guha (ed.), *Subaltern Studies IV* (Delhi, 1985), p. 337.

인인 "드러나게 할 수 있는 어떤 무엇"이 아니라[18] "정치, 이념, 경제, 역사, 섹슈얼리티, 언어 등[19]이라는 이름을 붙일 수도 있는 몇 가닥에 불과한 것"의 산물이나 영향이었으므로 "서발턴 집단의식이라는 것은… 결코 완전히 회복될 수 없는 것이다"라는 말이 이어졌고,[20] 실제로 그것은 '이론적 허구'이다.[21] 스피박은 서발턴주의자의 노고에 감사를 전하는 개요와 비평에 서발턴주의자가 포스트 구조주의/해체주의를 자의식적으로 수용함으로써 이런 긴장을 극복하기를 바라 마지않는다고 표현했다. 서발턴 연구 그룹의 일부 연구자는 실제로 스피박이 바랐던 대로 했고, 그랬기에 서발턴 연구는 서발턴 주체(성)와 집단의식의 회복이란 자신이 천명했던 열망에서 벗어나 포스트 식민지 프로젝트라는 그 본연의 궤도에 안착했다.

서발턴 연구는 인도 민족주의에 대한 접근에서 있어서 호의적이기보다는 처음부터 비판적이었지만, 이런 비판적 태도가 인도 국민회의의 '엘리트 민족주의'에만 국한된 것이었는지 아니면 보통 말하는 민족주의 그 자체로 확장되어 있던 것인지는 늘 명확하지 않다. 앞서 관찰한 바와 같이 마오쩌둥의 저작과 60년대 후반과 70년대 초반 인도 마오주의자가 주도한 반란은 초기 『서발턴 연구(Subaltern Studies)』에 큰 영향을 미쳤으며,[22] 이런 영향은 '적절한' 또는 완전한 민족주의가 '인민 민주주의

---

18 Ibid., p. 338.

19 Ibid., p. 341.

20 Ibid., p. 341.

21 Ibid., p. 340. 참조. Spivak, 'Can the Subaltern Speak?' in Cary Nelson and Lawrence Grossberg (eds.), *Marxism and the Interpretation of Culture* (Urbana and Chicago, 1988).

22 참조. Sanjay Seth, 'Revolution and History: Maoism and Subaltern Studies' *Storia della Storiografia* 62:2 (2012), pp. 131-49.

(people's democracy)'로 그 정점에 이르렀을 때 서발턴 계급에 의해서 주도되었을 것이라는 암시를 통해 이해된다. 그러나 서발턴 연구의 후속 결과물이 간행됨에 따라 불충분하고 급진적 민족주의에 대한 비평보다는 더욱 보편적인 관점에서 민족주의에 대해 회의적인 시각을 보이는 비평이 점차 늘어났다: 서발턴 연구에는 포스트 식민주의적 화신이란 이름표 대신에 단일한 정체성에 대한 민족주의적 주장의 비판적 해체주의라는 이름표가 더 어울리게 되었다.

서발턴 연구가 진행되면서 이런 긴장이나 모순이 사라진 것은 아니었으나, 서발턴 집단의식과 정치체의 자주성에 대한 주장은 권력의 중심성을 강조하는 방향에 점차 자리를 내어주었고 그에 따라 자주성보다 관계성을 강조하는 방향으로 더 나아가게 되었다. 스피박을 비롯한 여러 학자의 비판/제안은 서발턴 집단의 일부 연구자들에 의해 받아들여졌고, 주체와 집단의식에 대한 포스트 구조주의적 또는 해체주의적 이해는 더 두드러졌다. 그렇게 서발턴 연구 프로젝트는 점점 모든 민족적 본질주의를 비판하는 탈민족주의적 프로젝트가 되었다.

당연히 이것이 서발턴 집단의 모든 구성원에게 해당하는 것은 아니었다. 서발턴 집단의 중견 학자이자 저명한 인도 역사가인 수미트 사카르(Sumit Sarkar)는 서발턴 연구서 시리즈가 취한 방향에 대한 대중 비평가가 되어 마르크스주의를 거부하고 사이드의 사상을 수용하며 보다 보편적인 관점에서 탈근대적 전환과 탈식민지 전환을 이룬 것을 비판했다.[23] 그러나 집단적 모험으로서 서발턴 연구는 포스트 식민주의적 전환을 취했

---

23 Sumit Sarkar, 'The Decline of the Subaltern in Subaltern Studies' in Idem (ed.), *Writing Social History* (New Delhi, 1997).

다. 이것의 중요한 측면과 효과는 민족주의의 제문제를 가장 직접적이고 지속적으로 설명해왔던 구성원인 파르타 차터지(Partha Chatterjee)가 실증했던 것처럼, 민족주의와 얽힌 하나의 독특한 역사학을 생산했다는 점이었다.

서발턴 연구와 반식민주의적 민족주의의 역사

민족주의에 대한 포스트 식민주의적 역사의 큰 특징 중 하나는 민족주의를 사회적 또는 물질적 '원인'에 따라 설명해야 하는 하나의 현상이라기보다는 사상이나 담론의 집합체로 강조한다는 점이다. 차터지의 역작인 『민족주의 사상과 식민지 세계: 파생된 담론?(*Nationalist Thought and the Colonial World: A Derivative Discourse?*)』은 "민족주의 담론은 무엇을 전제로 하는가? 그것은 다른 담론과의 관계 속에서 어디에 위치하는가? 표면의 균열, 구조 속에서 긴장을 일으키는 지점, 반대되는 힘, 모순은 무엇인가? 그것은 무엇을 드러내고 무엇을 억제하는가?" 차터지는 이런 질문이 "실증적 사회학적 이론이 아닌, 내가 이 연구를 수행하기 위해 제기하는 질문의 유형"이라고 선언한다.[24] 담론에 부여된 중심성과 민족주의에 대한 '사회학적' 설명(민족주의의 근본적인 사회적 또는 물질적 '원인'을 찾아 민족주의를 가장 잘 이해하고 설명할 수 있는 것으로 간주하는 설명)의 거부는 포스트 구조주의 학자와 포스트 식민주의 학자 모두 사회적, 물질적 현상이 우리가 그네를

---

[24] Partha Chatterjee, *Nationalist Thought and the Colonial World: A Derivative Discourse?*, (Delhi, 1986), p. 42.

설명하는 것과 독립적으로 존재하지 않는다는 주장을 반영한다. 어떤 사물을 사회적이거나 물질적인 것으로 표기하는 것은 이미 수동적인 '인정'이 아니라 세계에서 벌어지는 현상을 하나의 형태로 조직화하는 것, 즉 인지의 행위이다. 심지어 물질적 현상도 담론적으로 구성된다; 이는 그것이 우리의 분석적이고 서술적인 범주 밖에 존재하지 않는다는 것을 의미하지는 않지만, 그것들에 대한 접근은 이런 범주를 통해서만 가능함을 의미하는 한편 그것이 독립적으로 존재하는 것은 아니다. 이것은 토마스 쿤(Thomas Kuhn)이 오래 전에 주장한 것처럼 자연 세계, 즉 자연 과학에 대한 지식에도 해당한다;[25] 그리고 그것은 특히 인간의 창조물이며, 이미 인간의 목적과 의미가 내재하는 현상이다.

이 접근법에 따르면 '계급', '젠더', '민족주의'는 이전부터 세상에 존재하는 '사물(things)'이 아니며, 우리의 분석이 (그것을) 단순히 그 실체를 드러내거나 규명하는 것도 아니고, 오히려 우리가 (그것을) 이해하고 특징짓는 방식 때문에 그것들은 그 방식대로 존재한다. 그렇기에 어떤 사물을 '현실적으로' 만들어가는 것에 '뒤'나 '아래'를 붙이는 방식을 피할 수 있는 담론은 없다. 담론은 하나의 객체/현상이 우리에게 나타나는 방식을 구성하고 그것에 대해 생각하고 말할 수 있는 가능성의 영역을 구성한다. 사이드가 오리엔탈리즘이란 담론과 관련하여 보여주고자 했던 것처럼 말이다.

이런 보편적이고 추상적인 특징은 민족주의 연구와 특히 잘 들어맞는데 민족주의가 사상, 의식, 담론에서 매우 구체화하기 때문이다. 물론 이

---

25 Thomas Kuhn, *The Structure of Scientific Revolutions* (Chicago, 1962: 2nd, enlarged edition).

런 사상은 사회적 맥락에 존재하는 것이기도 하고 운동, 정당 등으로 구체화하며 왕왕 경제적·사회적 제도나 관행의 변화와 함께 진행된다. 따라서 민족주의에 대한 연구는 철학의 역사가 존재하는 방식처럼 사상사의 하나처럼 이뤄질 수도 없고, 이뤄지지도 않는다. 그렇다고 경제적 또는 사회적 변화가 우리에게 민족주의를 '설명'할 수 있는 것도 아니다. 중산층의 출현은 중산층이 스스로 하나의 민족에 소속감을 느끼는 생각과 민족주의적 요구를 표명했다는 점을 어느 정도 보여주는 것일 뿐, 민족주의의 역사에서는 단지 한 부분에 불과하다. 그렇지 않다면 이런 '사실'은 다른 역사(예를 들어 자본주의)의 일부에 불과하다. 차터지가 거부하는 민족주의에 '사회학적' 역사라는 표식을 붙이는 것은 순환논리에 민족주의를 끼워 넣는 것이다. 민족주의 이야기의 일부인 것의 식별/선택은 필연적으로 사상과 담론의 수준에서 일어난다; 하지만 이런 의식과 담론은 구체화한 사회적 형태와 관행에 부합하게 위치해야 하고 왕왕 설명된다. 위에서 제기한 사례를 계속 말하자면, 중산층 또는 그 일부가 민족주의적 요구를 제기하고 민족 국가를 추구하는 정당과 운동을 조직하거나 가입할 때만 이 모든 것이 민족주의 이야기의 일부가 되는 것이다. 이 이야기를 할 때 민족주의의 역사(그들은 설명과 인과성에 대한 특정 개념과 결합한 역사적 서사이기 때문에)는 이런 감정이나 생각이 '왜' 출현하게 되었는지 묻는다; 그런 다음 민족주의의 역사는 빈번하게 그리고 회고적으로, 이를테면 중산층의 부상이라는 측면에서 민족주의의 부상에 대한 '물질적' 또는 사회적 설명을 제시한다.[26]

---

26 참조. Sanjay Seth, 'Rewriting Histories of Nationalism: The Politics of 'Moderate Nationalism' in India, 1870-1905' *The American Historical Review* 104:1 (February 1999), pp. 95-97.

차터지가 계급, 경제적 변화 등이 중요하지 않다고 생각한 것은 아니다; 하지만 차터지는 그것이 '뒤에' 또는 '아래에' 있는 것이 아니라 민족주의 이야기의 일부이며, 그렇기에 그것은 민족주의를 설명하는 것으로 생각한다. 민족주의를 이해하기 위해 우리는 앞서 차터지의 인용문이 강조한 바와 같이 긴장과 모순을 포함하여 온갖 다양성과 복잡성을 지닌 민족주의 담론에 주의를 기울일 필요가 있다. 차터지는 가장 중요한 것은 인도 민족주의를 온갖 다양성과 단계에서 관통하면서 반식민지 민족주의를 보다 보편적인 관점에서 특징짓고 있는 긴장과 모순이라고 다음과 같이 주장한다: "민족주의 사상은 '근대적'이 되는 것에 동의하는 것으로써 지식의 '근대적 틀'의 보편성을 받아들인다. 그렇다. 이는 또 하나의 민족 문화의 자주적인 정체성을 주장한다. 따라서 그것은 인식론적 관점에서든 구술적 관점에서든 양자 모두 이방 문화의 지배력을 거의 동시에 거부하고 또 받아들인다."[27] 언뜻 보기에 이것은 존 플라메나츠(John Plamenatz), 엘리 케두리(Elie Kedourie), 톰 네언(Tom Nairn)을 비롯한 많은 학자에 의해 다른 방식으로 제기된 주장과 거의 다르지 않다:[28] 즉, '후발주자'의 민족주의는 절대적이고 환원할 수 없는 (민족적) '차이'를 주장하면서도 다른 사람들과 '닮고자' 하는 열망에 의해 활성화되며, 따라서 '선진적'이거나 지배적인 민족의 기준을 동시에 수용하고 거절하는 특징을 갖고 있다.

---

27 Partha Chatterjee, *Nationalist Thought and the Colonial World*, p. 11.

28 참조. John Plamenatz, 'Two Types of Nationalism' in Eugene Kamenka (ed.), *Nationalism: The Nature and Evolution of an Idea* (London: Edward Arnold, 1976); Elie Kedourie, *Nationalism* (London: Hutchinson, 1960); and Tom Nairn, 'The Modern Janus' in Idem (ed.) *The Break-up of Britain* (London, 1981, 2nd expanded edition), pp. 329-63.

하지만 이런 유사성이 존재하고 있음에도 차터지는 그 이상의 무엇을 주장한다. 실제로 차터지는 이론적 문제가 "부르주아 합리주의 사상의 범위 내에서 제기될 수 없는 문제"라는 점에 주목해야 한다고 강력히 주장했다. 왜냐하면 이른바 이성적, 과학적인 사상에 질문을 제기하는 것 자체가 권력(power)의 담론 안에서 이뤄지는 것이기 때문이다. 이는 바로 보편성, "모두가 나면서부터 갖는 것", 그런 사상의 주권에 의문을 제기하는 것이며, 그 사상의 뿌리로 나아가는 것이기에 그것을 근본적으로 비판하는 것이다. 이는 단지 군사력이나 산업적 역량이 아니라 지배하고 종속시킬 수 있는 사상 그 자체일 가능성을 차단하는 것이다. 그것은 정치권력의 전쟁터에서 역사적, 철학적, 과학적 담론의 분야에 접근하기 위함이었다.[29]

여기에서 푸코와 사이드의 영향이 분명해진다. 서구에서 최초로 나타난 근대성에 대한 과학적, 합리적 사고는 세계의 진리가 무엇인지에 대한 '발견'으로 다뤄진 것이 아니라, 특정 역사적 시기에 특정 문화에 대한 신념을 조직화하는 것으로 불가지론적 관점에서 접근되었다. 그 자연은 의미와 목적이 없고 단순히 맹목적인 물리적 법칙에 종속되며, 반대로 완전히 의미와 목적과 욕망의 영역인 '문화'의 대상이나 영역만이 존재했다; 개인은 사회적 영역의 가장 기본적인 현실이다; 신은 '믿음'의 문제이지 지식의 대상이 아니며, 세계에 존재하는 유일한 행위자조차도 되지 못했다; 이것들은 모두 초역사적이고 초문화적 '진리'의 '발견'이 아닌 세계를 구성하고 거주하는 문화적으로 또 역사적으로 특정한 방식으로 취급된다. 민족주의는 주권, 시민권 등 대개 '발전', '민주주의' 등

---

29 Partha Chatterjee, *Nationalist Thought and the Colonial* World, p. 11.

을 추구하는 프로젝트로서 이런 지식을 수용하고, '사고'하며 정당화하는 데 이용되었다. 그러나 그렇게 함으로써 민족주의는 목표를 채택하고 공동체의 도덕적, 인식론적 기준에 잘 부합하지 않을 수 있는 정당화의 절차를 이용하는데, 이때 공동체는 개인이나 또 다른 존재로 구성되어 본성을 환멸하지 않을 수 있는 공동체를 가리킨다. 이 지식을 인식의 지평선으로 받아들이고 그 프로젝트를 합법화에 사용하는 한, 당연히 이 딜레마와 모순은 모든 민족주의 사상을 특징짓게 될 것이다.

이 딜레마가 협상되는 방식은 민족주의의 역사적 순간과 민족주의와 얽힌 다른 가닥이나 다양성에 따라 크게 다르다. 차터지의 저서 대부분은 인도 민족주의의 가장 저명한 지도자이거나 사상가인 세 사람, 반킴찬드라 차터지(Bankimchandra Chatterjee), 모한다스 카람치 간디(Mohandas Karamch Gandhi)와 자와할랄 네루(Jawaharlal Nehru)에 대한 연구와 이런 모순이 그네들의 민족주의 사상이 모순점을 드러냈던 다양한 (또 상이한) 방식이 무엇이었는지에 대한 연구로 이루어져 있다. 그러나 이런 중요한 차이점에도 불구하고 차터지는 반식민주의적 민족주의가 "그 표상 구조가 민족주의 사상이 거부하는 권력 구조에 상응하는 지식의 틀 내에서 추론"하는 한, 이 모순은 "엄격하게 민족주의적 틀 내에서… 식민지 국가에서 민족적 문제의 이론적 불용성을 사상의 영역에서 나타낸다"고 주장한다.[30] 인도에서 그랬던 것처럼 1947년 식민주의의 종식 및 독립의 성취와 함께 반식민주의 민족주의가 승리하는 곳에서도 이 승리는 부분적이고 모순된 것이었다; 민족주의가 말하는 이름의 '차이'는 사고방식과 정치 형태에 활용되어 이런 차이를 약화시키고(또는 약화하는) 그것을 서

---

30 Partha Chatterjee, *Nationalist Thought and the Colonial* World, pp. 38, 39.

구 근대성의 범주와 제도에 맞게 재구성했다. 요컨대 반식민주의 민족주의의 승리는 동시에 서구 자본주의적 근대성의 인식적 범주와 제도에 대한 계속적이고 심지어 강화된 종속을 나타낼 수 있다.

　이 주장은 차터지의 후속 저서인 『민족과 파편: 식민지와 탈식민지 역사(*The Nation and its Fragments: Colonial and Postcolonial Histories*)』에서 더욱 발전되고 또 그 강조점이 바뀌었다. 베네딕트 앤더슨(Benedict Anderson)의 엄청나게 영향력 있는 『상상된 공동체(*Imagined Communities*)』에 문제를 제기하면서 차터지는 민족을 '상상하는(imagining)' 다양한 모델이나 유형이 유럽과 아메리카에서 생겨난 것이 아니었으며, 그런즉 아시아와 아프리카가 해야 할 일은 이미 존재하고 있었던 모델 중 하나를 채택하는 것뿐이었다고 주장했다. 차터지는 앤더슨의 주장에 반대하는 이유가 '감상적'이기 때문이 아니라, '아시아와 아프리카에서 민족주의적 상상력의 가장 창의적인 결과는 정체성이 아니라 근대 서구에 의해 전파된 민족사회의 '모듈적(modular)' 형태와의 차이를 단정하는 것'에 있음을 증거가 보여주기 때문이라 주장한다.[31] 이것은 (앤더슨뿐만 아니라) 학자가 정치 운동으로서의 민족주의와 주권 국가를 세우려는 열망에만 집중했기 때문에 간과되어 온 부분이다. 우리가 이것에만 초점을 맞춘다면 아시아와 아프리카의 민족주의는 실제로 유럽의 선례를 모델로 하고 있으며, 아시아와 아프리카의 독립된 탈식민 국가들은 유럽과 아메리카의 국가와 매우 흡사하다. 여기에는 민족이 이미 예상하지 못한 방식으로 '상상'되었다는 증거가 실제로 거의 없다.

　그러나 이것은 반식민주의적 민족주의의 특징적인 점을 바로 간과하

---

31 Partha Chatterjee, *The Nation and its Fragments: Colonial and Postcolonial Histories* (Princeton, 1993), p. 5.

는 것이다: 즉 민족주의가 두 가지 수준에서 작동했고, 그중 하나인 정치적 수준은 선례를 모방했던 것에 불과했다. 반식민주의 민족주의는 사회세계를 물질적 영역과 정신적 영역, 즉 '외부(outside)'와 '내부(inside)'로 나누었다. 물질은 서구가 정복하고 식민화할 수 있게 하는 제도와 관행의 영역이었고—과학과 기술, 경제, 국가 기술을 포함하여—식민지 지배자가 전복되려면 이를 모방해야 했다. 언어와 문학, 음악, 연극과 예술, 성별과 가족 관계를 아우르는 '영적' 또는 '내부' 영역은 문화적 정체성의 본질이 거짓말을 하고 있다고 선언된 곳이며, 여기에는 모방이 없어야 했다. 실제로 "물질적 영역에서 서구의 기술을 모방하는 데 성공할수록… 정신문화의 고유함을 보존할 필요성이 커진다."[32] '영적' 또는 '내적' 영역은 서구화가 일어나서는 안 되는 영역이었고, 반식민적 민족주의는 정치적 주권이 추구되기 전에도 식민지 국가가 여기에 간섭할 권리가 없다고 주장하면서 이 영역에 대한 주권을 선언했다.

다른 경우와 마찬가지로 이 경우에도 차터지는 인도의 자료를 참조하여 주장을 전개하지만, 그의 주장은 영적/물질적 구별이 모든 반식민주의 민족주의에 해당한다는 것이다. 그리고 서구의 식민화를 당했거나 그럴 위험에 처한 많은 국가가 서구의 과학, 기술, 관료적/국가 조직을 모방하려고 노력하면서 민족 문화 정체성의 표식으로 간주하는 제도와 관행이 유지되고 보호되어야 한다고 열렬히 주장한 것은 분명한 사실이다. 따라서 19세기 중국의 개혁가는 중국이 서구의 약탈에 저항할 수 있도록 변화를 촉구하면서 '본질'과 '효용'을 구별했다; 중국의 본질은 보존되어야 했고, 서양의 '유용한' 지식과 관행은 배우고 자유롭게 빌릴 필요가 있었

---

32 Partha Chatterjee, *The Nation and its Fragments*, p. 6.

다. 일본에서 메이지 유신(明治維新) 동안 '근대화'를 추구하여 인도나 중국의 운명을 피하려고 했던 와콘요사이(和魂洋才: 일본 고유의 정신에서 양학의 지식을 겸비함)의 슬로건은 서양 기술을 습득하기 위한 유사한 노력이었고, 이는 서구가 '되기 위함(그렇게 '일본성'을 잃게 되는 것)'이라기보다는 오히려 정확히는 일본 정체성의 핵심이라고 여겨지는 것을 보존하기 위한 수단이었다.

물질적/정신적 또는 외적/내적 구분은 부르주아 사회의 공적/사적을 구분하는 특징과 동일하지 않았다. 예를 들어 문화와 예술은 '사적'이 아니지만, 반식민지 민족주의에서는 '내적' 영역에 속하는 것으로 취급되었다. 내적/외적 또는 정신적/물질적 구별도 근대적/전통적 구별과 동일하지 않다. '정신적' 영역은 반식민지 민족주의가 '보존'하려고 했던 불변의 전통 중 하나가 아니었기 때문이다. 반대로 차터지는 이 영역에서 "민족주의는 가장 강력하고 창의적이며 역사적으로 중요한 프로젝트를 시작한다. 그럼에도 불구하고 서구적이지는 않은 '근대적' 민족 문화를 형성하는 것"[33]이라고 말한다. 반식민주의 민족주의를 특징짓는 것은 근대적이면서도 차별성을 유지하고자 하는 열망으로 인해 까다롭고 때로는 모순된 프로젝트였다: 한 인도 민족주의자는 "우리는 영국인이나 독일인, 미국인이나 일본인이 되기를 원하지 않는다… 우리는 인도인이 되기를 원하지만, 근대적이고, 최신식이며, 진보적인 인도인이 되고 싶다"라고 말했다.[34]

다음으로는 여성의 재창조를 위한 민족주의 프로젝트에서 이를 볼 수 있다. '여성 문제'는 민족주의의 부상과 함께 많은 논쟁거리가 되었는데,

---

33 Partha Chatterjee, *The Nation and its Fragments*, p. 6.

34 Lajpat Rai, *The Problem of National Education in India* (London, 1920), p. 75.

물질적/정신적, 내적/외부적 구분이 여성과 '연관되기' 때문이다. 민족
주의자는 여성을 민족 정체성의 가장 필수적인 보고이자 기표로 취급하
면서도 동시에 여성을 '후진적'이며 근대적이지 못한 존재로 여겼고, 이
에 따라 민족이 식민통치를 떨쳐내지 못하게 한 후진성에 기여하는 것
으로 보았다. 이제 '여성 문제'가 민족주의 논쟁에서 가정하게 된 중심
성을 탐구하고 여성을 근대적으로 만들려는 시도를 표시한 긴장을 도
표화하는 동시에 그것이 민족 문화와 본질에 대한 구현으로 기능할 것
을 보장하는 일군의 작업(일부는 차터지의 영향을 받은 것임)을 살펴보자. 데니스
칸디요티(Deniz Kandiyoti), 라일라 아부루고드(Lila Abu-Lughod), 마고 바드란
(Margot Badran), 베스 바론(Beth Baron)은 중동에서 여성과 민족의 관계가 어
떻게 상상되고 논의되었는지를 조사한 중요 저작을 출판했다.[35] 이 일반
적인 주제에 대해서는 중국의 공화주의 및 공산주의 운동과 혁명과 관
련해서도 중요한 문헌이 있으며, 일본에 대해서는 그런 연구가 증가하고
있다.[36] 또한 식민지 인도에 대한 연구가 상당 부분 존재하며[37] 더 일반적
이거나 비교적인 조사도 있다.[38]

---

35 Beth Baron, *Egypt as a Woman: Nationalism, Gender and Politics* (Berkeley, 2005);
Deniz Kandiyoti (ed.), *Gendering the Middle East: Alternative Perspectives* (New
York, 1996); Lila Abu-Lughod (ed.), *Remaking Women: Feminism and Modernity
in the Middle East* (Princeton, 1998); Margot Badran, *Feminists, Islam and Nation:
Gender and the Making of Modern Egypt* (Princeton, 1995).

36 Joan Judge, *The Precious Raft of History: The Past, the West, and the Woman
Question in China* (Stanford, 2008); Christina Gilmartin, *Engendering the Chinese
Revolution* (Berkeley, 1995); Gail Hershatter, *Women in China's Long Twentieth
Century* (Berkeley, 2007); Mara Patessio, *Women and Public Life in Early Meiji
Japan: The Development of the Feminist Movement* (Ann Arbor, 2011); Andrea
Germer, Vera Mackie and Ulrike Wöhr (eds.), *Gender, Nation and State in Modern
Japan* (London/New York, 2014).

차터지의 주장은 민족주의가 새로운 형태의 공동체를 창조했으므로, 서구 민족주의의 파생물이나 모방작도 아니라는 것이다. 비서구 문화와 공동체의 형태는 서구의 그것과는 달랐고, 이 차이는 반식민지 투쟁 과정에서 지워지지 않고 모순과 긴장에도 불구하고 창조적으로 재구성되었다. 민족주의에 대한 차터지의 역사적 설명은 초창기 저작 『민족주의 사상과 식민지 세계: 파생된 담론?』보다 어떤 면에서 더 감상적이다. 그러나 차터지의 요점은 민족주의적 상상하기의 창조적인 측면을 상당히 간과하기 쉽다는 점에 있는데, 이는 하나의 정치 프로젝트로서 민족주의가 이런 창조적 상상을 국기, 국가 등 모든 것을 갖춘 독립적인 주권 국가를 세우고자 하는 목표에 활용했기 때문이었다. 따라서 반식민주의 민족주의는 왕왕 새로운 형태의 공동체를 창출했지만, 이런 형태를 국가의 '구식' 형태 아래에 포함했다. 차터지가 애절하게 표현한 것처럼 "자주적인 형태의 공동체 상상하기는 포스트 식민주의 국가의 역사에 압도되고 또 집어삼켜졌으며, 그리고 여전히 지금도 계속되고 있다. 여기에 우리의 탈식민적 불행의 뿌리가 있다: 새로운 형태의 공동체를 생각해 낼 능력이 없는 것이 아니라 근대 국가의 오래된 형태에 우리가 굴복하고 만 것

---

37 Kumkum Sangari and Sudesh Vaid (eds.), *Recasting Women* (New Brunswick, 1990); Mrinalini Sinha, *Specters of Mother India: The Global Restructuring of an Empire* (Durham, 2007); Sumit Sarkar and Tanika Sarkar (eds.), *Women and Social Reform in Modern India: A Reader* (Bloomington, 2008); Tanika Sarkar, *Hindu Wife, Hindu Nation* (Bloomington, 2001).

38 참조. Deniz Kandiyoti, 'Identity and its Discontents: Women and the Nation' in Patrick Williams and Laura Chrisman (eds.), *Colonial Discourse and Postcolonial Theory: A Reader* (New York, 1994); Antoinette Burton (ed.), *Gender, Sexuality and Colonial Modernities*, (New Brunswick, 1999); and Sanjay Seth, 'Nationalism, Modernity, and the 'Woman Question' in India and China', *Journal of Asian Studies* 72:2 (May 2013), pp. 273-97.

이다."[39] 그게 아니라면 또 다른 탈식민지 이론가 산자이 세스(Sanjay Seth)
가 말했듯이

> 민족 국가는 권위와 사람들, 관습과 법률, 지식과 실천 사이의 특정
> 관계를 전제로 하고 (그리고 창조를 도우며); 자의식과 공동체의 어떠한 형
> 태도 전제로 하는데… 민족 국가는 무엇이든 담아내는 빈 그릇이 아니
> 다; 민족 국가는 고유한 내용물로 채워져 있으며… [그렇기에] 민족,
> 국가, 근대성의 틀과 일치하거나 '들어맞는(fit)' 열망을 표현하는 수단
> 으로 사용될 수 없다; 또 실로 민족 국가는 정치 공동체와 문화에 대해
> 서구적이고 파생적인 것이 아닌 자생적인 무엇을 회복하고 표현하는
> 수단으로는 부적절하다고 할 수 있다.[40]

결론: 포스트 식민주의의 영향

서발턴 연구는 민족주의 연구를 비롯한 학계 전반에 중요한 영향을 미
쳤다. 처음에는 인도 역사 연구에만 영향을 미치다가 1988년에 미국에
서 1권부터 5권까지를 간추린 논문집이 출판된 것을 계기로 "미국 학계
에 큰 영향을 미쳤다."[41] 서발턴 연구의 영향은 인도 학계 훨씬 너머로 확
장되었으며, 특히 라틴 아메리카 연구에 영향을 미쳤는데, 1993년 인도

---

39 Partha Chatterjee, *The Nation and its Fragments: Colonial and Postcolonial Histories*, p. 11.

40 Sanjay Seth, 'A 'Postcolonial World'?', in Greg Fry and Jacinta O'Hagan (eds.), *Contending Images of World Politics* (London, 2000), p. 221.

서발턴 집단에서 영감을 받아 라틴 아메리카 학자 집단이 '라틴 아메리카의 서발턴 연구에 전념하는 유사 프로젝트'를 설립했으며,[42] 플로렌시아 말론(Florencia Mallon)은 페루와 멕시코 그리고 그네들의 정신을 대중 민족주의 관점에서 분석한 새로운 해석을 제시했다.[43] 라틴 아메리카의 몇몇 학자는 라틴 아메리카와 식민주의-근대성의 특수성은 포스트 식민주의의 틀 안에서만 고려될 수 없다고 주장했다: 사라 카스트로 클라렌(Sara Castro-Klaren)은 다음과 같이 썼다. 세계 체제로서의 근대적/식민지적 시작점은 아메리카 인디언 사회에 대한 스페인 정복의 시대로 소급되어야만 하는 것이지, 포스트 식민주의가 잘못 가정하는 것처럼 계몽주의와 18, 19세기 아시아와 아프리카에 대한 식민지 정복으로 소급되어서는 안 된다.[44] 알려진 바와 같이 포스트 식민주의 이론은 라틴 아메리카를 다루는 연구에서 중요한 흐름의 하나이며, 이는 포스트 식민주의 이론과 같이 반(反)유럽 중심적 비판 에너지와 유사한 무엇에서 파생된 것이기도 하나, 유럽중심주의와는 확연하게 구별되는 것이다.[45]

---

41 Vinayak Chaturvedi, 'Introduction' in Vinayak Chaturvedi (ed.), *Mapping Subaltern Studies and the Postcolonial*, p. xii; *Selected Subaltern Studies*, edited by Ranajit Guha and Gayatri Chakravorty Spivak (Oxford, 1988); Ranajit Guha (ed.), *A Subaltern Studies Reader: 1986-1995* (Minneapolis, 1997).

42 "Founding Statement: Latin American Subaltern Studies Group", *boundary 2* 20:3 (1993). See also *Dispositio*, special issue on 'Subaltern Studies in the Americas' 19:46 (1994); F.E. Mallon, "The promise and dilemma of subaltern studies: perspectives from Latin American history" *The American Historical Review* 99:5 (December 1994), pp. 1491-1515; and Ileana Rodriguez (ed.), *The Latin American Subaltern Studies Reader* (Durham, 2001).

43 Florencia E. Mallon, *Peasant and Nation: The Making of Postcolonial Mexico and Peru* (Berkeley, 1995).

44 Sara Castro-Klaren, 'Posting Letters: Writing in the Andes and the Paradoxes of the Postcolonial Debate' in Mabel Morana, Enrique Dussel and Carlos Jauregui (eds.), *Coloniality at Large: Latin America and the Postcolonial Debate* (Durham, 2008).

포스트 식민주의 이론은 중국이나 일본의 학문에 큰 영향을 미치지 않았지만, 프라센짓 두아라(Prasenjit Duara)의 『민족으로부터 역사 구출하기: 근대 중국의 서사에 질문하기(Rescueing History from the Nation: Questioning Narratives of Modern China)』는 역사를 민족 국가의 전기로 환원시키는 것에 도전하는, 하나의 중요한 예외적 사례이다.[46] 아프리카 연구에서 포스트 식민주의 이론은 포스트 식민화와 민족주의 연구보다는 현대 아프리카 연구에 중대한 영향을 미쳤다. 여기에는 현대의 아프리카와 포스트 식민지가 서구에 '뒤처진' 것으로 이해되어서는 안 되며, 오히려 서구의 미래를 예고하는 것으로 이해되어야 한다고 주장한 존 코마로프(John Comaroff)와 장 코마로프(Jean Comaroff)의 중요한 작업이 포함된다: "지난 2세기 동안 받아들여졌던 유럽 근대주의적 서사와 달리—남반구는 세계 보편 역사(Universal History)의 곡선을 뒤따르며 추적하기에 바빴고, 언제나 열세에 있었으며, 늘 따라잡으려 애만 쓰고 있었다는 것—그 반대의 역을 생각할 이유가 충분하게 존재한다: 즉 오늘날 자본주의와 근대성의 예측할 수 없고 확신하기도 어려운 변증법을 고려할 때, 남반구는 왕왕 세계의 역사를 추동하는 힘의 영향을 가장 먼저 느끼는 곳이기도 하며… 그렇기에 북반구의 미래를 예고하는 것이기도 하다."[47]

민족주의의 역사에 관한 한 서발턴 연구의 영향, 아마도 더 일반적으로 포스트 식민주의의 영향은 분명 이전보다 덜하다. 2000년대의 반식

---

45 참조. Walter D. Mignolo, *The Darker Side of the Renaissance: Literacy, Territoriality, and Colonization* (Ann Arbor, second edition, 2003) and *Local Histories/Global Designs: Coloniality, Subaltern Knowledges, and Border Thinking* (Princeton, 2000).

46 Prasenjit Duara, *Rescuing History from the Nation: Questioning Narratives of Modern China* (Chicago, 1995), chapter 7. 또 Sanjay Seth, 'Nationalism, Modernity, and the 'Woman Question'' pp. 288-93을 참조.

민주의 민족주의에 관한 글은 1980년대와 1990년대 인도 민족주의에 대한 논쟁을 지배했던 주제를 되풀이하지 않는다. 그러나 한때는 상대적으로 참신했던 특정 주제와 분석이 이제는 공공연히 포스트 식민주의를 주창하는 학자보다 훨씬 더 많은 영향력을 행사한다는 점은 서발턴 연구와 포스트 식민주의의 영향을 가늠하는 척도이다. 그와 같은 분석은 세 가지로 추릴 수 있다.

첫째, 오늘날 민족주의에 대한 연구는 민족주의의 '기저에 있는' 경제적, 사회적 원인을 찾는 경향이 거의 없기에 민족주의 사상과 담론도 부차적인 것으로 취급한다. 이것은 많은 지적 영향의 결과이지만 포스트 식민주의가 이런 영향 중 하나였음은 분명하다. 둘째, 아마도 가장 중요한 것은 민족주의를 포함하여 비서구 세계의 '차이'가 이제 더 널리 인정되고 탐구된다는 것이다. 물론 비서구인이 아주 오랫동안—적어도 식민시대 초기부터—다른 무엇으로 여겨져 온 것은 사실이다. 그러나 포스트 식민지학이 주목한 '차이'는 본질주의적, 존재론적, 본질적으로 인종주의적 차이가 아니다. "동양은 동양 그리고 서양은 서양, 그렇게 그 둘은 결코 만나지 못할 것이다." 그리고 그것은 비서구 세계가 '근대화'와 계몽의 초기이자 낮은 단계에 있다는 역사적 발전의 단계적 발전주의적 이론에 의해 인식될 수 있는 '차이'도 아니었다. 오랫동안 이런 근대주의적 관점이 역사학을 지배했고,[48] 비서구의 역사를 쓰는 것은 비서

---

47 참조. Jean Comaroff and John L. Comaroff, *Theory from the South: Or, How Euro-America is Evolving Toward Africa* (Boulder and London, 2012), p. 12; Jean Comaroff and John L. Comaroff (eds.), *Law and Disorder in the Postcolony* (Chicago, 2006) and Achille Mbembe, *On the Postcolony* (Berkeley, 2001); Pal Ahluwalia *Out of Africa: Post-structuralism's Colonial Roots* (London/New York, 2010).
48 이 책의 제4장 참조.

구의 '결핍'과 결점을 찾는 일이었고, 서구가 이미 도착해있는 '이행'이란 과정이 얼마나 진척되었는지를 기술하는 것이었으며, 이 모든 것은 서구에서 처음 일어난 일이 마침내 나머지 세계를 재조형할 것이라는 가정에 부합하는 것이었다. 두 가지 선택지가 있는 것 같았다. 비서구를 '존재론적으로' 다른(그리고 낮은) 것, 그게 아니라면 원칙상 비슷한 것이지만 역사적으로 서구를 '따라갈 필요를' 지닌 '뒤처진' 것으로 간주하는 것이었다.

포스트 식민주의 이론의 공헌 중 하나는 이 두 가지 불쾌한 선택이 우리의 지적 선택권을 소진하지 않을 수도 있다는 점이다. 포스트 식민주의 학문은 비서구가 '아직' 근대적이지 않고 완전히 합리적이지 않은 점때문에 다르지 않다는 것을 보여주려고 노력했지만, 자본과 근대성의 글로벌화는 그 차이를 없애지 못했고, 우리가 순수이성이라 간주하는 것은 마침내 발견된 '올바른' 방식이 아니라 개념화되고 이해하며 거주하고 있는 세계를 역사적으로 그리고 문화적으로 특정하는 방식의 하나였다. 식민주의가 주요 메커니즘 중 하나였던 자본주의의 확산은 많은 면에서 비서구 세계를 실제로 변화시켰다: 그러나 서구 근대성과 일치하지 않는 집단적 삶에 대한 사고, 생활 및 구상의 형태가 항상 역사의 쓰레기통으로 들어갔던 것은 아니다. 따라서 비서구를 서구가 거쳐온 초기적 형태의 하나로, 또는 서구처럼 되기 위해 '그 길을 따라가고 있는' 것이 아닌 오히려 근대의 일부나 반드시 근대성의 서구적 형태와 같은 무엇을 필요로 하지 않는 그 시대의 생활 방식과 사상을 구현하는 무엇으로 연구할 필요가 있다. 여기에는 반식민주의 민족주의가 포함되는데, 이는 비서구 민족을 서구의 열등한 버전으로 간주하고 취급하는 보다 명백하고 인종주의적인 형태에 성공적으로 도전했지만, 서구 근대성의 인식론적, 도덕적 가정에서 완전히 해방되었다고 보기에는 한계가 있다.

마지막으로 세 번째, 만약 비서구 국가가 서구와 '다른' 방식으로 존재할 수 있다면, 더 나아가 우리가 '순수이성(Reason)'으로 받아들이는 무엇이 진리가 아니라 '앎'을 문화적으로 그리고 역사적으로 설명하는 한 가지 방식일 뿐이라는 게 밝혀진다면, 고로 우리가 비서구 세계를 이해하고자 분석적 범주를 따르는 것은 그 분석적 범주의 목적과 언제나 부합하는 것은 아닐 것이다. 꽤 최근에 이루어진 포스트 식민주의 이론화의 대부분은 이런 가능성을 탐구하는 데 관심을 기울였다. 예를 들어 왜 비서구인이 '시민 사회'라는 독특하고 심지어는 역기능적인 형태처럼 보이는 것을 가지고 있는 것처럼 묻는 것만이 아니라, 왜 비서구인의 자기 이익을 최대화하려는 개인이 결핍되어 있는 것처럼 보이는지를 묻고, 더 나아가 이런 분석의 범주가 비서구 사회를 이해하는 데 조금이나마 도움이 되는지 아닌지를 질문한다. 가장 중요한 최근 작업 중 하나는 서발턴 연구 집단의 학자 중 하나인 디페시 차크라바티(Dipesh Chakrabarty)의 연구로, 차크라바티는 '유럽 생활 세계의 맥락에서 정치적 근대성을 개념화하는 데 있어 특정 유럽 사회 정치적 범주의 능력과 한계를 탐구'하고자 했으며,[49] 인문학의 중심 범주 중 많은 부분이 유럽의 역사와 경험에서 비롯된 것이지 언제나 일반화되고 비유럽적 역사적 맥락에 적용할 수 있는 게 아니라는 결론을 맺었다. 아킬레 음벰베(Achille Mbembe)도 비슷하게 다음과 같이 주장했다: "그 자신을 서구의 근대성에 대한 하나의 적확한 초상—즉 순수하게 지역적인 관습에서 출발한 것

---

49 참조. Dipesh Chakrabarty, *Provincializing Europe: Postcolonial Thought and Historical Difference* (Princeton, 2000), p. 20; Sanjay Seth, *Subject Lessons: The Western Education of Colonial India* (Durham, 2007).

으로—그리고 보편적인 문법처럼 정의함으로써, 사회 이론은 언제나 어느 한 지방주의에 대한 관용구에 기원을 둔 일반화를 언제나 하는 것이라 비판받아 왔고… [그렇기에 사회 이론의 경우] 비서구적 대상을 이해하는 데 극심한 어려움을 겪어온 것으로 판명되었다."[50] 그런 질문은 역사학이란 학문 자체로 확장되었다. 일부 최근 연구는 근대 역사학이 서구적 산물의 하나라는 점을 고려할 때 인도의 과거를 이해하는 방법으로서 적절하고 유용한 것인지 아닌지를 질문하고 있다.[51] 이런 점에서 포스트 식민지주의 이론화가 본격화되었다고 할 수 있다. 처음에 역사를 다르게 쓰려는 시도로 시작된 것이 부분적으로 역사학에 대한 비판적인 질문이 되어버린 것이다.

더 읽을거리

Chakrabarty, Dipesh, *Habitations of Modernity: Essays in the Wake of Subaltern Studies*, Chicago: University of Chicago Press, 2002.

Chakrabarty, Dipesh, *Provincializing Europe: Postcolonial Thought and Historical Difference*, Princeton: Princeton University Press, 2000.

Chatterjee, Partha, *Nationalist Thought and the Colonial World: A Derivative*

---

50 Achille Mbembe, *On the Postcolony*, p. 11.

51 참조. Dipesh Chakrabarty, 'Minority Histories, Subaltern Pasts' *Postcolonial Studies* 1:1 (1998); and Sanjay Seth, 'Reason or Reasoning?: Clio or Siva', *Social Text* 78 (Spring 2004); and the special issue of *Postcolonial Studies* on 'Historiography and non-Western Pasts' 11:2 (June 2008).

Discourse?, Delhi: Oxford University Press, 1986.

Chatterjee, Partha, *The Nation and its Fragments: Colonial and Postcolonial Histories*, Princeton: Princeton University Press, 1993.

Chaturvedi, Vinayak (ed.), *Mapping Subaltern Studies and the Postcolonial*, London: Verso, 2000.

Gandhi, Leela, *Postcolonial Theory: A Critical Introduction*, Edinburgh: Edinburgh University Press, 1998.

Majumdar, Rochana, *Writing Postcolonial History*, London: Bloomsbury Academic, 2010.

Said, Edward, *Orientalism*, 1978; London: Penguin, 2003.

Young, Robert J.C., *Postcolonialism: An Historical Introduction*, Wiley-Blackwell, 2016.

9장

민족주의에 대한 인지적, 정신분석적 접근법

스티븐 J. 모크(Steven J. Mock)

서론: 두뇌 속 민족들

'민족과 민족주의'의 역사를 논하는 데 있어 중요한 술어 중 '정체성(identity)'이 가장 많은 문제를 일으키고 있다는 점은 분명한 사실이다. 심리학에 기원을 두고 있는 이 술어는 어떤 사람을 구별할 수 있게 하는 무엇으로 정의된다: 외부 세계와 분리된 주체적 자아를 인식하는 것처럼. 하지만 민족주의를 연구할 때 정체성은 개별적 존재를 포괄하는 민족 집단을 정의하는 속성을 지칭하기 위해서 겉보기에 반대되는 의미로 사용되는 경향이 많다. 그러나 정체성이란 술어와 얽힌 이런 두 가지 의미는 가시적으로 드러나는 차이만큼 상반되는 것은 아닐 수도 있다. 내가 세상 어디에 존재하는지 알고자 하는 사람이 자신의 사회적 환경을 기준으로 삼는 것은 자연스러운 일이다. "나는 누구인가?"라는 질문은 많은 경우 "우리는 누구인가?"라는 질문을 통해 답해야 한다. 그러나 개인과 집단의 정체성이 어떻게 상호작용하고 서로 관련되는지에 대한 명확한 인식이 없다면, 이런 개념의 합성은 혼란을 야기할 수 있다.

민족 역사와 민족주의 역사를 쓰려는 초기의 노력은 민족(nation)을 인격과 주체(작인)를 가진 개체로 취급하면서 '민족적 명예', '민족적 성격' 또는 '민족정신'과 같은 술어를 자주 사용하는 경향을 보였다. 심리학의 발전, 특히 행동주의의 부상과 2차 세계대전 이후 수십 년 동안 사회과학에 대한 영향으로 인해 매우 의인화된 언어를 사용하는 방식은 뒤로 물러났다. 역사와 정치 연구에 객관적인 정량적 방법을 적용하려는 노력은 집단이 집단적 인격체로 생각하고 느낄 수 있다는 개념을 일축하는 결과를 낳았다. 민족은 정신을 가지고 있지 않으며 민족을 구성하는 개인의 정신만 존재한다. 따라서 민족은 자신의 태도, 생각, 감정을 가질 수 없다. 그리고 개인의 태도, 생각, 감정이 문서화되고 측정될 수 있는 한, 민족을 집단적 행위자로 취급하여 은유 이상으로 다루기에는 너무 다양하고 파편화되어 있음이 판명되었다. 루츠 니트하머(Lutz Niethammer)는 집단적 정체성이란 바로 그 개념 자체가 근대성의 창조물이라고 주장했다; 집단적 정체성이란 공동체가 더욱 안정적인 종교적 또는 전통적 규범과 소속에 의해 정당화되었던 시기에는 필요하지 않았던 방식이며, 공동체 구성원 사이의 엄청난 차이의 현실을 모호하게 하기 위해 본질적인 공통성의 자의적인 기표를 수용하는 행위 등을 집단으로 행사하는 것을 말한다.[1]

이런 환원주의(reductionism)에 대한 두려움으로 인해 학자는 구조와 제도에 초점을 맞추기 위해 집단 현상에 대한 심리학적 설명을 외면했다.

---

1 Lutz Niethammer, 'The infancy of Tarzan' *New Left Review* 19 (2003), p. 79.

공유된 사상과 감정의 중요성을 강조하는 연구자조차도 다양한 다수의 정신에서 무슨 일이 일어나고 있는지에 대해 이론화하는 것을 꺼린다. 그러나 중대한 요소를 문서화하고 측정하는 데 어려움이 있다고 하여 이를 무시하는 것은 잘못된 것이다. 문화, 정체성, 이데올로기와 같은 공유 개념을 일절 언급하지도 않고 집단행동을 할 수 있는 인간의 역량, 즉 사람이 하나의 집단으로 결집하기 위해 개인의 필요와 관심을 어떻게 그리고 왜 제쳐놓는지를 이해하는 것은 불가능하다. 민족주의 연구자는 민족 동원의 핵심에 있는 감정을 다루지 않고는 현상을 설명하기 어렵다는 것을 오랫동안 인정해 왔다. 예를 들어 그레고리 유스다니스(Gregory Jusdanis)는 이렇게 썼다: "감정, 태도, 충성심에 대한 언급은 정체성의 매우 본능적인 차원을 강조한다. 민족주의는 사람의 정신과 신경과 내장을 통해 작동한다. 그것은 몸을 통한 문화의 표현이다."[2] 에르네스트 르낭(Ernest Renan)은 1882년 '민족이란 무엇인가?(What is a Nation)'라는 강의에서 민족을 "매일의 국민투표(daily plebiscite)"로 묘사하면서 "공통적인 삶을 지속하려는 선명하게 표현된 욕구"[3] 없이는 민족이 존재할 수 없다고 설명했다. 수십 년 후, 막스 베버(Max Weber)는 사회학적 분석의 필수 단위를 분석하면서 민족을 국가의 유형적 도구와 대조되는 추상적인 '연대감(sentiment of solidarity)'이라 표현했다.[4] 베네딕트 앤더슨(Benedict Anderson)은 민족을 '상상된 공동체(imagined community)'의 한 형태로 묘사한 반면,[5]

---

2 Gregory Jusdanis, *The necessary nation* (Princeton, 2001), p. 31.

3 Michael Billig, *Banal nationalism* (London, 1995), p. 95에서 재인용.

4 Max Weber, *From Max Weber: Essays in Sociology* (Oxford, 1946), p. 176.

5 Benedict Anderson, *Imagined Communities: Reflections on the Origin and Spread of Nationalism* (New York, 1991).

에릭 홉스봄(Eric Hobsbawm)은 '전통의 발명(invention of tradition)'이라 말하는 것을 선호했는데,[6] 이는 민족을 종족적 신화와 기억의 진정한 모체에 의존한다고 주장한 앤서니 스미스(Anthony Smith)와 대조를 이룬다.[7]

욕구(Desire), 감정(sentiment), 상상(imagination), 발명(invention), 기억(memory). 이 모두는 궁극적으로 정신의 속성이다. 우리가 좋든 싫든 민족과 민족주의라는 주제를 다루는 동안은 누구도 예외 없이 최소한 묵시적으로나마 정신 관련 이론을 통해서 연구하고 있는 셈이다. 이런 이론을 의도적으로, 비판적으로, 또 열린 정신으로 검토하지 않으면 부정확하거나 최소한의 검토도 거치지 않은 가정에 빠질 위험이 있다.

이것은 민족주의를 개인을 중심에 둔 심리학과 관련해서만 설명할 수 있다는 점을 시사하는 게 아니다. 민족은 그것을 구성하는 정신과 신체보다 더 새로운 사회 현상이므로 사회 구조 및 시스템 요인이 방정식에 중대한 영향을 준다. 그러나 민족공동체나 민족 담론을 구축하는 데 필요한 다른 것이 무엇이든 간에, 어떠한 민족도 결코 결여하고 있지 않은 본질적인 요소는 어떠한 민족도 스스로를 민족과 같은 집단의 일부로 인식하는 인간의 정신을 결여하고 있지 않다는 점이다. 이런 이유로 우리는 정신과 민족의 관계성을 어떻게 가장 잘 이해할 수 있는지에 대한 질문을 구체적으로 설명하고 뿐만 아니라 정신 이론이 민족과 민족주의의 역사에 대한 과거의 접근방식에 묵시적으로 정보를 제공했는지 여부를 검토하는 것에 방점을 찍어야 한다.

---

6 Eric Hobsbawm and Terence Ranger (eds.), *The invention of tradition* (Cambridge, 1983).

7 Anthony D. Smith, *Myths and Memories of the Nation* (Oxford, 1999).

민족주의와 불완전함

정신분석 이론과 조금이라도 연관된 모든 것은 개인의 성격과 행동을 이해하기 위해 지그문트 프로이트(Sigmund Freud)가 개발한 정신분석 이론의 기원에서 시작되어야 한다. 정신분석학(Psychoanalysis)은 급속한 경제성장과 사회변혁으로 인해 발생하는 소외와 씨름했던 19세기 말(*fin de siècle*)에 내재한 여러 문화적, 지적 패러다임 중 하나였다. 어니스트 겔너(Ernest Gellner)와 같은 몇몇 민족주의에 대한 근대주의 이론가에 따르면 이런 시대 속에서 민족의 구성 자체가 결실을 맺을 수 있었다. 그러나 사회학과 인류학이 이제 막 발달하고 있던 그 시대의 사람들처럼, 프로이트는 민족주의 이론을 발전시키려고 한 적이 없다. 그러나 민족주의 이해와 관련된 원칙은 종교, 이데올로기, 전쟁, 자민족 중심주의 및 편견과 같은 관련 현상에 대한 프로이트의 관찰에서 도출될 수 있다. 특히 프로이트는 집단 형성의 더 넓은 현상에 대한 자신의 이론에 대한 실례로 민족을 인용했다. 그리고 이런 이론은 비판할 여지가 많이 남을 수 있지만 정신분석 이론의 풍부한 후속 연구를 위한 출발점이 될 수 있는 소재를 제공한다.

정신분석학적 혁명에서 기인한 두 가지 특별한 통찰은 너무 널리 받아들여져서 더 이상 논쟁의 여지가 있다는 생각조차 들지 않는다. 첫 번째는 무의식(the unconscious)으로, 이는 성격과 행동에 관여하는 가장 중요하고 많은 정신적 과정이 우리의 인식과 주체를 넘어 발생한다는 원리를 말한다. 두 번째, 관련된 통찰은 인간 성격의 대부분이 생애 초기에 유기체의 타고난 생물학적 충동과 집단의 일부로 행동할 필요성 사이의 불가피한 갈등을 해결하기 위한 메커니즘의 발달을 통해 형성된다는 것이다.

프로이트는 이런 발달을 오이디푸스 콤플렉스를 통해 표현했다. 인간 유아는 자신의 생존 욕구를 육체적으로 의식하면서 세상에 태어났지만 가장 기본적인 일조차 할 수 없는 무력한 상태로, 다른 종에 비해 오랫동안 이 상태에 머물러 있다. 우리는 전적으로 부모의 보살핌과 선의에 의존하여 삶을 시작한다. 특히 어머니는 신체적 욕구를 가장 직접적으로 충족시키는 원천으로 나타나며, 자연스럽게 유아 초기 욕구의 첫 번째 대상이 된다. 그러나 이것은 유아로 하여금 어머니의 애정을 놓고 다른 지배적인 부모상인 아버지와 명백한 경쟁상태에 놓이게 만든다. 아버지가 더 강력하고 지배적이며 자급자족할 때, 아이는 아버지를 경쟁자일 뿐만 아니라 모범으로서도 자기방어적으로 채택한다. 이는 어머니와 아버지의 독점적인 관계성을 공유할 가치가 있는 것으로 이해하기 위함이자 아버지와의 관계를 부드럽게 만들고, 아버지가 가하는 인지된 위협을 완화하기 위함이다.

따라서 아버지는 동일시(identification)의 첫 번째 대상이 되며, 생물학적 필요와 충동을 어떻게 충족시키는가에 대한 외견상 자의적인 규칙을 습득하는 모범이 된다. 이런 동일시는 항상 양면적이다. 아버지는 한편으로 유아가 존재하기 위한 질서를 구성하는 원천으로서 사랑을 받는 존재이자 또 필요한 존재이다. 다른 한편으로, 아버지와 아버지의 규칙은 필요를 제한 없이 충족할 수 없게 하는 장애물로서 경멸받는다. 이는 거세 불안(castration anxiety)에서 나타나는 좌절감, 아들의 욕구 충족을 제한하려는 아버지의 완고한 결심에 대한 억압된 두려움으로 내재된다.

이런 내적 갈등 때문에 동일시는 항상 불완전하다. 그것이 생성하는 정체성은 영구적으로 양가적이다. 개인이 커뮤니케이션 수단을 발달시키고 사회에 더 완전하게 진입함에 따라 개인은 보다 안정적인 성취를 위한 수단으로 새로운 대상을 갈망한다. 먼저 부모가 제공한 대상을 더 넓은 공동체에서 끌어온 것이며 이런 대상이 부과하는 한계에서 새로운 좌절을 경험한다. 이 과정을 통해 정신분석학 모델에 따라 개인의 성격을 구성하는 세 가지 상호작용 구성요소가 발달한다: 이드(id)의 생물학적/본능적 충동과 자아이상(ego-ideal)이나 초자아(superego)의 요구 사이를 중재하는 양심적이고, 합리적인 자신(self)이나 자아(ego)의 인식은 도덕적 양심으로 역할 하며, 인식의 대상에게 배운 사회의 규범을 내면화한다. "정복된 도시의 수비대처럼" 초자아는 부모의 권위를 대신해 보상과 처벌을 가하며, 본능적인 충동과 공격성은 죄책감과 수치심의 메커니즘을 통해 사회적으로 용인할 수 있는 것으로 제한된다.[8]

『토템과 터부(Totem and Taboo)』에서 프로이트는 이 체계가 인류 역사의 기원을 어떻게 정의했는지와 관계된 이야기를 펼쳤다.[9] 프로이트는 다윈(Darwin) 진화론을 뒤르켐(Durkheim)의 원시 종교 연구와 연결하여 인류의 출발점을 '원시 무리(primal horde)'로 가정했다. 다른 수컷을 받아들이지 않는 수컷 지배 무리에서 수컷은 본능적인 폭력이란 수단을 통해 경쟁자, 즉 자기 아들이 암컷에게 다가올 수 없도록 몰아냈다. 수컷의 통치는 그가 죽임을 당하고 더 젊고 더 강한 경쟁자로 대체될 때에만 끝난다는 말이다. 인간 진화의 어느 시점에서 아들은 아버지를 죽이기 위해 상

---

8 Sigmund Freud, 'Group Psychology and the Analysis of the Ego' in Idem (ed.), *Civilization, society and religion: Group psychology, civilization and its discontents and other works*, translated by James Strachey, edited by Albert Dickson (London,1991 [1921]), p. 139; Sigmund Freud, 'Civilization and its Discontents' in Idem (ed.), *Civilization, society and religion*, pp. 253-55, 316-17.

9 Sigmund Freud, *Totem and Taboo: Resemblances between the psychic lives of savages and* neurotics, translated by Abraham A. Brill (New York, 1946).

호 이익을 목표로 협력하는 능력을 발달시켰고, 그네가 개별적으로는 할 수 없는 것을 함께 성취해냈다. 목표는 자신의 욕구를 만족시키기 위해 아버지의 존재감에 눌려있던 제약에서 벗어나는 것이었다; 사실상 아버지와 같이 되는 것이다. 그러나 모든 형제가 그네들의 욕구와 질투에 굴하지 않고 아무런 스스럼없이 아버지처럼 행동하는 것은 불가능했다. 그들 중 하나가 그렇게 한다면 그것은 다른 누군가의 희생을 전제로 하는 것일 수밖에 없었고 모든 문제가 다시 원점으로 되돌아가는 것이었다. 사회의 '형제애(brotherhood)'가 안정적으로 유지되기 위해서는 씨족의 상징적 우두머리인 아버지의 이미지를 다시 창출해야만 했다. 공동체가 그 아버지를 믿는 한 계속해서 자신의 뜻을 집행할 수 있는 신화적인 신과 같은 인물로서, 공동체가 모든 사람에게 동등한 권리를 보장하면서 유지될 수 있는 게 가능했다.[10] 이것이 종교의 기원이었다: 신화적인 이미지와 공통점을 인지하는 능력이 협동적 행동의 이익을 억제하기 위해 우리의 공격적인 본능을 수단으로 이용하던 본능적인 폭력을 대체했다.

따라서 크고 비인격적인 집단은 그 구성원이 비슷한 문화적 환경 속에서 비슷한 패턴에 따라 자라났을 때 생성되는데, 그 집단의 구성원은 그네들의 초자아의 일부로서 어떤 하나의 대상을 내면화하는 방향으로 나아가며 일차적으로 그 대상을 인식하고 이차적으로 그 대상을 통해 서로를 인식하게 된다.[11] 이 맥락에서 민족주의와 관련된 요점은 민족 정체성이 본질적인 특성을 지닌 채 이미 존재하고 있던 민족에서 배태된 결과물이 아니며, 도구적 이유로 민족 이데올로기나 공동체와 제휴를 맺는

---

10 Sigmund Freud, 'Group Psychology and the Analysis of the Ego' in Idem (ed.), *Civilization, society and religion*, p. 168.

11 Ibid., pp. 124-25.

합리적인 선택지의 하나로 축소될 수도 없다는 것에 있다. 모든 집단과 마찬가지로 민족은 궁극적으로 정서적 유대 관계의 하나이다. 일종의 에너지인 리비도(libido)의 투자는 프로이트에 의해 설령 실체를 측정하는 게 불가능하다고 할지라도 원칙적으로 정량화할 수 있는 것이라고 가정되었고, 초기에는 성적 충동을 통해 비롯되었지만 지도자, 사상이나 상징과 같이 다른 종류의 대상을 향한 다른 형태의 애정으로 전환될 수도 있는 것이었다.[12] 이처럼 서로 관련이 없는 개인에게 집단으로서 함께 행동할 수 있는 수단과 동기를 부여하는 것은 공통의 대상에 대한 에너지의 공유된 투자이다.

강조할 점은 이런 감정적 애착이 추상적이거나 일시적인 게 아니라는 것이다. 집단을 형성하는 인간이라는 종의 능력은 인간 조건에 고유한 과정에서 파생된 신체 반응이다. 이 과정을 촉발하는 영아가 경험하는 트라우마(trauma)는 현실적이면서 실제적이며, 영아기 이후의 삶에서 형성 기간을 통해 지속적인 영향을 미친다. 아기가 추상적 사고를 할 수 있고 자아 감각을 생각할 수 있기 전에도 아기는 배고프거나 축축함을 느끼거나, 겁이 났을 때 자신의 필요와 그런 필요가 생성하는 불편함을 인식한다. 아기는 겉보기에 전능해 보이는 부모상과의 직접적인 접촉을 통해 자신의 필요가 채워졌다고 느끼는 안정감을 인식하고, 그리고 부모와의 접촉이 단절되었을 때 경험하는 불안도 인식한다.[13]

정체성의 구성에 대한 이런 기초적 경험의 함의는 프로이트에 의해 어느 정도 검토되었지만, 프로이트의 프레임워크를 적용한 후속 이론가에

---

12 Ibid., p. 119, 171.
13 Ibid., pp. 149-51.

의해 더 깊이 다뤄졌다. 유년기의 수년을 타인에게 의존하는 존재에게 있어서, 사회적 환경에 수용할 수 있는 성격의 발달은 생존을 위해 필수적이다. 착하게 굴며 부모의 요구를 준수하고 문화적 규범을 받아들인다는 것은 그것이 아무리 자의적으로 보일지라도 안전하고 확실하다는 것을 의미하며, 곧 삶을 의미한다. 인식의 책무를 위반하여 무엇을 하는 것은 부모의 책망을 받거나 문화적 규범에 어긋나는 일이며, 이는 이전에 근접성과 애정이 제공했던 안정감을 위협한다. 그것은 불안정과 불안의 감정을 의미하고, 곧 죽음을 의미한다.[14] 또 에릭 에릭슨(Erik Erikson)이 프로이트 이후에 강조한 것처럼 정체성이란 안정된 감각과 일차적 욕구의 충족 사이의 이런 연계 패턴은 생애 초기에 확립되지만, 우리의 의존적인 감정이 전이되는 공동체와 연계된 보다 확산된 모델, 이데올로기, 신화, 상징에 대한 인식이 만들어지면서 생성된 감정은 생애 전반에 걸쳐 지속된다.[15]

이것이 개인이 자신의 정체성에 중요한 공유된 상징을 지지하고 옹호하려는 이유이다. 이 충동은 타고난 생물학적 특성은 아니지만 배고픔이나 성적 본능의 충족만큼 공격적으로 나타날 수 있다. 이것은 비록 필요 충족을 향상하기 위한 수단에 그 기원을 두고 있지만, 합리적이고 도구적인 계산도 아니다. 오히려 사회적 환경에 적응하려는 타고난 생물학적 필요에서 파생된 심리적 역학이다. 민족에 해당하는 상징체계는 태어날 때부터 주어지는 것도 아니고, 우리의 미성숙한 정신에 부과된 사회적 장치도 아니다. 우리 인간이라는 종은 복잡한 인간 환경에서 생존 수단

---

14 Tom Pyszczynski, Sheldon Solomon and Jeff Greenberg, *In the wake of 9/11: Rising above the terror* (Washnington, 2003), pp. 24-26.

15 Erik H. Erikson, *Identity and the Life Cycle* (New York, 1959).

으로 상징을 갈망하고 창조하며 집착하려는 필요에 의해 움직인다. 이런 과정이 다르게 발생할 수 있고 다른 지역이나 문화 간에 식별의 다른 대상에 연결될 수 있다고 생각해야, 민족적 성격의 관념에 대한 최소한 기본적인 방법론적 기초도 찾아낼 수 있다.[16]

민족주의적 성격

테오도르 아도르노(Theodor Adorno)와 프랑크푸르트 학파(Frankfurt School)는 제2차 세계대전과 홀로코스트로 절정에 달한 유럽의 파시즘과 나치즘의 동반 부상을 설명하는 수단으로 프로이트의 방법론을 응용하여 비판적 사회 이론이란 주장을 발전시켰다. 권위주의적 성격의 이면에는 지나치게 가혹하고 징벌적인 조기 양육을 받은 개인이 극심한 거세 불안을 경험할 것이라는 생각이 있었다.[17] 부모로 표상되는 규칙과 한계에 대한 자연스러운 적개심을 표현하는 통상적인 배출구가 차단된다면, 아이들은 다방면으로 균형 잡힌 정체성을 구성하는 건강한 초자아를 특징으로 하는 유아기 부모에 대한 애착을 넘어 매우 다양한 인식을 내면화하는 방향으로 나아갈 수 없을 것이다. 그런 사람들은 내면화된 자아 이상을 보완하기 위해 외부 상징, 특히 지도자를 강력하게 원하고 (자신과 지도자를) 동일시하는 경향을 표출하기 마련이다. 그들은 소수 민족처럼 위협이

---

16 William Bloom, *Personal Identity, National Identity and International Relations* (Cambridge, 1990) p. 17-18, 33.

17 Theodor W. Adorno, Daniel Levinson, Else Frenkel-Brunswik and Nevitt Sanford, *The authoritarian personality* (New York, 1950).

되지 않는 외부 대상에 대한 제약을 향해 그동안 표현할 수 없었던 어떠한 공격성과 적대감을 대신 표출하면서, 그네가 타고난 우월성을 지니고 있다는 것을 더욱 확고히 믿을 것이다. 그들은 강하고 오만한 권위적 인물을 우상화하고 타협을 피하면서 권력과 힘의 이미지를 맘껏 향유한다. 엄격한 양육 방식을 특징으로 하는 문화에서는 권위주의적 민족주의 운동에 매료된 그런 사람들의 숫자가 너무나 많을 것으로 예상할 수 있다.

실제로 아도르노는 프로이트가 어린 시절의 무력감과 아버지의 보호에 대한 필요성으로 소급되는 망상의 일종으로 종교를 설명한 방식과 유사한 관점으로 민족주의를 이해했다. 한편 프로이트는 과학적 합리주의로 충만한 근대라는 시대에서 이런 필요성이 완화되었다고 이해했지만,[18] 근대성에 대한 마르크스주의적 비판을 참고[19]한 아도르노는 근대 산업 자본주의에서 일어나는 정체성의 파편화를 고려할 때 이런 필요성이 더욱 심각해졌다고 생각했다. 이렇게 보면 민족주의의 부상은 근대성이 필연적으로 수반하는 어두운 이면이다. 더 깊이 내면화된 전통 종교의 이상에 대한 불신과 함께, 지도자나 집단에 대한 강박적인 동일시, 권력의 과도한 상승과 이를 보완하기 위한 타인에 대한 폄하가 심리적 확실감과 안정감의 유일한 수단으로 남아 있다.[20] 민족주의에 대한 구성주의 이론(Constructivist theories)은 민족을 근대성의 규범과 구조에 적합한 정체성의 한 형태로 설명했다.[21] 프랑크푸르트 학파가 채택한 정신분석학

---

18 Sigmund Freud, 'Civilization and its Discontents', pp. 260-61.

19 이 책의 제3장 참조.

20 Alan Finlayson, 'Psychology, psychoanalysis and theories of nationalism' *Nations and Nationalism* 4:2 (1998) pp. 151-53.

21 이 책의 제6장 참조.

은 이런 인과적 과정이 다른 방식으로 작용한다고 제안하는바, 즉 근대성을 통해서 민족적 신화와 상징에 집착하는 경향이 있는 심리상태를 가진 특정 유형의 개인이 생산된다고 주장한다.

그동안 아도르노의 이론은 프로이트의 주장을 너무 편협하고 문자 그대로 해석했다는 비판을 받아 왔다. 이는 전체 사회의 구성원이 동일한 정신질환을 가지고 있다고 진단받고 장애를 겪으면서 소파에 나란히 모여 앉아 있는 환자로 취급을 받는 심리학적 환원주의로 귀결될 수 있다. 주로 파시즘의 매력을 설명하는 데 관심을 두었던 아도르노는 권위주의의 척도로 사용되는 단일 'F-척도(F-scale)'로 파시즘 이데올로기의 특징을 묶었다: 계급과 지위에 대한 집착, 권위에 대한 복종, 권력과 강인함에 대한 열중, 의견의 경직, 전통적 가치에 대한 믿음, 엄격한 우리-그들 구분 및 외부 집단에 대한 자민족 중심주의적 적대감. 그런 특성이 항상 함께 결합해 있는지, 권위주의적 민족주의에 모두 동등하게 필수적인지, 가혹한 양육이 모든 것을 설명하는지, 또는 가혹한 양육이 항상 그런 성격을 낳는지에 대해 의문을 제기할 수 있다. 나치즘이란 패러다임적 사례에도, 모든 활동적인 나치가 가혹한 양육의 동일한 방식으로 인해 이런 각 세부 사항에서 동일한 성격 프로필을 가졌을 가능성은 거의 없다.

그러나 성격의 형성에 권위주의를 강조하는 아도르노의 관념은 적어도 극단적인 민족주의의 발생을 설명할 수 있다는 가치를 갖는다. 민족주의적 정서를 성격 유형에 귀속시키는 접근법은 성격과 정치 이데올로기 사이의 연관성에 대한 사회심리학 및 인지과학에서 나온 최신 연구로부터 도움을 받을 수 있다. 특히 광범위한 설문조사 데이터를 바탕으로 성격을 활동력, 친화력, 양심, 정서적 안정, 개방성과 같은 본질적인 특성으로 구성된 일련의 한정된 세트로 축소할 수 있음을 보여주는 '다섯 가지 요인 모델(Five Factor Model)'에서 파생된 접근법도 있다.[22] 인류학 및 진화 심리학의 연구 문헌에 대한 철저한 검토를 바탕으로, 조너선 하이트(Jonathan Haidt)는 다섯 가지 요인에 상응하는 '도덕적 기반'을 식별하면서 개인의 정치적 가치체계가 형성될 때 필요한 여러 차원을 알아차렸다. 이는 위험/돌봄(*harm/care*), 공정/불공정(*fairness/reciprocity*), 내집단/충성(*ingroup/loyalty*), 권위/존경(*authority/respect*), 순수함/불결함(*purity/sanctity*)을 말한다.[23] 범세계주의적 자유주의자는 처음 두 가지 측면에서 지나치게 발전하는 경향이 있는 반면, 보수주의자는 다섯 가지 측면 모두에서 균형을 유지하므로 내부 집단 충성심과 권위에 대한 존중에도 더 큰 관심을 가지게 되며 이에 민족주의적 정서로 더 기울어질 것이다. 그러나 강력히 민족주의적이면서 반권위주의적인 미국의 자유주의자처럼, 내집단 충성도와 권위 존중 차원도 분리될 수 있다는 점을 주목해야 한다. 또 하이트는 집단 규범과 상징의 위반에 의해 혐오감이 어느 정도 유발되는지 그 정도를 관찰했으며, 이는 민족 정체성을 재생산하는 데 순수함/불결함 차원의 중요한 역할을 시사했다.

그러나 민족주의를 특정 정치 이념이나 성격 유형으로 돌리려는 노력은 근대 세계에서 민족의 편재성을 흐리게 한다는 주장도 제기된다. 프

---

22 Gian-Vittorio Caprara, Claudio Barbaranelli, Laura Borgogni and Marco Perugini, 'The "big five questionnaire": A new questionnaire to assess the five factor model' *Personality and Individual Differences* 15:3 (1993) pp. 281-88.

23 Jonathan Haidt, 'The emotional dog and its rational tail – A social intuitionist approach to moral judgment' *Psychological Review* 108:4 (2001), pp. 814-34; Jonathan Haidt, 'The new synthesis in moral psychology' *Science* 316:5827 (2007) pp. 998-1002. A sixth dimension of *liberty/oppression* was added in his later work, Jonathan Haidt, *The Righteous Mind: Why Good People are Divided by Politics and Religion* (New York, 2012).

로이트의 관점에서 보면 그런 이론은 스스로를 억압의 한 형태로 작동하게 만드는 위험을 무릅쓰는 셈이라고 할 수도 있다. 그들은 자유주의적인 학자가 민족주의를 이국적이거나 주변적인 것으로 격하시키는 것을 허용한다. 발달이 더딘 문화나 정교함이 떨어지는 우리 문화의 요소로, 전쟁과 같은 예외적인 상황에서만 일반 대중에게 확산해 우리 자신의 정체성 구성에 대한 중요성을 부인하는 것이다. 많은 초기 사회 이론가처럼 프로이트는 민족을 단순히 많은 사람들 사이에서 생긴 집단 형성의 한 유형에 불과한 것으로 취급하는 듯했다. 만약에 민족이 그 이상의 무엇이라고 하더라도 전근대 시기에 속하는 신화적 아버지-신 특징에 대한 미신적인 애착심보다는 조금 더 합리적인 형태의 집단 인지로 이해했다. 대중 심리가 공유된 망상이란 성격을 지녔다고 하더라도, 민족은 적어도 실체가 분명하고, 눈에 보이는 지도자라는 전달자를 통해 스스로를 공개적으로 숭배하는 감각을 가지고 있었다.[24] 아도르노의 경향은 정반대였다; 그는 극단적이고 폭력적인 표현물에서 민족주의에 초점을 맞추고, 이를 대규모로 벌어진 역기능 발전의 예외적인 산물로 취급했다.

민족주의를 '자연화(naturalize)'하거나 '병리화(pathologise)'하려는 두 경향은 근대 세계에 대한 민족주의의 편재성과 민족의 중요성을 경시하게 만드는 동일한 궁극적인 효과를 가진다. 전자는 정체성의 역사적 발전을 목적론적으로 바라보며, 더 과학적이고 덜 신경질적인 미래를 향해 가차없이 이끌어 나간다. 그런 가정은 민족으로 이루어진 세계를 당연한 것

---

24 겔너는 뒤르켐의 주장을 수용하여 훗날 이점을 강조했다; Ernest Gellner, *Nations and Nationalism* (Ithaca, 1983); Emile Durkheim, *The Elementary Forms of the Religious Life* (New York, 1971).

으로 여기고 그런 세계의 건설이 어떤 과정에 달려 있는지 탐구하는 것을 소홀히 한다. 후자의 경향은 민족주의를 가장 극단적인 표현으로만 동일시함으로써 그것을 사회의 주변부로 투사하고, 민족주의가 어떻게 모든 사람이 그네들의 공동체 의식과 정체성을 구성하기 위해 끌어온 언어와 지식의 본질적인 저장소의 일부처럼 바로 그 중심부에서 근대 사회를 조형해왔는지 탐구하는 것을 도외시한다. 사회심리학자 마이클 빌리그(Michael Billig)가 '일상이 되어버린 민족주의(banal nationalism)'라는 개념을 통해 지적했듯이 전쟁이나 위기 동안 민족주의의 극단적인 표현은 민족이 일상생활의 자연스럽고 수용할 수 있는 배경 조건으로 지속해 재생산되는 경우에만 가능하다.[25]

일상생활의 민족 병리학

프로이트 모델의 타당성은 말 그대로 당신이 그것을 얼마나 강력하게 주장하느냐에 달려 있다. 유아는 정말로 어머니와의 성적 결합을 원하는가, 아니면 이것은 필요를 직접적으로 아무런 제약도 없이 충족하고자 하는 것을 은유(metaphor)로 표현한 것에 불과한가? 유아는 아버지에 의한 말 그대로의 거세를 두려워하는가, 아니면 법과 제한에 복종해야 할 필요성을 만나면서 생겨난 좌절감을 표현하는 것에 지나지 않는가? 원시 아버지의 살인은 정말로 일어나야만 했는가? 프로이트가 성욕과 근친상간 충동의 우월성을 인정하는 것을 정신분석학 분야의 구성원이 되기 위

---

25 Michael Billig, *Banal nationalism*.

한 기본적인 과정처럼 취급하면서 자신의 이론이 문자 그대로 받아들여지도록 의도했다는 징후는 분명하다. 그리고 여기에는 분명히 통찰이 있다. 성욕은 의심할 여지 없이 인간의 성격과 행동의 강력한 동인이기에, 민족주의적 동원 메커니즘에서 성욕의 역할을 이론화하기 위해 프로이트의 프레임워크를 활용한 연구도 반드시 검토되어야 한다. 1974년 리처드 쾨니히스베르크(Richard Koenigsberg)는 히틀러의 연설과 저술에서 명확히 표현된 나치 이데올로기의 사례를 중심으로 '정신분석적 사회학'의 개념을 발전시켰고, 히틀러가 가장 중요한 프레임워크로 민족주의를 인지하면서 유대인과 외국 적의 형태를 지닌 질병과 해체에 의해서 포위된 민족적 육체의 이미지에 암 때문에 죽어가고 있던 자기 어머니의 이미지를 투사했고, 더불어 민족의 생명과 순수함을 지켜내기 위해 요구되는 영웅적인 치료법이 반유대주의와 전쟁에서의 희생이라 주장했다는 것이다.[26] 클라우스 테벨라이트(Klaus Theweleite)는 프라이콥스(Freikorps, 독일 자유군단)의 서사를 검토했는데, 프라이콥스는 제1차 세계대전 이후 독일에서 형성된 우익 민병대이자 나치 준군사조직의 전신이다. 테벨라이트는 왜곡된 성욕이 궁극적으로 여성혐오(misogyny)를 중심으로 추동된 집단폭력의 행위로 이끌어 프라이콥스가 비뚤어진 만족과 공통 목적을 갖게 되었음을 발견했다고 주장했다.[27]

프로이트는 당대의 관습에 직면하여 그런 역학관계를 조명했다는 점에서 그 공로가 크다고 할 수도 있겠지만, 그 자체로 선천적이고 또 독립적인 원인과 성격 발달의 이면에 있는 제1의 힘(primary force)으로서 성적

---

26 Richard A. Koenigsberg, *Hitler's ideology: A study in psychoanalytic sociology* (New York, 1975).

27 Klaus Theweleit, *Male Fantasies* (Minneapolis, 1987).

충동을 강조한 프로이트의 주장에는 질문을 제기할 수 있다. 심리학과 인지에 대한 후속 이론과 연구는 정체성에 기여하는 추동력이 훨씬 더 복잡하다는 점을 시사한다. 추상적인 상징적 사고에 대한 우리 인간이라는 종의 능력, 즉 세계의 사물을 표상하는 우리 정신의 이미지를 형성하고 조작하는 능력은 여러 면에서 우리를 자연과 구별하게 한다. 그것은 우리에게 외부 세계와 구별되는 주체로서의 자아의식을 제공하며, 시간에 따라 위치할 수도 있고, 과거를 반성하고 미래를 예측할 수 있는 감각을 부여한다. 그러나 우리가 이 힘을 발달시키면서 가장 먼저 깨닫게 되는 것 중 하나는 우리가 피할 수 없는 자연 속에 얼마나 깊이 뿌리를 내리고 있는지이다. 일단 신체적 열망과 배설로 우리의 몸을 관찰할 수 있게 되면, 우리는 우리가 우주의 바위에 붙어 줄줄 새고 있는 고기 주머니에 불과하며 장기적으로 벌레나 채소보다 단지 더 지속되거나 중요하지 않다는 것을 빠르게 추론한다. 우리는 살아 있음을 반성할 수 있는 유일한 종이다. 그러나 자신이 살아 있다는 것을 알고, 미래를 예측할 수 있으며, 환경에 있는 사물의 운명을 관찰하고, 유추를 통해 추론할 수 있다는 것은 필연적으로 자신의 죽음이 불가피할 뿐만 아니라 결코 완전히 예측하거나 통제할 수 없는 이유로 인해 언제든지 일어날 수 있다는 무서운 인식을 낳는다.[28] 이런 인식은 어린 시절에 우리에게 영향을 미친 무력한 불안감에 필수적인 요소이다. 심리치료사 어빈 얄롬(Irvin Yalom)은 죽음에 대한 불안이 개념 및 언어와 함께 3세 이전에 발생할 수 있음을 알아챘다. "아이들의 죽음에 대한 우려는 널리 편재해 있으며, 아이들의

---

28 Tom Pyszczynski, Sheldon Solomon and Jeff Greenberg, *In the wake of 9/11*, pp. 15-17.

경험 세계에 지대한 영향을 미친다. 죽음은 그들에게 큰 수수께끼이며, 아이들의 주요 발달 과제 중 하나는 무력감과 소멸에 대한 두려움을 다루는 것이다."[29]

프로이트와 오토 랑크(Otto Rank)의 프레임워크를 바탕으로 1973년 에르네스트 베커(Ernest Becker)는 이 시기에 발달하는 성격의 핵심 기능은 우리가 생산적이고 성취감 있는 삶을 영위하는 사업을 계속할 수 있도록, 그런 싹트는 인식으로부터 우리를 보호하는 것이라고 주장했다.[30] 우리는 지속적인 중요성을 지닌 존재로서 하나의 시스템 속에 우리를 위치시켜 문화적 세계관과의 동일시를 달성한다. 문화는 이를 두 가지 방식으로 관리할 수 있다.[31] 대부분의 인간이 선호하는 첫 번째 방법은 문자 그대로의 불멸을 약속하는 것이다. 이것은 인간 개인을 자연의 일부이자 동물적인 것처럼 보이게 만들지만, 그럼에도 자연적 육체의 죽음을 견딜 수 있게 하는 추상적 상징 사상에 대한 우리의 능력을 반영하는 불멸의 영적 핵심을 중심으로 구축된 문화 전반에 걸쳐 종교와 철학에 만연한 이원론적 신념 체계의 매력을 지니고 있다. 그러나 그런 믿음이 없어도 문화는 관념으로써 상징적 불멸을 제공할 수 있다; 이는 비록 육체가 언젠가는 죽어야 한다고 해도, 초월적인 의식적 자아를 내려놓더라도, 우리의 삶은 여전히 더 위대하고 더 영속적인 것의 일부로서 의미를 가질 것이라는 관념을 말한다. 이를 위해 우리는 문화적으로 승인된 '영웅 프로젝트(hero projects)', 즉 집단적인 노력에 참여하는 방향으로 내달

---

29 Irvin D. Yalom, *Existential psychotherapy* (New York, 1980).

30 Ernest Becker, *The Denial of Death* (New York, 1973).

31 Robert J. Lifton, *The Broken Connection: On Death and the Continuity of Life* (New York, 1979).

려야 하는데, 이는 우리 뒤에 남을 것이며, 우리 개인적 자아의 역량을 높이는 데도 기여할 것이고, 영구히 보존될 가능성이 많은 예술 작품을 창조할 수도, 올림픽 기록을 경신하거나, 우리의 유전자, 유산, 가치를 아이들에게 물려줄 수도 있고, 그게 아니라면 더 나아가 민족주의에 대한 정신분석학 접근방식을 주제로 하는 우수한 책을 저술하여 지식을 증진할 것이다.

민족은 근대에 매우 적합한 영웅 프로젝트[32]로 이해될 수 있다. 계몽주의 시대 내내 합리적 경험주의가 부상하고 이전에 보편적이었던 종교적 신념 체계 간의 접촉이 증가하여 결과적으로 상대화되면서 전통 종교와 관련된 문자 그대로의 불멸에 대한 약속은 생명력을 잃었다. 인간 공동체는 민족이 제공할 수 있는 상징적 불멸성을 통해 보상받았다. 물론 이런 주장을 내가 처음 제안한 것은 아니다. 베네딕트 앤더슨(Benedict Anderson)은 민족의 매력이 "숙명적인 죽음을 연속으로 바꾸는" 종교의 역할을 맡을 수 있는 능력에 크게 기반을 두고 있다는 점에 주목했다.[33] 민족주의의 영존주의(perennialist) 및 족류 상징주의(ethno-symbolist) 이론가는 전근대적 기원의 오랫동안 지속되어 왔던 종족 공동체와의 연속성이 현재의 민족주의 정서의 강력함 및 안정성과 밀접하게 관련되어 있다고 주장한다. 하지만 이것이 왜 그런지 이해하려면 개인의 심리에 눈을 돌려야만 한다. 만약 민족이 먼 과거에서 왔다는 것을 보여줄 수 있다면, 그 민족이 무한한 미래까지 계속될 것이라는 주장은 더욱 타당성을 얻게 된다. 만약 민족이 그 설립자 및 과거 구성원보다 오래 살아남았다면 우

---

32 Tom Pyszczynski, Sheldon Solomon and Jeff Greenberg, *In the wake of 9/11*, p. 50.
33 참조. Benedict Anderson, *Imagined Communites*, p. 19; Liah Greenfeld, *Nationalism and the mind: Essays on modern culture* (Oxford, 2006), p. 95.

리보다 오래 살아야 하는 것은 당연하며, 이 경우 이런 집단적 노력에 대한 생물학적, 물리적, 지적 기여는 우리가 세상을 떠난 후에도 계속 의미를 가질 것이다. 실제로 앞 세대의 기여가 헛되지 않았음을 보장하기 위해 민족 동원의 사명을 계속 품고, 미래 세대도 우리의 기여를 보존할 것이라는 기대 속에서 그 책임을 전달하는 것은 이전 세대에 대한 우리의 책임이 된다. 앤서니 스미스(Anthony Smith)가 말했듯이, 민족은 "사후세계에서 벌어지는 신성한 심판이 아니라 후손의 심판을 통해 숙명적으로 죽을 수밖에 없는 사람들에게 불멸에 대한 감각을 부여"할 수 있다.[34]

베커의 주장은 테러 관리 이론의 지지자를 통해 상당한 경험적 근거를 제공받았는데, 그 지지자들이 주장한 '최고의 죽음(mortality primes)'은 죽음의 전망에 대한 피실험자의 관심을 지시하는 신호이며, 집단 내 결속과 집단 밖 적대감의 고조된 표현과 함께 민족공동체에 대한 인식된 도전에 맞서 방어적 대응을 증가시킨다.[35] 그 이론은 민족의 추상화에 대한 위협이 어떻게 그리고 왜 실존적 열정을 촉발할 수 있는지에 대해 설득력 있는 주장을 하지만, 이것 자체가 전체 이야기일 가능성은 그리 높지 않다. 문화와 정체성은 우리가 죽음에 대한 두려움에서 벗어나게 하는 것 이상의 역할을 한다. 문화와 정체성은 두려움을 예방하는 데 매우 실질적인 역할을 하며, 세계 속 위치 감각뿐만 아니라 물질적 편안함과 안전도 크게 향상하는 협력적 사회적 행동을 가능하게 하고, 우리의 삶을

---

34 Anthony D. Smith, *Nations and nationalism in a global era* (Oxford, 1995), p. 158.

35 Tom Pyszczynski, Sheldon Solomon and Jeff Greenberg, *In the wake of 9/11*, p. 9; Jeff Greenberg, Tom Pyszczynski, Sheldon Solomon, Deborah Lyon and Abram Rosenblatt, 'Evidence for terror management theory II: The effects of mortality salience on reactions to those who threaten or bolster the cultural worldview', *Journal of Personality and Social Psychology* 58:2 (1990) pp. 308-18.

개선하고 확장하는 효과를 가져온다. 단 우리가 본능에만 의존하는 고독한 존재라는 전제하에서 그렇다. 시스템 정당화 이론(System Justification Theory)은 사람이 지배적인 사회, 경제, 정치 체제의 현상 유지를 지지하고, 방어하고, 정당화하려는 방향으로 내달린다고 주장한다.[36] 안정과 질서에 대한 필요성은 사회 시스템에 의해 불리한 상황에 놓인 집단의 구성원이 해당 시스템의 위계를 유지하는 행동을 지속하고 자신의 열등감에 대한 신념을 채택함으로써 자신의 지위를 합리화하는 지점까지 확장될 수 있다. 이것은 일종의 심리적 도구주의로 볼 수 있다. 민족 상징에 대한 애착은 상징이 대표하는 사회 시스템에 대한 애착을 구성하는 하나의 요인이며, 우리가 이런 동기를 의식하든 의식하지 않든 간에 이를 고수하는 것은 시스템 안정성의 물질적 이익이다. 그러나 그것은 겔너(Gellner)와 같은 구성주의자의 접근법과도 공명하는데, 그에 따라 정체성의 구성물로서 민족의 효율성은 근대 산업 사회의 기능과 양립할 수 있는 하나의 요인이 된다.[37] 보다 최근에 우리엘 아불로프(Uriel Abulof)는 이런 접근법 중 일부를 적용하여 특정 '작은 민족'—즉, 자연과 환경에 의해 집단적 죽음에 끊임없이 직면하도록 반강제 되다시피 했던 민족—의 역사를 그네들의 지지자에게 인식론적, 존재론적 안정감을 제공하기 위한 상대적 능력에 따라 침식되고 흘러가는 영웅 프로젝트의 묶음으로 재해석했다.[38]

---

36 John T. Jost, Mahzarin R. Banaji and Brian A. Nosek, 'A decade of system justification theory: Accumulated evidence of conscious and unconscious bolstering of the status quo' *Political psychology* 25:6 (2004) pp. 881-919.

37 Ernest Gellner, *Nations and Nationalism* (Cornell University Press, 1983).

38 Uriel Abulof, *The mortality and morality of nations* (Cambridge, 2015).

민족주의: 현실을 있는 그대로 누리다

오이디푸스 콤플렉스를 문자 그대로 받아들이지 않더라도, 유아가 자신의 무력감을 깨달으면서 수반되는 공포와 그에 따른 수순으로 생겨난 외부 사회 세계에 적응해야 하는 필요성이 성격에 지속적인 영향을 미친다는 점은 여전히 인정된다. 무력한 유아는 자신을 둘러싼 환경과 욕구 충족의 도구를 통제할 수 있는 범위 내에서 언어를 통해 달성해야 한다는 것을 빠르게 학습한다. 비명과 울음은 부모의 관심을 끌어 유아가 필요를 분명히 표현하고 필요를 만족시킬 수 있는 외부 대상과 연결되도록 한다.[39] 아이가 배우고 발달함에 따라 관찰과 모방을 통해 자신의 환경을 통제하는 각각의 새로운 수단은 보다 정교한 언어 및 표현 메커니즘을 요구한다. 그러나 언어를 매개로 한 세계에 들어간다는 것은 직접적이고 매개되지 않은 경험의 세계를 잃는 것을 의미한다. 슬라보예 지젝(Slavoj Žižek), 쥘리아 크리스테바(Julia Kristeva), 야니 스타브라카키스(Yannis Stavrakakis)와 같은 이론가에 따르면 1960년대와 70년대의 자크 라캉(Jacques Lacan)의 초기 저작에서 발견된 프로이트에 대한 광범위하고 상징적인 해석으로 영향받은 것은 근친상간 금지 그 자체가 아니라 바로 정체성을 낳는 위기 그 자체였다.

언어를 습득한 뒤 평생 사회에서 기능하는 방법에 대한 규칙을 배우면서 우리는 우리가 살고 있는 사회 세계가 우리의 동물적 본능이 그들의 장치에 맡겨졌을 때의 세계와 매우 다르다는 것을 점점 더 자각하게 된다. 우리는 사회 세계 속에서 더 행복하고 안전하며 더 오래 살 수 있기

---

39 Tom Pyszczynski, Sheldon Solomon and Jeff Greenberg, *In the wake of 9/11*, p. 24.

때문에 그 사회적 세계에 살고자 한다. 공동체의 본질은 모든 구성원이 자신의 공격적 본능을 희생하고 만족에 대한 기대를 억제하는 대신 법의 지배에 공통으로 복종함으로써 아무도 폭력에 의해 좌지우지되지 않도록 만드는 것이다. 사회가 기능하기 위해서는 어떤 개인도 이 원칙 위에 있을 수 없다.[40] 그러나 우리 중 일부는 본능적인 욕망과 공격성을 계속 억눌러야만 하는 필요 때문에 그 세상에서 살기 위해 매일 치러야 하는 희생에 어떠한 불만도 품지 않을 수 없다.

르네 지라르(René Girard)가 1970년대 초 프로이트에 대한 비판에서 강조했듯이 오이디푸스 콤플렉스에 의해 조명된 진짜 문제는 아이가 아버지를 파괴하기를 바라는 것이 아니라 아버지가 되고 싶어 한다는 것, 또는 적어도 아버지가 표상하는 무엇이 되고 싶어 한다는 것이다; 더구나 어머니와의 관계에서만이 아니라 모든 면에서 말이다.[41] 아이는 아버지가 누리는 것처럼 보이는 행동의 완전한 자율성을 경험하길 원한다. 마찬가지로, 원시 아버지의 살인에 의해 문명에 도입된 문제는 우리가 집단적으로 그 행동에 대해 느끼는 죄책감이 아니다. 프로이트가 등장하기 전까지는 누구도 원시 아버지의 살인과 같은 일이 일어났었는지조차 알지 못했고, 심리적 메커니즘을 추적해서 선사시대 살인이란 단독 행위로 소급하면 신빙성이 확장될 것이란 것도 알지 못했다. 문제는 상징적인 원시 아버지의 자리를 차지하려는 우리 모두가 지속적으로 품고 있는 은밀한 욕망, 사회의 규칙에 복종하기보다는 본능을 억제하지 않고 따르고 싶은 감정에 대해 느끼는 죄책감이다. 사회가 이론상 '동등한 형제애'

---

40 Sigmund Freud, *Civilization and its Discontents*, p. 284.
41 René Girard, *Violence and the Sacred*, translated by Patrick Gregory (Baltimore, 1977).

로 기능하려면 우리 모두가 이런 욕구를 억눌러야 한다. 우리 모두는 공동체를 대표하는 공통의 상징에 우리의 개별적인 폭력성을 넘겨주어야 하며, 그 대가로 우리에게는 보호가 제공된다.

우리는 추상적 표상 사고를 할 수 있는 능력을 사용하여 우리 자신에게 이야기를 들려줌으로써 이런 손실을 정당화하고 합리화한다. 그리고 이런 이야기는 개인과 문화에 따라 상당한 차이가 있을 수 있지만, 보편적인 필요를 충족시키기 때문에 특징적인 패턴을 따른다. 우선, '어머니'는 개인의 실제 어머니와 동일시되어서는 안 된다. 오히려 어머니는 언어에 의해 매개되기 이전의 세계에 대한 우리의 경험인 실재를 대표하며, 가장 확실한 경험은 어머니가 갓 태어난 아기에게 제공하는 필요의 직접적인 충족이다. 마찬가지로 아버지는 개인의 실제 아버지와 동일하지 않다. '아버지의 이미지'는 오히려 자연 질서와 근본적으로 다른 세계를 구성하고 실행하는 상징의 네트워크의 최전선에 서 있다. '아버지'의 존재는 개념으로 표현되고 법에 의해 제약받는 인간 사회의 세계, 현실(the Real)의 직접적이고 무엇으로도 매개되지 않은 향유(주이상스, jouissance)를 가로막는 모든 것을 의미한다.

이것이 상징적 수준에서 거세가 의미하는 것이다. 상징의 세계에 들어선다는 것은 직접적이고 누구의 개입도 없는 성취의 상실을 의미한다. 대신 우리는 언어와 개념의 필터를 통해 세계를 경험할 수밖에 없다. 일단 우리가 현실과 멀어지면, 우리 자아와 가장 친밀한 부분이 영원히 사라진다. 상징적 아버지가 요구한 희생은 새로운 질서에서 금지된 외부적이고 도달할 수 없는 대상이 된다. 그것의 상실은 욕구의 출현을 허용하며, 이는 프로이트가 리비도라고 부르는 에너지의 진정한 원천이 성적인 결합 자체에 대한 충동보다는 우리가 그토록 갈망하는 직접적인 경험의 상실된 향유(주이상스)를 허용한다.[42] 이것이 바로 아버지의 상징, 그 상징을 구성하는 모든 동일시 및 그것이 나타내는 사회질서의 세계에 대한 우리의 감정이 양면적인 이유이다. 우리를 현실로부터, 우리의 향유(주이상스)로부터 소외시키는 추상적 표상적 사고의 능력도 우리가 적어도 부분적으로 현실과 향유에 접근하고 되찾도록 허용하는 자아와 정체성의 감각을 구성하기 위한 유일한 수단이다.[43] 정의에 따르면 현실은 기술되거나 표현될 수 없다. 언어와 상징은 현실을 완전히 표현할 수 없다. 그러나 언어와 상징은 판타지(Fantasy)의 생산을 통해 우리가 현실에 접근할수 있게 하는 유일한 도구이다.

판타지는 성취의 약속을 제공함으로써 리비도의 에너지에 활력을 불어넣는 표현의 시스템이다. 그러나 표현은 우리를 현실(the Real)에서 멀어지게 만드는 바로 그 어떤 무엇(the very thing)이기 때문에, 이런 약속은 궁극적으로 불가능하다. 내면화된 각각의 동일시 때문에 우리는 현실에 미치지 못하게 되고, 우리의 자아 외부에 존재하는 다음 대상을 찾아야 하는 방향으로, 조금씩 다음 대상을 향하여(object petit a)[44] 달려가게 된다. 어떤 단어나 상징도 진실 전체를 말할 수 없으며 그것은 우리를 다른 단어나 상징으로 이끌어갈 뿐이다. 이런 불가능한 시스템이 간접적으로나마 안정적인 정체성으로 통합되려면 어떤 고정된 지점, 즉 봉합 지점(point de capiton)에 고정되어야만 한다. 이 접속점 기능을 수행하는 상징은 시스템

---

42 Yannis Stavrakakis, *Lacan and the Political* (London, 1999), pp. 42, 52-53.
43 Yannis Stavrakakis, *Lacan and the Political*, pp. 31-34; Slavoj Žižek, *Tarrying with the Negative: Kant, Hegel, and the Critique of Ideology* (Durham, 1993), p. 3.
44 Yannis Stavrakakis, *Lacan and the Political*, pp. 35-36, 49.

에 필수적이긴 하지만 그 자체로 어떤 고유한 의미의 일부가 될 수도 없고, 의미 자체를 가질 수도 없다. 상징의 유일한 목적은 이질적이고 관련이 없는 기호 시스템의 조직을 나타내는 것이기 때문에, 배치와 내용은 우발적이고 임의적이다. 상징이 갖는 단 하나의 중요한 특성은 그것에 논쟁의 여지가 없어야 한다는 점이다. 스타브라카키스는 이를 은유적으로 주어진 위도의 한 지점을 본초 자오선(Prime Meridian)으로 지정한 역사적 지정과 비교했다. 모든 위도선이나 접점 상징도 참조점으로 기능하고 안정성을 보장하는 데 필요한 구조적 질서를 제공하는 것을 유일한 목적으로 하기 때문에 본초 자오선과 같은 역할을 할 수 있다.[45]

그렇다면 이 모든 추상적인 이론화가 민족주의와 무슨 관계가 있다는 것일까? 국기를 예로 들면 국기의 패턴이 신화, 사상, 가치의 전체 시스템을 가리키고 있다고 이해될 때까지는 그 자체로 아무 의미가 없는 모양과 색깔의 임의적인 집합체로 이루어진 천 조각에 불과하다. 그러나 민족주의적 판타지 속에서 봉합 지점은 깃발 그 자체가 아니다. 깃발은 어찌 되었든 손으로 만질 수 있는 하나의 대상이라는 점이 중요하다. 하나의 상징으로서 깃발은 다른 무엇을 가리킨다. 바로 민족이다. 민족 그 자체가 그 봉합 지점의 정수인 것이다.[46] 그 봉합 지점 자체는 다른 개념의 시스템을 구성하는 접속점 역할 외에는 아무 의미가 없는 하나의 개념에 불과하다. '미국(America)'은 사람들의 집단도, 영토도, 정부 시스템도 아니다. 미국은 집단, 영토, 정부 시스템과 관련된 이미지와 지도자, 역사적 인물, 신화, 법률, 제도, 추상적인 정치 원칙, 랜드마크, 음식, 노

---

45 Yannis Stavrakakis, *Lacan and the Political*, pp. 60-61, 78-81; Slavoj Žižek, *The sublime object of ideology* (London, 1989), p. 87.

46 Yannis Stavrakakis, *Lacan and the Political*, p. 80.

래 등등 여러 많은 이미지를 연결하는 개념이다. 이와 같은 이미지 중 어떤 것이나 온갖 것도 의미에 대한 개인의 탐구에서 동일시를 조금씩 더 작은 대상(objects petit)을 향할 수 있도록 허용을 할 것이지만, 그 이미지가 서로 관련되어 있지 않는 한 의미에 대한 어떠한 척도도 제공하지 않을 것이다. 1999년에 출판된 논문에서 캐롤린 마빈(Carolyn Marvin)과 데이비드 잉글(David Ingle)은 미국 국기의 상징이 민족적 단일성을 보존하고 재생하기 위해 행해진 일련의 폭력적인 희생과 갖는 연관성을 통해 어떻게 미국 민족주의를 어떻게 구조화했는지 구체적으로 검토했다.[47]

이 개념을 설명하기 위해 자주 인용되는 인용문은 존 메이저(John Major)가 1993년 4월에 유럽을 위한 보수당(Conservative Group for Europe)을 대상으로 한 연설인데, 메이저는 유럽연합으로의 통합이 영국의 독특한 정체성을 해치지 않을 것이라고 주장했다: "앞으로 50년이 지난 후에도 영국은 크리켓 경기장의 긴 그림자, 따뜻한 맥주, 누구도 정복할 수 없는 푸른 들판에 덮인 교외, 개 애호가 및 필러가 돌아가는 수영장을 지닌 나라일 것이며, 또 조지 오웰(George Orwell)이 말했듯이 '아침 안개를 뚫고 성찬식에 참석하지 위해 자전거를 타고 가는 노회한 하녀'가 있을 것이며, 우리가 길을 찾고자 한다면 여전히 학교에서는 셰익스피어를 읽고 있을 것이다."[48] 엄밀히 말하면 시각적인 것은 아니지만 소리, 맛, 감각, 언어 및 역사를 불러일으키기도 하는 이런 일련의 이미지 모음은 본질적으로 서로 연결되어 있지 않다. 그러나 이런 이미지를 직접 경험해 본 적

---

47 Carolyn Marvin and David W. Ingle, *Blood Sacrifice and the Nation: Totem Rituals and the American Flag*: (Cambridge, 1999).

48 Guardian, 23 April 1993; cited, for example, by Michael Billig, *Banal nationalism*, p. 102; Alan Finlayson, 'Psychology, psychoanalysis and theories of nationalism', pp. 154-55.

이 없는 집단의 구성원들에게도(그들은 분명히 남성적, 기독교적, 중산층 및 영국적 경험을 반영함) 영국이라는 근본적인 실재(reality)와 연관된 감정을 불러일으킨다. 지젝은 서로 이질적인 부분으로 이루어진 이미지를 하나의 신비로운 민족이란 전체상으로 묶어내는 이런 근본적인 느낌의 실재를 실체(the Thing)라고 불렀다.

　민족 실체를 구성하는 것은 이런 이미지와 활동의 총합이 아니다. 오히려 이런 이미지와 활동에 표면적으로 드러나는 것보다 그 이상의 무엇이 있음을 감지할 수 있는데, 이는 더 포괄적으로 통합을 하는 어떤 원리와의 연결을 의미한다. 실제로 실체는 이런 이미지의 기초가 될 뿐만 아니라 실제로 생산되는 이미지를 통해 느껴진다. 집단 정체성의 일관성과 질서를 유지하는 것은 신비로운 의지와 주체의 어떤 힘이다. 가령 민족주의 수사에서 실체를 가리키는 표준 술어가 존재한다면, 그것은 '우리의 생활 방식(our way of life)'이 될 것이다. 이런 생활 방식이 정확히 무엇에 해당하는지 설명하라는 요청을 받는다면 우리는 더 눈에 띄는 특징 중 일부를 특정하여 나열하는 것 이상을 할 수 없을 것이다. 우리 집단의 구성원이 신체와 정신을 통해서 유독 눈에 띄게 수행하는 활동은 공식 및 비공식 전통, 혼인 의례, 입문 의식, 선호하는 식문화 등 온갖 다양한 신화와 상징인데 바꿔말하면, 공동체가 누리는 유일무이한 향유(주이상스)를 조직하고 제정하는 실체가 있는 온갖 방식을 말한다.[49]

　라캉의 정신분석학적 접근을 구성주의와 구별하는 점이 바로 이 향유(주이상스)의 요소이며, 이는 민족 정체성이 하나의 사회적 구성물, 즉 유

---

49 참조. Yannis Stavrakakis, *The Lacanian Left: psychoanalysis, theory, politics* (New York, 2007), pp. 204-05; Slavoj Žižek, Tarrying with the Negative, p. 201.

연한 개인에 의해 흡수되기 위해 사회적 커뮤니케이션의 에테르(ether)에 정주하는 하나의 '담론' 이상의 무엇이어야 한다는 주장을 통해 성립된다. 그 이면에는 실제적인 실체가 있다. 하나의 민족에 해당하는 온갖 다양한 신화, 상징, 의례가 실제적이고 물질적이며 비담론적 핵심에서 파생된 것이 아니라면, 실체는 한데 뭉쳐져 있지 않을 것이다. 민족이라는 실체는 특정한 민족 신화나 '생활 방식(way of life)'으로 이루어진 어떤 유일무이한 속성의 집합 정도에 불과한 것이 아니다. 이런 특징은 한낱 하나의 명시에 지나지 않는다. 핵심은 신체(행위)에서 비롯된다. 민족의 의례에 직접 참여하고 민족의 신화를 재생산함으로써, 구성원은 이 근본적인 실재에 대한 자신의 믿음과 다른 구성원의 믿음을 하나의 신호로 나타내어 공동체를 결속할 수 있는 정서적 연결을 이뤄낸다.[50] "하나의 민족은 특정한 향유(enjoyment)가 일련의 사회적 관습으로 계속 구체화하고, 그런 관습을 구성하는 민족 신화를 통해 전달되는 한 존재(exist)하고 있을 뿐이다."[51]

그러나 즐거움의 원시적 충만함에 대한 판타지는 궁극적으로 불가능하기에 향유의 경험은 항상 부분적일 뿐이며 민족주의적 에너지의 동원은 향유를 위한 지속적이고 또 충족되지 않은 분투를 중심으로 계속 겉돌고, 그뿐만 아니라 '우리의 생활 방식'을 구성하는 요소가 위협받으면 향유를 상실할 것이라는 편재된 두려움에도 있다. 이것이 민족주의 정치가 특징적으로 우리가 무한한 미래에 복원해야 할 유토피아적 과거의 이미지를 포함하는 이유이다. 실제로 존재하지도 않았고 실현될 수도 없

---

50 Alan Finlayson, 'Psychology, psychoanalysis and theories of nationalism', p. 154.

51 Slavoj Žižek, *Tarrying with the Negative*, p. 202.

는 조화의 상실된 상태에 대한 이런 믿음은 진정한 민족 프로젝트가 도착에 매몰된 목표자체가 아니라 그것을 향한 노력의 여정에 있다는 사실을 은폐한다. 지도자, 신화, 의례 등 민족적 대상과 계속 동일시하려는 우리의 욕구와 그 추동력은 축하 행사, 축제, 소비적 의례 등등에서 신체적 행위를 하며 직접 참여하는 것을 통해 향유에 접근하고 맛볼 수 있는 제한된 경험을 감행할 수 있는 능력에서 비롯된다. 이는 공식 및 비공식 채널을 통해서 민족의 운명과 관련된 다양한 신화와 상징을 재생산하는 것에서도 비롯된다. 그러나 전쟁이나 스포츠, 또는 모든 민족 행사나 선거에서 벌어지는 온갖 민족적 승리는 그것이 아무리 극적이거나 인상적일지라도 부분적이고 순간적인 즐거움만을 제공하며, 절대적으로 충족된 약속의 결여를 느끼게 만들어 더 많은 필요와 불만을 부채질하여 영구적인 순환고리 속에서 더 많은 활동을 하게 한다. 잃어버린/불가능한 향유를 되찾기 위한 추동력은 특히나 약속을 통해 충족함을 전달하지 못할 때조차도 공동체의 연대를 유지하고, 민족 정체성을 확고하게 하며, 욕구를 활기차게 만드는 하나의 정치적 프로젝트로 민족을 부채질하는 판타지의 힘을 제공한다.[52]

이것이 본질주의적이고 혈통적인 민족주의에만 해당하는 게 아니라는 점을 강조하는 것이 중요하다. '우리의 생활 방식'을 구성하는 판타지는 자유 또는 민주주의와 같은 시민 문화의 원칙 또는 '미국식 생활 방식'이라는 개념에 필수적인 입헌 정부와 같은 제도를 포함할 수 있다. 또 반드시 엘리트적 구성이어야 하는 것은 아니지만 존 메이저가 언급한 오웰의 원래 인용문과 같은 대중적 요소나 노동 계급적 요소를 포함할

---

52 Yannis Stavrakakis, *The Lacanian Left: psychoanalysis, theory, politics*, pp. 196-99.

필요가 있는데, 이는 "랭커셔 제분소 마을에서 들리는 나막신의 딸깍거리는 소리, 그레이트 노스 로드(Great North Road)를 교차하는 수많은 트럭 소리", "그레이트 노스 로드의 트럭, 공공직업안정국 밖에 늘어선 긴 줄, 소호 펍의 핀 테이블이 덜컹거리는 소리"가 마음을 울리는 잉글랜드적 이미지로서 "가을 아침의 물안개를 헤치고 성찬식을 가려 걷고 있는 나이 지긋한 하녀들"보다 더 강조되었다.

라캉주의 이론가의 접근법은 1960년대와 70년대의 반문화 운동과 함께 생겨나고 번성했으며 비판 이론과 포스트 구조주의의 발전에 영향을 미쳤다. 권위주의적 성격 테제(Authoritarian Personality thesis)의 지지자와는 달리, 한 민족의 '생활 방식'에 대한 애착은 극단적이거나 기능 장애가 있는 성격의 특징으로만 여겨지지 않았다. 비록 민족주의가 공리적으로 달성할 수 없는 판타지의 관념이라 하더라도, 그렇다고 해서 민족주의가 치유되어야 하는 망상처럼 경멸적으로 이해되어선 안 된다. 민족주의는 공동체의 협력적 에너지를 유지하는 데 필요하며, 안정적인 정체성의 구성적이고 심지어 중대하기까지 한 핵심 요소의 하나이다. 특정 민족의 구성원이 민족 신화를 통해 집단적 즐거움을 조직하는 공유된 수단인 민족적 실체와의 동일시를 통해 공통 원인을 찾아야만 사회적 차이가 평준화되고 이념적, 문화적 다양성을 관용하는 민주적 시민권 개념의 성립이 가능해진다.[53] "민족적 자긍심은 심리적인 관점에서 볼 때 아이가 어머니에게서 얻고 양쪽 부모에게서 나오는 동일시 요구의 교차 놀이를 통해, 그리고 자아 이상을 정교화하기 위해 진행하는 좋은 자기애적 이

---

53 Slavoj Žižek, *Looking awry: An introduction to Jacques Lacan through popular culture* (Massachusetts, 1992), p. 165; 또 Slavoj Žižek, *Tarrying with the* Negative, p. 215를 참조.

미지(*good narcissistic image*)와 비교할 수 있다."[54] 그러므로 본질적으로 인종차별적이거나 권위주의적인 것이 아니라 민족공동체가 생활 방식의 폐쇄성을 유지하기를 원하는 것은 오히려 자연스러운 일이다. 극단주의는 오히려 이런 폐쇄에 대한 도전에서 비롯된다. "그런 자기애적 이미지나 자아 이상을 인식하지 못하거나, 과소평가거나, 비하함으로써 사람은 굴욕감을 주거나 대상이나 집단을 우울증에 노출하게 되는데"[55] 이는 집단 프로젝트에 참여할 수 없는 무관심과 무능력 또는 편집증적이고 과장된 반작용의 징후라 할 수 있다.

자신과 타인

그래서 민족 정체성이 우리에게 좋은 것이라고 할 수 있을까? 개인 심리의 관점에서 민족 정체성을 일종의 망상으로 기술하는 것이 정당하다 하더라도, 민족 정체성은 건강하고 심지어 필수적인 망상의 하나이다. 공격적인 본능을 흘려보내고 협력적 행동을 가능하게 하는 방식의 하나이기 때문인데, 이는 죽음과 화해하고 삶의 의미를 찾는 방식의 하나이기도 하다. 물론 그럴 수도 있다. 하지만 어떠한 본능이든 어디론가 흘러가기 마련이므로, 민족 정체성이 지닌 어두운 이면 자체를 결코 부정해서는 안 된다. 중요한 사실은 그 의미에 대한 감각이 언제나 위기에 있다는 것이다. 만약 진정한 향유가 항상 도달할 수 없는 완벽한 충족이란 유

---

54 Julia Kristeva, *Nations Without Nationalism* (New York, 1993), p. 52.
55 Ibid.

토피아란 곳에만 존재하는 것이라면, 어떠한 판타지 집단이 지닌 필연적인 특징 중 하나는 유토피아에 도달하지 못하는 지속적인 실패를 설명할 수 있는 준비를 갖추고 있다는 점이며, 이는 민족 프로젝트의 신뢰성을 유지할 수 있게 만든다. 이때 지속적인 실패에 대한 설명은 실패를 집단 외부의 어떤 행위자 탓으로 돌리는 것을 의미한다. 바로 타자, 외부인, 또는 민족주의 수사에 익숙한 술어로 이방인을 말한다.

어느 정도 타자(Other)는 칸막이 쳐진 공동체라는 개념에 내장되어 있다. 마이클 빌리그(Michael Billig)가 일깨워주듯이 민족주의는 '일인칭 복수 (first person plural)'[56]의 이데올로기이지만, "정체성에 대한 어떠한 긍정적인 감각도 그 가능성과 차이의 조건과 분리될 수 없다" 상응하는 다른 존재 없이는 우리도 존재할 수 없다.[57] 앙리 타이펠(Henri Tajfel)과 관련된 사회 정체성 이론에 따르면, 집단 범주화의 모든 심리적 과정은 결합되는 만큼 분할도 되어야 한다. 개인은 집단에 가입하거나 집단에 남아 있으려고 하며 그 소속감이 자존감에 긍정적인 영향을 미치는 경우 집단 구성원에게 정서적 가치를 부여한다.[58] 이것은 자연적으로 긍정적인 내집단, 더 나아가 부정적인 외집단 고정관념의 생성으로 이어지는데, 비록 초기에 집단을 나누는 기준이 사소한 것이거나 자의적인 것일지라도 말이다.[59]

그러나 타자의 필요성은 긍정적인 집단 내 고정관념의 불가피한 이면

56 Michael Billig, *Banal nationalism*, p. 70.
57 Yannis Stavrakakis, *The Lacanian Left: psychoanalysis, theory, politics*, p. 195.
58 Henri Tajfel, *Human groups and social categories: Studies in social psychology* (Cambridge, 1981).
59 Henri Tajfel, Michael Billig, Robert P. Bundy and Claude Flament, 'Social categorization and intergroup behaviour' *European journal of social psychology* 1:2 (1971) pp. 149-78.

보다 더 깊다. 우리의 즐거움을 조직하고, 우리의 공포를 완화하며, 우리의 사회적 합의를 승인하는 신념 체계는 효율적이면 효율적일수록 자연스럽거나 피할 수 없는 것처럼 보여야만 한다.[60] 만약 문화적으로 구성된 신념이 죽음을 부정하고 삶의 의미를 찾는 우리의 수단이라면, 현실에 대한 대안적인 개념을 가진 사람들의 존재는 우리 자신의 우발적 본성을 드러내고 죽음을 부정하는 기능을 손상할 위험이 있다. "서로 다른 신념을 가진 사람을 만나고 그들의 실현 가능성이 있는 현실 개념의 타당성을 받아들이는 일은 사람이 자신의 죽음을 부정하는 개념에 동의하는 자신감을 필연적으로 (묵시적으로 또는 명시적으로) 약화하는데, 그렇게 함으로써 통상적으로 우리가 지닌 신념이 완화되며 압도적인 공포를 촉발할 수 있는 위협을 가하게 된다."[61]

근대에서 민족주의의 강점은 보편적인 것처럼 위장하는 종교적 신념 체계보다 이 문제를 더 효과적으로 다루는 능력에 있다고 부분적으로 주장할 수 있다. 경계선이 정해진 민족의 세계에 사는 것은 자신의 영웅 프로젝트에 타당성을 계속 부여하고 동시에 이웃한 민족의 대안 영웅 프로젝트의 지속을 허용한다. 내가 보편적 진리를 믿고, 다른 사람이 다른 보편적 진리를 믿는다면 둘 중 하나는 잘못된 것을 믿고 있음이 분명하다. 그러나 나의 의미 체계가 나의 집단에만 적용될 수 있다고 느낀다면, 그 경계 밖의 다른 사람들의 존재가 불안을 유발해서는 안 되는 것이다. 이 점은 진리가 되기에 충분하며, 실제로 매우 다른 신념 체계와 문화적 관습을 가진 개인과 집단이 평화롭게 서로 옆에 붙어 있거나 심지어

---

60 Michael Billig, *Banal nationalism*, pp. 15, 37.

61 Tom Pyszczynski, Sheldon Solomon and Jeff Greenberg, *In the wake of 9/11*, p. 29.

같은 민족공동체 내에서도 더불어 살아가는 경우가 더 많다. 문제는 우리 민족이 결코 우리에게 완벽한 만족을 주지 못한다는 것이다. 어떤 상징체계도 우리에게 완전한 향유를 가져다줄 수 없고 어떤 문화적 구성도 죽음에 대한 불안을 완전히 제거하거나 보상할 수 없기에 완전한 만족이란 달성 가능성이 없는 명제이다. 문자 그대로의 불멸 신앙은 상징적인 것뿐만 아니라 도전을 감내하지 못할 수도 있다. 하지만 균형점인 영웅 프로젝트가 제공하는 편안함은 항상 부분적일 뿐이다. 억압된 잔류 불안은 무언가, 전형적으로 희생양 역할을 하는 외부인 집단에 투사되어야 한다. 이런 외부 집단을 표적으로 삼아 악에 맞서는 영웅적인 투쟁에 직접 참여하는 것은 우리에게 안전과 확신의 느낌을 회복할 수 있게 하는 또 다른 수단이 된다.[62]

지젝이 말했듯이 판타지는 "우리가 박탈당한 향유는 우리에게서 그것을 훔쳐 간 타자에게 집중하게 되는 장면을 구성한다."[63] 위기의 시대에 좌절과 불안이 일어날 때, 그들 자신의 대안적이고, 지나치며, 비뚤어진 향유를 즐기는 것처럼 보이는 이런 타자들의 존재는 우리를 불편하게 만든다. 우리는 그 타자를 우리의 좌절과 두려움의 원인으로 인식하기 때문이다.[64] 우리는 타자가 자신의 즐거움을 조직하는 독특한 방식(다른 취향, 냄새, 소리, 상징 및 가치 등)에 괴로움을 느낀다. 우리는 우리의 생활 방식을 방해하고, 우리의 민족적 실체를 훔치려는 겉보기에는 아무런 동기도 없는 욕구인 악의적인 의도를 타자에게 돌린다. 우리는 타자가 우리의 즐거움

---

62 Tom Pyszczynski, Sheldon Solomon and Jeff Greenberg, *In the wake of 9/11*, p. 30.

63 Slavoj Žižek, *The plague of fantasies* (New York, 1997), p. 32

64 Slavoj Žižek, *Looking awry*, p. 165.

을 방해하지 않는다면 모든 것이 잘 될 것이라고 상상한다.[65] "우리가 즐거움의 강탈을 타자에게 전가함으로써 우리가 숨기는 것은 우리가 우리에게서 도난당했다고 주장되는 것을 결코 소유한 적 없었다는 충격적인 사실이지만",[66] 즐거움이 도난당했다는 관념은 즐거움이 존재하고 있을 수 있다고 믿어야 할 우리의 필요를 충족시키면서 또 즐거움을 언젠가 (재)소유하게 될 것이라는 필요도 충족시킨다. 민족이 완벽하게 기능하고 안정적인 사회라는 유토피아적 판타지에 있다고 주장하기 때문에, 실제로는 민족이 이런 도달할 수 없는 목표를 향한 영구적인 노력을 하는 곳에 위치할 때, 우리는 실패를 설명하고 결코 도달할 수 없는 장벽을 부인하기 위한 영구적인 알리바이를 제시하기 위해서 타자를 필요로 한다.[67]

이런 목적은 우리와 다른 신념과 관습을 가진 외부인의 존재만으로는 이루어지지 않는다. 우리는 '중요한 타자(Significant Others)'를 민족 신화의 필수적인 한 부분으로 지명하는 것 말고는 다른 선택지가 없다. '중요한 타자'는 희생양처럼 사용되는 부정적인 원칙을 말하는데, 이는 향유의 실패, 생활 방식에 대한 위협에서 기인하며, 우리가 공동체를 부정해야만 하고, 또 공동체로부터의 이탈을 투사하는 공격성을 위한 채널이다. 중요한 타자는 민족과 이해관계나 가치의 진정한 충돌을 빚고 있는 집단일 수 있다. 미국은 오늘날 알카에다와 같은 테러리스트 집단과 마찬가지로 냉전 기간 내내 소련으로부터 실질적인 위협을 경험했지만, 그들이 '우리의 생활 방식을 위협하는 존재'이거나 '우리의 자유를 증오한

---

65 Alan Finlayson, 'Psychology, psychoanalysis and theories of nationalism', p. 155.

66 Slavoj Žižek, *Tarrying with the Negative*, p. 203.

67 Yannis Stavrakakis, *Lacan and the Political*, p. 100; Yannis Stavrakakis, *The Lacanian* Left, p. 197-98.

다는' 관념은 위협에 대한 인식의 판타지에 매우 감정적인 조치를 덧붙이게 했다. 하지만 타자가 우리의 민족 정체성을 이해할 필요가 있다는 명제는 타자가 쉽게 이용될 수 없는 것이라, 상징을 갈망하는 우리의 정신이 타자를 발명했다는 전제로 성립한다. 어떤 집단이라도 우리의 정체성이나 독립성을 어떻게 위협하는지에 대해 개연성 있는 이야기를 만들어낼 수 없는 대상을 타자로 만들어낼 수 없을 것이다. 예를 들어 유대인이 어떤 공동체의 관심을 끌기 위한 병폐인 반유대주의적 음모 이론을 비난하기 위해서, 한 민족공동체 속에 거주하거나 그 근처에 살 필요가 없다는 사례가 왕왕 발견된다.[68] 종족 갈등을 일으키는 것은 위협이나 차이의 현실이 아니라 공동체가 억압된 적대감을 외부로 표출해야 하는 심리적 필요성 때문이다. 프로이트도 "자신들의 공격성을 명시하기 위해 남겨진 다른 사람이 존재하는 한, 상당한 수의 사람을 사랑으로 결속시키는 것이 언제나 가능한 일"이라는 점을 발견했다.[69] 만약 문명이 본능의 좌절, 충동의 포기 위에 세워진다면 구성원 개인 내부에서 자신을 향한 적대감의 저수지가 생성된다.[70] 지라르(Girard)는 이런 과도한 공격성을 처리하는 가장 안전한 방법이 외부인이란 주체에게 이런 공격성을 귀속시키는 것이라고 주장했는데, 이런 공격성은 상징적인 '대리 피해자'에 맞서 일치단결하여 폭력을 휘두르는 것이고, 공동체를 해체하겠다며 끊임없이 위협하는 에너지가 오히려 공동체를 통합하는 데 역할을 할 수 있도록 한다.[71]

---

68 Slavoj Žižek, *Tarrying with the Negative*, p. 205.

69 Sigmund Freud, *Civilization and its Discontents*, p. 305.

70 Ibid., p. 286.

71 René Girard, *Violence and the Sacred*.

만약 우리의 경계 집단의 현실이 우리에게 그토록 실존적으로 중요
하다면, 타자는 우리의 세계관에 대한 위협이 아니라 꼭 필요한 강화제
의 하나가 된다. 이것은 기껏해야 서로 이름을 모르는 다양한 동료 구성
원으로 구성된 대규모 집단인 근대 민족에 특히 해당하며, 따라서 방언
이나 지도상의 선과 같은 경계를 유지하기 위해 상대적으로 사소하거나
발명된 기표에 의존하게 한다. 이는 이런 경계 메커니즘의 중요성이 자
주 과장되는 이유로, 프로이트는 이 현상을 사소한 차이의 나르시시즘
(narcissism)이라고 불렀다. 고정관념(stereotypes)은 표면적으로 타자의 다른
점을 폄훼하나 고정관념의 실제 기능은 그 유사성을 모호하게 하는 것
이고, 이는 집단의 실재에 의문을 제기하기에 우리가 갖는 불안함의 진
정한 원천이라고 할 수 있다. 타자가 우리에게서 향유를 빼앗고 우리 민
족 실체를 앗아갈까 두려워하는 이유는 아마도 타자의 잘못이나 의도가
아니더라도 충분히 적대적이고 이질적이며 이국적인 적개심의 대상이
되지 못한다면 우리의 민족 프로젝트의 실재와 효용성에 의문을 제기할
수 있기 때문이다. 고정관념은 타자와 우리를 구별하는 수단으로서 유일
무이한 정체성에 대한 우리의 주장에 힘을 불어넣는다.[72]

정신분석학적 관점에서 볼 때 얼굴 없는 타자를 멸시하고 제거하려는
충동은 사회로 기능하고 있는 어떤 형태를 유지하는 데 필요한 '이름을
모르는 내부자'를 사랑하고 협력하려는 충동의 필연적인 이면이다. 역
사 속 민족의 역할을 연구할 때 누군가는 전자에 초점을 맞추고 민족주
의를 망상적이고 병적인 것으로 이해하는 선택을 할 수 있다. 그게 아니
라면 후자의 견해를 자연스럽고 구성적인 것으로 이해하는 연구자도 있

---

72 Michael Billig, *Banal nationalism*, p. 81.

을 수 있다. 사실 그것은 항상 그 두 가지 양면성을 모두 가지고 있다. 정신 분석 치료의 가장 좋은 전통에 기대어 역사가가 이런 모순을 관리하기 위해 할 수 있는 것은 민족 운명의 완전한 성취에 대한 판타지가 악의적인 타자에 의해 좌절되지 않았음을 인식함으로써 의식적 사고의 빛에 그것을 노출하는 것이 다이다. 비록 우리 공동체가 존재하고 그것을 위한 끝없는 노력을 통해 생산적인 무엇인가를 계속하고 있지만, 운명은 결코 성취될 수 없었다.[73] 이는 우리 모두가 궁극적으로 외부인이며, 우리의 향유의 핵심에서 소외되고 공유된 민족 실체와의 동일시를 자발적으로 선택함으로써 향유에 도달하는 것에 불과하며, 이는 우리가 외국인을 두려워하거나 경멸하는 것이 궁극적으로 우리가 결여하고 있는 자기 자신의 부족함을 투영하는 것이자, 타자는 사실상 우리 자신이라는 점을 말한다.[74] 그리고 민족은 공허한 기표로서 유토피아의 실현이 아니며 결코 그럴 수도 없다. 오히려 최상의 상태에서 경쟁하는 유토피아적 비전이 공유된 규칙의 틀 내에서 서로 안전하게 경쟁할 수 있는 컨테이너 역할을 하며, 이것은 기능하는 민주주의 정치체의 결과물이기도 하다;[75] 이는 존 허친슨(John Hutchinson)이 민족의 개념을 '충돌의 지대(zones of conflict)'로 규정하는 데 영향을 미친 생각이다.[76]

---

73 Slavoj Žižek, *Tarrying with the Negative*.

74 Julia Kristeva, *Nations Without Nationalism*, pp. 50-51; see also Julia Kristeva, *Strangers to ourselves*, (New York, 1991).

75 Yannis Stavrakakis, *Lacan and the Political*, pp. 136-37.

76 John Hutchinson, *Nations as Zones of Conflict* (Thousand Oaks, 2005).

결론: 민족정신을 풀어헤쳐 보다

라캉주의자(Lacanians)가 언어학 및 비판적 문학 이론 분야에 상당한 영향을 주었다는 점은 주지의 사실이지만, 그네들의 작업은 현재까지 역사학에 거의 영향을 미치지 않았다. 라캉주의적 이론이 역사적, 당대적 정치 사건에 어떻게 적용될 수 있는지에 대한 추측성 주장을 제외하고선 말이다. 예를 들어 지젝은 공산주의의 몰락, 이라크 전쟁, 유럽연합을 라캉주의적 관점에서 검토했다.[77] 이는 라캉주의적 관점의 관찰 대상이 실증적 역사 탐구의 표준적 방법론과 원천을 이용해서 문서화되기에 매우 어려운 대상이라는 점에 대부분 기인하고 있다. 그러나 원칙적으로 이런 한계에 계속 묶여있을 이유는 없다. 상징, 생각, 판타지는 궁극적으로 뇌에서 벌어지는 과정이다; 덧없는 추상이라기보다는 자연 속 물체란 말이다. 자연의 모든 물체와 마찬가지로, 그것들은 신비스럽게 창조되어 주어진 것이 아니라 역사의 물체이자 역사적 규율을 풀어내기 위해 요구되는 인과의 과정이 만들어낸 시간의 산물인 것이다.

한 가지 사례가 역사적 탐구의 핵심 주제로서 감정에 대한 관심이 최근에 부활한 것이다. 감정은 이전에 비합리적이라는 이유로 인간 행동을 측정할 수 없는 동인으로 여겨져 문서로 기록하는 것도 합리적 예측성도 기대할 수 없는 것이라고 간과되었지만, 사회과학도 감정을 합리적인 의사 결정 과정에서 결정적인 것으로 인정하는 인지과학을 존중하기 시작했다.[78] 그런 사회학자의 연구 중 일부를 말하자면, 일찍이 1939년에 노

---

77 Slavoj Žižek, *Iraq: The Borrowed Kettle* (New York, 2003); Slavoj Žižek, *Living in the End Times*, (New York, 2010); Slavoj Žižek, and Srećko Horvat, *What Does Europe Want?* (New York, 2015).

르베르트 엘리아스(Norbert Elias)가 인간 감정의 기호가 각 문명의 시대에 따라서도 크게 바뀌었다는 점을 주장했고,[79] 우테 프레베르트(Ute Frevert)와 같은 역사학자는 젠더, 계급, 민족 사이에서 감정이 단순히 어떻게 인식되는지가 아니라 실제적으로 어떻게 느껴지며, 다른 사회적 기대에 어떻게 영향을 미칠 수 있는지 탐구했다.[80] 따라서 주제 집단, 시간이나 장소의 정서적 레퍼토리 특성을 재구성하는 능력은 사건으로 이어지는 행동을 이해하는 데 중요하다.

민족을 뚜렷하게 구별되면서, 상호 연관되어 있는 두 개의 요소로 구성된 것이라 시각화하면, 둘 중 하나가 더 작으면서, 더 큰 다른 하나는 개별 인간보다 클 것이다. 수천 또는 수십만의 개인과 그네가 동일시하는 대상, 말하는 이야기, 그사이에 구성된 규범과 제도처럼 민족을 개인보다 더 큰 존재로 이해하기는 정말 쉬운 일이다. 하지만 인지적 수준에서 민족은 개인보다 작다. 이는 개인이 자신을 민족 집단의 일부라고 인식하는 정신적 표상―개념, 상징, 신념, 가치―의 하위 집합이기 때문이다. 민족은 이 두 가지 조건 없이 존재할 수 없다. 즉 민족은 사회적 커뮤니케이션 네트워크에 의해 연결된 개인의 집합 중 하나이자, 민족을 고안하고 정의하는 구성원 개개인의 정신에 공통적으로 존재하는 인지적 구성의 하나란 말이다. 결코 어느 한 조건도 다른 조건 없이 존재할 수 없으며, 그렇다고 다른 하나가 선행하는 것도 아니다. 민족은 이 두 시스템 사이에서 벌어지는 복수 방향성 피드백의 산물이다. 구성원 개인의

---

78 António R. Damasio, *Descartes' error: Emotion, reason, and the human brain*, (New York, 1994).

79 Norbert Elias, *The Civilizing Process*, (Hoboken, 2000).

80 Ute Frevert, *Emotions in History: Lost and found*, (Budapest, 2011).

정신 속에 집단이란 인지적 구성이 새롭게 만들어지기 위해서는 사회적 커뮤니케이션의 네트워크가 필수적이다. 그리고 이런 네트워크는 그 자체로 인지적 구성의 존재와 내용을 통해 발생할 수밖에 없다.[81]

인지적, 정신분석적 접근법은 우리가 정신 속에서 민족을 구성하는 정신적 표상 체계의 구조를 더 잘 이해하는 데 도움이 될 수 있다. 이런 접근법은 우리가 이 요소를 분리하고, 그 구성 성분의 얽힘을 풀어내며, 그 연결고리도 구체적으로 그려내고, 그와 관련된 변화를 추적할 수 있도록 지원을 아끼지 않는다. 민족 실체와 관련된 동일시의 주요 대상은 무엇일까; 이미지, 단어, 이야기, 노래, 냄새, 감각, 의례, 가치가 민족의 독특한 '생활 방식'의 일부로 느껴질까? 이런 것은 어떻게 서로 연결되어 일관성 있는 시스템을 형성할까? 이런 제도는 사회환경의 변화 속에서 시간이 지남에 따라 어떻게 변화했으며, 그런 변화는 사회환경을 어떻게 형성했을까? 또 그것들은 즐거움의 조직, 테러의 완화, 사회적 안정성의 유지와 공동체의 외부로 공격성을 흘려보내기와 같은 (이에 국한되지는 않겠지만) 사회적 정체성의 핵심에서 심리적 필요를 다루기 위해 어떻게 기능하는가?

왜 사람들의 신념에 있어 상대적으로 작은 변화에 불과한 것이 공동체를 조직하고 동원하는 방법에 극적인 의미를 갖는가? 왜 당시에는 사소한 것처럼 보였던 사건이 사람들의 신념에 예측할 수 없는 영향을 미칠 수 있는 걸까? 분석을 통해 민족을 인지적 및 사회적 두 개의 개별 수준에서 시스템 간 상호작용의 산물로 이해하는 것은 앞의 질문과 같은

---

81 Manjana Milkoreit and Steven Mock, 'The networked mind: Collective identities as the key to understanding conflict', Chapter 8 in Anthony J. Masys (ed.), *Networks and Network Analysis for Defense and Security* (Berlin, 2014).

민족 역사와 민족주의 정치의 극적인 격변이란 특징을 조명하는 데 도움이 될 수 있다. 그것은 우리에게 민족주의에 대한 다양한 사회적 수준의 설명을 서로에게 도전하는 경쟁 이론이라기보다는 적절한 상황에서 유용할 수 있는 도구 모음으로 취급할 수 있는 수단을 제공한다. 그것들은 사회 이론으로서 모순되는 것처럼 보일 수 있다. 동시에 민족은 완전히 근대적 구성체일 수 있고 전근대 종족성과 연속선상에 놓인 것이 될 수 없다. 회원 자격조건은 시민적/주의주의적 및 종족적/귀속적일 수 없기 때문이다. 그러나 개인 심리의 수준에서 인간의 정신은 상충하는 충동과 다양한 동일시에서 비롯된 모순을 조정해야 하는 과제를 계속 안고 있다. 테러 관리의 필요성은 원시적이고 불변하는 민족적 '영웅 프로젝트'를 요구할 수 있으나 시스템 정당화의 필요성은 해당 프로젝트 역사의 특징과 근본적으로 다른 근대적 사회 규범의 합리화를 요구할 수 있다. 민족이 평등하고 다양한 시민의 주지주의적인 시민공동체가 되어야 한다는 자부심과 사회적 안정성에 중요한 이상은 근대 사회의 유동성과 근대 공동체의 응집력이 최소한 공통된 운명의 상징에 대한 애착뿐만 아니라 일부 공통의 문화적 특성에 대한 순응이 필요하다는 현실과 혼동될 수 있다. 가장 중요한 민족 신화와 상징, 가장 강렬한 감정적 투자의 초점이 되는 것들은 이런 모순과 다른 불안정한 모순에 직면하여 민족 실체(national Thing)의 일관성을 유지하는 기능을 하는 것일 수 있다.

그리고 이 신화와 상징의 네트워크는 그 자체의 영속성과 폐쇄성의 신화를 포함할 가능성이 높지만 궁극적인 모순은 그것이 결코 완전히 폐쇄될 수 없다는 것이다. 어떤 상징체계도 실재를 표현한다는 목표를 달성할 수 없기에 정신 속의 민족은 항상 역동성의 장소가 될 것이며, 항상 정치적 갈등의 컨테이너로 남을 사회적 세계 속에 존재하는 민족을 반영할 것이다. 영원히 자신의 꼬리를 쫓는 신화 속의 우로보로스(Ouroboros)처럼 그것은 움직이는 표적이지만, 인간 경험의 핵심에 있는 공허함을 결코 건드리지 않으며 이 절망적인 목표를 추구하는 것이 그 목표를 지탱하는 바로 그 에너지라는 사실을 행복 속에서 망각하게 한다.

더 읽을거리

Abulof, U. (2015). *The mortality and morality of nations*. Cambridge University Press.

Adorno, T. W., Frenkel-Brunswik, E., Levinson, D. J., & Sanford, R. N. (1950). *The authoritarian personality*.

Becker, E. (1973). *The Denial of Death*. New York: The Free Press.

Billig, M. (1995). *Banal nationalism*. Sage Publications.

Frevert, U. (2011). *Emotions in History: Lost and found*. Central European University Press.

Freud, S. (1930). "Civilization and its Discontents" in Idem (ed.), *Civilization, society and religion: Group psychology, civilization and its discontents and other works*. London: Penguin,1991.

Haidt, J. (2012). *The Righteous Mind: Why Good People are Divided by Politics and Religion*. New York: Pantheon Books.

Kristeva, J. (1993). *Nations Without Nationalism*. Columbia University Press.

Marvin, C. and Ingle, D.. (1999). *Blood Sacrifice and the Nation: Totem Rituals and the American Flag*: Cambridge University Press.

Pyszczynski, T., Solomon, S., & Greenberg, J. (2003). *In the wake of 9/11: Rising above the terror*. American Psychological Association.

Stavrakakis, Y. (2007). *The Lacanian Left: psychoanalysis, theory, politics*. State University of New York Press.

10장

민족주의 역사와 젠더 접근법

엘리자베스 블로삭(Elizabeth Vlossak)

서론

　1880년대 독일에서 대량으로 제작된 귀도 슈미트(Guido Schmidt)의 1866년 그림 판화(다음 쪽)는 독일 민족의 조탁을 우화적으로 묘사한 것이다. '철의 재상(Iron Chancellor)'이자 통일의 아버지 오토 폰 비스마르크(Otto von Bismarck)는 대장장이로 묘사된다. 소매를 걷어 올리고 가죽 앞치마를 두르고 쇠모루 앞에 선 비스마르크는 오른손에 망치를 들고, 왼손으로 새로 단조한 검을 독일 민족의 화신 게르마니아(Germania)에게 넘겨주려 하는데, 여신 게르마니아는 돌로 된 받침대 위에 발을 딛고 비스마르크보다 위에 서 있다. 언뜻 보기에 이 이미지는 특별히 진귀하거나 의미심장한 것처럼 보이지 않을 수 있다. 고대 그리스와 로마인이 정의와 자유(권)와 같은 추상적인 개념을 나타내기 위해 여성의 형태를 수단으로 이용해왔던 것처럼 민족은 일반적으로 여성으로 묘사되어 왔다. 게르

〈그림 10.1〉 독일 통일의 대장장이
(The Blacksmith of German Unity[Der Schmied der deutschen Einheit], c. 1880)

마니아는 민족을 묘사하는 데 일반적으로 사용되었다. 그러나 슈미트의 그림을 매우 흥미롭게 만드는 점은 대체로 여성스럽고 수동적인 게르마니아가 남성스럽고 능동적인 비스마르크와 직접적인 대조를 이루고 있다는 것이다. 게르마니아의 헬멧과 갑옷에도 불구하고 창백한 안색을 하고 금발을 한 게르마니아는 강력한 전사가 되기에는 너무 부드럽고, 온화하며, 겸손해 보인다. 반면에 비스마르크는 땀에 젖어 있고, 강철 같은 눈을 가졌으며, 단호해 보인다. 게르마니아는 민족을 표상할 수 있지만, 여성의 하나로서 그녀는 장식품과 같은 존재이자, 추상이며 사상에 불과하다. 대신 비스마르크는 역동성, 권력, 작인을 구현한 실제 피와 살로 이루어진 인간이다. 게르마니아와 비스마르크 사이의 이런 명징한 차이는 다음과 같다: 그들은 전통적인 젠더 이상이 독일 민족이 어떻게 이해되고 상상되는지에 중요한 역할을 했을 뿐만 아니라 젠더가 민족이 어떻게 만들어지고 유지되며 경험하는가에 영향을 미쳤음을 보여준다.

이 이미지를 보고 모든 역사가가 똑같은 결론을 도출하는 것은 결코 아니다. 슈미트의 이미지에 대한 나의 해석은 1980년대 후반에 등장하여 역사학뿐만 아니라 사회학, 문헌 비평, 국제관계학 등 수많은 분야의 학자에 의해 계속해서 사용되는 접근방식인 젠더(gender)를 분석의 범주로 이용한다. 논쟁의 여지가 있는 개념이기에, 젠더는 수많은 방식으로 정의되어 왔다. 이런 정의를 세 가지 주요 범주로 분류할 수 있다. 첫 번째는 '생물학적 본질주의(biological essentialism)'라고 명명할 수 있는데, 이는 젠더를 변하지 않는 생물학적 실재의 연장으로 이해한다. 두 번째, 그리고 아마도 가장 널리 채택된 접근법은 성(sex)과 젠더를 구별하는 방식이다: 성은 생물학적인 것이자 일반적으로 변화하지 않는 것이지만, 반면 젠더는 사회적, 문화적으로 구성되는 것이다. 실존주의 철학자 시몬

드 보부아르(Simone de Beauvoir)가 1949년에 말했듯이, "태어나면서 원래 그런 존재는 없고, 여자가 되어가는 것이다(one is not born, but rather becomes a woman)."[1] 그럼에도 불구하고 젠더가 의식적으로 또는 무의식적으로 '수행되는' 정도에 대해서는 이 범주 내에서도 변이가 일어난다. 철학자이자 젠더 이론가 주디스 버틀러는 젠더의 '수행성(performativity)'에 대한 개념으로 널리 알려져 있지만, 버틀러는 실제로 세 번째이자 아마도 가장 많은 논란을 일으키는 젠더의 정의를 지지한다.[2] 생명 작용이 존재한다는 사실을 부정하지 않지만, 성의 범주가 젠더 관행 못지않게 사회적으로 구성된다고 주장한다. 현실적으로 말해서, 우리는 (사회적으로 구성된) 성의 범주 없이는 성/젠더 관계를 생각할 수 없다. 그러나 그렇게 함으로써 두 번째 접근법에 의해 만들어진 대중적인 성/젠더 구별은 생물학/사회 구성(또는 천성/교육)의 이원론이 더 이상 유지되지 않기 때문에 무너진다.

조앤 스콧(Joan Scott)은 1986년 「미국역사학보(*American Historical Review*)」에 기고한 글에서 역사학자에게 젠더에 관심을 집중할 것을 최초로 요청하면서, 젠더를 '성(性) 간의 인식된 차이에 기초한 사회적 관계성의 구성요소'와 '권력의 관계성을 나타내는 주요 방식'으로 정의했다. 스콧은 1960년대 후반과 1970년대 초반에 나타났고,[3] 일부 사람들에 따르면, 여전히 '게토화'된 여성 역사의 현 상태에 부분적으로 대응하고 있었다. 사회사와 제2의 물결 페미니즘(second-wave feminism)에서 성장한 여성 역사는 '제2의 성(second sex)'의 과거를 들춰내고 교과서에 여성을 포함하

---

1 Simone de Beauvoir, *The Second Sex* (New York, 1973), p. 301.

2 Judith Butler, 'Performative Acts and Gender Constitution: An Essay in Phenomenology and Feminist Theory' *Theatre Journal* 40:4 (1988), pp. 519-31.

3 Joan W. Scott, 'Gender: A Useful Category of Analysis' *The American Historical Review* 91:5 (1986), p. 1067.

여 쓰려 했다. 여성의 '잊힌 역사(forgotten history)'에 초점을 맞추어 여성의 억압과 평등을 위해 싸우려는 시도를 강조하는 경향도 보였다. 그러나 일부 역사학자는 여성의 경험이 남성과 함께 연구되지 않으면 제대로 이해될 수 없다고 생각했다.[4] 프랑스 역사학자 미셸 페로(Michelle Perrot)는 "성(性)의 관계에 대한 질문을 중심으로 역사적 관심의 방향을 선회해야 한다"고 목소리를 높였다.[5] 그러나 여성 역사의 또 다른 단점은 성적 차이 자체가 어떻게 역사적 과정과 고정되어 있지 않은 젠더의 관념에 뿌리를 두고 있는지에 대한 의문 없이 '남성'과 '여성'의 이분법을 당연시했다는 점에 있다.[6] 페미니스트 학자는 더 이상 젠더를 고정된 정체성으로 간주할 수 없었고, 오히려 특별한 역사적 순간에 특정한 목적을 위해 창조된 것이라 여겼다.

젠더 역사는 페미니스트 운동과의 연관성 및 기원 때문에 왕왕 여성의 역사와 동의어처럼 이해된다. 젠더 접근법을 취하는 많은 연구가 주로 여성의 역할과 경험, 또 젠더 기대치에 뿌리를 둔 권력구조가 구체적으로 어떤 영향을 미쳤는지에 초점을 맞추고 있는 것이 사실이다. 그러나 여성성(femininity)이 시간과 문화에 얽매여 있는 것처럼 남성성(masculinity)도 마찬가지다. 역사학자 마이클 로퍼(Michael Roper)와 존 토시(John Tosh)는 19세기 영국 남성성에 대한 연구에서 우리가 '상상된 남성 정체성과 삶

---

4 여성 역사에서 젠더 역사로의 전환에 대한 전체 그림은 다음을 참조하라. Laura Lee Downs, 'From women's history to gender history' in Stefan Berger, Heiko Feldner and Kevin Passmore (eds.), *Writing History: Theory and Practice* (London, 2003), pp. 261-81.

5 Michelle Perrot, 'Introduction,' in Idem. (ed.), *Writing Women's History* (Oxford, 1992), p. 8.

6 Gisela Bock, 'Women's History and Gender History: Aspects of an International Debate' *Gender & History* 1:1 (1989), p. 10.

으로 나타나는 남성 정체성'을 구별해야 한다고 주장했다.[7] 젠더 질서 내에서 가부장제를 유지하는 '헤게모니적 남성성'의 구성은 일부 남성을 다른 남성보다 더 '남성적'으로 간주하는 위계질서를 낳았고, 따라서 서로 간의 관계와 권력과의 관계에 영향을 미쳤다.[8] 실제로 젠더 정체성은 다른 요인, 특히나 계급, 인종, 종족성, 종교에 좌우되었고, 젠더 역사학자는 이런 요소를 그네들의 연구에 포함하는 것의 중요성을 알아차렸다.[9]

1990년대 초까지 젠더라는 렌즈는 민족과 민족주의를 연구하는 데 이용되었다. 당시 소련의 붕괴, 인종 민족주의의 부활, 옛 유고슬라비아와 르완다 인종 청소의 참혹함, 또 포스트 식민지 연구 분야의 성장은 민족주의에 대한 학문적 관심을 다시 환기시켰다.[10] 그러나 최근 등장한 민족과 민족주의 및 방법론적 프레임워크와 관련된 이론—특히 포스트 구조구의(post-structuralism)와 언어적 전환(linguistic turn)—도 매우 중요했다. 이 분야의 선도적인 전문가 중 하나로서 선구자라는 명성을 여전히 누리고 있는, 독일의 역사학자 카렌 하게만(Karen Hagemann)이 설명했듯이 젠더와 민족은 둘 다 사회문화적 구성체라는 점에서 서로 관련성을 유지한 상태로 이해되어야 하고, 또 연구되어야 한다.[11] 젠더는 민족 상징, 민족 신화, 민족의식의 창조를 알렸을 뿐만 아니라 민족 운동과 민족 국가와의 관계성에 영향을 미친 '문화적 지식과 문화적 표상의 견고한 시스템'으로 정

---

7 Michael Roper and John Tosh, *Manful Assertions: Masculinities in Britain Since 1800* (New York, 1991), p. 4.

8 John Tosh, 'Hegemonic masculinity and the history of gender' in Stefan Dudink, Karen Hagemann and Josh Tosh (eds.), *Masculinities in Politics and War: Gendering Modern History* (Manchester, 2004), pp. 41-60.

9 이것을 '교차성(intersectionality)'이라고 일컫기도 한다.

10 Sita Ranchod-Nilsson and Mary Ann Tétrault (eds.), *Women, States and Nationalism: At Home in the Nation?* (London and New York, 2000).

부와 사회에 받아들여졌고, 또 여러 방식으로 역할하고 있다. 궁극적으로 젠더는 민족 정체성을 조형하는 과정에서 중심적인 역할을 했다. 왜냐하면 남성과 여성은 민족의 구성원으로서 다른 역할을 했는데, 그네들의 젠더 정체성이 민족공동체를 어떻게 이해하고 어떤 소속감을 갖게 되는지에 직접적으로 영향을 미쳤기 때문이다. 민족의 개념에서 그것을 구성하는 사람들의 생활 경험에 이르기까지, 젠더는 민족을 계서적으로 구성하고 조직하는 삶의 만연한 특징이다. 더욱이 앤 맥클린톡(Anne McClintock)의 주장처럼 민족주의는 그 자체가 "젠더 담론(gendered discourse)으로서 처음부터 구성되었으며 젠더 이론 없이는 이해될 수 없다."[12]

하게만의 연구 궤적은 여성 역사에서 젠더 역사로의 광범위한 변화뿐만 아니라 젠더 접근법이 민족과 민족주의 연구에 미친 영향력을 반영한다. 하게만의 초기 작품은 바이마르 독일(Weimar Germany)의 여성 노동자에 초점을 맞췄다. 그러나 노동자 계급의 젠더 관계에 대한 연구를 통해 하게만은 젠더와 민족의 관계를 보다 명확하게 이론화하기 시작했고, 결국 프로이센의 19세기 초와 근대 독일 민족주의, 특히 젠더, 민족, 전쟁의 관계성에 관심을 갖게 되었다. 우리가 이 장에서 보게 될 것처럼 하게만과 같은 젠더 접근법은 민족주의의 역사에 대한 우리의 이해에 질문을 던지고 또 재정의했다. 비교, 초민족적, '횡단적' 연구뿐만 아니라

---

11 Karen Hagemann, "*Männlicher Muth und Teutsche Ehre:*" *Nation Militär und Geschlecht zur Zeit der Antinapoleonischen Kriege Preussens* (Paderborn, Munich, Vienna and Zurich, 2002), p. 58. See also Ida Blom, Karen Hagemann and Catherine Hall (eds.), *Gendered Nations: Nationalisms and gender order in the long nineteenth century* (Oxford and New York, 2000).

12 Anne McClintock, 'Family Feuds: Gender, Nationalism and the Family' *Feminist Review* 44 (1993), p. 63.

민족별 사례 연구를 통해 역사학자는 시민권과 국가 형성, 전통, 신화 및 상징의 '발명', 전쟁 경험, 제국주의와 식민지 이후의 투쟁, 그리고 민족 역사에 대한 기억과 쓰기가 어떻게 모두 젠더 질서에 의해 조형되어 왔는지를 입증했다.[13] 게다가 대부분의 민족주의 프로젝트는 젠더적 가정과 기대치에 뿌리를 두고 있었기에 남성과 여성에게 다르게 영향을 미친다는 점을 인식하지 못한다. 그렇기에 민족주의 연구에 젠더 접근법을 취하는 것은 많은 민족주의 이론의 결점을 강조하게 되었다. 우리가 보게 될 것처럼, 시대와 문화에 따른 젠더 역할은 확실히 유동적이었지만 민족과 민족주의는 결코 젠더 중립적이지 않았다.

국가, 시민권 및 민족 소속

민족주의와 젠더의 관계를 탐구한 최초의 연구 중 하나는 페미니스트 역사학자가 아니라 독일계 미국인 역사학자 조지 모스(George Mosse)를 통해 이루어졌다. 1985년 민족주의와 젠더를 주제로 하는 획기적인 연구에서 모스는 규범적 부르주아 사회 가치, 미학, 성적 도덕, 젠더 차별의 출현이 유럽 민족 국가의 부상과 병행했을 뿐만 아니라 민족주의 운동의 직접적인 결과라는 점을 강조했다.[14] 그 이후 모스는 이상적인 남성성과 여성성과 얽힌 긍정적인 중산층의 고정관념이 남성과 여성의 도덕성

---

13 '횡단적 정치체(transversal politics)'에 대한 설명은 다음을 참조하라. Nira Yuval-Davis, *Gender & Nation* (London, 1997), 125-32.

14 George L. Mosse, *Nationalism and Sexuality: Middle-Class Morality and Sexual Norms in Modern Europe* (Madison, 1985).

과 행동을 지배하는 일련의 규칙과 행동 규범을 확립했고, 이는 차례로 질서와 민족적 결속력을 유지하게 될 것이라고 주장했다.[15] 특히 프랑스와 독일의 역사학자는 군인과 시민으로서 남성이 힘, 규율, 질서, 진보의 자질을 보여줌으로써 민족을 어떻게 구현해 왔는지를 탐구하기 시작했다.[16] 또 프랑스와 독일의 역사학자는 남성성이 여성성을 비롯한 고정관념에 대항하여 스스로를 규정했고, 이는 결국 민족 내부에서 여성의 규정된 역할에 영향을 미쳤다고 주장했다. 어머니와 아내로서 여성은 전통과 과거와의 연결고리를 제공할 뿐만 아니라 수동적이고 순종적이며 양육을 담당할 것으로 기대되었다. 궁극적으로 민족은 하나의 가족처럼 이해되어야 했는데, 여기에서 남성들은 공적인 삶에 관여하고 여성들은 사적인 영역에 국한되어 있었다. 민족주의 담론이 남성성의 이상에 집중했을지는 모르지만 그렇다고 여성의 존재를 완전히 무시한 것은 분명 아니고, 사실상 여성적 이상을 유지하는 것에 큰 중요성을 둔 셈이다. 그 결과 남성과 여성은 민족에서 매우 구체적인 역할을 수행했다. 즉 정치는 남성의 전유물이 되었던 반면에, 여성은 문화와 밀접하게 결부되어 있었다. 하지만 젠더 역할과 기대의 양극화에도 불구하고, 이런 차이는 실제로 어떻게 그리고 어느 정도까지 유지되었을까?

공식 정치의 공적 영역에서는 배제되었지만 그럼에도 여성은 정치적 존재였고, 페미니스트 학자는 정치적 담론에 그토록 고착화되어 있던 공

---

15 George L. Mosse, *The Image of Man: The Creation of Modern Masculinity* (New York and Oxford, 1996), p. 6.

16 Robert A. Nye, *Masculinity and Male Codes of Honor in Modern France* (New York, 1993); Madeleine Hurd, 'Class, Masculinity, Manners and Mores: Public Space and Public Sphere in Nineteenth-Century Europe' *Social Science History* 24:1 (2000), pp. 76-110.

적/사적 이항 대립을 거의 해체했다.[17] 게다가 페미니스트 학자는 여성이 민족공동체 내에서 남성과 같은 역할을 수행하고 같은 책임을 지기를 기대하지 않았을 수도 있지만, 이것이 여성이 민족주의 프로그램에서 배제되거나 심지어 배제되었다고 느끼지도 않는다는 것을 의미하는 것은 아님을 증명했다. 사회학자 니라 유발 데이비스(Nira Yuval-Davis)와 플로야 안티아스(Floya Antias)는 민족주의 프로젝트에 대한 여성의 참여가 사적인 영역에 국한된다는 오랜 인식을 깨는 데 도움을 주었고, 대신 여성과 민족 간의 관계가 복잡하다는 점을 입증했다. 유발 데이비스와 안티아스는 여성을 민족 구성원의 생물학적 재생산자, 국경의 재생산자, 민족 문화의 재생산자, 전달자, 민족간 차이의 상징, 민족 투쟁의 적극적인 참여자로 열거한다.[18] 여성의 역할은 수동적이면서 능동적이었고, 민족과 민족 정체성의 구성, 유지, 재생산에 있어 중요한 역할을 했다. 이 목록은 민족주의 연구에 대한 젠더 접근법에 관심이 있는 역사학자에게 유용한 출발점이 되고 있다. 예를 들어 실비아 월비(Sylvia Walby)는 젠더 분업을 인정하지 않는다고 주장했고, '종족/민족 집단 간의 갈등과 경계 유지 또 다른 문화뿐만 아니라 다른 형태의 사회적 계층 간의 갈등'이라는 사실을 강조하지 않았다.[19] 그 이후로 젠더 역사학자는 모든 여성(또는 남성)이 민족 내에서 동일한 역할을 하는 것은 아니며, 그네들 자신의 정체성이 계급, 종교, 언어, 종족성에 의해 영향을 받았기 때문에 같은 방식으로 또는 동시에 민족에 대한 이해를 내면화하는 것도 아니라는 점을

---

17 Jean Bethke Elshtain, *Public Man, Private Woman: Women in Social and Political Thought* (Princeton, 1981).

18 Nira Yuval-Davis and Floya Anthias (eds.), *Woman-Nation-State* (London, 1989), p. 7.

19 Sylvia Walby, 'Woman and Nation' in Anthony D. Smith (ed.), *Ethnicity and Nationalism* (Leiden, 1992), p. 83.

증명했다.

모스와 다른 연구자가 증명한 것은 시민권의 개념과 수사 자체가 젠더 적이라는 점이다. 19세기에 시민권은 본질적으로 남성적인 특성(강인함, 명예, 규율, 이성)과 연관되었고, 이점은 오늘날 세계 여러 곳에서 여전히 건재하다.[20] 이것은 시민권이 전통적으로 여성을 배제해 온 전쟁 및 군복무와 관련이 있다는 사실에 크게 기인한다.[21] 그러나 역사적으로 여성은 민족주의 투쟁에 참여했고, 결과적으로 충성의 대가로 민족으로부터 특정한 권리와 보호를 기대했다. 린다 콜리(Linda Colley)는 영국 여성이 나폴레옹 전쟁 동안 시민 생활에 점점 더 관여하게 되었다는 것을 입증했다. 그러나 여성의 적극성은 광범위한 불안을 유발했고, 그 결과 전통적인 사회 질서가 더욱 고착되었다. 콜리는 "영국 여성이 그 어느 때보다도 이 시기에 더 단호하게 집에 머무르도록 촉구받았다면, 그것은 그녀들 중 많은 사람이 집 밖에서 해야 할 일이 점점 많아지고 있었기 때문"이었다는 점을 강조했다.[22] 여성은 어머니와 아내로서 규정된 사적인 역할을 통해 역설적으로 가정 미덕의 공적 여주인공이자 민족 도덕의 수호자가 되었음에도 불구하고 법적, 정치적, 시민적 권리에 있어서는 심각하게 제한을

---

20 Anne Clark, *The Rhetoric of Masculine Citizenship: Concepts and Representations in Modern Western Political Culture* (New York, 2007), p. 4.

21 Catherine Hall, 'Gender, Nations and Nationalisms' in Edward Mortimer (ed.), *People, Nation and State: The Meaning of Ethnicity* (London and New York, 1999), p. 51. See also Georgina Waylen, 'Gender, Feminism and the State' in Vicky Randall and Georgina Waylen (eds.), *Gender, Politics and the State* (London and New York, 1998), pp. 12-13; Yuval-Davis, *Gender and Nation*, pp. 68-92; Jean Bethke Elshtain, 'Sovereignty, Identity, Sacrifice' in Marjorie Ringrose and Adam Lerner (eds.), *Reimagining the Nation* (Buckingham, 1993), pp. 159-75.

22 Linda Colley, *Britons: Forging the Nation 1707-1837* (New Haven: Yale University Press, 1992), p. 281.

받았다. 하게만은 같은 시기에 프로이센에서도 비슷한 발전이 있었음을 알아챘는데, 이는 독일 민족주의의 본질에 지대한 영향력을 행사했다.[23] 한편, 프랑스에서는 나폴레옹의 시민법전(Code Civil)이 프랑스 여성이 혁명 기간 내내 정치 생활에 참여했음에도 불구하고 (또는 오히려 그에 대한 반작용으로) 완전한 시민이 되는 것을 막았다.

무엇보다도 서구 세계 전역에서 여성은 투표하고 공직에 있을 권리를 부정당했다. 여성이 외국인과 결혼하면 자동으로 남편의 국적을 취득하게 되고, 이런 여성이 민족 문화의 전달자로 보이긴 했어도 자녀에게 국적을 부여할 수는 없었다. 이런 관습은 여성이 선거권을 획득하고 한참이 지난 후에도 많은 나라에서 계속되었다.[24] 보다 최근의 역사적 발전상을 다룬 연구는 전후 민족 지위(nationhood)의 초석인 복지국가 자체가 어떻게 전통적인 젠더 역할의 개념에 기초하여 구성되었는지를 입증했다. 그렇다면 우리가 볼 수 있는 것은 젠더가 '대중의 민족화(nationalization of the masses)'에 영향을 미치고, 이런 과정을 '구조조정(rounds of restructuring)'이라는 술어로 규정하여 남성과 여성에게 서로 다른 시기에 일어난다는 사실이다.[25]

그러나 민족주의는 여성들에게 젠더 질서를 붕괴시킬 기회를 제공할 수도 있다. 일부 민족주의 운동은 여성들에게 완전한 시민권, 특히 선거

---

23 Karen Hagemann, 'Female Patriots: Women, War and the Nation in the Period of the Prussian-German Anti-Napoleonic Wars' Gender & History 2 (2004) 397-424.

24 Brigitte Studer, 'Citizenship as Contingent National Belonging: Married Women and Foreigners in Twentieth-Century Switzerland' in Kathleen Canning and Sonya O. Rose (eds.), Gender, Citizenships and Subjectivities (London, 2002), pp. 196-228; Nancy F. Cott, 'Marriage and Women's Citizenship in the United States, 1830-1934,' American Historical Review 103:5 (1998), pp. 1440-74.

25 Sylvia Walby, 'Women and Nation', p. 90.

권을 요구할 수 있는 기반을 제공했다. 예를 들어 1909년에서 1921년 사이에 페미니스트는 "그네들의 재건된 폴란드 국가를 여성의 처우를 개선할 수 있는 수단으로 인식"했기에 폴란드 독립운동에 적극적이었다.[26] 일부 학자는 페미니즘과 민족주의는 이념적으로 양립할 수 없기에 공존할 수 없다고 주장해왔다.[27] 그러나 유럽의 페미니스트는 왕왕 민족주의적 수사에 의존했고 바로 민족의 이익을 위한 점을 근거로 권리를 요구했다.[28] 시선을 유럽 너머로 돌리면 성적 해방을 위해 싸우는 수단으로 민족 해방운동과 민족자결권운동에 관여한 여성과 관련된 수많은 사례를 발견하는 게 어렵지 않다.[29] 인도에서는 힌두교와 이슬람교 여성이 독립을 위한 투쟁에서 중요한 역할을 했지만, 독립이 달성된 후 이런 정치적 공간을 이용할 수도 없었으며 자본주의에 물들어 가는 것도 적극적으로 막을 수는 없었다.[30]

실제로 민족주의 역사에 대한 젠더 접근법이 가장 풍부하고 다양한 문

---

26 Robert M. Ponichtera, 'Feminists, Nationalists, and Soldiers: Women and the Fight for Polish Independence' International History Review 19:1 (1997), p. 24.

27 Gisela Kaplan, 'Feminism and Nationalism: The European Case' in Lois A. West (ed.), Feminist Nationalism (New York and London, 1997), p. 8.

28 Karen Offen, 'The Theory and Practice of Feminism in Nineteenth-Century Europe' in Renate Bridenthal and Claudia Koonz (eds.), Becoming Visible: Women in European History (Boston, 1977), p. 350; Nicoletta F. Gullace, The Blood of Our Sons: Men, Women and the Renegotiation of British Citizenship During the Great War (London, 2002).

29 Kumari Jayawardena, Feminism and Nationalism in the Third World (London, 1986); Lois A. West, 'Feminist Nationalist Social Movements: Beyond Universalism and towards a Gendered Cultural Relativism' Women's Studies International Forum 15:5-6 (1992), pp. 563-79.

30 Geraldine Forbes, Women in Modern India (Cambridge,1996); Gail Minault, Secluded Scholars: Women's Education and Muslim Social Reform in Colonial India (Oxford, 1998).

헌을 양산하고 있는 지점도 포스트 식민지 연구와 제국의 역사를 연구하는 분야이다.[31] 제국주의는 대도시와 식민지 그 자체에서 민족 정체성 형성에 지대한 영향력을 행사했다.[32] 유럽의 남성과 여성은 자국의 제국주의 운동을 적극적으로 지지했고 식민지 '타자(other)'에 대한 인식과 관련하여 민족 지위의 감각을 내재화했다. 하지만 제국의 정체성은 젠더에 의해서도 영향을 받았다. 제1차 세계대전 이전에 독일 여성은 제국 사회를 만들고 자금을 지원했으며 심지어 현지 생활을 통해 '원주민(natives)'을 문명화함으로써 그네들의 인종적 우월성을 입증하는 수단으로 식민지에서 일자리를 구하기도 했다.[33] 민족의 필수적인 부분으로서 제국은 여성이 그네들의 역할을 어머니와 주부의 역할로 제한하는 경향이 있더라도, 모든 계층과 식민지화된 민족의 여성에게 '그네들의 시선을 더 넓게 확장하여 참여할 수 있는' 기회를 제공했다. 영국 페미니스트는 인도 사회의 여성의 상태에 관심을 기울이며 아동 결혼과 같은 문제에 관심을 집중했다. 한편 여성주의자는 힌두교 여성의 열등한 지위를 두고 인도가 문명화되지 않았다는 점을 드러내는 하나의 신호로 보았다. 그러나 앙투아네트 버튼이 밝힌바, 페미니스트는 인도 무슬림 여성들의 상대적

---

31 Julia Clancy-Smith and Frances Gouda (eds.), *Domesticating the Empire: Race, Gender, and Family Life in French and Dutch Colonialism* (Charlottesville, 1998); Philippa Levine (ed.), *Gender and Empire* (Oxford, 2004).

32 Catherine Hall, 'British Cultural Identities and the Legacy of the Empire' in David Moorley and Kevin Robins (eds.), *British Cultural Studies* (New York and Oxford, 2001) pp. 27-40.

33 Roger Chickering, "Casting Their Gaze More Broadly": Women's Patriotic Activism in Imperial Germany' *Past & Present* 118 (1988), pp. 156-185; Lora Wildenthal, *German Women for Empire, 1884-1945* (Durham, NC, 2001); Nancy Reagin, 'The Imagined *Hausfrau*: National Identity, Domesticity, and Colonialism in Imperial Germany' *Journal of Modern History* 73 (2001), pp. 54-86.

으로 높은 법적 지위는 희망의 등대이며 가령 재산 소유에 관한 한 그녀들의 법적 권리를 개선하기 위한 수단이라고 이해했다.[34]

민족주의 담론은 젠더화되었고, 여성적이거나 '덜 남성적'으로 인식되는 민족은 그네들의 국경을 내부와 외부에서 폄하되는 경향이 있었다. 영국은 인도 남성, 특히 벵골인(Bengalis)이 여성스럽기에 자치를 하기에는 부적합한 것처럼 묘사했다.[35] 제국주의와 정복에 대한 담론도 젠더적 언어에 의존했다. 아프리카는 침투해야 할 대륙으로서 자연스럽게 여성화되었고, 많은 오리엔탈리스트 비유(比喩) 역시 이국적인 여성성에 대한 유럽의 인식을 바탕으로 성장했다. 므리날리 신하(Mrinali Sinha)는 식민지 정치와 민족주의 정치 사이의 새로운 역학이 "식민지 남성성의 논리에서 가장 잘 포착된다"고 주장한다.[36] 앤 매클린톡(Anne McClintock)이 자신의 역작 『제국의 가죽껍질(Imperial Leather)』에서 탐구했듯이 젠더 담론은 인종(그뿐만 아니라 계급)과 교차하여 다른 타자에 대한 인식의 형성에 영향을 주었을 뿐만 아니라 여성과 남성의 시민권 접근을 제한했다.[37] 그러나 정치이론가 파르타 차터지(Partha Chatterjee)는 인도 민족주의가 영국 민족주의처럼 물질적이고 '외부적'이라기보다는 정신적이고 '내부적'인 것으로 이해됐기 때문에 영국인들뿐만 아니라 초기 인도 민족주의 사상가에 의해서도 여성적인 것으로 해석되었다는 사실에 주의를 환기했다.[38]

---

34 Antoinette Burton, *Burdens of History: British Feminists, Indian Women, and Imperial Culture, 1865-1915* (Chapel Hill, 1994).

35 Indira Chowdhury, *The Frail Hero and Virile History: Gender and the Politics of Culture in Colonial Bengal* (Oxford, 1998).

36 Mrinali Sinha, *Colonial Masculinity: The 'manly Englishman' and the 'effeminate Bengali' in the late nineteenth century* (Manchester, 1995), p. 1.

37 Anne McClintock, *Imperial Leather: Race, Gender and Sexuality in the Colonial Contest* (New York, 1995).

따라서 인도 민족주의자는 외국의 유럽식 민족주의와 대조하는 수단으로 우리식 민족주의의 '여성성(femininity)'을 받아들인 셈이다.

예를 들어 영국이 나폴레옹 전쟁 내내 프랑스에 대해 그랬던 것처럼,[39] 민족이 여성적이라고 비난하는 것은 특히 갈등, 불안정, 변화의 시기에 민족 소속을 강화하는 데 도움이 될 수 있다. 정치 지도자는 경쟁자의 남성성(manhood)[40]에 의문을 제기할 것이고, 대중의 의견을 불러일으키고 동원하기 위해 남성적 정당성과 우월성을 두고 문화적으로 구성된 개념에 호소할 것이다. 그러나 패권주의적 남성성과 시민권에 대한 남성적 담론 또한 모든 범주의 남성을 배제한 것이다.[41] 이것은 인종, 계급, 종족성, 섹슈얼리티 그리고 정치적 충성까지 기반으로 할 수 있다. 단순히 신체적으로 남성이라고 하여 권리와 특권이 보장되는 것은 아니었다. 게다가 남자는 왕왕 그네들의 남자다움을 증명함으로써 시민권을 얻어야 했다. 우리는 남성적인 이상이 남성의 군복무에 집중되었다고 가정할 수 있지만, 그것은 돈벌이가 되는 고용과 아버지 지위를 포함할 수 있다. 실제로 젠더 역사학자는 민족 내에서 여성의 역할이 사적 영역에 국한되었다는 가정에 이의를 제기했듯이 중산층 남성성이 남성의 공적 역할에만 의존하는 정도에 대해서도 의문을 제기했다. 그렇게 가정생활을 중요시함으로써 민족주의자는 사실 가정을 정치화했다. 사적인 것도 공적인 것이 되었다. 따라서 민족에서의 여성과 남성의 역할은 우리가 민족주의

---

38 Partha Chatterjee, *The Nation and Its Fragments: Colonial and Postcolonial Histories* (Princeton, 1993).

39 Linda Colley, *Britons*, p. 252.

40 Anne Clark, *The Rhetoric of Masculine Citizenship*, pp. 4-5.

41 Anne Clark, *The Rhetoric of Masculine Citizenship*, p. 5.

를 순수하게 종족적이거나 시민적인 것으로 묘사할 수 없는 것처럼 단순히 문화적이거나 정치적인 것으로만 묘사할 수 없다.

상징, 신화, 전통

민족과 민족주의의 젠더화는 민족 상징을 볼 때 가장 분명하다. 우리가 이미 보았듯이 민족은 전통적으로 여성으로 묘사되어 왔다. 상징, 신화, 전통은 대중을 민족화하는 과정에 중요한 새로운 '민족주의 미학'의 일부였다.[42] 민족이 '상상된 공동체(imagined community)'였다면, 개인은 그들의 민족의식(nationhood)에 대한 이해를 내면화할 수 있는 수단이 필요했다. 민족 알레고리는 민족의 추상화를 보다 가시적인 존재로 만들었다. 하지만 만약 민족주의자가 남성적인 힘과 정치적 작인을 칭찬했다면, 왜 그 민족 자체는 대개의 경우에 여성으로 묘사되었는가? 알레고리를 당연하게 여기는 것에서 벗어나 마리나 워너(Marina Warner)와 같은 역사학자는 시간이 지남에 따라 알레고리의 의미, 구성, 그리고 그들의 진화에 초점을 맞추기 시작했다.[43] 여성의 형태에 의존했던 알레고리는 젠더 고정관념에 의해 형성되었을 뿐만 아니라, 결국 이런 고정관념을 강화했다.

일부 역사학자는 부르주아 민족주의자가 칭송해 마지않던 여성적 품

---

42 George L. Mosse, *The Nationalization of the Masses: Political Symbolism and Mass Movements in Germany from the Napoleonic Wars Through the Third Reich* (New York, 1975), p. 20.

43 Marina Warner, *Monuments and Maidens: The Allegory of the Female Form* (London, 1985).

성이 "대개의 경우 안정성과 수동성을 나타내기 위해 앉아 있는 여성적 민족 알레고리로 그려졌다"는 사실을 지적했다.[44] 따라서 이런 여성 형태는 여성의 종속성을 반영하고 공고히 하면서 남성적 정치 조직을 강화하였다.[45] 또 민족주의 미학에서 여성의 두드러진 이미지는 알레고리에만 국한된 것이 아니라 사실상 민족 정체성 구축 자체에도 이용되었다.[46] 민족은 여성의 몸으로 상징되었을 뿐만 아니라, 시민도 민족을 여성으로 상상해야 했다.[47] 민족 감정과 충성심은 엄마, 딸, 자매, 연인에게 느끼는 감정을 모방하는 것이었다.[48] 그러나 민족 상징을 자세히 살펴보면 젠더, 도상학 및 민족 정체성 간의 훨씬 더 복잡한 상호작용이 드러난다. 여성의 형태를 통해 묘사된 민족은 정적이지 않았다. 프랑스 공화주의의 상징인 마리안(Marianne)은 캐리커처와 정치 풍자뿐만 아니라 공식 그림과 조각에서 여러 다양한 방식으로 묘사되었다.[49] 공화당은 그녀를 사랑하는 어머니 또는 갖고 싶은 정부(情婦)처럼 묘사했고, 공화국에 비

44 Eleanor E. Zeff, 'Old Traditions Die Hard: The Influence of Nationalism and European Community on Women's Rights in France, the United Kingdom and Germany' *History of European Ideas* 15:1-3 (1992), p. 257.

45 Rudy Koshar, *From Monuments to Traces: Artifacts of German Memory, 1870-1990* (Berkeley, Los Angeles and London, 2000), p. 70; Billie Melman, 'Gender, History and Memory: The Invention of Women's Past in the Nineteenth and Early Twentieth Centuries' *History and Memory* 5:1 (1993), p. 10.

46 Patricia Herminghouse and Magda Mueller, 'Looking for Germania' in Patricia Herminghouse (ed.), *Gender and Germanness: Cultural Productions of Nation* (Providence and Oxford, 1997), p. 1-8.

47 Joan B. Landes, *Visualizing the Nation: Gender, Representation, and Revolution in Eighteenth-Century France* (Ithaca and London, 2001).

48 Johanna Valenius, *Undressing the Maid: Gender, Sexuality and the Body in the Construction of the Finnish Nation* (Helsinki, 2004), p. 207.

49 Maurice Agulhon, *Marianne au pouvoir: L'imagerie et la symbolique républicaine de 1880 à 1914* (Paris, 1989), p. 345.

판적인 군주주의자 및 사회주의자는 그녀를 성적으로 타락한 창녀 또는
늙은 노처녀처럼 묘사했다. 여성이라는 사실은 그녀를 사랑과 애정의 잠
재적 대상으로 만들었을 뿐 아니라 비난의 대상으로 만들기 쉬웠다. 제2
차 세계대전 동안 마리안은 페탱(Petain)의 비시 정권 아래서 프랑스 민족
의 화신 잔 다르크(Joan of Arc)에 의해 대체되었다.[50] 반 잉글랜드주의자이
자 독실한 가톨릭 신자였던 잔 다르크는 그럼에도 문제가 있었다. 왜냐
하면 잔 다르크는 아이가 없는 전사로서 군대를 이끌었기에, 비시 정권
이 어린 소녀에게 가르치려 했던 필수적인 미덕이 없었기 때문이다. 학
교 교과서에서 사랑하는 아이와 집안일을 담당하는 것으로 묘사된 비시
프랑스의 잔 다르크는 프랑스 민족주의의 강력한 상징으로 남아 있으면
서도 전통적인 젠더 역할을 고수하고 강화하기 위한 것을 목표로 교묘
하게 재창조된 것이다.

젠더 역사학자는 민족의 여성 의인화가 '젠더/규범적 역할과 국가의
과정 사이의 만남의 지점'으로 작용한다는 것을 보여주었다.[51] 브리타니
아(Britannia)는 눈물을 흘리는 어머니, 연약한 처녀, 고압적인 유모, 또는
아테나(Athena)와 같은 전쟁의 여신으로 묘사되는 경향이 있었지만, 그녀
는 때때로 여성에게 투표권이 주어져야 하는지에 대한 논쟁 중에 그것
을 들으려 애쓰는 '근대 여성(modern woman)'으로 가장하여 그려졌다. 게
르마니아(Germania)는 정치평론가와 사회평론가도 비슷한 방식으로 사용
되었으며, 경우에 따라서는 현상에 도전하는 도구의 역할을 하기도 했

---

50 Eric Jennings, "Reinventing Jeanne": The iconology of Joan of Arc in Vichy
schoolbooks, 1940-44' *Journal of Contemporary History* 29:4 (1994) p. 711-34.

51 Anne Helmreich, 'Domesticating Britannia: Representations of the Nation in Punch:
1870-1880' in Tricia Cusack and Sighle Bhreathnach-Lynch (eds.), *Art, Nation and
Gender: Ethnic landscapes, myths and mother-figures* (Aldershot, 2003), p. 15.

다. 그러나 대체로 이런 묘사는 주로 남성 예술가, 건축가, 정치인의 산물이었고, 그에 따라 '민족의 남성적 표현 도구'로 남아 있었다.[52] 여성은 민족의 상징으로서 강력한 역할을 했을지 모르지만, 그네들의 실제적인 힘과 지위는 왕왕 제한된 채로 남겨져 있었다.[53]

여성의 상징적인 역할은 단순히 민족의 예술적 표현에 의한 것이 아니었다. 여성의 실제 신체는 20세기 인도 민족주의 운동에서 그랬던 것처럼 민족적 의미를 가질 수 있다.[54] 이집트 민족주의 역시 '남성의 지지를 결집하는 상징물'로서 여성에게 의존했다.[55] 민족은 가족의 하나였고, 가족의 명예는 여성의 성적 순결에 달려 있었기 때문에, 여성의 신체는 민족의 명예를 지키기 위해 보호되어야 했다. 비록 이집트 혁명가이자 훗날 수상이었던 사드 자글룰(Saad Zaghloul, 1859-1927)의 아내인 사피야(Safiya)는 민족을 상징하는 어머니가 되었지만, 그녀는 많은 면에서 이집트 사회의 가부장적 구조를 재확인하는 전통적인 젠더 역할에 제한된 채로 남겨져 있었다.

여성의 상징성은 민족 도상화와 실제 생활에서 모두 그녀가 입은 옷차림으로 성문화될 수 있었다. 전통의 수호자로서 여성은 왕왕 전통적인 농민복을 입도록 장려되었다. 이 의상은 남성이 입는 근대적이고 이성적인 양복이나 군복과는 대조적으로, 과거와의 연결고리를 제공할 뿐

---

52 Rudy Koshar, *From Monuments to Traces*, p. 72.
53 Linda Edmondson, 'Putting Mother Russia in a European Context,' in Tricia Cusack and Sighle Bhreathnach-Lynch (eds.), *Art, Nation and Gender*, pp. 53-64.
54 Suruchi Thapar, 'Women as Activists; Women as Symbols: A Study of the Indian Nationalist Movement' *Feminist Review* 44 (1993) pp. 81-96.
55 Beth Baron, 'The Construction of National Honour in Egypt' *Gender & History* 5:2 (1993), p. 245.

만 아니라 현재의 민족주의적 목표를 반영하기 위해 신중하게 구성되었다.[56] 특히 비서구 민족과 이전 식민지에서 남성과 여성이 입는 옷의 정치적 중요성은 더욱 중요했다. 중화인민공화국(Republican China)에서 새로운 통치자는 중국 남성을 나약하고 여성스러운 것으로 보는 서구의 인식에 대항하는 남성적인 시민·군인 모델을 홍보하기 위해 제복을 입었다.[57] 이는 1907년에 변발(queue)로 알려진 전통적인 남성 헤어스타일을 금지했던 청나라 말기의 정권이 초장에 시도했던 노력의 연속선상에 있었다. 한편 중국 정부는 구시대적 전통에 대한 거부감을 통해 여성의 지위를 높이는 것도 민족을 강화할 것이라는 신념에 따라 중국 여성의 전족(纏足)을 금지했다.[58] 이와는 대조적으로, 1960년대에 인도네시아의 수하르토(Suharto) 대통령은 남성용 서양식 바지를 금지하려고 노력하면서 여성들은 불편하고 실용적이지 않으며 매우 양식화된 형태의 전통적인 농민 드레스를 입도록 했다.[59] 민족, 시민권, 의상 사이의 관계성도 시간이 지남에 따라 바뀔 수 있다. 식민지 시대 필리핀에서 남자는 근대성의 상징으로 미국식 정장을 입는 경향이 있었던 반면 여성은 그네들의 전통 의상을 유지하는 경향이 있었다. 그러나 1946년 미국으로부터 독립을 쟁취하면서 남성은 '전통을 짊어지고 착용하는 사람들'이 되었고 민

56 Ida Blom, 'Gender and Nation in International Comparison' in Ida Blom, Karen Hagemann and Catherine Hall (eds.), *Gendered Nations*, p. 13.

57 Henrietta Harrison, *The Making of the Republican Citizen: Political Ceremonies and Symbols in China, 1911-1929* (Oxford, 2000), pp. 79-83.

58 S.A. Smith, *Revolution and the People in Russia and China: A Comparative History* (Cambridge, 2008), p. 113.

59 Kathryn Robinson, 'Women: Difference Vesus Diversity' in Donald K. Emmerson (ed.), *Indonesia Beyond Suharto: Polity, Economy, Society, Transition* (London and New York, 1999), pp. 237-61.

족의상을 착용하였으며, 여성은 민족의상을 예전보다 다소 덜 빈번하게 착용되게 되었다. 오늘날 공식적인 정치에 관여하는 필리핀 여성은 아마도 '여전히 차이를 천명하면서 시민권을 협상하기 위한 전략'으로 민족의상을 입을 가능성이 더 높다.[60] 일부 학자는 베일을 비롯한 이슬람 여성복이 서구뿐만 아니라 이슬람 국가의 여성성과 민족주의 구성에 어떤 역할을 해왔는지를 탐구할 때도 역시 비슷한 결론을 도출하고 있다.[61]

잔 다르크와 같은 여성도 역사적 인물로서 다양한 시기에 사용되었지만, 대부분의 민족적 영웅이나 건국자들은 남성이었다. 독일인은 아르미니우스(Arminius), 비스마르크 동상을 세웠고, 세계대전 이후에는 힌덴부르크 동상을 세웠다. 그러나 일부 민족주의자는 민족의 남성 상징을 찾거나 심지어 창조하려고 노력했고 영국의 존 불(John Bull), 미국의 엉클 샘(Uncle Sam), 독일의 미헬(Michel)은 인기 있는 표상이 되었다. 멕시코에서는 카로(charro) 또는 멕시코 카우보이가 멕시코 민족의 상징으로 기능했고, 아르헨티나에서는 가우초(gaucho)가 그 비슷한 역할을 했다.

상징, 신화, 전통은 발명된 것이었지만, 일단 한번 만들어지고 나면 그것들은 정적인 상태로 멈춰있지 않았다. 그네들의 의미는 시간이 지남에 따라 바뀌었고, 끊임없이 경쟁하고 또 경쟁했으며, 왕왕 젠더적 술어로 새롭게 변모했다. 조앤 나겔(Joane Nagel)은 민족주의 운동을 지배한 것은

---

60 Mina Roces, 'Gender, Nation and the Politics of Dress in Twentieth-Century Philippines' *Gender & History* 17:2 (2005) p. 374.

61 Fatima Mernissi, *Beyond the Veil: Male-Female Dynamics in Modern Muslim Society*. Revised edition (Bloomington, 1987); Leila Ahmed, *Women and Gender in Islam: Historical Roots of a Modern Debate* (New Haven, 1992); Daphne Grace, *The Woman in The Muslin Mask: Veiling and Identity in Postcolonial Literature* (London, 2004).

남성적인 관심, 이념, 그리고 그녀가 '미시문화(microcultures)'라고 부르는 것이라고 주장한다.[62] 예를 들어 일부 민족에게 스포츠와 음주의 남성적인 미시문화와 관련된 의식과 의례는 민족 소속과 연관되어 있다. 캐나다에서 맥주와 아이스하키를 캐나다 정체성의 중심 교리로 홍보하는 것은 이 광고가 백인 이질적인 남성성에 바탕을 둔 보수적이고 시대에 뒤떨어진 민족주의를 영속시키는 것이라고 비판받아 왔다.[63] 그러나 민족의 어머니로서 여성들은 노래, 이야기, 민속을 후손들에게 물려줄 책임이 있었다. 그리고 민족 소속감을 조탁하고 공고히 하는 데 도움을 주는 전통은 사실상 분명히 여성적일 수 있다. 낸시 레아긴(Nancy Reagin)이 주장했듯이, 독일 여성이 우월한 가사 기술을 타고났다는 믿음은 '상상된 하우스프라우엔(imagined *Hausfrauen*)'으로 이루어진 민족공동체를 창조했다.[64] 게다가 요리의 민족화는 주로 중산층 주부들과 요리책의 여성 연구자에 의해 이루어졌다. 따라서 여성은 민족 건설 프로젝트에 불참하기는커녕 궁극적으로 대중을 민족화하는 데 매우 중요한 역할을 하는 '일상이 되어버린 민족주의(banal nationalism)'를 발전시키는 데 크게 기여한 셈이다.[65]

---

62 Joane Nagel, 'Masculinity and Nationalism: Gender and Sexuality in the Making of Nations' *Ethnic and Racial Studies* 21:2 (1998) pp. 242-67.

63 Steven Jackson, 'Globalization, corporate nationalism and masculinity in Canada: Sport, Molson beer advertising and consumer citizenship' *Sport in Society* 17:7 (2014) pp. 901-917.

64 Nancy R. Reagin, *Sweeping the German Nation: Domesticity and National Identity in Germany, 1870-1945* (New York, 2006).

65 Eric Storm, 'The nationalisation of the domestic sphere' *Nations and Nationalism* 23:1 (2017), pp. 173-193.

섹슈얼리티와 민족의 재생산

만일 민족이 질서를 유지하고 민족의 명예를 지키기 위해 남성과 여성이 특정한 역할과 책임을 다하는 가족으로 이해되어 왔다면, 근대 민족주의가 '시작부터 성적 통제와 제약에 관심을 두었다'는 점을 역사학자가 증명하는 일은 놀랍지 않을 것이다.[66] 민족 국가는 한 민족의 존엄성과 도덕성을 결정할 뿐만 아니라 민족공동체로부터 타자를 배제하는 표식이었고, 민족 신체 재생산의 기초가 되었기 때문에 섹슈얼리티(sexuality)를 규제할 필요가 있었다. 성(Sex)은 더 이상 사적인 중대사가 아니라 국가의 개입과 대중의 감시가 필요한 대상이 되었다.

섹슈얼리티의 규제는 주로 민족의 생물학적, 문화적 재생산자인 여성들에게 적용되었다. 민족 국가는 여성의 신체를 통제하는 법을 통과시켰고 민족주의는 '어진 어머니(賢母)'인 여성을 찬양하고 규정된 성역할을 위반한 여성을 매도했다. 매춘(prostitution)의 규제는 부분적으로 근대성의 압력과 관련된 도덕적 공황에 대한 반응이었으며, 매춘부는 부패, 퇴폐, 질병의 화신으로 자리 잡았다. 매춘부는 가족의 존엄성, 중산층의 존엄성, 민족의 건강과 강성함에 직접적인 위협을 가하는 존재로 인식되었다.[67] 하지만 여성의 섹슈얼리티를 통제하는 것도 남성의 몸을 보호하는 수단에 불과했다. 남성은 건강하고 씩씩하게 지낼 필요가 있었고, 신체 건강은 민족적 강성함의 표시였다. 감염병과 관련된 법률은 여성을 안전

---

66 George L. Mosse, 'Nationalism and Respectability: Normal and Abnormal Sexuality in the 19th Century' *Journal of Contemporary History* 17:2 (1982), p. 222.

67 Keely Stauter-Halsted, 'Moral Panic and the Prostitute in Partitoned Poland: Middle Class Respectability in Defense of the Modern Nation' *Slavic Review* 68:3 (2009), p. 558.

하게 지키는 것보다 성병의 공격으로부터 군인을 보호하는 것에 더 중점을 두었다. 특히 남성 사이에서 벌어지는 '비정상적인' 성관계도 민족에 직접적인 위협을 가하는 것으로 여겨졌다. 동성애는 독일 제국(German Reich)을 포함한 서구 세계 전역에서 범죄로 처벌받게 되었다. 독일 제국 형법(Criminal Code) 175조는 동성애를 비자연적 성행위로 규정하고 있는데, 이는 통일 이전에 많은 독일 주를 지배했던 비교적 자유주의적인 법률과 대조를 이룬다.[68] 존엄성을 해치는 범죄는 곧 민족에 대한 범죄였는데, 성적 부도덕성과 지각된 비정상적인 성적 관행이 민족의 타락으로 이어진다는 믿음이 팽배했기 때문이다.

민족주의적 인구 통제 정책은 모두 동일하지는 않았지만, 니라 유발데이비스(Nira Yuval-Davis)가 세 가지 구체적인 '재생산의 담론(discourses of reproduction)'으로 구분한 것에 영향을 받았다: 이는 사람을 권력으로 보는 담론(the people-as-power discourse), 우생학 담론(the eugenics discourse), 맬서스주의적 담론(the Malthusian discourse)을 말한다.[69] 역사학자, 사회학자, 정치학자는 세 담론이 각각 민족에 대한 여성의 관계성에 구체적으로 어떠한 영향을 미쳤는지, 그리고 그 정책의 결과도 어떻게 젠더화되었는지 탐구해 왔다. 사람을 권력으로 보는 담론은 한 민족의 부와 권력이 인구 규모에 달려 있다는 믿음에 근거하고 있으며, 이에 따라서 무한히 증가해야만 하는 것으로 이해한다. 여성은 가능한 한 많은 아이를 낳아 기르

---

68 Hans- George Stumke, 'From the "people's Consciousness of Right and Wrong" to "the Healthy Instincts of the Nation:" The Persecution of Homosexuals in Nazi Germany' in Michael Burleigh (ed.), *Confronting the Nazi Past: New Debates on Modern German History* (New York, 1996), p. 155.

69 Nira Yuval-Davis, 'Women and the biological reproduction of the nation' *Women's Studies International Forum* 19: 1-2 (1996), p. 23.

도록 장려되고, 아이가 없는 여성은 민족적인 의무를 다하는 것에 실패한 것처럼 여겨진다. 우생학 담론은 양보다는 질에 초점을 맞추고 있으며 민족 국가는 대개 인종과 계급의 기준에 따라 어떤 여성이 출산해야 하고, 출산해서는 안 되는지를 결정하는데 신체적, 정신적 건강도 그 기준에 포함되었다. 맬서스주의적 담론에 찬동하는 민족 국가는 인구의 성장을 최소한으로 제한한다. 가장 확실한 사례로 중국(China)에서는 남자아이 선호에 따라 낙태와 여자아이를 향한 유아 살해가 증가했고, 1자녀 정책에 따라 여성의 출산율 통제가 이뤄져 성비 불균형이 초래되었다.

그러나 이런 출산 정책에 대한 연구는 민족 국가가 특정한 역사적 순간에 다른 담론에 찬동했음을 드러낸다. 인구 정책은 민족주의 담론과 직접 충돌했을 때 긴장이 고조되었다. 예를 들어 제1차 세계대전 동안 침략을 벌이던 독일 군인이 프랑스 여성을 집단으로 강간한 것은 이런 폭력 행위에서 태어난 '야만인의 아이들'을 어떻게 해야 하는지에 대한 광범위한 논쟁을 불러일으켰다.[70] 여성의 신체가 민족적 차이의 경계와 표식으로서 수행하는 상징적인 역할 때문에 이런 아이들은 프랑스 남성, 프랑스 여성, 더 나아가 민족을 보호하는 데 실패했다는 수치스러운 기억을 상기할 수 있다. 그러나 이런 아이를 낙태하거나 갖다버려야 한다는 의견은 독일과 비교하여 프랑스의 인구가 급격히 감소하고 있다고 우려한 프랑스 출산촉진 정책 지지자(pro-natalists)에 의해 특히 거부되었다. 출산촉진 정책 지지자는 애국심 가득한 프랑스 어머니에 의해 자라난 이런 아이들이 미래의 프랑스 시민과 군인이 될 것이라고 주장했다.

---

70 Ruth Harris, 'The "Child of the Barbarian:" Rape, Race and Nationalism in France during the First World War' *Past and Present* 141 (1993), 170-206.

이는 19세기 유럽의 정치인, 시인, 연구자, 음악가가 여성에게 같은 국적/민족성의 파트너를 찾도록 장려한 섹슈얼리티 담론과는 거리가 먼 것이었다. 소위 '족내혼(endogamous)' 관계성은 정절, 사랑, 성적 쾌락으로 특징지어질 것이다.[71] 반면에 애국심 가득한 남성이 성적 정복을 통해 외국 여성을 민족화할 수 있다는 주장이 제기되었기 때문에 남성은 족외혼(exogamy)에 관여하는 것이 허용되었다. 이런 민족적 성적 이중 기준은 남성이 전략적 민족적/성적 동맹을 공고히 하고, 외국 여성을 민족화하며, 그네가 '소유한' 여성의 섹슈얼리티를 제약하는 것이 국경을 넘나드는 점을 장려했다.

족내혼은 특히 종족적 민족에서 강조되었는데, 나치 독일보다 이를 더 강조한 사례는 없다. 나치는 출산에 많은 관심을 가졌고 정책목표는 명백하게 여성을 향해 있었다. 그러나 현실에선 두 개의 인구 통제 담론이 서로 경쟁했다. 나치는 모든 여성을 출산자, 주부, 엄마로 지지하지 않았다. 기젤라 보크(Gisela Bock)의 주장대로 나치는 불임수술을 주된 억지력으로 삼아 많은 여성을 아이를 낳고 기르는 일에서 제외했다.[72] 보크에 따르면 나치 정책은 독일 여성을 '성차별주의적 인종주의(sexist racism)' 또는 '인종차별주의적 성차별주의(racist sexism)'로 몰아넣었다. 그러나 클라우디아 쿤츠(Claudia Koonz)는 여성의 동의와 행동이 나치 국가를 합법화하고 강성하게 만드는 데 필수적이었다고 반론을 제기했다.[73] 독일 여

---

71 Alexander Maxwell, 'National Endogamy and Double Standards: Sexuality and Nationalism in East-Central Europe during the 19th Century' *Journal of Social History* 41:2 (2007) p. 417.

72 Gisela Bock, 'Racism and Sexism in Nazi Germany: Motherhood, Compulsory Sterilization, and the State' *Signs* 8:3 (1983), p. 403.

73 Claudia Koonz, *Mothers in the Fatherland* (New York, 1987).

성은 열성적으로 히틀러에게 표를 던졌고, 나치 조직에 가입했으며, 인종적으로 우월하다고 생각했고, 전쟁 동원을 지지했으며, 나치의 전시 잔학 행위에 가담했다. 이런 두 가지 해석에 의해 촉발된 열띤 논쟁은 이른바 '히스토리키케린넨스트릿(*Historikerinnenstreit*, 여성 역사학자의 논쟁)'으로 이어졌고 이는 젠더, 인종, 국가 사회주의 간의 관계에 대한 더 많은 연구의 원동력이 되었다. 나치 인종 정책은 여성의 생식적 역할에 크게 초점을 맞췄지만, 제3제국(Third Reich) 시기 동성애자에 대한 박해에 대한 문헌이 증가함에 따라 남성을 직접적인 대상으로 하면서 또 남성의 섹슈얼리티를 통제하려 애썼다.

오늘날 '대안 우파(alt-right)'라고 불리는 집단의 출현은 종족 민족주의 프로젝트에서 여성이 절대 빠지지 않는다는 현실을 강화하는데, 이는 이런 집단이 '인종 자살'과 '백인 집단 학살'에 대한 두려움 속에서 여성의 자주권과 생식권을 위협할 때도 그러하다. 2016년에 미국 '대안 우파'의 최대 20%가 여성이었다.[74] 그러나 이것은 훨씬 더 오래된 전통의 일부이며, 미국 백인 여성은 19세기 후반부터 백인 민족주의 운동을 지지해 왔다. 역사학자 캐슬린 블리(Kathleen Blee)는 KKK단(Ku Klux Klan) 여성을 다룬 획기적인 연구에서 KKK단 여성의 활동이 남성보다 덜 드러났을 수도 있지만 광범위하고 치명적이었다는 점을 밝혀냈다.[75] 조직적인 인종 차별의 남성지향적인 의제에도 불구하고, 여성 구성원은 이런 의제를 그녀들 자신의 젠더화된 이익과 잘 타협해 왔다.[76] 그러나 남성과 마찬가지

---

74 George Hawley, *Making Sense of the Alt-Right* (New York, 2017).

75 Kathleen M. Blee, *Women of the Klan: Racism and Gender in the 1920s* (Berkeley, 1992), p. 3.

76 Kathleen M. Blee, 'Becoming a Racist': Women in contemporary Ku Klux Klan and Neo-Nazi Groups' *Gender & Society* 10:6 (1996), pp. 680-702.

로, 이런 집단에 대한 여성의 지지는 대부분 그네들 자신을 느낄 수 있고 그네가 기대하게 된 종류의 삶을 실현하는 데 방해받고 있다고 생각하는 남성을 대신하여 '고통받는 자격'과 '지위 위협'에 의해 주도되었고 지금도 계속되고 있다.[77] 물론 나치즘과 다른 파시스트 운동처럼 여성 혐오와 반 페미니즘에 뿌리를 두고 있음에도 불구하고, '대안 우파'는 궁극적으로 사회적으로 용인되고 덜 배타적인 것처럼 자신을 표현하기 위해 여성의 지지에 의존한다.[78]

전쟁, 군국주의 그리고 폭력

캐서린 홀(Catherine Hall)은 '전쟁의 남성화와 시민권의 남성화는 서로 밀접하게 연관되어 있으며, 군대에서 여성을 배제하는 것은 여성에게서 시민권을 배제했던 것의 핵심 측면이다'라고 주장했다.[79] 여성은 전통적으로 국가와의 관계성, 민족 내에서의 역할, 그리고 민족 소속의 감각을 내재화하는 방식에 영향을 미치는 군사적 충돌에 관여해오지 않았다. 구체적으로 페미니스트 학자는 여성이 지역적이고 초민족적 프로젝트에 더 기꺼이 참여하며, 민족적인 것 이외의 지방이나 종교와 같은 특정 경

---

[77] Michael Kimmel, *Angry White Men: American Masculinity at the End of an Era* (New York, 2015); Diana C. Mutz, 'Status threat, not economic hardship, explains the 2016 presidential vote' *Proceedings of the National Academy of Sciences*, April 2018. Accessed online http://www.pnas.org/content/early/2018/04/18/1718155115

[78] Seyward Darby, 'The Rise of the Valkyries' *Harper's Magazine*, September 2017. Accessed online https://harpers.org/archive/2017/09/the-rise-of-the-valkyries/

[79] Catherine Hall, 'Gender, Nations and Nationalisms', p. 51.

계는 여성이 더 많은 장점을 가지고 있음을 시사했다.[80] 이런 학자는 버지니아 울프(Virginia Woolf)가 『3기니(*Three Guineas*)』에서 쓴 "여자로서 나는 어떤 조국도 없다(as a woman, I have no country)"는 격언을 자주 인용한다. 여성이 전쟁을 거부하거나 죽음도 마다하지 않는 민족적 적개심이 있는 장소에서 협력에 참여하는 사례는 시공간을 초월해 확실히 많다.[81] 그럼에도 불구하고 젠더 역사학자는 모든 여성이 국제주의와 평화주의에 대해 '자연스러운' 친밀함을 가지고 있는 것은 아니라는 사실을 보여주었다. 남성이 모두 전쟁을 조장하는 것은 아닌 것처럼 말이다.

전쟁은 여성들에게 전통적인 젠더 역할을 뛰어넘을 새로운 기회를 제공할 수 있고, 결과적으로 그네가 민족과 새로운 관계성을 발전시킬 수 있도록 문을 열어줄 수 있다. 여기에는 남성 인구가 집에서 멀리 떨어져 있는 동안 가정이란 전선에서 '남성의 일'을 수행하는 것과 폭력적 갈등에 적극적으로 참여하는 것이 포함될 수 있다. 제2차 세계대전 내내, 나치가 점령한 유럽 전역의 여성은 저항과 정당 운동에 참여했고, 일부는 심지어 지도적 위치에 있었다. 여성들은 파괴행위를 벌이기도 하고, 무력 투쟁에도 참전했다. 어머니, 아내, 돌봄인으로서 여성의 기대 역할은 저항 활동에 완전히 참여할 기회가 제한되어 가사 노동에 편입될 수 있는 책임을 떠맡게 되는 경우가 허다했다. 여기에는 여성이 집에서 회의를 열고, 탈출한 죄수에게 숙식을 제공하거나, 체코 여성처럼 전통 음식을 요리함으로써 민족 정체성을 유지했던 일도 포함된다.[82]

그러나 역사학자는 여성이 전시에 새로운 유형의 일을 맡게 되면서 남

---

80 Sylvia Walby, 'Woman and Nation', p. 93-4.

81 참조. Cynthia Cockburn, *The Space Between Us: Negotiating Gender and National Identities in Conflict* (London and New York, 1998).

성과 마찬가지의 역할을 했다는 것을 증명했다. 궁극적으로 민족에 대한 남성의 기여는 여성보다 더 높게 평가되었다. 역사학자 마거릿(Margaret)과 패트리스 히고넷(Patrice Higonnet)은 전쟁과 젠더 사이의 이런 관계를 '이중 나선'이라고 묘사했다.[83] 전시 역할은 아무리 바뀌어도 기존의 젠더 프레임워크 안에서 고정적으로 유지되었는데, 아마도 여성의 전시 역할이 평시에 거의 기념되지 않으나 남성의 희생은 공식적으로 기념되는 경향이 있다는 사실을 통해 가장 분명하게 이해할 수 있다.[84] 게다가 전쟁 시기에 여성이 경험한 많은 변화는 짧게 지속되었는데, 이는 전후 정상성을 다시 확립하는 수단으로써 젠더 관계가 종전의 상태로 되돌아가는 경향이 있었기 때문이다. 그것은 두 차례의 세계대전 이후 유럽 민족들뿐만 아니라 독립을 달성한 후의 수많은 과거 식민지들에서도 마찬가지였다.

무력 충돌에 참여한 남성과 여성은 왕왕 특정 젠더 가정에 근거하여 그 젠더적 이점을 이용했다. 영화 〈알제리 전투(The Battle of Algiers, 1966)〉는 알제리 여성이 알제리 민족해방전선(FLN, Front de Libération Nationale)이 유모차로 무기와 폭탄을 옮기는 것을 돕고 프랑스 군인과 방해받지 않고 검문소를 청소하기 위해 시시덕거리는 것을 그려낸 것으로 유명하

---

82 Melissa Feinberg, 'Dumplings and Domesticity: Women, Collaboration, and Resistance in the Protectorate of Bohemia and Moravia' in Nancy M. Wingfield and Maria Bucur (eds.), *Gender and War in Twentieth-Century Eastern Europe* (Bloomington, 2006), pp. 95-110.

83 Margaret R. Higonnet and Patrice Higonnet, 'The Double Helix' in Margaret R. Higonnet, Jane Jenson, Sonya Michel, and Margaret Collins Weitz (eds.), *Behind the Lines: Gender and the Two World Wars* (New Haven, 1987), pp. 31-47.

84 Lucy Noakes, *War and the British: Gender and National Identity 1939-91* (New York and London, 1998), p. 50.

다.[85] 젠더 고정관념은 남성이 갖지 못한 어느 정도의 작전 수행 능력을 여성에게 제공한 셈이다. 마우 마우 게릴라(Mau Mau guerrillas)는 나이트클럽에서 영국 군인을 유혹하기 위해 매력적인 젊은 여성을 모집했다. 여성은 병사를 취하게 하고, 병사가 잠들거나 의식을 잃었을 때 병사의 숙소나 심지어 병사의 막사로 데려가고, 무기와 탄약을 훔치곤 했다.[86] 여성은 적을 물리치는 데 도움을 주기 위해 섹슈얼리티를 이용하는 것을 요청받을 수 있었다. 그러나 전쟁이 계속되는 동안 여성은 빈번하게 성폭력의 희생자가 되었다.[87] 다양한 분야의 학자가 강간(rape)이 어떻게 군대에 의해 심리적 억제의 무기로 사용되는지를 연구하고 있다.[88] 강간은 여성의 명예를 훼손하고 민족과 인종적 경계를 모호하게 함으로써 적을 무력화시키려 한다. 그러나 강간은 군인의 정신력(esprit de corps)을 강화하는 데 사용될 수도 있으며, 그에 따라 남성 유대감의 한 형태로 작동한다.[89]

전시 선전은 대규모 강간과 민족적 굴욕에 대한 두려움을 이용하는 이미지를 사용했다. 남성은 여성과 민족을 보호하도록 요구받았다. 입대하지 않은 남성은 공개적으로 수치심을 느꼈고, 남성성에 대해 질문

85 Matthew Evangelista, *Gender, Nationalism, and War: Conflict on the Movie Screen* (Cambridge, 2011), pp. 25-79.

86 Wambui Waiyaki Otieno, *Mau Mau's Daughter: A Life History* (Boulder, 1998), p. 39.

87 Dagmar Herzog (ed.), *Brutality and Desire: War and Sexuality in Europe's Twentieth Century* (Basingstoke and New York, 2009).

88 Jan Jindy Pettman, 'Boundary Politics: Women, Nationalism and Danger' in Mary Maynard and June Purvis (eds.), *New Frontiers in Women's Studies: Knowledge, Identity and Nationalism* (London, 1996), pp. 187-202.

89 Cynthia Enloe, "All the men are in the militias, all the women are victims": The Politics of Masculinity and Femininity in Nationalist Wars' in Lois Ann Lorentzen and Jennifer Turpin (eds.), *The Women and War Reader* (New York, 1998), pp. 50-62.

을 받았다. 제1차 세계대전 당시 영국 여성은 비겁함의 상징인 흰 깃털을 건네 제복을 입지 않은 젊은 남성을 지목했다.[90] 양심적 병역거부자(Conscientious objectors)는 의무를 회피한 혐의로 기소되었고, 경우에 따라서는 투옥되었다. 영국 언론은 병역거부자를 왜소하고 가냘프며 무릎이 약하고 흐느적거리는 손목을 가진 것으로 묘사하며 조롱했다. 양심적 병역거부자에 대한 고정관념은 동성애자에 대한 고정관념과 흡사했다. 싸움을 거부하는 것은 여성스러움이나 성적 비정상성을 나타내는 표식이었으며, 이 두 가지는 어떠한 군대 계급도 받을 수 없었다. 전쟁터에서 남성은 민족의 남자다운 자질을 구현하게 되기를 기대했다. 탈영죄(crime of desertion)는 단순히 반역 행위이기 때문이어서가 아니라 불명예스럽고 비겁하며 도덕적 나약함의 표식이기에 가장 엄중한 처벌을 받았다.

그럼에도 불구하고 역사학자는 전쟁이 남성성을 불안정하게 만들고 남성과 민족주의 사이의 관계를 바꿀 수 있다는 점을 증명했다. 조애너 버크(Joanna Bourke)는 영국 노동계급 군인을 주제로 다룬 획기적인 연구에서 무엇보다도 제1차 세계대전 동안 남성의 신체는 행동의 작인에서 파괴와 사색의 대상이 되었다고 주장한다.[91] 미국에서 양심적 병역거부자는 여성적이고 비겁한 '병역기피자(slackers)'로 여겨졌을지 모르지만, 티모시 스튜어트 윈터(Timothy Stewart-Winter)에 따르면 1940년 징병은 징집이나 대체 전시 노동에 복종하지 않고 감옥에 보내진 모든 남성을 명

---

90 Nicoletta F. Gullace, 'White Feathers and Wounded Men: Female Patriotism and the Memory of the Great War' *Journal of British Studies* 36:2 (1997), pp. 178-206.

91 Joanna Bourke, *Dismembering the Male: Men's Bodies, Britain, and the Great War* (Chicago, 1996).

망을 갖춘 순교자처럼 만들어 평화 운동을 사실상 '남성화'시켰다.[92] 비슷하게 양심적 병역거부자는 군 복무를 남성다움의 정점으로 치부하려는 문화적 기대에 맞설 수 있는 호전적인 형태의 평화 행동주의를 발명하려고 노력했다. 마지막으로 군인이 탈영한 전우를 비난했다는 증거가 존재하나, 전투 의욕을 잃은 사람들에 대한 놀라운 동정심도 있었다는 점을 언급하지 않을 수 없다.[93] 어떤 상황에서는 탈영 행위가 용기, 반항 및 정치적 작인의 행동으로 간주될 수 있다.

"민족주의는 전형적으로 남성화된 기억, 남성화된 굴욕, 남성화된 희망에서 유래했다"는 말에 우리는 동의할 수도 있을 것이다.[94] 하지만 남성과 남성성에 대한 점증하는 연구 결과는 심지어 전쟁 중에도 여러 경쟁적인 남성성이 있었다는 점을 밝혀냈다. 그래서 우리는 어떤 기억, 굴욕, 희망이 특정 민족주의 프로젝트에 포함되었는지, 왜 이것이 특정 순간에 일어났는지, 그리고 결과적으로 누가 그 민족공동체에서 배제되었는지 의문을 제기해야 한다. 전쟁 중에는 젠더가 재조정될 수 있지만, 정치적으로 이점이 많은 민족 정체성을 구현하는 특정 젠더 역할과 이상은 민족을 적과 구별하는 데 도움이 되는 방향으로 강화되었다. 예를 들어 미국 학자는 젠더와 민족주의의 프레임워크를 구성하는 것이 전시 국내외 정책에 어떤 영향을 미치는지 탐구해 왔다. 냉전 동안 여성과 남

---

92 Timothy Stewart-Winter, 'Not a Soldier, Not a Slacker: Conscientious Objectors and Male Citizenship in the United States during the Second World War' *Gender & History* 19:3 (2007), pp. 519-542.

93 Teresa Iacobelli, *Death or Deliverance: Canadian Courts Martial in the Great War* (Vancouver, 2013).

94 Cynthia Enloe, *Bananas, Beaches, Bases: Making Feminist Sense of International Politics* (London, 1989), p. 44.

성을 위한 전통적인 젠더 역할에 대한 지원은 '국내 봉쇄' 정책의 일부
였으며,[95] 이는 훗날 '테러와의 전쟁'에서 미국의 정책에도 영향을 미쳤
다.[96] 전통적인 젠더 역할에 대한 강조는 LGBTQ 군인들의 처우에도 영
향을 주었다.[97] 이런 방식으로 젠더 규범의 배치는 전쟁과 평화의 시기에
상당히 다양했지만, 둘 다 젠더나 섹슈얼리티에 따라 남성과 여성의 완
전한 권리와 민족 소속감을 부정하는 데 사용될 수 있었다.[98]

결론

2010년, 조앤 스콧(Joan Scott)은 1986년에 쓴 자신의 글을 다시 검토하
면서 젠더는 '규범주의와 초자연주의 사이의 매우 복잡하게 꼬여있는
관계성, 즉 판타지를 집단화하고 그 목적이 민족 건설이든 가족 구조이
든 정치적 또는 사회적 목적을 위해 사용하는 시도'를 연구하는 것이라

---

95 Jane de Hart, 'Containment at Home: Gender, Sexuality, and National Identity in Cold War America,' in Peter Kuznick and James Gilbert (eds.), *Rethinking Cold War Culture* (Washington, D.C., 2001).

96 Gretchen Ritter, 'Domestic Containment or Equal Standing? Gender, Nationalism, and the War on Terror' *Journal of Policy History* 21:4 (2009), pp. 439~47.

97 Allan Bérubé, *Coming Out Under Fire: The History of Gay Men and Women in World War II* (New York, 1990).

98 John D'Emilio, 'The Homosexual Menace: The Politics of Sexuality in Cold War America' in Kathy Peiss and Christina Simmons (eds.), *Passion and Power: Sexuality in History* (Philadelphia, 1989), pp. 226~40; Eithne Luibhéid, *Entry Denied: Controlling Sexuality at the Border* (Minneapolis, 2002); Gary Kinsman and Patrizia Gentile, *The Canadian War on Queers: National Security as Sexual Regulation* (Vancouver, 2010).

주장했다.[99] 스콧은 젠더가 고정되어 있지 않기 때문에 이 술어는 역사화 되어야 하며, 그 의미는 우리가 검토하는 자료를 통해서 밝혀질 필요가 있다는 점을 상기시킨다. 젠더는 '이런 의미가 어떻게 성립되고, 무엇을 의미하며, 어떤 맥락에서 성립되는가에 대한 열린 질문'이라는 것을 인정할 때만 역사적 분석의 유용한 범주로 남게 된다. 젠더는 매우 중요하기 때문에 계속해서 그 유용성을 잃지 않을 것이다.

이 장에서 살펴본 바와 같이, 1990년대 이후 다양한 학문 분야의 연구자는 민족주의의 역사를 연구하기 위해 젠더의 렌즈를 사용해 왔다. 젠더 접근법은 민족과 민족주의 담론이 어떻게 구성되고, 시민권이 어떻게 조정되며, 개인이 어떻게 '민족스러워지는가'에 대해서 우리가 풍부하게 이해하는 데 이바지했다. 또한 학자가 민족주의 이론을 재평가하고, 민족과 제국 사이의 관계를 보다 완전하게 탐구하며, 민족 소속감이 다른 형태의 정체성과 어떻게 교차하는지에 대한 새로운 통찰을 하고, 기억과 민족 기념이 어떻게 조정되는지를 이해할 수 있게 했다.[100] 단순한 유행이라기보다는 분석 범주로서의 젠더는 놀라운 회복력을 보여주었는데, 이것이 부분적으로는 그 유연성에 기인한다는 데 별 의심의 여지가 없다. 이 분야는 실제로 지난 25년 동안 등장한 다양한 여러 방법론, 특히 포스트 식민지주의, 공간적 전환, 초민족적 전환에 대응하며 진화해왔다. 우리가 현재 일어나고 있는 가장 흥미로운 연구 중 일부를 발견하는 것도 이런 분야이다.

---

99 Joan Wallach Scott, 'Gender: Still a useful category of analysis?' *Diogenes* 57:1 (2010) pp. 7-14.

100 Sylvia Paletschek and Sylvia Schraut (eds.), *The Gender of Memory. Cultures of Remembrance in Nineteenth and Twentieth Century Europe* (Frankfurt/Main, 2008).

이와 같은 성공과 젠더가 여전히 분석의 중요한 범주로 건재하다는 스콧의 주장에도 불구하고, 이 분야에 대한 논란이 전혀 없는 것은 아니다. 페미니스트 역사학자 사이에서는 이제 너무 많은 작업이 남성과 남성성에 초점을 맞추고 있으며, 이것이 본래 젠더 역사의 발전과 함께 설정된 정치적, 활동주의적 목표를 훼손하고 있다는 우려가 있다.[101] 많은 역사학자가 젠더 연구가 민족과 민족주의에 대한 우리의 이해에 엄청난 이바지를 했다는 점을 인정했지만,[102] 그것은 여전히 충분히 활용되지 못하고 있다. 한 가지 도전은 젠더를 민족 역사와 장엄한 서사에 통합하는 것을 계속 주저하고 있는 현실이다.[103] 그러나 젠더와 민족주의에 관한 가장 중요하고 영향력 있는 저작 중 일부는 페미니스트 역사학자도, 젠더 역사학자도 아닌 학자, 특히 조지 모스(George Mosse)와 린다 콜리(Linda Colley)의 업적이다. 이것은 젠더 접근법이 다른 방법론과 구별되어야 하는지, 아니면 대신 모든 역사적 분석에 포함되어야 하는지에 대한 의문을 제기한다. 여성의 역사가 수십 년 전에 그랬던 것처럼 젠더 역사가

---

101 Karen Hagemann and Jean H. Quataert (eds.), *Gendering Modern German History: Rewriting Historiography* (Oxford, 2007), p. 20.

102 Anthony D. Smith, 'Beyond Modernism' in Idem *Nationalism and Modernism: A Critical Survey of Recent Theories of Nations and Nationalism* (London and New York, 1998), pp. 199-220; Stefan Berger and Bill Niven, 'Writing the history of national memory,' in Idem (eds.), *Writing the History of Memory* (London, 2014), pp. 141-42.

103 Joy Damousi, 'Writing Gender into History and History in Gender: Creating A Nation and Australian Historiography' *Gender & History* 11:3 (1999) pp. 612-24. One of the most complex and controversial examples of this is in Japan with regard to military 'comfort women.' Yoshiko Nozaki, 'Feminism, Nationalism, and the Japanese Textbook Controversy over "Comfort Women,"' in France Twine and Kathleen M. Blee (eds.), *Feminism and Antiracism: International Struggles for Justice* (New York, 2001), pp. 170-92.

'게토화'되어 다른 역사학자에 의해 무시될 위험이 있는가? 아니면 너무 '주류'가 되면 정치적 위력을 잃게 될까? 나는 독자가 그것을 기대하지 않을 때 젠더의 렌즈가 가장 흥미롭고, 실제로 비판적이라고 주장하고자 한다.[104] 그러나 젠더에 대한 문제를 해결하려고 시도한 민족과 민족주의에 대한 광범위한 연구는 확실히 가치가 있으나 개념적 혼란으로 어려움을 겪는 경향이 있기에 젠더의 의미는 여전히 미개발 상태로 남아 있다.[105] 또 나는 관심 대상인 젠더가 실제로 주류 지위를 달성한 정도에 대해서도 의문을 제기할 것이다. 이 작업은 그것이 이 책의 각 장에서 당연히 언급되는지, 아니면 포섭의 필요성이 인정됨에도 불구하고 사일로에 존재하는 무언가로 남아 있는지를 확인해보는 작업이 될 것이다.

더 읽을거리

Anthias, Floya and Nira Yuval-Davis, eds. *Woman-Nation-State* (Basingstoke, 1989).

Blom, Ida, Karen Hagemann and Catherine Hall, eds. *Gendered Nations: Nationalisms and Gender Order in the Long Nineteenth Century* (Oxford and New York, 2000).

---

[104] Christopher Clark, for example, introduces gender to great effect in *The Sleepwalkers: How Europe Went to War in 1914* (London, 2013).

[105] Stefan Berger and Chris Lorenz (eds.), *The Contested Nation: Ethnicity, Class, Religion and Gender in National Histories* (Basingstoke and New York, 2008).

Dudink, Stefan, Karen Hagemann and Josh Tosh, eds. *Masculinities in Politics and War: Gendering Modern History* (Manchester, 2004).

Levine, Philippa, ed. *Gender and Empire* (Oxford, 2004).

Mosse, George L. *Nationalism and Sexuality: Middle-Class Morality and Sexual Norms in Modern Europe* (Madison, 1985).

Ranchod-Nilsson, Sita and Mary Ann Tétrault, eds. *Women, States and Nationalism: At Home in the Nation?* (London and New York, 2000).

Scott, Joan Wallach. *Gender and the Politics of History* (New York, 1988; Revised edition, 1999).

West, Lois A., ed. *Feminist Nationalism* (New York and London, 1997).

Yuval-Davis, Nira. *Gender & Nation* (London, 1997).

11장

공간적 전환과 민족주의 역사:
지방주의와 초민족적 접근법, 민족주의

에릭 스톰(Eric Storm)

서론

오늘날 대다수의 역사학자는 민족이 구성되고 국경선은 대부분 임의 대로 그어져 있다는 데 동의한다. 그렇다면 우리는 왜 기존의 민족 국가 나 민족주의 운동의 국경선에 국한된 채 민족주의(nationalism)를 연구해 야 하는가? 사실 1990년대 이후 역사학자는 주로 특정 도시나 지역의 영 토 동일시 과정에 집중함으로써 지역(local), 지방(regional) 및 민족(national) 정체성 간의 상호작용을 분석해 왔다. 다른 학자는 이민자, 국경, 전이 (transfers)의 역할 또는 외국인 학자와 관광객의 영향에 초점을 맞추어 민 족 건설 과정에 대한 초국경 영향을 조사했다. 그 결과 민족주의는 현재 민족 자체에 대한 전통적인 강조 외에도 지역, 지방, 초민족(transnational) 및 글로벌(global, 12장의 주제이기도 함) 등 다양한 지리학적 수준에서 연구되 고 있다. 이 장은 민족주의의 역사에 '공간적 전환(spatial turn)'이 미친 영향력에 대한 전체적인 그림을 제시하는 것을 목표로 한다.

글로벌화와 공간적 전환

인문학과 사회과학의 공간적 전환은 1989년 이후 급속히 확산된 글로벌화에 대한 반작용으로 이해할 수 있다. 냉전 시대에는 자본주의 서구, 공산주의 동구권, 제3세계로 나뉘는 세계의 분단이 당연시되었고 변화가 임박해있다는 조짐도 전혀 없는 것처럼 보였다. 세 블록을 구성하는 기본 단위는 독립 민족 국가였다. 종족 분쟁과 분리주의 운동은 여전히 존재했지만, 퀘벡이나 바스크 지방과 같이 불만으로 가득한 서구의 일부 지방을 제외하고 이것은 아프리카와 아시아의 새로운 민족 국가로 대체로 제한되었다.

이 안정된 세계관은 1989년 베를린 장벽이 무너지면서 산산조각이 났다. 세계 각지에서 종족적 갈등이 끓어오르면서 압력솥의 뚜껑이 벗겨져버린 것 같았다. 동구권에서는 수십 년 동안 성공적인 민족 국가라는 인상을 주었던 소련, 유고슬라비아, 체코슬로바키아가 불과 몇 년 만에 무너져 내렸다. 동시에 지방 분권주의와 분리주의 운동이 서구 내에서 더욱 활발해졌다. 기존의 지방주의(또는 민족주의) 정당이 선거에서 승리했고 이탈리아의 북부 동맹(Lega Nord)과 같은 새로운 정당이 합류했다. 제3세계에서 분리주의 운동이 새로운 기회를 보았고 에리트레아(Eritrea), 동티모르(East Timor), 남수단(South-Sudan)이 독립을 얻었다. 기존 민족 국가의 국경은 더 이상 불가침의 영역이 아니었다.

민족 국가도 경제의 글로벌화가 진행됨에 따라 약화됐다. 1980년대 후반부터 대부분의 민주주의 국가에서 채택된 신자유주의 개혁(Neo-liberal reforms)은 보호된 시장을 개방하여 국제 경쟁의 증가, 대규모 민영화, 복지국가의 축소, 금융 시장의 자유화 및 산업의 대규모 이전을 초래했다. 더욱이 국제 기업과 은행은 많은 민족 국가, 특히 소규모 민족 국가보다 더 많은 힘을 가지고 있는 것처럼 보였다. 민족 국가의 중심 역할을 약화한 다른 요인으로는 여행과 이주의 급격한 증가, 인터넷의 발명, 유럽연합과 같은 국제기구의 중요성 증대가 있었다. 동시에 (경제적) 권력의 글로벌 시프트가 명백해졌다. 1990년대에 초강대국 소련은 사라지고 중국의 눈부신 경제성장은 서구의 지배력을 약화하기 시작했다.

적어도 처음에는 많은 사람이 세계의 상호 연결성 증가와 동서양의 팽팽한 분열의 종식을 낙관적으로 바라보았고, 이는 '지구촌'(마셜 매클루언), '거리의 죽음'(프랜시스 케언크로스), 심지어 '역사의 종말'(프랜시스 후쿠야마)과 관련된 사상이 대중적으로 인기였다는 점에 반영되었다. 그러나 다른 사람들은 글로벌화와 통신혁명이 더 동질적이고 균일화된 세상을 가져올 것인지 의심했다. 어찌 되었든 간에 이런 발전은 세계 무대에서 주요 독립 행위자로서의 민족 국가의 자명한 본성을 산산조각 냈다.

점점 더 많은 학자가 유동적인 세계에서 민족 국가를 추상적이고 고정된 지리적 컨테이너로 사용하는 것, 그리고 반사적으로 인문학 및 사회과학의 주요 분석 단위로서 계속 사용하는 것이 이제 더 이상 논리적이지 않다는 점을 인식하게 되었다. 그 결과 1990년대에 반작용이 발전하기 시작했는데, 이는 광범위한 차원의 '공간적 전환' 중 일부였다. 공간에 대한 이 새로운 비판적 이해의 뿌리는 1970년대에 마르크스주의 철학자 앙리 르페브르(Henri Lefebvre)와 예수회 미셸 드 세르토(Michel de Certeau)가 미셸 푸코(Michel Foucault)와 같은 포스트 구조주의자의 언어와 담론에 대한 강한 집중에 반론을 제기하기 시작한 프랑스에서 찾을 수 있다.

르페브르는 일상생활에 대한 자본주의의 영향에 강한 관심을 가진 비정통 마르크스주의자였으며, 낭테르대학의 사회학 교수로서 1968년 5월 학생 봉기의 직접적인 영감의 원천이 되었다. 1974년 르페브르는 『공간의 생산(The Production of Space)』에서 포스트 구조주의가 언어와 담론이 실제적인 영향을 미치는 사회적 공간을 무시하고 추상적인 정신적 공간만을 탐구한다고 비판했다. 또 르페브르는 분절적으로 특정 공간 영역을 연구하고 행동하는 건축가, 도시학자, 지역 계획자 간의 학제 간 구분을 개탄했다. 더욱이 그들은 자본주의 사회의 제약 속에서 일함으로써 지배계급의 이익을 위해 봉사한다. 르페브르는 공간의 생산을 조사함으로써 물리적, 정신적, 사회적 공간 사이의 상호작용을 함께 연구해야 한다고 주장했다. 학자는 공간에서 사물의 위치에 초점을 맞추면 안 되고, 모델과 유형을 고안하여 공간을 합리적으로 사용하려고 노력해야 하나, 실제 공간의 기원을 연구하여 공간을 역사화한다. 자본주의의 균질화하는 힘을 밝혀냄으로써 르페브르는 주민, 사용자, 예술가가 일상생활에서 공간을 재전유하고 다양화하기 위해 고군분투하는 사회적 저항 행위를 자극하기를 희망했다.[1]

미셸 드 세르토는 매우 다른 전통 위에 서 있었다. 세르토는 가톨릭을 배경으로 하는 사회학자였지만 프로이트(Freud)와 라캉(Lacan)의 정신분석에도 조예가 깊었다. 르페브르처럼 세르토는 일상생활 및 사회적 실천보다 담론을 선호하는 포스트 구조주의를 비판했다. 미셸 푸코가 권력과

---

1 Henri Lefebvre, *The Production of Space* (Oxford, 1991).

규율의 메커니즘에 초점을 맞춘 반면,[2] 세르토는 개인이 그것에 대해 반응하는 방식에 관심을 돌렸다. 그렇게 1980년에 처음 출판된 『일상생활의 실천(The Practice of Everyday Life)』에서 세르토는 사람이 억압에 무기력한 희생자이거나 수동적인 소비자에 불과한 것이 아니라, 일상 활동에서 규율의 메커니즘을 전복, 조작 또는 회피할 수 있다고 주장했다. 마치 누구나 도시에서 마음대로 어디든지 걸어 다닐 수 있는 것처럼 말이다. 보행자는 도시의 배치와 구체적인 형태를 받아들이지만, 계획자가 예측하지 못한 우회로를 만들어내거나 지름길을 찾아내는 동안 자신의 고유한 경로를 택한다. 따라서 모든 거주자나 방문자는 자신만의 방식으로 도시의 공간을 경험한다. 세르토는 인구의 행동에 영향을 미치는 기관, 정부, 기업 및 기타 강력한 기관의 장기적인 '전략(Strategies)'과 주거, 쇼핑, 걷기 및 대화와 같은 모든 종류의 일상적인 관행에서 개인이 사건을 조작하고 그렇게 만들어진 기회를 포착하기 위해 사용하는 '전술(tactics)'을 구분했다.[3] 그렇게 세르토는 사회 분석을 통해 푸코의 초점이었던 담론의 장기적 발전과 구조적 한계보다 개별 기관과 구체적인 장소를 우선시했다. 1990년대에 르페브르와 세르토의 이런 아이디어는 '공간적 전환'이라는 술어를 도입한 에드워드 소자(Edward Soja)를 비롯한 데이비드 하비(David Harvey)와 도린 매시(Doreen Massey)와 같은 지리학자에 의해 받아들여지고 적용되었다. 마찬가지로 다른 분야의 학자도 '공간적 전환'을 수용하고 있다.[4]

---

2 이 책의 제7장 참조.

3 Michel de Certeau, *The Practice of Everyday Life* (Berkeley, 1984) pp. xi-xxiv.

4 Barney Warf and Santa Arias (eds.), *The Spatial Turn: Interdisciplinary Perspectives* (London & New York, 2009); Jörg Döring and Tristan Thielmann (eds.), *Spatial Turn. Das Raumparadigma in den Kultur- und Sozialwissenschaften* (Bielefeld, 2008).

사실 공간적 전환은 역사학자와 관련된 네 가지 사상을 수반한다. 첫째, 공간은 텅 비어 있는 추상적인 개체가 아니라 시대와 사람에 따라 다르게 이해되고 사용된다. 따라서 장소는 중립적이고 텅 비어 있는 공간이 아니라 르페브르가 주장하듯이 사회적으로 구성되거나 시간이 지남에 따라 생산된다. 둘째, 공간은 일상생활 속에서 만들어지고 재생산되며 변형된다. 두 주장 모두 지구상 특정 위치의 좌표와 같은 기하학적 공간이 아니라 공간을 인식하고 생활하는 방식에 대한 것이라는 점에서 흥미롭다. 다소 논란의 여지가 있는 세 번째 사상은 공간도 특정 이용을 가능하게 하거나 제한할 수 있는 그 고유한 물질성을 가지고 있다고 주장한다. 로크래머(Rohkrämer)와 슐츠(Schulz)는 누군가가 알프스의 풍경, 탁 트인 평원 또는 숲에 살고 있는지 혹은 경험하는지 여부가 중요하다고 주장한다. 어떤 학자는 '온건한 지리학적 유물론(moderate geographical materialism)'을 주장하기까지 한다.[5] 매시의 주장에 따라, 나는 네 번째 사상으로 장소가 그 자체로 정적이고 폐쇄적인 무엇으로 이해되어서는 안 되며, 사회적 관계의 운동, 커뮤니케이션 및 네트워크의 만남의 장소로 이해되어야 한다는 점을 덧붙이고자 한다.[6]

비록 현재 다른 영토 단위에도 적용되는 것임에도 불구하고, 공간을 사회적 구성물의 하나로 다룬 첫 번째 사상은 근대주의(modernist) 및 구

---

5 참조. Thomas Rohkrämer and Felix Robin Schulz, 'Space, Place and Identities' *History Compass* 7 (2009) pp. 1338-49; Matthias Middell and Katja Naumann, 'Global History and the Spatial Turn: From the Impact of Area Studies to the Study of Critical Junctures of Globalization' *Journal of Global History* 5 (2010) pp. 149-70. Leif Jerram, 'Space: A Useless Category for Historical Analysis?' *History and Theory* 52 (2013) pp. 400-19.

6 Doreen Massey, *Space, Place and Gender* (Minneapolis 1994), pp. 146-57.

성주의(constructivist) 접근법의 약진 이후에 이미 주류 민족주의 연구의 일부로 편입되었다.[7] 반면 공간이 일상생활 속에서 변형된다는 두 번째 사상은 본 11장에서 논하는 거의 모든 기여에 스며들어 있다. 대부분의 저자는 분석의 대상을 위에서부터 부과된 민족 건설 과정의 수동적 희생자로 표현하지 않고 그네가 가지고 있던 기관과 국가 정책과 프로젝트를 자신의 필요에 맞게 조정하는 데 사용하는 '전술'에 초점을 맞추어 세르토의 주장에 묵시적으로 동의하는 셈인 상세한 사례 연구를 수행한다. 지리적 유물론을 주장한 세 번째 사상은 영토 정체성 구성을 다루는 역사학자들 사이에서 그다지 인기가 없다. 최근 안드레아스 윔머(Andreas Wimmer)는 지리적 조건이 국가 건설 과정에 영향을 미치며, 이는 장기적으로 잘 기능하는 민족 국가의 실현 가능성에 영향을 미친다고 주장했다. 따라서 높은 산이나 황량한 사막의 존재는 농민이 세금을 피하기 어렵게 만들어 중앙 집권식 국가의 구성을 선호하는 반면, 험준한 지형은 국가 건설에 필요한 효율적인 커뮤니케이션에 장애물이 될 수 있다.[8] 그러나 민족 국가(또는 지방)가 독립된 개체로 연구되어서는 안 된다는 네 번째 사상은 이 장에서 분석한 거의 모든 연구자가 널리 받아들인 것으로 보인다.

공간적 전환은 다양한 학문 분야와 광범위한 주제의 연구에 있어 영감의 원천이 되어 왔지만, 많은 사회과학자의 민족주의 및 민족 정체성 구성 연구에도 직접적인 영향력을 행사해 왔다. 이런 의미에서 매우 혁신적인 지리학자인 안시 파시(Anssi Paasi)는 저서 『영토, 경계 및 의식

---

7 이 책의 제4장과 제6장 참조.
8 Andreas Wimmer, *Nation Building: Why Some Countries Come Together While Others Fall Apart* (Princeton 2018), pp. 171-208.

(*Territories, Boundaries and Consciousness*)』에서 핀란드 민족 국가의 공간 생산에 대한 장기 분석과 현재의 사회적 관행 및 개인의 '생활 역사'에 더욱 구체적인 초점을 결합했다. 파시에 따르면 한 민족 또는 지방의 역사적 구성—경계를 긋고 상징과 제도를 제공하는 것—과 주민이 구체적인 경험을 통해 역사적 구성과 그 거주민을 동일시하는 방식을 구별하는 것은 중요하다. 이런 공간의 영토화를 연구하기 위해 파시는 러시아 국경에 대한 핀란드의 인식과 경험에 초점을 맞추고 먼저 핀란드 영토의 제도화와 그 경계를 공식 담론을 통해서 뿐만 아니라 정기 간행물, 교과서, 종교 찬송가 및 사진과 같은 이질적인 사료를 통해서도 조사했다. 또 파시는 바르칠라(Värtsilä)의 국경 공동체에서 사람들의 일상생활에서 그 경계가 어떻게 재생산되고 변형되었는지 탐구하였다. 이 산업 도시 바르칠라는 1944년 핀란드의 패배 이후 소련령과 핀란드령으로 분할되었고, 핀란드는 이후 승자인 소련에게 할양된 영토를 떠난 약 42만 명의 시민을 재정착시켜야 했다. 몇 차례의 현장 조사와 수십 번의 인터뷰를 통해 파시는 잃어버린 고토에 대한 개인적인 기억이 전혀 없는 젊은 세대가 새로운 상황에 빠르게 적응하고 결과적으로는 나이가 많은 거주민과 다른 '영토적 정체성(territorial identities)'을 발전시키고 있다는 점을 알아챘다.[9]

사회학자 팀 에덴서(Tim Edensor)는 저서인 『민족 정체성, 대중문화 그리고 일상생활(*National Identity, Popular Culture and Everyday Life*)』을 통해서 오늘날 사회적 공간에서 벌어지는 민족 정체성의 재생산에 집중했다. 영감을 자극하는 이 책에서 에덴서는 민족 정체성이 고정된 것이 아니라고

---

9 Anssi Paasi, *Territories, Boundaries and Consciousness: The Changing Geographies of the Finnish-Russian Border* (Chichester, 1996).

주장한다. 그에 의하면 민족 정체성은 서로 연결되어 있는 모든 종류의 관행을 통해 표현되고 또 이루어진다. 따라서 민족 정체성은 타지마할이나 시드니 오페라 하우스와 같은 상징적인 장소뿐만 아니라 가정집과 초원 농장, 빨간 전화박스와 같은 일상적인 공간에서도 재생산될 수 있다. 같은 방식으로 민족도 여러 수준에서 이루어질 수 있다. 국경일에 동참하고, 올림픽 경기에서 국가대표팀을 응원하며, 튀르키예 레슬링을 하고, 아이리시펍에서 기네스 맥주를 마시거나 핀란드 사우나를 즐기는 방식 등으로 말이다. 그리고 민족은 영화, 웹사이트 및 기타 미디어에서도 표현된다. 예술의 걸작품에서 자동차, 소시지에 이르기까지 민족과 관련된 물건 역시 마찬가지이다. 그러므로 우리가 민족 정체성이 일상적으로 어떻게 구성되고 또 재구성되는지 알고 싶다면 대중문화, 일상적 공간 및 모든 종류의 일상이 되어버린 실천(banal practices)에도 주의를 기울여야 한다.[10]

사회과학자는 주로 최근에 초점을 맞추면서 실제 생활 역사를 조사하려 설문이나 인터뷰를 진행하는데, 이 방식은 먼 과거를 대상으로 수행하는 데는 많은 어려움이 있다. 결과적으로 민족에 대한 감각을 (재)구성하는 방식에 관해 연구할 때 대부분의 역사학자는 개인의 일상적인 경험보다는 소규모 공동체와 모든 유형의 결사체—충분히 많은 양의 1차 사료를 생산해오고 있는—의 역할에 집중한다. 놀랍게도, 아주 최근까지 역사학자는 공간적 전환에 대한 직접적으로 언급하지 않았다. 대부분의 학자는 특정 지방이나 국경 공동체에서 민족 건설 과정이 어떻게 기능했는지 실증적으로 평가하기 위해 앤더슨의 '상상된 공동체(imagined

---

10 Tim Edensor, *National Identity, Popular Culture and Everyday Life* (Oxford, 2002).

community)'나 홉스봄(Hobsbawm)의 '전통의 발명(invention of tradition)' 개념을 사례 연구에 적용했을 뿐이다. 학자의 이런 접근방식은 구성주의적이라고 정의할 수 있으며, 민족주의가 본질적으로 근대적 현상이라는 견해를 일반론적 관점에서 수용하는 셈이다. 그럼에도 불구하고 그 학자 중 대부분은 근대화를 자동적이거나 목적론적인 과정으로 이해하지는 않았다. 또 그들은 담론과 서사에 대한 포스트 구조주의적 강조점에서 멀어졌고 대신 작인, 사회적 관행 및 일상생활의 역할 검토를 선호했다. 그러나 공간적 전환의 영향은 민족주의와 민족 건설이 민족 국가의 이른바 획일적이고 동질적인 공간에서 작동하는 과정이라는 그네들의 불안감에서 가장 분명하게 나타난다.

상대적으로 제한된 수의 획기적인 연구에 초점을 맞춘 이 책의 다른 대부분의 장과 달리 11장의 주제인 공간적 전환의 분야에는 세계적인 영향력을 행사하는 고전적 해석이 없다. 특히 지역적, 지방적, 민족적 정체성 사이의 상호작용을 탐구하는 연구에는 다양한 단절된 역사학적 전통이 존재한다. 결과적으로 나는 시골에 초점을 맞춘 것부터 시작하여 지방 및 지역 사례 연구, 그리고 종국에는 초민족적 영향을 다루는 사례 연구까지 거론함으로써 비교적 많은 수의 사례 연구를 논하고자 한다.

시골에 있는 기관

근대화 이론에 영감을 받은 유진 베버(Eugen Weber)와 같은 앞세대 학자는 민족 건설을 위로부터 강요된 동화의 과정이라 주장했다.[11] 그러나 1980년대 후반부터 이런 관점은 농촌 지역 주민이 이 과정을 수동적으로 겪지 않았고 결과적으로 민족 통합과 동질화가 거의 자동으로 일어나는 과정이 아니라는 것을 입증하는 지방 사례 연구가 늘어남에 따라 비판받고 있다. 실제로 학자는 농민도 하나의 작인(agency)이었음을 인정하여, 민족 건설 과정이 기존 민족 국가의 동질적인 공간에서 작동했던 것이 아니라 지역 수준에서도 만들어지고 재생산되며 변형되었다고 수정했다. 1993년에 캐롤라인 포드(Caroline Ford)는 1890~1926년 동안에 브르타뉴가 어떻게 프랑스에 잘 통합될 수 있었는지를 조사했다. 포드는 저작인 『프랑스 지방에서 민족 창조하기(Creating the Nation in Provincial France)』에서 이것이 주로 제3공화국 좌파 정부의 꽤 논쟁적인 정책에 대한 지역적 반응으로 발생했음을 명백히 밝혔다. 신생 사회적-가톨릭 정당과 결사체는 파리의 반종교적 조치에 반대하는 광범위한 계층을 동원했고, 그렇게 함으로써 그 지역을 국가 정치 영역의 일부로 더 철저하게 통합했다.[12] 2년 후 나온 루아르주의 사례 연구에서 제임스 레닝(James Lehning)은 농민이 교육, 종교, 정치에 관한 문제에서 국가와 적극적으로 상호작용했다며 포드와 같은 주장을 펼쳤다. 인류학적 접근법에서 영감을 받은 레닝은 19세기 내내 시골 주민들은 협상과 적응의 과정을 통해 서서히 프랑스 민족의 일원이 되었다고 주장했다.[13] 두 연구자(포드와 레닝)는 모두 지역 행위자의 반응에 초점을 맞춤으로써 민족 건설 과정이 어디에서나 같은 결과를 낳은 것은 아니라고 주장한 것이다.

---

11 Eugen Weber, *Peasants into Frenchmen: The Modernization of Rural France, 1870-1914* (Stanford, 1976). 또한 이 책의 제4장 참조.

12 Caroline Ford, *Creating the Nation in Provincial France: Religion and Political Identity in Brittany* (New Haven, 1993).

13 James R. Lehning, *Peasant and French: Cultural Contact in Rural France during the Nineteenth Century* (Cambridge, 1995).

다른 지역을 연구하는 학자도 농민이라는 작인에 주목하기 시작했고, 그중 일부는 프랑스를 주제로 다룬 포드와 레닝의 연구보다 앞선 것이기도 했다. 따라서 프라센짓 두아라(Prasenjit Duara)는 중국에서 근대 민족 국가로의 험난한 이행은 지역적 수준으로 확대함으로써 가장 잘 설명할 수 있다고 주장했다. 두아라는 1900년에서 1942년 사이 중국 북부의 6개 마을에서 벌어진 민족 건설 및 국가 건설 과정을 자세히 조사하여 이를 증명했다. 국내의 민족주의자와 해외의 제국주의적 침략으로 압력을 받은 국가 당국자는 농촌에 대한 장악력을 강화하려고 애썼다. 서구식 교육, 근대적 관료제, 최신식 군대와 같은 근대화 국가의 새로운 기관에 자금줄이 되어야 하는 세금은 전통적인 지역 엘리트에 의해 징수되어야 했다. 네트워크, 비공식적 관계, 공유된 규범과 신념을 통해 지역 엘리트는 계속해서 촌락 생활을 통제했다. 그러나 이런 '권력의 문화적 연결고리'는 지역 사회에 부과된 높은 요구가 새롭고 잘 작동하는 국가 서비스로 보상되지 않았기 때문에 무너졌다.[14]

포스트 식민지 연구의 영향을 받았음이 분명한 플로렌시아 말론 (Florencia Mallon)은, 지역 엘리트의 역할을 집중하는 대신 농촌의 '서발턴 계급(subaltern classes)'이란 작인에 초점을 맞췄다.[15] 말론은 저서인 『농민과 민족(Peasant and Nation)』에서 두 명의 멕시코인의 민족 건설 과정을 두 개의 페루 농촌 지역과 대대적으로 비교했다. 민족의 위기와 외국의 침략이라는 예외적인 상황에서―1861년 프랑스의 멕시코 간섭과 1881년과 1884년 사이 페루의 칠레 점령―농촌 주민들은 민족 투쟁에 적극적

---

14 Prasenjit Duara, *Culture, Power, and the State: Rural North China, 1900-1942* (Stanford, 1988).

15 이 책의 제8장 참조.

으로 참여했으며, 조사 대상 지역 중 세 지역에서는 심지어 시민권과 법률적 평등권이란 사상을 포용함으로써 농민 민족주의라는 고유한 형태를 발전시키기까지 했다. 그러나 이런 농촌 행동주의의 효과는 두 나라에서 상당히 달랐다. 멕시코에서는 이런 '대안적 민족 민주주의' 프로젝트에 대한 기억이 포르피리오 디아스(Porfirio Díaz)와 멕시코혁명 동안 되살아났고, 페루에서는 비정규 농민 세력이 민족 당국자에 의해 탄압받다가 1890년대에 참정권까지 제한받게 되어, 효율적인 방식에 의해 토착민으로 구성된 농촌 인구가 2등 시민으로 전환되었다.[16]

킬리 스토터 할스테드(Keely Stauter-Halsted)도 동중부 유럽의 민족 건설 과정에 대해 썼던 대부분의 다른 학자와 마찬가지로 저작인 『민족과 촌락(The Nation in the Village)』에서 농민의 역할에 중점을 두었지만, 스토터 할스테드는 근대 시민권이 아니라 인종 간 내적 경쟁에 더 많은 중점을 두었다. 1848년 농노 해방은 갈리시아 촌락의 사회적 관계를 근본적으로 변화시켰다. 이전 영주에 대한 농민의 의존도는 상당히 줄어들었고 이제부터 농민은 오스트리아 관리와 직접 대면해야 했다. 그럼에도 불구하고 변화는 하룻밤 사이에 일어나지 않았고 근대적이고, 농촌 공공 영역이 자리 잡기까지는 수십 년이 걸렸다. 교육, 병역, 이민, 선거 운동, 새로운 결사체 및 농촌 언론 모두, 농민이 더 넓은 세상과 접촉할 수 있게끔 하는 역할을 했다. 그러나 이런 근대화 과정은 농민이 민족적 노선을 따라 동원된다는 것을 의미하기도 했으며 동시에 폴란드인, 유대인, 독일인, 루테니아인 사이의 관계도 더욱 긴장감으로 가득해졌다. 그러나

---

16 Florencia E. Mallon, *Peasant and Nation: The Making of Postcolonial Mexico and Peru* (Berkeley, 1995).

스토터 할스테드의 주장처럼 농민에 의한 폴란드 민족의 '발견'은 곧 민족 사상이 더 넓은 대중에게 도입되었다는 것을 암시하는 것이기도 했다. 그렇게 농촌 민속 문화를 폴란드 민족이란 새롭고 광범위한 개념에 포함하는 한편 주요 도시 외곽에 거주하는 민족공동체의 가난한 구성원의 요구에는 더 많은 관심이 집중되었다.[17]

지방 및 지역 정체성

앞서 거론한 여러 연구가 민족 건설 과정에서 벌어진 농민의 역할을 밝혀냈다면, 또 다른 연구는 지역, 지방 및 민족 정체성 형성 간의 상호작용에 초점을 맞춰 연구했다. 근대주의 또는 구성주의 접근법을 쓰는 학자는 1980년대까지 민족에만 전적으로 관심을 기울였으나, 묵시적으로 분리되어 있는 지방의 경제, 정치 및 문화가 더 포괄적인 민족 국가에 의해 서서히 흡수될 것이라고 가정했다. 그러나 구성주의적 접근법을 매우 협소한 영토 개체에 적용한 학자는 지방적 정체성이 사라진 것이 아니라 민족주의의 부상으로 사실상 강화되었음을 발견했다.

놀랍게도, 몇 가지 다른 역사학적 전통이 식별된다. 비교적 안정적인 서유럽 민족 국가를 다루는 연구자는 주로 민족 건설 과정에서 지방 정체성의 역할에 집중했다. 동유럽과 아시아와 아프리카의 많은 부분과 같이 국경이 보다 유동적이었던 지역에서 학자는 일반적으로 서로 다른

---

17 Keely Stauter-Halsted, *The Nation in the Village: The Genesis of Peasant National Identity in Austrian Poland 1848-1918* (Ithaca, 2001).

인종 집단 간의 상호작용과 갈등에 집중했다. 민족 국가가 일반적으로 다투지 않았던 아메리카에서는 대부분의 관심은 인종차별과 그 인구의 대다수에게 주어진 시민권을 공식적으로 배제할 것인지 비공식적으로 배제할 것인지에 있었다. 이런 연구의 대부분은 민족주의가 대중 운동이 된 1870년에서 1945년 사이의 기간을 다루고 있지만, 물론 그보다 초기 [18] 또는 최근 십수 년의 시기[19]를 집중적으로 연구하는 학자도 있다.

서유럽을 주제로 다룬 획기적인 연구는 셀리아 애플게이트(Celia Applegate)의 『지방으로 구성된 민족: 헤이마트의 독일 사상(A Nation of Provincials: German Idea of Heimat)』을 꼽을 수 있다. 신 마르크스주의 중심부-주변부 이론에서 중심부에 종속되는 것으로 해석되는 '불행한 지역'이나 '국가 없는 민족(stateless nations)' 중 하나를 선택하는 대신, 애플게이트는 다소 불명확한 지역인 팔츠의 지역적 정체성 구성을 연구했다. 이 팔츠 지역은 1815년에 바이에른 왕국에 편입되었고 나머지 바이에른 지역과 마찬가지로 1871년에 새로운 독일 제국의 일부가 되었다. 애플게이트는 그 논문에서 지역주의 정서가 어떻게 독일 통일과 함께 사라지지 않았는지를 증명했다; 반대로 그 지역의 정체성은 이후 수십 년 동안 더 면밀하게 정의되었다. 지역주의 결사체의 수와 회원 수는 빠르게 증가했다. 그것들은 후진적 운동의 일부가 아니라 근대적이고 대체로 도시적인 현상을 구성했다. 지역 유산을 수집하고 보존하는 데 광범위한 계층의 인구가 참여하도록 장려함으로써 평등주의적이고 민주적인 함의를 분명히 했다. 그들은 왕왕 유대인과 같은

---

18 참조. Katherine B. Aaslestad, *Place and Politics: Local Identity, Civic Culture and German Nationalism in North Germany during the Revolutionary Era* (Leiden, 2005).

19 Rogers Brubaker, Margit Feinschmidt, Jon Fox and Liana Grancea, *Nationalist Politics and Everyday Ethnicity in a Transylvanian Town* (Princeton, 2006).

지역 소수자의 유산을 받아들이기까지 했다. 지역 헤이마트(Heimat)에 대한 사랑은 조국 독일에 대한 충성심과 밀접하게 얽혀 있었다. 더욱이 지역의 민속적 예법, 노래, 춤, 의복, 자연이란 보다 구체적인 유산에 대한 애착심을 강화함으로써 거대하면서 다소 추상적인 민족과의 연결이 촉진되었다.[20]

애플게이트의 연구가 출판되고 1년 후인 1991년에 프랑스 지역주의 문학에 대한 조사 결과를 발표한 앤 마리 티에스(Anne-Marie Thiesse)는 매우 다른 출발점에서 시작했지만 애플게이트와 비슷한 결론에 도달했다. 티에스는 주로 연구자의 미학적 또는 이념적 동기에 중점을 두지 않고 희소 자원에 대한 경쟁에 중점을 두어 문학 분야에 대한 부르디외(Bourdieu)의 이론을 지역주의 문학에 적용했다. 그렇게 티에스는 19세기 말에 공공 영역의 확대와 민주화로 인해 야기된 광범위한 '깨어난 지방들(réveil des Provinces)'이 있었다고 주장했다. 지방 연구자로 자신을 부각하는 것은 여러모로 이득이 되는 전략으로 이해되었다. 그러나 티에스는 새로운 문학 장르의 부상의 구조적 원인을 분석했을 뿐만 아니라 1870년 프로이센과의 전쟁에서 패한 것과 근대화의 평준화 효과에 대한 우려가 정치적 분권화에 대한 요구와 지방 민속 문화, 지역 역사, 토착 전통에 대한 새로운 관심을 증폭시켰는지에 대해서도 논했다. 독일처럼 새롭고 다소 다양한 지역주의 결사체는 프랑스 전역에서 새로운 지역 정체성을 구성하는 데 중요한 역할을 했고, 당연히 불행한 지역이나 기회를 상실한 지역도 예외가 아니었다.[21]

---

20 Celia Applegate, *A Nation of Provincials: The German Idea of Heimat* (Berkeley, 1990). See also: Alon Confino, *The Nation as a Local Metaphor: Württemberg, Imperial Germany, and National Memory, 1871-1918* (Chapel Hill, 1997).

21 Anne-Marie Thiesse, Écrire la France. Le Mouvement littéraire régionaliste de la langue française entre la Belle Époque et la Libération (Paris, 1991).

두 책 모두 다양한 지역 정체성에 대한 새로운 인식을 구축하고 전파하는 데 중요한 역할을 한 지역주의 운동과 결사체에 초점을 맞춘 일련의 사례 연구에 영감을 제공했다. 그러나 서유럽 내에서도 크게 분리된 두 개의 역사 기록 전통이 있었다. 지역주의에 관한 첫 번째 책에서 티에스는 여전히 지역주의의 문화적 측면을 매우 강조했지만 『공부로 배운 프랑스(Ils apprenaient la France)』에서 1870년의 패배에 대한 반응으로 제3공화국이 프랑스 초등교육을 통해 지역의 숭고함을 어떻게 적극적으로 장려하기 시작했는지 증명했다. 역사와 지리 수업에서 프랑스는 민족의 위대함에 각자의 방식으로 기여를 이룬 다양한 지방의 연합임이 명시적으로 제시되었다. 학생들은 '거대한 고향땅(grande Patrie)'을 더 잘 이해하고 사랑하기 위해 '아담한 고향땅(petit patrie)'을 공부한 셈이다.[22] 마찬가지로 프랑스 지방주의에 대한 대부분의 연구는 민족 내 지방의 정치적 통합에 중점을 두었는데, 이는 스페인, 이탈리아, 벨기에와 같은 이웃 나라에서도 벌어졌다.[23] 독일에 대한 연구는 결국 여러 종류의 결사체에 초점을 맞추었고 강력한 문화적 초점을 가졌다. 지방주의에 대한 문화적 해석은 잉글랜드, 스칸디나비아 국가 및 네덜란드에서도 만연한 듯하다.[24]

---

22 Anne-Marie Thiesse, *Ils apprenaient la France. L'exaltation des régions dans le discours patriotique* (Paris, 1997).

23 Xosé-Manoel Núñez, 'The Region as Essence of the Fatherland: Regionalist Variants of Spanish Nationalism (1840-1936)' *European History Quarterly* (2001), pp. 483-518; Stefano Cavazza, *Piccole Patrie. Feste popolari tra regione e nazione durante il fascismo* (Bologna, 1997); Maarten Van Ginderachter, *Le chant du coq. Nation et nationalisme en Wallonie depuis 1880* (Ghent, 2005).

24 Robert Colls and Bill Lancaster (eds.), *Geordies: Roots of Regionalism* (Newcastle, 1992); Goffe Jensma, *Het rode tasje van Salverda. Burgerlijk bewustzijn en Friese identiteit in de negentiende eeuw* (Leeuwarden, 1998). F. Persson, *Skåne, den farliga balvön. Historia, identitet och ideologi, 1865-2000* (Lund, 2008).

동중부 유럽의 민족 형성을 다루는 지역 연구 및 지방 연구는 소위 '다종족(multi-ethnic)' 제국의 해체가 근대화 과정의 자동적 결과가 아니라는 점을 분명히 했다. 흥미롭게도 민족주의의 영향력에 대한 지역 사례 연구를 위해 1848년과 1948년 사이 보헤미아 도시인 부드와이즈/부조비체에 대한 연구를 진행하던 제레미 킹(Jeremy King)도 '민족적으로 헌신하지 않았던' 사람들과 합스부르크 국가에 충성심을 느끼는 사람을 예리한 눈으로 관찰했다. 설령 민족 정체성 형성에 대한 구성주의적 관점을 수용하더라도, 킹은 대부분의 학자가 그랬던 것처럼 이미 존재하고 있는 종족 정체성을 당연시하는 것에 반대하였다. 당연하게도 19세기 초에 독일식 보헤미아어와 체코식 보헤미아어를 구별하는 것은 극도로 어려운 일이었는데, 이는 두 언어 모두 그네들 자신을 언급할 수 있는 술어가 단 하나에 불과했기 때문이다: *Böhme*와 *Čech*이 그것이다. 도시와 주변 촌락에 거주하는 많은 주민은 이중 언어를 구사했으며 다른 많은 사람들도 자신을 이해할 수 있었다. 그럼에도 불구하고 19세기 말에 이르러 결사체, 정당, 학교가 민족적 노선을 따라 조직됨에 따라 주민은 점점 더 하나의 국적/민족성을 가질 수밖에 없었다. 그러나 지정학적 변화는 1918년에 신생 독립국인 체코슬로바키아 공화국의 시민으로 편입되게 만들었고, 이에 따라 도시 거주민의 운명이 갈리게 되었다. 20년 후 나치 독일이 정권을 잡았고 인종 정책의 시행이 간접적으로 시행되면서 2차 세계대전이 끝난 후 모든 종족상 독일계 사람이 추방되는 결과를 낳았다. 그러나 이중 언어를 구사하는 인구의 일부는 진영과 국적/민족성을 바꾸었다. 때론 주어지는 기회에 따라 한 번 이상도 바꾸었다.[25]

피터 저드슨(Pieter Judson), 제임스 비요크(James Bjork), 타라 자흐라(Tara Zahra)와 같은 다른 역사학자도 특히 종족적, 종교적 분열이 겹치지 않는 동중부 유럽 지역에서 민족적 술어들로 자기 자신을 정의하는 데 어려움을 겪거나 열광적인 민족주의자가 아닌 사람들에 주목했고, 이런 현상을 다루기 위해 '민족적 무관심(national indifference)'이라는 개념을 만들었다. 민족주의를 연구하는 학자가 민족주의 담론을 강조하면서, 무수한 무관심한 관행을 무시해온 것은 적어도 1차 세계대전까지 민족주의의 힘을 과대평가하는 결과를 가져왔다. 심지어 자흐라는 오스트리아-헝가리 제국의 다양한 민족주의 운동의 급진화가 인구 동원에 상대적으로 실패했던 것에 기인한다고 주장하기까지 했다.[26]

아시아와 아프리카에 대한 대부분의 지역 사례 연구도 동중부 유럽의 사례 연구와 마찬가지로 종족 간 분쟁에 초점을 맞추고 있다. 인도의 사례가 이를 잘 입증한다. 산지브 바루아(Sanjib Baruah)는 1999년에 출판된 아삼에서 일어난 민족성의 정치체에 관한 논문을 통해 인도 국민회의의 반식민주의적 민족주의와 아삼 사람들의 '상상된 공동체'의 부상 모두 식민지 시대에 일어난 근대화 과정의 결과라고 주장했다. 차 대농장의 확장은 자본주의 시장 경제 내에서 지역의 통합을 야기했고, 인구의 사회적 구조에도 근본적인 영향을 미쳤다. 1980년대 아삼의 통일해방전선 (United Liberation Front)이 이 지역의 '잃어버린 독립'을 '복원'하려고 할 때

25 Jeremy King, *Budweisers into Czechs and Germans: A Local History of Bohemian Politics, 1848-1948* (Princeton, 2002).

26 Pieter Judson, *Guardians of the Nation: Activists on the Language Frontier of Imperial Austria* (Cambridge, MA 2006); James E. Bjork, *Neither German nor Pole: Catholicism and National Indifference in a Central European Borderland* (Ann Arbor, 2008); Tara Zahra, *Kidnapped Souls: National Indifference and the Battle for Children in the Bohemian Lands 1900-1948* (Ithaca, 2008); Tara Zahra, 'Imagined Non-Communities: National Indifference as a Category of Analysis' *Slavic Review* (2010) pp. 93-119.

까지 아삼의 '하위민족주의(subnationalism)'와 범인도 민족주의(pan-Indian nationalism)가 모두 평화롭게 공존했다. 이것은 결국 이 지역의 일부 소수 종족의 반작용을 촉발했고, 그들은 이제라도 독립된 국가를 만들겠다고 요구했다. 그러나 일반적으로 대부분의 거주민은 인도 민족 국가라는 기존의 틀을 인지하면서 그네들의 지방적 또는 종족적 '하위민족주의'를 소중한 것으로 여겼다.[27] 다른 학자는 예를 들어 언어, 역사적 기억 또는 종교에 초점을 맞춘 보다 문화적 접근으로 인도 내의 다른 지방적 또는 하위 민족 정체성의 구성을 연구했다면, 다른 한편으로 바루아는 이런 영토적 정체성이 근대화의 산물이자 인도 민족주의와 함께 발전했다는 점을 확인한 셈이다.[28]

미국에서 남부는 일반적으로 거침없는 정체성을 가진 지방으로 이해되는데, 이는 특히 미국 남북 전쟁 당시 연방에서 탈퇴하려는 시도가 실패한 후에 그 호방함이 연구자의 관심을 끈 것으로 보인다. 그 결과 남부 연구라는 분야는 매우 활발하게 성장하고 있다. 여기서 주요 주제는 이 지역의 전통주의(또는 경제적 후진성)와 인종차별의 모든 형태가 계속 존재하고 있다는 점이다. 최근에는 더 많은 문화적 접근이 도입되고 있으나, 시민권 문제를 제외하고 민족주의 또는 민족 건설과의 연관성이 명시적으로 드러나고 있지는 않다.[29]

---

27 Sanjib Baruah, *India against Itself: Assam and the Politics of Nationality* (Philadelphia, 1999).

28 Sumathi Ramaswamy, *Passions of the Tongue: Language Devotion in Tamil India, 1891-1970* (Berkeley, 1997); Yasmin Saikia, *Fragmented Memories: Struggling to be Tai-Ahom in India* (Durham, 2004); Prachi Deshpande, *Creative Pasts: Historical Memory and Identity in Western India, 1700-1960* (New York, 2007); Chitralekha Zutshi, *Languages of Belonging: Islam, Regional Identity, and the Making of Kashmir* (London, 2004).

아메리카의 나머지 지역에서는 일반적으로 민족이나 민족 국가가 논쟁의 중심에 있는 경우가 거의 없는 반면 토착 그룹, 아프리카 노예의 후손 및 기타 유색인종에 대한 차별은 여전히 매우 큰 문제이기 때문에 지방 사례 연구는 주로 다른 종족 공동체 사이의 관계에 초점을 맞춘다. 예를 들어 낸시 아펠바움(Nancy Appelbaum)의 『흙탕물(Muddied Waters)』은 콜롬비아 서부 커피 지역의 리오수시오 마을에서 지역 및 지방 정체성의 구성을 조사한다. 이 마을은 1819년 '흑인'과 '인디언' 공동체에 의해 설립되었지만 19세기 내내 이웃한 안티오키아 구 출신 '백인' 이민자가 커피를 재배하기 위해 '빈' 황무지를 개간하려고 이 지역(리오수시오)에 속속 도착했다. 백인 이민자는 시정부 및 지방정부 차원에서 빠르게 권력을 장악했고 이 지역의 정체성은 근대적이고 '백인다운 것'이라 표현했다. 그러나 아펠바움은 이런 것이 이미 존재하는 원주민과 흑인 공동체가 지방 정체성 형성의 과정에 적극적으로 참여했기 때문에, 열심히 일하는 이민자에 의한 비개간지의 평화로운 식민지화도 외부인의 '침략'도 아님을 분명히 한다.[30]

하지만 아메리카 대륙에 존재하는 영토 정체성의 구성을 다른 방식으로 연구하는 학자들도 있었었다. 2003년 로버트 도먼(Robert Dorman)은 『지방의 반란(Revolt of the Provinces)』을 출판했다. 티에스(Thiesse)와 마찬가지로

---

29 참조. Martyn Bone, Brian Ward and William A. Link (eds.), *Creating and Consuming the American South* (Gainesville, 2015). For the West see: David M. Wrobel, *Promised Lands: Promotion, Memory, and the Creation of the American West* (Lawrence, 2002). See for a similar study on the Brazilian South: Ruben Oliven, *Tradition Matters: Modern Gaucho Identity in Brazil* (translated from Portuguese; New York, 1996).

30 Nancy P. Appelbaum, *Muddied Waters: Race, Region, and Local History in Colombia, 1846-1948* (Durham, 2003).

도면은 광범위한 문화적 맥락에서 미국 지방주의 문학의 부상을 분석한다. 도면은 지방주의가 남부에만 국한된 것이 아니라 전국의 지식인, 연구자, 민속학자, 사회학자, 건축가가 농촌 전통, 아메리카 원주민의 부족 문화 및 새로운 이민자의 민속에 관심을 가졌다는 것을 분명히 증명한다. 그리고 그는 지방주의를 두고 근대화의 표준화 압력과 억제되지 않은 자본주의의 파괴력에 대한 반작용이라 주장한다. 그럼에도 불구하고 도면은 모든 활동가가 향수를 불러일으키는 전통주의자는 아니라는 점을 강조했다; 그들 중 많은 사람들은 루스벨트의 뉴딜 정책에 적극적으로 협력했고 지방간 차이를 고려하면서 자본주의를 개혁하고자 했다.[31]

또 학자는 미국 내 작은 지방과 도시의 공간적 정체성 구성에 많은 관심을 기울였다. 다시 말하지만 유럽의 사례 연구에서도 매우 두드러졌던 민족 건설 과정과 그 연관성은 명시적으로 설명되지 않았다. 1995년에 출판된 다나 브라운(Dana Brown)의 『뉴잉글랜드를 발명하다(Inventing New England)』는 정치인과 지식인의 주도권과 사상보다는 경제적 행위자와 상업적 동기가 우선한다고 주장했는데, 이는 훗날 에덴서(Edensor)에 의해 강조될 주제를 앞서 다룬 셈이었다. 브라운은 19세기 내내 관광 사업의 성장이 계급 갈등으로 가득 찬, 고도로 산업화된 지역으로서의 뉴잉글랜드의 이미지를 아름다운 어촌, 소박한 오두막, 평화로운 시골이 있는 매력적인 관광지로 바꿈으로써 그 지방의 정체성에 근본적인 영향을 미쳤다는 것을 분명하게 증명했다.[32] 마찬가지로 크리스·마곡(Chris Magoc)

---

31 Robert L. Dorman, *Revolt of the Provinces: The Regionalist Movement in America, 1920-1945* (Chapel Hill, 1993).

32 Dona Brown, *Inventing New England: Regional Tourism in the Nineteenth Century* (Washington, 1995).

은 세계 최초의 국립공원 옐로스톤이 철도 회사, 사업가 및 지방 당국자의 노력을 통해 어떻게 상징적인 경관으로 자리 잡게 되었는지를 설명한다. 프론티어 신화의 일종으로서, 그리고 다소 이색적인 풍경을 배경으로, 야생 들소와 아메리카 원주민은 한 폭의 그림 같은 관광 대상으로 탈바꿈되었다.[33]

경제적 동기를 주제로 다루는 다른 연구로 콜린 가이(Kolleen Guy)가 연구한 『샴페인이 프랑스가 되었을 때(When Champagne became French)』가 있다. 이 책에서 가이는 샴페인(champagne)의 국제적 성공과 지역 및 민족과의 연관성에 대한 재기발랄한 이야기를 풀어낸다. 1900년경에 다양한 와인 생산자 집단과 대규모 무역 회사가 격렬하게 갈등을 빚었는데, 샹파뉴 지방이 아닌 외지산 포도와 와인을 이용하는 문제에 대하여 특히 첨예했다. 진정한 샴페인은 오직 현지에서 재배된 포도로만 만들 수 있다는 주장과 함께 농민의 반대를 받은 것이었다. 결과적으로 농민은 보호 조치를 얻었고 1차 세계대전 이후 다른 지방 농업 특산품(주로 치즈와 와인)에 대한 원산지 통제권(appelation d'origine contrôlée)으로 확대되었다. 이런 방식으로 샴페인은 그 지방의 토양 및 정체성과 밀접하게 연결되었고, 바로 프랑스 술의 정수라는 이름으로 시장에서 거래되었다.[34]

결국 우리는 아메리카, 유럽, 아시아의 다양한 지역에서 지방적 또는 하위 민족적 정체성의 구성과 더 큰 민족 건설 과정과의 관계성 사이에

---

33 Chris J. Magoc, *Yellowstone: The Creation and Selling of an American Landscape, 1870-1903* (Albuquerque, 1999). See also Chris Wilson, *The Myth of Santa Fe: Creating a Modern Regional Tradition* (Alburquerque, 1997); Angela M. Blake, *How New York became American: 1890-1924* (Baltimore, 2006).

34 Kolleen M. Guy, *When Champagne became French: Wine and the Making of a National Identity* (Baltimore, 2003).

많은 유사점이 있다는 결론을 내릴 수 있다. 첫째, 민족주의의 부상은 기존의 지방적 정체성을 약화하지 않았다. 반대로 지방적 정체성은 19세기 말에 강화되고 더 면밀하게 정의되었다. 이때 도처에서 지역 역사, 토속 전통, 민속 그 지역의 문화 및 자연 유산에 대한 관심이 급속히 커졌고, 대부분의 경우 지역 및 지역 엘리트는 민족 세습 재산에 농촌 인구의 토착 문화를 포함함으로써 채택해야만 했던 민족 정체성을 확대하고 민주화함으로써 민족 건설 과정을 진전시키려는 것처럼 보였다. 때로는 정치적 고려가 우세했다. 다른 경우에는 문화적 동기나 심지어 상업적 동기가 더 관련이 있는 것처럼 보였다. 그럼에도 불구하고 거의 모든 선행 연구는 여전히 특정 민족적 맥락과 역사학적 전통에 확고하게 뿌리를 두고 있다.

불행하게도 멕시코와 페루의 농민 민족주의를 주제로 다룬 말론(Mallon)의 연구서와 유럽의 지역주의에 대한 몇 권의 편집된 연구서를 제외하고선 비교 연구가 거의 없다.[35] 몇 안 되는 예외 중 하나는 에릭 스톰(Eric Storm)이 프랑스, 독일 및 스페인의 지방주의 회화, 신-토착 건축 및 지방주의 전시회를 비교한 『지방주의의 문화(The Culture of Regionalism)』이다. 스톰은 지방 정체성에 대한 새로운 관심이 특정한 민족적 맥락에서 설명될 수 있는 지방의 '반란'이나 '각성' 정도가 아니라, 19세기 말에 유럽의 여러 지역에서 거의 동시에 일어난 혁신적인 문화적 트렌드라고 주장함으로써 대부분의 선행 사례 연구에서 도출된 결과를 정면으로 반박

---

35 참조. Laurence Cole (ed.), *Different Paths to the Nation: Regional and National Identities in Central Europe and Italy, 1830-70* (Basingstoke, 2007); Joost Augusteijn and Eric Storm (eds.), *Region and State in Nineteenth-Century Europe: Nation-Building, Regional Identities and Separatism* (Basingstoke, 2012).

한다. 지방주의 활동가는 민족을 주요 기준 틀로 삼았던 19세기의 전통적 역사주의 문화 및 학계 문화와 단호하게 결별했다. 그 결과 '지방주의적 문화'는 20세기 초반 내내 가장 중요한 대안이 되었다. 더욱이 스톰은 지방적 정체성의 구축과 민족의 유산 내에서 지방 문화 유산의 통합이 주로 지역 및 지방 엘리트의 일이 아니라, 오히려 초기에 활발하게 활동했던 사람들 중 많은 수가 고도로 세계적인 민족 예술 및 지식 엘리트에 속했다고 주장한다. 따라서 농촌의 '진정한' 토착 문화에 대한 이런 새로운 관심은 민족 건설 과정의 새로운 초민족적 단계로 해석될 수 있다.[36]

이렇게 지방주의를 문화적 트렌드의 하나로 비교 해석하는 것 외에도, 사회과학자의 주도로 제도적 요인에 더 중점을 두고 있는 고도의 비교 연구 전통도 존재한다. 사회학자의 조사는 '지방으로 구성된 유럽(Europe of the regions)'이란 주제, 즉 1973년 유럽경제공동체(European Economic Community)가 지방간 소득 격차를 줄이기 위해 유럽 지역개발기금(European Regional Development Fund)을 설립하면서 도입한 지방 중심 정책의 효과를 다룬다. 결과적으로 이 접근방식은 문화보다 거버넌스와 경제를 우선시하면서, 기관도 시민 사회의 행위자보다 더 많이 주목받는다. 아마도 마이클 키팅(Michael Keating)은 이 주제에 있어서 중요한 전문가 중한 명일 것이다. 키팅은 『서유럽의 신지방주의(The New Regionalism in Western Europe)』에서 1970년대부터 투자자와 시장을 유치해야 하는 필요성이 어떻게 지역 간 경쟁을 증가시키고, '지역 브랜딩'에 대한 적극적인 정책으

---

36 Eric Storm, *The Culture of Regionalism: Art, Architecture and International Exhibitions in France, Germany and Spain, 1890-1930* (Manchester, 2010); Xosé M. Núñez Seixas and Eric Storm (eds.), *Regionalism and Modern Europe: Identity Construction and Movements from 1890 to the Present Day* (London, 2019).

로 이어졌는지를 입증했다. 동시에 유럽연합의 역할이 커지면서 유럽 위원회, 회원국 및 다양한 하위 국가 지방 간의 관계가 재구성되었다. 지방 의회는 브뤼셀[37]에서 얻은 보조금을 집행했다. 이 '축소편성'은 민족 국가가 일부 분야의 권력을 유럽연합에 양도하면서도 다른 책임을 지방정부 또는 군소 지방 자치 단체에 이양한다는 것을 의미했다. 그럼에도 불구하고 이것은 일방적인 과정이 아니었고 많은 경우에 민족 정부가 자신들의 지위를 재확인하는 과정이었다. 지역 브랜딩, 유럽연합에 의한 지방의 권한 부여 및 국제무대에서 일부 지방의 증가하는 자기주장은 지방 정체성을 강화하거나 '지방 건설'의 과정을 보강할 수 있으며, 영향에 따라 기존 민족 국가를 쇠약하게 만들 수도 있다.[38] 다른 연구자도 다른 지역과 마찬가지로 유럽에서도 다소 방어적이고 더 문화적인 것으로 가득 찬 '신지방주의'를 자극하는 글로벌화의 역할을 강조했다.[39]

초민족적 접근법

아마 1989년 이후 글로벌화의 새로운 국면과 더 직접적으로 관련될 수

---

37 유럽연합의 본부가 있다.─역자주

38 Michael Keating, *The New Regionalism in Western Europe: Territorial Restructuring and Political Change* (Cheltenham, 1998); Michael Keating, *Rescaling the European State: The Making of Territory and the Rise of the Meso* (Oxford, 2013).

39 Anssi Paasi, 'The Resurgence of the "Region" and "Regional Identity": Theoretical Perspectives and Empirical Observations on Regional Dynamics in Europe' *Review of International Studies* (2009) pp. 121-46; Tim Oakes, 'China's Provincial Identities: Reviving Regionalism and Reinventing "Chineseness"' *Journal of Asian Studies* (2000) pp. 667-92.

있는 것은 보다 이른 시기에 일어난 상품, 사상과 사람의 글로벌적 흐름 및 움직임이 급속히 증가하고 있다는 점이며, 이는 지금 일반적으로 초민족적 역사라고 알려져 있다.[40] 많은 학자는 국경을 초월한 움직임이 민족주의의 부상과 발전, 민족 건설 과정 및 세계 도처에서 일어난 민족 정체성의 구성에 영향을 미쳤음을 깨닫기 시작했다. 사실 초민족적 흐름에 대한 새로운 강조는 민족 국가에 대해 오랫동안, 거의 독점적이다시피 맞춰온 초점으로의 근본적인 비판을 수반한다. 그렇게 2002년에 안드레아스 윔머(Andreas Wimmer)와 니나 글릭 실러(Nina Glick Schiller)는 '방법론적 민족주의(methodological nationalism)'라고 명명한 것에 대한 거센 비판을 시작했다. 그들은 주로 사회과학에서 방법론적 민족주의의 역할과 이주 연구에 대한 영향을 분석했지만, 그들의 비판은 역사 분야와 민족주의 연구 분야에도 적용된다. 그들은 방법론적 민족주의를 세 가지 형태로 구별한다. 첫째, 고전적 사회학 이론은 민족주의가 후진적이라고 생각하고 민족주의의 역할을 경시하면서 동시에 민족 국가로 분열된 세계를 하나의 주어진 것으로 받아들인다. 둘째, 사회학자는 사회를 민족 사회와 동일시하여 민족 국가를 '자연적으로 주어진 학문의 총체'로 간주한다. 셋째, 사회과학에서 분석적 초점은 민족 국가의 경계로 축소되고 '국경을 넘어 확장되는 모든 것은 분석적으로 차단되었다.' 개발을 분석해야 하는 컨테이너로 민족 국가를 사용하는 것의 결과는 국경을 초월한 이주가 민족 국가 내의 이주 흐름과 반대로 통제되고 모니터링되어야 하는 비정상적인 것으로 간주되었다는 것이다. 더욱이 외국인 이주자는 문제가 있는 집단으로 표현되었다. 그들은 '뿌리를 잃은 채' 묵시적으로 고국으로

---

40 참조. Pierre-Yves Saunier, *Transnational History* (Basingstoke, 2013).

돌아가야 하거나, 귀화하거나 또 현재 살고 있는 나라 내에 이미 존재했을 것으로 추정되는 동질적인 민족 문화에 동화되어야만 한다.[41]

초민족적 영향이 무시되었다는 인식은 민족주의를 연구하는 학자가 그네들의 관심을 기존의 국경을 넘어서게끔 했다. 이것은 이주민의 역할에 집중함으로써 이루어질 수 있지만, 다른 방식으로도 표현되었다. 일부 역사학자는 국경지대의 역할에 초점을 맞추고, 다른 역사학자는 전이(transfers)와 초민족 네트워크를 살펴보는 한편, 또 다른 그룹은 민족 건설 과정에 대한 외국의 영향을 다루었다. 모든 경우에 있어서 학자는 지역적, 지방적, 초민족적 행위자가 일상생활에서 영토 정체성을 어떻게 적극적으로 구성하고 또 재구성하는지를 검토한다. 주목할 점은 이런 네 가지 초민족적 접근법 내에서 다양한 지리적 역사학적 전통 간의 차이가 훨씬 덜 두드러진다는 것이다.

일찍이 1992년의 한 강연에서 베네딕트 앤더슨(Benedict Anderson)은 이민자에게 민족주의가 미치는 영향력에 주목한 바 있다. 앤더슨은 민족 국가 모델이 20세기에 규범이 되었기 때문에 이민자의 정체성이 '종족화(ethnicized)'되는 경향이 있다고 말했다. 또 앤더슨은 '장거리 민족주의(long-distance nationalism)'라는 술어를 만들어 이민자와 그 후손의 다수가 고국에 대해 느끼는 강한 애착심을 자세히 증명했다. 이는 근대 커뮤니케이션 기술 덕분에 한층 쉬워졌다. 때로 이것은 타밀 타이거즈(Tamil Tigers)와 아일랜드 혁명군과 같은 폭력적인 민족주의 운동에 대한 적극

---

41 Andreas Wimmer and Nina Glick Schiller, 'Methodological Nationalism and Beyond: Nation-State Building, Migration and the Social Sciences' *Global Networks* (2002) pp. 301-34; Daniel Chernillo, 'The Critique of Methodological Nationalism: Theory and History' *Thesis Eleven* 106:1 (2011), pp. 98-117.

적인 정치적 개입과 지원으로까지 이어졌다. 이런 식으로 시민권과 민족 감정은 단절되었고 일부 이민자는 자신이 실제로 거주하고 있지 않고 세금을 내지도 않거나 투표도 하지 않는 국가의 정치에 참여하였다.[42] 2001년 보다 광범위한 사례 연구에서 니나 글릭 실러와 조르주 포런(Georges Fouron)은 미국에 있는 아이티 이민자가 어떻게 '초민족적 사회 분야'를 창조했는지 입증했다. 아이티 이민자는 수용국인 미국에서 뿌리를 잃거나 동화되지도 않고 '조국'의 상황을 개선하기 위해 (조국에) 남아 있는 사람들과 연락을 계속 유지했다.[43]

장거리 민족주의에 대한 대부분의 연구는 매우 최근의 발전에 대해 논의하지만, 제바스티안 콘라트(Sebastian Conrad)는 1900년경을 기준으로 초점을 맞춘다. 그는 저서에서 주로 초민족적 이주 흐름이 조국 자체 내에서 민족주의의 발전에 미치는 영향을 검토했는데, 그 사례는 주로 독일제국이었다. 특히 미국으로 이주하는 독일인의 수가 증가함에 따라 사람들은 독일 민족의 힘이 약해지는 것을 우려하기 시작했다. 이민자는 '디아스포라 독일인(diaspora Germans)'으로 이름이 바뀌었고 이주 흐름을 독일 식민지로 방향을 돌려보려는 시도가 이루어졌다. 이민자 집단과의 관계는 더욱 돈독해졌고, 해외에 정착한 독일인은 '회춘한 인종'으로까지 표현되었다. 반면에 폴란드와 유대인 신규 이민자의 증가에 대한 관심과

---

42 Benedict Anderson, *Long-Distance Nationalism: World Capitalism and the Rise of Identity Politics* (Wertheim Lecture; Amsterdam, 1992), p. 11.

43 Nina Glick Schiller and Georges Eugene Fouron, *Georges Woke up Laughing: Long-Distance Nationalism and the Search for Home* (Durham, 2001). See for a similar in-depth study of Slovene and Croat migrant communities in Australia Zlatko Skrbis, *Long-Distance Nationalism: Diasporas, Homelands and Identities* (Aldershot, 1999).

독일 식민지에서의 혼혈 결혼(miscegenation)에 대한 우려는 외국인 이민자의 점진적인 '인종화'로 이어졌다. 이런 초민족적 영향과 우려는 국경통제 강화와 같은 실질적인 결과를 가져왔고, 1913년 새로운 시민권법은 독일인이 독일을 떠난 후에도 시민권을 상실하지 않으며 심지어 후손에게까지 양도할 수 있다고 규정했다.[44]

국경이 더 많은 학자에게 관심을 받았다는 매우 오래된 사례 중 하나가 피터 살린스(Peter Sahlins)의 『경계(*Boundaries*)』인데, 이는 1659년 스페인 세르다냐 카운티의 절반이 프랑스에 합병된 후 피레네산맥 국경의 사회적 구성을 다룬 매우 설득력 있는 연구이다. 살린스는 그 이후 몇 세기 동안 농촌 공동체의 정체성이 어떻게 발전했는지 분석하면서 프랑스혁명 내내 경계가 영토화되고 획정되기도 전에, 그 세르다냐 카운티의 거주민이 진작에 '민족성/국적의 언어와 수사'를 그네들의 이익을 지키기 위해 이용하고 있었음을 보여준다. 그 거주민은 일상생활에서 카탈루냐 지방 사투리를 계속 사용하면서도 프랑스인이나 스페인 사람으로서 누릴 수 있는 구체적인 혜택과 특권을 요구했다. 그렇게 지역 정체성은 보다 근대적인 민족 정체성과 함께 계속 존재했다. 19세기 후반과 20세기에 들어서야 근대화하는 프랑스 국가가 그 시민들에게 스페인 국가보다 더 많은 이점, 기회 및 물질적 보상을 제공함에 따라 계곡의 두 부분 사이의 차이가 더욱 두드러졌다. 이것은 왜 카탈루냐와 관련된 모든 것이 프랑스에 닿아있는 국경에서 그저 민속적 위상에 불과한지, 반면에 스페인에 가까운 지역에서 카탈루냐 민족주의가 상당한 영향을 미쳤는지를 그

---

44 Sebastian Conrad, *Globalisation and the Nation in Imperial Germany* (translated from German; Cambridge, 2010).

럴듯하게 설명한다.[45]

비슷하게 폴 누젠트(Paul Nugent)가 20세기 내내 일어난 가나와 토고 사이의 국경 구성을 분석한 연구가 있다. 국경은 비록 위에서부터 부과된 것이었지만, 식민지 당국은 서아프리카 일대에 존재하는 현실을 고려했다. 더욱이 지역 주민은 국경을 밀수와 무역을 위한 '기회의 극장'으로 삼았지만, 반대편으로 도피함으로써 박해에 저항할 수 있는 보호 수단으로도 이용했다. 에웨족(Ewe) — 국경 양쪽 모두에게 가장 중요한 종족 집단 — 중에서 서구 교육을 받은 엘리트는 자신들만의 민족 국가 수립을 항변하기 시작했다. 그러나 에웨족 인구의 대다수는 이런 이론적 구성에 전혀 관심이 없었다. 대부분의 지역 거주민은 존재하는 국경에서 얻을 수 있는 구체적인 혜택을 선호하면서, 가나와 토고라는 신생 민족 국가의 중앙 정부에 점점 더 많은 요구 사항을 전달했다. 여기에서도 세르다냐 계곡과 마찬가지로 지역 주민은 신생 민족 국가의 강화에 적극적으로 기여했다.[46]

최근 일부 연구에서는 국경을 넘는 흐름에 더 많은 관심을 기울이고 있다. 케이틀린 머독(Caitlin Murdock)은 보헤미아 북부(주데텐란트)와 작센 남부를 다룬 연구에서 이 두 지역의 경계(중앙 유럽 제국 사이의 분단선)가 1871년에 그어졌다고 주장하였다. 현재로서는 국가 건설 과정의 분할 효과가 개선된 커뮤니케이션으로 상쇄되었다. 서로 다른 물가 수준은 일이나 쇼핑을 위해 국경을 넘을 수 있는 강력한 유인이 되었고, 관광, 오락, — 보

45 Peter Sahlins, *Boundaries: The Making of France and Spain in the Pyrenees* (Berkeley, 1989).

46 Paul Nugent, *Smugglers, Secessionists, and Loyal Citizens on the Ghana-Togo Frontier* (Oxford, 2002).

헤미아에서는 맥주가 더 저렴—결혼으로 인해 상호 관계도 자극되었다. 1914년까지 국경의 양측에서 민족 건설은 국가로부터 거의 자극받지 않아서, 민족주의 조직과 운동에 의해 자극을 받은 만큼도 되지 않을 정도였다. 보헤미아 출신의 독일어를 사용하는 노동자는 작센의 시민 사회에서 외국인으로 간주되지 않았다. 그러나 보헤미아의 체코계와 독일계 민족주의 단체들은 작센으로의 이주가 오스트리아 내에서 그들의 대의를 약화했기 때문에 분개하기 시작했다. 제1차 세계대전, 국가 및 민족 건설의 강화, 전후 기간의 경제 격변은 작센과 보헤미아를 갈라놓았다. 국경은 더 잘 보호되었으나 시민권이 없는 사람들은 이제 외국인으로 간주되었고, 경제 관계도 붕괴되었다.[47] 이런 맥락에서 보면, 국경은 위에서부터 부과되었을 뿐만 아니라 수많은 평범한 사람들의 행동, 생각 및 상상에 의해 일상이라는 기초 위에 형성된 것이다.

또 다른 초민족적 접근은 민족주의 운동이 외국 사상의 영향을 받았고, 많은 민족주의 지식인이 망명 중에도 활동했으며, 많은 민족주의 팸플릿과 잡지가 해외에서 출판되었다는 점을 알아챈 역사학자를 통해 전개되었다. 민족주의 활동가의 지적 네트워크, 그들의 국제적 접촉, 한 운동에서 다른 운동으로의 사상의 전이를 문자 그대로 지도로 그리려는 매우 야심 가득한 시도는 유럽의 19세기 문화 민족주의에 대한 비교 접근을 옹호하는 윱 레이르센(Joep Leerssen)에 의해 수행되었다. 낭만주의 시대에 지식인은 모든 종류의 '민족적' 문화적 표현을 구제, 생산 및 전파함으로

---

47 Caitlin E. Murdock, *Changing Places: Society, Culture and Territory in the Saxon-Bohemian Borderlands, 1870-1946* (Ann Arbor, 2010). See also Omar Bartov and Eric D. Weitz (eds.), *Shatterzone of Empires: Coexistence and Violence in the German, Habsburg, Russian and Ottoman Borderlands* (Bloomington, 2013).

써 자국의 토속 문화를 집대성하기 시작했다. 2015년에 레이르센은 주제와 인물에 따라 수백 명의 학자가 집필한 1,200개 이상의 아티클이 포함된 디지털 데이터베이스를 구축하여 서비스를 시작했으며 유럽의 지도 위에 이들 간의 연결고리를 표시했다. 또 이 데이터베이스는 시각적, 텍스트 및 오디오 문서에도 접근할 수 있는 서비스를 제공한다. 이 낭만주의 민족주의 백과사전(Encyclopedia of Romantic Nationalism)은 서로 다른 문화 분야, 장르 및 미디어 간의 수많은 초민족적 연결고리를 입증한다.[48]

다소 비슷한 연구는 프라센짓 두아라(Prasenjit Duara)가 중국의 민족 형성이 '아웃사이드 인(outside-in)'에서 이루어졌다는 관점에서 접근한 것이 있는데, 이는 중국이란 사례를 광범위한 글로벌적 및 동아시아적 발전의 일부로 이해하기 위해서 얽혀 있는 역사, 국제적 전이, 비교, 초민족적 영향에 더 강조점을 두었다. 두아라는 특히 일본, 중국, 한국, 만주국, 대만에서 일어난 민족주의의 부상을 하나의 얽힌 역사로 강조한다. 이것은 분명히 다른 지역에 대한 일본의 점령과 관련이 있는 것이지만, 민족 역사를 생산하거나 인종주의적 개념을 도입하는 것과 같은 지적 경향도 공통된 노선을 따라 발전한 것으로 이해한다. 또 두아라는 저작에서 디아스포라 중국인의 역할과 '고토(homeland)'와의 연관성을 탐구하였다.[49]

---

48 Joep Leerssen, 'Nationalism and the Cultivation of Culture' *Nations and Nationalism* 12:4 (2006) pp. 559-78; Joep Leerssen (ed.), *Encyclopedia of Romantic Nationalism* (Amsterdam, 2018); http://romanticnationalism.net.

49 Prasenjit Duara, *The Global and Regional in China's Nation-Formation* (London, 2008). See also Mark Frost, '"Wider Opportunities": Religious Revival, Nationalist Awakening and the Global Dimensions in Colombo, 1870-1920' *Modern Asian Studies* 36:4 (2002) pp. 937-67.

놀랍게도 지금까지 논해온 모든 연구는 농민, 지방 활동가, 이주민 또는 전이에 초점을 맞추었든 아니든 상관없이 해당 민족의 구성원만을 작인으로 바라본다. 이것은 민족주의 운동의 경우에 아주 명백하다. 그러나 민족 정체성의 구성을 분석할 때는 훨씬 덜 논리적이며 이는 우리를 네 번째 초민족적 접근으로 이끈다. 에드워드 사이드(Edward Said)의 『오리엔탈리즘(Orientalism)』에 영향을 받은 많은 학자는 비서구 세계의 집단적 정체성이 외부에서 어떻게 부과되거나 크게 형성되었는지를 분석했다. 도널드 레이드(Donald Reid)가 장기 19세기 동안 나라의 민족 정체성을 구성하는 과정에서 민족적 사례에 대한 사이드의 견해를 매우 미묘한 차이로 응용한 것을 이집트의 풍부한 고대 과거의 역할을 주제로 다룬 연구에서 볼 수 있다. 이집트 고고학은 서양 학자에 의해 지배되었으며 그네들은 이집트의 파라오, 그리스-로마, 이슬람 및 콥트 유산이 과학 문헌과 대중 가이드북, 유적지, 박물관 및 세계 박람회에서 표현되는 방식이 정해지는 데 매우 결정적인 역할을 했다. 그럼에도 레이드는 이집트 학자, 정치인 및 지식인이 어떻게 아랍어로 고대 이집트 역사를 생산하고, 이집트학을 연구하는 국립 학교를 설립했으며, 파라오의 과거를 민족 유산의 일부로 수용하기 위한 전 과정에 참여했는지도 보여주었다. 그 이집트 사람들은 서구 과학과 제국주의 열강의 수동적 희생자가 아니라 이집트 민족 정체성 구성에 적극적인 역할을 했던 것이다.[50]

그리고 외국인 관광(foreign tourism)의 영향력도 연구 주제의 하나가 되어 왔다. 특히 인류학자는 지역 공동체가 자신들의 집단적 자아상을 재

---

[50] Donald Malcolm Reid, *Whose Pharaos? Archaeology, Museums, and Egyptian National Identity from Napoleon to World War I* (Berkeley, 2002).

조형하기 위해 외부인과 어떻게 상호작용하는지 탐구했다. 식민지 당국자, 서구인 여행자, 인도네시아 국가 및 외국인 관광과의 상호작용을 통해 발리 사람이 어떻게 '발리화(Balinized)'되었는지에 대한 미셸 피카르(Michel Picard)의 탐구는 꽤 흥미로운 사례를 제시한다. 우선 식민지 관리는 발리를 네덜란드 동인도 제도의 힌두-자바 문명의 '살아 있는 박물관'으로 여겼다. 외국인 방문객은 원래의 의례적 그리고 종교적 맥락으로부터 다양한 전통을 분리하고 서구 소비를 위해 포장함으로써 평화로운 낙원의 이미지를 만들고, 다소 차이가 있으나 발리적이라고 할 수 있는 예술과 공예를 발명해 냈다. 1960년대에 독립 인도네시아 국가는 외국인 관광객을 유치하기 위해 발리를 나라의 풍부한 문화 및 천연 보물의 요체 중 하나로 표현하기 시작했다. 이런 방식으로 발리 사람들은 이른바 '진정한' 문화를 대표하는 덕망 있는 사람이 되어야만 했다. 그렇게 발리라는 섬의 집합적 정체성은 식민화, 민족 건설 및 '관광지화(touristification)' 과정과 지역 주민들의 상호작용을 통해 조형되었다.[51]

그러나 지금까지 대체로 외국인이 서구 세계 속에서 일어나는 민족 정체성의 구성에 실질적인 영향력을 행사해왔다는 관념은 이목을 끌어오지 못했다. 최근의 몇몇 연구는 스페인의 경우 외국인의 영향력이 실재했음은 분명히 보여준다. 예를 들어 외국 학자는 스페인 예술의 이야기를 최초로 역사화하여 스페인의 예술적 규범을 정의하는 데 결정적인 역할을 했다. 그리고 19세기와 20세기에 외국인 여행자와 관광객들은 알안달루스의 기념물, 플라멩코 음악, 돈 후안(Don Juan)—이것들은 초

---

51 Michel Picard, *Bali: Cultural Tourism and Touristic Culture* (translated from French; Singapore, 1996).

창기에 대다수 스페인 국내 엘리트에게 의심받았다—의 형상을 스페인 민족을 떠올리게 만드는 이미지가 되게끔 만드는 데 결정적인 역할을 했다.[52]

결론

민족주의 연구에서 자명한 분석 단위로서의 민족 분해는 중요한 결과를 가져왔다. 우선, 민족 건설을 위에서부터 부과된 하나의 과정으로 이해하는 근대주의적 관점은 지방 당국, 지역 엘리트, 심지어 농민이 적극적인 역할을 했으며 많은 경우 그네들의 필요에 따라 사례 자체가 굴절될 수도 있었다는 것을 보여주는 수많은 지역 및 지방 사례 연구를 통해 그 기반을 상실했다. 게다가 기존의 집단적, 영토적 정체성이 민족에 대한 보다 근대적인 동일시로 흡수되지 않고 변형되었으며, 또 많은 경우에 있어 강화되기까지 하였다. 19세기 후반부터 시골의 토착 유산은 더 잘 정의된 지방 정체성과 민족의 더 포괄적인 유산 모두에 필수적인 부분이 되었다. 글로벌화, 관광 활성화 및 지방분권은 지방과 그 영토적 정체성이 (국제) 민족 단계에서 계속하여 하나의 요인이 되도록 했다.

---

52 Eric Storm, 'Nationalism Studies between Methodological Nationalism and Orientalism: An Alternative Approach Illustrated with the Case of El Greco, Toledo, Spain' *Nations and Nationalism* 21:4 (2015) pp. 786-804; Xavier Andreu, *El descubrimiento de España. Mito romántico e identidad nacional* (Barcelona, 2016); Eric Storm, 'Making Spain more Spanish: The Impact of Tourism on Spanish National Identity', in Javier Moreno Luzón and Xosé M. Núñez (eds.), *Metaphors of Spain: Representations of Spanish National Identity in the Twentieth Century* (New York, 2017), pp. 239-60.

초민족적 흐름과 움직임에 대한 관심이 높아짐에 따라 민족 운동의 부상, 민족 건설 과정 및 민족 정체성 구성을 각각 개별적으로 연구해서는 안 된다는 점이 분명해졌다. 국경은 두 민족 국가 사이의 고정된 경계선일 뿐만 아니라 지정학적 발전, 정부 결정을 포함하여 그 현실에 발을 딛고 사는 사람들의 생각, 관행 및 국경을 초월한 움직임에 따른 매일의 기초 위에서 재생산되고 변형되는 것이기 때문이다. 게다가 이주민과 망명자, 전이된 생각과 심지어 외국인 학자와 관광객까지도 민족 형성과 민족 건설 과정에 영향력을 행사했다는 점이 분명히 밝혀졌다.

물론 공간이 사회적 구성물이라는 생각과 작인, 전술 및 일상생활에 대한 초점 그리고 발전을 객관적으로 분석할 수 있는 중립적이고 자동력이 없는 '네모난 박스로서의 민족 국가'에 대한 질문과 같은 공간적 전환의 주요 개념 중 많은 부분이 역사학자와 사회과학자 사이에서 주류가 되었지만, 민족 국가는 인문학과 사회과학에서 이루어지는 분석의 주요 단위로 여전히 남아 있다. 통계 데이터, 기록 자료 및 설문 조사는 여전히 나라별로 수집되고 분류되며, 결과적으로 비교의 기본 단위로도 기능한다. 대중여론 조사에 따라 세계는 여전히 개별적이고 경계가 분명한 민족 국가로 분리되고, 각 민족 국가는 나름의 고유한 정체성을 갖고 있으며 자신의 운명을 통제할 수 있는 위치에 있어야만 한다. 지금 학부 교육 과정에 사용되는 최근의 역사적 개론조차도 다양한 민족 국가의 개별적인 궤적에 계속 초점을 두고 있으며, 근대 민족 국가가 아직 존재하지 않았을 때조차도 민족의 존재를 일상적인 것처럼 이야기한다. 그렇기에 많은 작업이 해결되어야 하는 숙제로 남아 있다.

동시에 각 시대에 따라 존재했던 서로 다른 사회 집단, 공동체가 만들어냈던 공간의 생산에 초점을 맞추는 방식도 역시 한계에서 벗어날 수 없는 것으로 보인다. 그것은 각 사례의 구체적인 상황과 매우 예외적인 결과를 강조하는 데 편중되어 역사적 연구의 숫자만을 급격하게 늘리는 결과를 낳았고, 그에 따라 전체적인 그림을 매우 파편적으로 만들었다. 더욱이 많은 학자는 여전히 '방법론적 민족주의'의 함정에서 벗어나지 못하고 있다. 예를 들어 본 11장의 전반부에서 논했던 대부분의 연구는 민족 중심의 역사학적 논쟁에 확고하게 뿌리를 두고 있으며, 민족 개념을 중심에 두고 민족을 강조한 1차 사료를 사용함과 동시에 거의 전적으로 민족적 행위자 및 민족적 전환점에 초점을 두고 있는 것이다. 이는 글로벌적 전체상을 그리는 작업에 더욱 차질을 빚게 만든다. 아마도 우리는 비교 연구를 통해서만 민족을 구성하는 방식, 지역 및 지방 정체성이 민족 건설 과정과 상호작용했던 방식, 초민족적 행위자의 영향력이 파급되었던 방식만이 아니라 그네들의 유사점을 분명히 밝혀낼 수 있을 것이다.

더 읽을거리

Celia Applegate, *A Nation of Provincials: The German Idea of Heimat* (Berkeley, 1990).

Prasenjit Duara, *Culture, Power, and the State: Rural North China, 1900-1942* (Stanford, 1988).

Nina Glick Schiller and Georges Eugene Fouron, *Georges Woke up Laughing: Long-Distance Nationalism and the Search for Home* (Durham, 2001).

Michael Keating, *The New Regionalism in Western Europe: Territorial Restructuring and Political Change* (Cheltenham, 1998).

Joep Leerssen (ed.), *Encyclopedia of Romantic Nationalism* (Amsterdam, 2018).

Florencia E. Mallon, *Peasant and Nation: The Making of Postcolonial Mexico and Peru* (Berkeley, 1995).

Paul Nugent, *Smugglers, Secessionists, and Loyal Citizens on the Ghana-Togo Frontier* (Oxford, 2002).

Xosé M. Núñez Seixas and Eric Storm (eds.), *Regionalism and Modern Europe: Identity Construction and Movements from 1890 to the Present Day* (London, 2019).

12장

역사 쓰기와 민족주의 역사에서 일어난 글로벌 전환

마티아스 미델(Matthias Middell)

지난 30년 동안, 글로벌 역사(global history)는 전문 역사학자와 글로벌화 과정을 장기적인 관점에서 설명하기를 기대하는 상당히 많은 청중 모두로부터 다시 인기를 얻었다. 태초에 세계사(world history) 쓰기에 대한 새로운 관심과 머나먼 세계 지역의 역사에 대한 새로운 관심이 시대에 뒤떨어진 민족 역사 쓰기(national history writing)를 대체하기 위한 방향으로 가는 것 같았다. 그러나 글로벌 역사 쓰기(global history writing)의 관행을 자세히 살펴보면 민족 국가 건설이 전면화된 19세기 훨씬 이전에도 민족적이라고 상상했던 국가와 사회가 역사 연구에서 중요한 주제로 남아 있음을 알 수 있다. 민족 국가는 비교 연구에서 분석 단위의 형태를 취할 수 있으며, 특히 국가 기반 통계와 국가기록물보관소를 이용할 때도 마찬가지이다. 국제기구 및 국제 관계의 협정 배후에 있는 집단적 행위자의 하나이다; 그리고 마지막으로 많은 학자에게 새로운 글로벌 역사의 핵심을 구성하는 국경을 초월한 상품, 자본, 사람 및 사상의 모든 흐름을 연구하는 데 필수적인 출발점의 하나이다. 보다 최근에는, 민족 국가의 종말에 대한 한때 엄청나게 목소리를 높였던 예언자도 말을 뒤집고 글로벌화에서 탈글로벌화로의 유턴(U-turn) 가능성을 주장하면서, 역사학자에게 1929년 위기를 역사적 관점에서 재검토하는 작업에 나설 것을 요청한다. 이런 관점에서 보호주의적 민족 정책은 세계사의 중대한 특징인 항구적인 개방과 폐쇄의 부침 속에서 한결같이 다음 단계의 목표였던 셈이었다고 해석될 수 있다.

글로벌화(globalization)—어떠한 대안도 없을 것처럼 표현되었던—에 대한 아주 오랜 열광 이후에 영국의 유럽연합(EU) 탈퇴 국민투표, 보호주의자라 할 수 있는 도널드 트럼프(Donald Trump)의 백악관 입성 이후 일부 시사 평론가는 앞으로 경제적 상호의존성에 더 커지는 시대가 도래하는 일은 없을 것이며, 최소한 글로벌화가 꽤나 지연될 것이라 선언하기 위해 분주하다. 글로벌화와 (잃어버린) 민족 주권이라는 이항 대립 속에서, 이 '탈글로벌화(deglobalization)'의 순간은 '우리의 국경이 어떤 사람들에게는 보이지 않을 정도로 너무나 많은 구멍을 만들어내는 여러 흐름에 대한 통제력을 되찾을 수 있는가?'라는 질문을 제기한다. 그러나 '탈글로벌화'라는 술어는 여러 면에서 모호하다. 어떤 이들은 탈글로벌화를 반(反)헤게모니적이며 국제체제의 민주화를 꿈꾸는 것이라 박수를 보내고, 또 다른 이들은 민족 주권이라는 이름표를 붙여 자신들의 외국인 혐오와 인종차별적 의제에 대한 정치적 지지를 얻고자 희망한다. 이주 흐름이 증가하는 시기에 (민족 중심의) 복지국가의 포괄적인 패턴에서 혜택을 방어하는 것은 생계를 위해 열심히 일하는 평범한 사람들 사이에서 행복하게 살기 위한 정당한 투쟁에 참여한다는 의미이자, 노동운동이 자본주의의 글로벌적 성격에 적응하지 못하고 얼마나 도태되어 있는지를 시사한다. 12장은 어떠한 중간 사례가 없는 글로벌 거버넌스에 기반한 국경 없는 세계의 환상에 직면한 현세대의 글로벌 역사학자가 제시하는 탈영토화 및 재영토화 과정에 대한 매우 미묘한 차이를 해석한다.

세계사 쓰기로 방향 전환

지난 25년간의 역사학 연구는 세계 및 글로벌 역사 접근법의 인기가 많아졌다는 특징이 있다. 특히 1990년대에는 민족 역사 쓰기의 전통이 '글로벌화 시대'에 뒤떨어진 것처럼 묘사되는 등 강력한 비판을 받았으며, 심지어 글로벌적 역사의식에 입각한 범세계주의적 태도의 필연적인 출현에 걸림돌이 되는 것처럼 그려지기도 했다. 일부 사회과학자와 경제학자는 민족 국가를 소위 글로벌 거버넌스나 범세계 사회의 이익을 위해 분명히 쇠락하고 사라지게 될 것으로 이해했다. 지역 무역 블록이나 개별 국가를 하위 단위로 만드는 범세계 정치체 중 무엇이 민족 국가를 대체할 수 있는지에 대한 답변도 다르다.[1] 역사학자는 수 세기 동안 국가 건설과 민족 건설의 여러 측면에 대해 더 잘 알고 있었기에 민족주의 (nationalism)에 사망선고를 하는 것에 상당히 조심스러웠고, 자연스럽게 민족주의적 의제와 관련된 주제들에 대해 점점 더 비판적인 시각을 견지하게 되었다.

---

1 Kenichi Ohmae, *The end of the nation state. The rise of regional economies* (New York, 1996); Connie L. McNeely, 'World Polity Theory' in George Ritzer (ed.), *The Wiley-Blackwell encyclopedia of globalization* (Hoboken, 2012). See also: John W. Meyer, John Boli, George M. Thomas and Francisco O. Ramirez, 'World Society and the Nation-State' *American Journal of Sociology* 103 (1997) pp. 144-81.

제리 벤틀리(Jerry Bentley)—글로벌 역사학 분야의 주요 학술지 중 하나인 「세계사 저널(Journal of World History)」의 편집자로 수년 동안 일했고, 미국 대학의 학부 과정 프로그램에서 사용되는 세계사 교과서라는 새로운 장르에서도 가장 성공적인 저자 중 하나로 인정받는 연구자[2]—는 변화하는 환경 속에서 민족 역사가 글로벌 역사로 전환되었다는 것을 설명했다. 기록물보관소, 도서관, 박물관, 수집물에 대한 접근은 물론 기념물과 집단 기억에 관한 정책의 영향 등 민족 국가의 전령으로서 역사학자가 더 이상 필요치 않게 되었기 때문에, 글로벌 역사학은 이제 세계 질서의 탈민족적 구성을 촉진하며 글로벌화를 주창하는 학문적 공동체의 한 당파가 되었다. 결과적으로 역사학의 일부는 민족 역사에서 세계 역사로 가는 경로를 따르지 않는 경우에 시대착오적이라는 평가를 듣게 되었다: "여러 면에서, 전문적인 역사학이란 학문은 당신이 세계 역사 속에 있는 민족 중심적 국가의 시대라고 부를 수 있는 것으로 이루어진 하나의 인공물이다."[3]

논쟁을 불러일으키는 위 선언의 함의는 미국에서 벌어진 신세계사 운동—매우 오랜 시간 동안 북미의 자기 인식을 지배해 왔던 '매니페스트 운명(manifest destiny)' 토포스(topos)의 갱신은 냉전의 종식과 소련의 붕괴 이후 단일주의의 시대 내내 또다시 비판적 우려를 일으켰다—의 초창기와 관련된 맥락 안에서 이해되어야 한다.[4] 이 새로운 관념은 북미권 대학의 입문 과정에 대한 날카로운 갈등(일부는 역사 전쟁에 대해 이야기하기도 함)을

---

2 Jerry H. Bentley and Herbert F. Ziegler, *Traditions & encounters. A global perspective on the past* (Boston, 2000).

3 Jerry H. Bentley, 'From National History toward Word History' in: Matthias Middell (ed.), *Vom Brasilienvertrag zur Globalgeschichte. Zum 70. Geburtstag von Manfred Kossok* (Leipzig, 2002), pp. 169-82, here p. 169.

촉발했다. 일부는 미국의 새로운 리더십 역할에 의해 확인되었을 것이 기 때문에 오래된 '서양의 부상' 서사[5](왕왕 아이러니하게도 '플라톤(Plato)에서 나토 (NATO)로'로 요약됨)의 지속을 주장하는 반면, 다른 사람들은 점점 더 연결되고 있는 세계를 살아가기 위해서 학생이 충분한 지적 능력을 구비하지 않았다는 점을 강하게 비판하고, 서로 다른 문명 간의 세계 역사적 조우를 담아낸 강좌를 다시 만들기 위해 분투했다.[6] 그 결과, 오늘날 미국 대학의 50% 이상이 일종의 세계사(world history) 커리큘럼을 도입했으며, 이는 이전의 것보다 대서양 세계 이외의 지역에 더 중점을 두고 지역 연구를 역사학부의 교육에 통합하는 데 도움이 된다. 이런 코스의 범세계주의적 의도는 의심의 여지가 없지만, 그것이 단일 민족(다문화적이기도 하면서) 이 수행해야 할 글로벌적 역할의 재정의라는 맥락에서 생겨난 것이라는 점을 잊어서는 안 된다.

신세계사 운동은 일찍이 1980년대 후반부터 대학과 고등학교의 교과 과정에 영향을 미치려는 목적에서 시작되었다. 세계사 운동의 선구자들 은 자신들보다 앞서 있었던 일련의 선각자를 기억하고 있었다.[7] 하지만 이것이 새로운 주도권을 학계를 구성하는 특정한 민족 전통과 연결했다. 이는 이 학문 시스템에 국한되지 않았고, 특정 인물에게 많은 영향을 받 았다. 아프리카계 전문가 패트릭 매닝(Patrick Manning)은 저서인 『세계 역

---

4 Jerry H. Bentley, 'Myths, Wagers, and Some Moral Implications of World History' *Journal of World History* 16:1 (2006), pp. 51-82.

5 William McNeill, *The Rise of the West. A History of Human Community* (Chicago, 1963).

6 William Hardy McNeill, 'The Rise of the West after Twenty-Five Years' *Journal of World History* 1:1 (1990), pp. 1-21.

7 Kenneth R. Curtis and Jerry H. Bentley (eds), *Architects of World History. Researching the Global Past* (Chichester, 2014).

사 항해하기(*Navigating World History*, 2003)』에서 이런 서사를 요약하여 보편적이고 세계적인 역사 쓰기의 매우 오래된 전통을 인정했지만, 현재 부상하고 있는 글로벌(또는 세계) 역사는 근본적으로 새로운 무엇—포스트식민지적, 다원적, 그리고 목적론적 헤겔주의에서 자유로운 것—이라는 결론에 도달했다. 이런 새로운 특징은 주로 1989년과 9·11 테러 이후 제도적 위기(소련의 붕괴와 과격 이슬람주의자들에 의한 테러 공격을 예견하지 못했다는 비판)를 맞은 지역 연구의 영향과 다른 한편으로는 점점 더 글로벌 역사 접근법을 채택하고 있는 역사학부와 결합함으로써 보다 강력한 제도적 위치를 확보하고 있었다. 이런 변화는 입문 과정에서 '그들의'(또는 그들 부모의) 민족적 또는 대륙적 역사를 표현하기 위한 이민자 학생의 요구에 더 잘 대응할 수 있게 했으며,[8] 새로운 세부 연구 분야로서 세계 역사(world history)가 비서구 세계를 왕왕 아마추어적인 지식에 기반하여 이해하는 데 도움을 주었다.

그러나 1990년대에 세계 또는 글로벌 역사에 대한 관심이 얻은 정치적 성공을 제외하면 완전히 새로운 것은 전혀 없었다. 세계 역사는 오랜 전통을 가지고 있으며 국제 무역과 이주의 놀라운 성장률, 또는 '문명(civilizations)'의 경계를 넘는 지식의 순환은 현대 비평가의 관심을 끌 뿐만 아니라 그런 문명의 전제 조건과 '글로벌화(globalization)'라는 거대한 물결의 출현에 대한 역사적 관심을 불러일으켰다. 19세기에 애국적 또는 민족적 역사 쓰기의 절정으로 왕왕 인식되는 그때는 동시에 글로벌을 지향하는 인류학(18세기 후반),[9] 인류학과 비슷한 글로벌적 범위를 필요

---

8 Hanna Schissler and Yasemin Nuhoğlu Soysal (eds.), *The nation, Europe, and the world. Textbooks and curricula in transition* (New York, 2005).

로 하는 정치경제학(19세기 중반 마르크스를 비롯한 여러 학자가 주장했던), 그리고 학
문적 제도화와 세계 역사의 첫 번째 전문화(19세기에서 20세기로 전환)가 일어
난 시기였다.[10] 민족 역사 쓰기의 지배력은 사실 절대 완전하지 않았으나,
동시에 하나의 민족 또는 하나의 민족 국가를 일반적인 구조로써 글로
벌 관점에서 보는 접근방식에 의해 논쟁이 전개되고 그 틀을 잡았다. 이
런 글로벌 관점 자체는 주목할 만한 것으로 발전했다 ―이 발전은 역사
에 대한 우리의 이해가 지속적으로 포스트 식민지화를 거치고, 민족 국
가에 의해 조직된 정치체보다는 덜 민족적이며, 아마도 더 지방적이거나
초민족적 사회적 차원에서 벌어지는 확장을 포함하는 것을 말하는데 바
로 젠더 관계(gender relations)나 문화적 패턴 및 유행을 생각해 보면 쉽게
답을 찾을 수 있다.

　국경을 넘는 현상에 대한 강조는 사실 새로운 것이 아니다. 글로벌 역
사를 탈민족 시대의 반(半)자연적 산물이라고 주장하는 서사는 세계 역
사 쓰기의 오랜 전통을 돌이켜봤을 때 실패할 수밖에 없다. 그러나 글로
벌을 지향하는 역사학은 주로 내향적이며 역사를 민족적(또는 그보다 낫다며
국가적) 컨테이너의 한계로 한정하는 지배적인 관점에 맞서 이기기 어려
운 힘든 싸움도 했다. 18세기 후반의 사회 이론은 적어도 대서양 양편에
걸친 혁명적 경험의 영향을 매우 많이 받아, 역사적 변화를 설명하는 데

9 Hans Erich Bödeker, Philippe Büttgen and Michel Espagne (eds.), *Die Wissenschaft vom Menschen in Göttingen um 1800. Wissenschaftliche Praktiken, institutionelle Geographie, europäische Netzwerke* (Göttingen 2008); Hans Erich Bödeker, 'The Debates about Universal History and National History around 1800. A Problem-orientated Historical Attempt' *Proceedings of the British Academy* 134 (2006), pp. 135-70.

10 Matthias Middell and Lluis Roura (eds.), *Transnational Challenges to National History Writing* (New York, 2013).

있어 국내 구조의 역할을 강조해 왔다. 전면적인 정치 참여를 요구하는 중산층의 등장은 입헌주의와 절대군주 권력이 아닌 민주주의를 조직하는 최선의 방안을 떠올리게 했고, 계속되는 사회적 불평등은 정치적 민주주의와 사회적 민주주의의 부조화에 대한 우려를 높였다. 1792년 전쟁으로 인해 혁명적 원칙을 다른 지역으로 수출할 가능성을 두고 자유주의적인 지롱드당(Girondins)과 더욱 급진적인 산악당(Montagnards) 사이의 큰 논쟁은 자코뱅적(Jacobin) 회의론으로 끝났고, 20여 년 후 나폴레옹의 새로운 유럽에 대한 원대한 설계는 실패했다. 반면 빈 회의는 마침내 그 타협을 성문화했다. 유럽의 한 지역에서는 부르봉 왕가가 완전한 왕정복고로 돌아갈 방법이 없다는 것을 받아들여야 했으며, 반면 다른 지역에서는 모든 개혁안이 반쪽짜리가 되었음이 확인되거나 심지어 뒤집힌 개혁안을 손에 받아 들었다.

인류와 인류의 과거를 풀어서 설명하는 계몽주의적 역사 쓰기의 보편적 야망과 대조적으로, 본 12장에서 다루는 역사학에 필수적인 것은 영토 컨테이너(일부는 민족적, 다른 것은 제국주의적)가 세계 역사를 비롯하여 역사를 이해하기 위해서 널리 받아들여지는 틀이라는 생각이다. 따라서 19세기 중반에 마르크스를 비롯한 다른 연구자가 경제사와 사회사의 관점에서 세계사를 쓰도록 영감을 준 자본주의의 새로운 특징에 대한 관심이 높아진 것은 잉글랜드인, 프랑스인, 프로이센인뿐만 아니라 현대 자본주의로 가는 미국인의 길은 모두 사회적, 정치적 세력 간의 국내 판도가 다르기에 서로 구별된다. 1850년대에 마르크스는 스페인의 사례를 보고 인도와 유럽 주변부를 논함으로써 식민 세계를 포함하는 관점을 넓혔고, 20년 후 베라 자술리치(Vera Sasulic)에게 보낸 유명한 편지를 통해 자신의 관점을 러시아와 동유럽까지 넓혔음을 보여주었다. 그러나 이 모든 경우에서도 마르크스와 사회사에서 영감을 얻은 신흥 사회학자는 기원의 지점에 충실했다. 즉 국가 지위(statehood)를 획득하기 위한 오랜 역사로 특징 지어지는 실체는 사회경제적 질문에서도 비교를 위한 분석 단위라고 할 수 있다. 이는 방법론적 민족주의를 위한 결정적인 전제조건으로, 이 국가가 민족 건설 과정을 수행하는 중요한 역할을 하게 되었을 때에만 충분히 정교한 설명이 가능했다(대표적으로 프로이센이란 국가가 그런 역할을 수행하여 독일 민족을 건설했다). 민족 역사와 보편 역사의 전문적인 저술의 선두주자가 된 레오폴트 폰 랑케(Leopold von Ranke)를 위시한 보수적 연구자는 역사적 질서 속에서 본질적인 요소로서 국가의 힘을 찬미하는 방향으로 나아갔다.

인류지리학(anthropogeography)이라는 융합학문 프로그램이 역사학자 사이에서 영향력을 갖게 된 것은 1870년대와 1880년대였다. 독일 교수이자 인류지리학의 창시자 중 한 사람인 프리드리히 라첼(Friedrich Ratzel)은 이미 19세기 후반에 지정학 문제에 큰 관심을 가지고 여러 대륙에 대한 분석을 제공함으로써 학자가 '세계(world)'를 가능한 실체로 생각할 수 있도록 영감을 주었다. 세계 경제와 정치는 국제 시장의 역할과 대륙 간 경쟁을 기반으로, 그 어느 때보다 상호 연결된 세계를 설명하는 데 사용되는 술어가 되었다.[11] 이것은 서사의 기본 단위인 민족을 폐지한 게 아니라 제도화된 지역 연구를 학계로 가져온 것이었고, 이에 지역 연구와 함께 고대 문명과 신문명이란 범주가 세계 역사 쓰기에 널리 퍼졌다.

---

11 Jürgen Osterhammel, 'Raumbeziehungen. Internationale Geschichte, Geopolitik und historische Geographie' in: Wilfried Loth and Jürgen Osterhammel (eds.), *Internationale Geschichte. Themen-Ergebnisse-Aussichten* (München, 2000), pp. 287-308.

카를 람프레히트(Karl Lamprecht)의 사례는 여러 면에서 말해주고 있다: 라이프치히에 기반을 둔 역사학자인 람프레히트는 1890년대에 독일 역사를 집대성하고자 하는 야심으로 가득 찬 총서 발간을 시작하여 사회사, 경제사 및 문화사의 새로운 트렌드를 제시했는데, 이는 훗날 여러 동료 학자들과의 파괴적인 논쟁을 일으키는 토대 연구가 되었다. 그러나 세기의 전환기 이후에 람프레히트는 글쓰기와 교육 모두에서 '세계 역사를 어떻게 개념화할 것인가'에 대한 문제의식에 훨씬 더 관심을 기울였다. 람프레히트의 동료학자였던 라첼은 람프레히트의 미국 방문뿐만 아니라 여러 영역에서 그에게 많은 영향을 주었다.[12] 세계 역사에 대한 람프레히트의 견해에 결정적인 지적 접촉 중에는 중국학자, 민족지학자, 종교학자, 초기 사회학자가 있었는데, 이는 람프레히트가 고전적인 유럽 중심적 접근법을 극복하는 데 도움이 되었다. 동시대 사람들 사이에서 람프레히트를 유명하게 만든 것은 연구 의제를 세계 역사 연구를 위한 학술 기관으로 변환하는 능력이었다. 이런 학술 기관은 단지 2년 정도 지속되었지만, 라이프치히대학교가 세계 역사를 연구하는 역사학자의 영원한 고향이 되기에는 충분했다.

하지만 람프레히트가 프랑스의 역사종합학파(school of historical synthesis)의 수장이었던 앙리 베르(Henri Berr)나 케임브리지 근대사(*Cambridge Modern History*)의 액튼 경처럼 유럽 전역에 있는 학자 중에서 단연 독보적인 것은 아니었다. 하지만 개념은 다소 모호한 상태로 남아 있었고 실증적 근거는 결과적으로 민족 역사 쓰기의 주요 범주를 대체하기에 충분하지 않았다. 학계의 중심에 있던 반대자의 끊임없는 비판에도, 당시의 세계

---

12 Karl Lamprecht, *Americana* (Freiburg, 1905).

역사학자는 이 세계에 존재하는 대중이 더욱 글로벌화되면서 경험한 '하나의 세계'란 역사적 기초에 대한 청중의 욕구를 만족시키는 것을 목표로 하는, 일련의 매우 인기 있는 서사를 생산했다. 그러면서 세기의 전환기에는 민족적 실체의 중심성이 글로벌 경제 세력, 세계 정치 분야의 신흥 세력, 국경을 초월한 학습 및 전유의 역학관계에 의해 실질적으로 도전받을 수 있다는 인식이 높아진 것이다.

1920년대와 1930년대는 세계 역사 쓰기가 종족과 민족 중심주의의 복귀로 특징지어졌으며, 보다 자유주의적 역사 쓰기(발터 괴츠가 편집한 『프로피레엔 세계 역사(Propyläen World History)』와 같은)는 문명을 16세기 이전 시대의 분석의 기본 단위로 사용했고, 르네상스 이후 시대는 외견상 민족을 단위로 사용했다. 제2차 세계대전(그리고 마하트마 간디의 『간추린 세계사(Glimpses of World History)』) 이후에야 루시앙 페브르(Lucien Febvre. UN Educational, Scientific and Cultural Organization를 대표하여 작업함)는 근대 세계 역사 쓰기를 유럽 독점으로부터 해방하기 위한 주도권을 잡았으며, 새로운 프로젝트를 위해 역사학자를 회의장으로 불러 모았다. 그럼에도 불구하고 더 큰 서사 내에서 민족, 거시 지역, 대륙의 특정 장소에 대한 각 동료 학자의 주장을 모두 만족시키기는 매우 어려운 일임이 드러났다. 민족 역사는 여기에서 세계 역사 서사에 대한 교정권 또는 거부권으로 작용했다. 동시에 서구(윌리엄 맥닐에 의해 이미 언급된 세계 역사에서)와 같은 새로운 범주와 사회경제적 형성물 및 세계 프롤레타리아트(주코프가 편집한 세계사에 대한 소비에트 10권 시리즈에서)가 문명이라는 오래된 범주와 민족 국가를 초월하기 위해 도입되었다. 그렇긴 해도, 19세기 후반 이후 시대를 다루는 부분을 보면 오히려 민족 국가가 근대사를 설명하는 데는 논쟁의 여지가 없는 틀로서 건재하다는 인상을 받는다.

세계 역사 쓰기의 새로운 물결은 적어도 1920년대 이후 지배적이었고, 19세기 중반으로 거슬러 올라갈 수 있는 민족 역사와 세계 역사의 결합에 상당한 도전을 한 것은 1960년대 이후였다. 『지중해 세계(*Mediterranean World*)』 출판 이후 지리사(*geo-histoire*)에 대한 관심으로 잘 알려진 페르낭 브로델(Fernand Braudel)은 세계 역사를 전혀 다른 관점에서 썼고, 지금까지 정치체와 정치에 의해 확립된 구조를 비판했다. 브로델은 지방 시장과 지방 간 무역의 논리에 따라 새로운 틀을 모색했다. 하지만 브로델은 주로 1800년 이전의 기간에 대해 작업했으며, 아직 하나의 글로벌 시장으로 수렴되지 않은 경제의 지방적이고 매우 고립적인 특성에 대해 주장했다(요즘 많은 경제사가 주장하는 것처럼). 이와 대조적으로 이매뉴얼 월러스틴(Immanuel Wallerstein)도 1450년경을 기점으로 자신의 서사를 시작했지만, 브로델보다는 현재에 가까운 시간을 설명하기 위해 애썼다. 월러스틴은 브로델의 '경제 세계(économies-mondes)'에 대한 다소 직관적인 설명과 이런 모든 지방 경제를 핵심부 또는 주변부로 단계적으로 통합하는 단일 세계 시스템이란 생각을 결합했다. 월러스틴의 서사에서 민족적 실체는 가시적이기는 하나 더 이상의 설명을 해야 하는 요인은 아니었다. 이제 설명되어야 할 것은 '세계에서의 민족적 실체가 어떤 위치를 점하고 있었는가?'였다. 민족 역사가 매우 관심을 두는 것과는 정반대의 것 말이다.

방법론적 민족주의(methodological nationalism)는 설득력 있고 근거 있는 비판의 대상이 되었다.[13] 글로벌화에 대한 사회과학을 기반으로 하는 연

---

[13] Andreas Wimmer and Nina Glick-Schiller, 'Methodological Nationalism and Beyond: Nation-State Building, Migration and the Social Sciences' *Global Networks* 2:4 (2002), pp. 301-34.

구 일부에 의해 확실히 사망했다고 선언된 민족 국가는 역사학자에게도 더 이상 자명한 것처럼 받아들여지지 않았다. 이것은 역사적 이론 건설에 접근하는 방식에 대해 추가적이고 근본적인 함의를 지녔다. 오랫동안 비교는 사회과학(자연과학처럼 실험으로 결과를 검증할 능력은 없는 것)에서 성공으로 가는 길로 인식되어 객관적으로 조사하기 위해 가정한 분석 단위를 발명했다는 비판을 받았다.[14] 대신에 문화적 전이(cultural transfers)와 다른 상호작용에 대한 연구가 두각을 나타내었고 얽히고설킨 역사의 개념이 점점 더 대중화되었다.[15]

두 세기에 걸친 세계 역사 쓰기에 대한 이 다소 간략한 개관은 한편으로 1900년경에 잠시, 그리고 보다 실질적으로는 1960년대 이후에 잠시 그 위상이 흔들렸던 방법론적 민족주의의 오랜 지배력을 확인시켜준다. 이 두 시기에 글로벌 프로세스의 중요성에 대한 인식이 증가하고, 사회 여러 차원에 대한 초민족적 구조의 영향이 증가하면서 크게 좌지우지되었던 것은 우연이 아니다. 한편 우리는 역사를 이해하는 대안적 방법을 위해 새로운 범주를 시도함으로써 민족 역사 쓰기의 한계를 극복하려는 끊임없는 노력을 발견한다. 그러나 역사적 변화의 중요한 원인으로서 사회 간 초민족적 상호작용뿐만 아니라 사회간 초지방적 상호작용 대신 사회 발전을 설명하는 내부 과정을 주요 요인으로 취하는 해석도 매우 오래 지속되었다.

---

14 Michel Espagne, 'Sur les limites du comparatisme en histoire culturelle' *Genèses* 17 (1994), pp. 112-21.

15 Sanjay Subrahmanyam, 'Connected Histories: Notes toward a Reconfiguration of Early Modern Eurasia' *Modern Asia Studies* 31 (1997), pp. 735-762.

요컨대 글로벌 역사는 과거에도 없었고, 현재에도 방법론적 민족주의로부터 완전히 자유롭지 못하다. 세계 많은 역사학자는 계속해서 민족국가를 분석의 기본 단위로 삼고 도리어 민족 국가가 극복의 대상이라는 점을 분명하게 확인하고 있다. 연결된 글로벌 차원에서 가정하고 있는 성과를 나타내는 순위는 비교를 위한 항목으로써 민족(국가)을 표현하고 있다. 당연히 이는 민족주의자의 손에 들린 날카로운 무기였던 19세기의 민족 발명과는 다른 것이다; 그러나 이 전통에 대한 대안은 손에 꼽는다. 물론 글로벌 역사는 글로벌 과정과 그 안에 위치하는 국가 및 거시지역에 대한 비교 연구로 제한되지 않는다. 최근에는 국경을 넘는 네트워크 및 흐름에 대한 연구를 통해 이런 접근방식이 보완되었다.[16] 이것은 민족과 국가를 다른 단위와 거의 완전히 분리된 단위로 간주하는 민족주의의 기본 가정을 완전히 뒤집은 것이기도 하다. 사회의 얽힘과 상호구성요소에 대한 연구는 전통적인 민족 역사 및 민족주의 의제와의 관계와 더 이상 양립할 수 없는 결론에 이르는 접근방식인 것이다.

글로벌적 조건에 대한 반응으로서의 민족주의의 재평가

세계 역사와 민족주의의 관계성 사이에는 민족 역사 쓰기 전통과의 단절, 그 이상인 두 번째 차원이 있다. 이는 민족주의를 글로벌적으로 관찰할 수 있는 현상이자 글로벌 이데올로기의 하나로 탐구하는 연구이기도 하다.[17] 보편주의 이후 세계 역사 쓰기의 새로운 성격을 주장하는 마이

---

16 Pierre Yves Saunier, *Transnational History* (London, 2013).

클 가이어(Michael Geyer)와 찰스 브라이트(Charles Bright)는 세계 역사를 소위 '글로벌적 조건(global condition)'의 출현 그 이전과 그 이후로 구분한다. 두 학자의 의견으로는 이론적인 노력을 통해 세계의 단일성을 창조하려는 사람은 더 이상 철학자(그리고 철학적 사고를 지닌 역사학자. 반드시 추가해야 하는 대상임)가 아니다. 이런 단일성은 정부, 산업체, 은행권, 문화 영역의 엘리트, 소외된 이민자, 할리우드와 발리우드 영화의 익명 관객, 다른 대륙에서 수입된 재화의 소비자 등등을 비롯한 많은 사람이 수행한 활동의 매우 실천적인 결과물이다.[18] 이런 의미에서 글로벌 역사는 단순히 강자의 역사일 뿐만 아니라 국가와 대륙의 경계를 넘어 모든 사회적 차원을 연결하는 다중의 포스트 구조주의적 역사이기도 하다.

민족 역사 쓰기와 결부되어 있으면서 랑케주의적(Rankean) '범신론적 국가 숭배'[19]의 일종과 관련된, 유행이 지난 보편 역사와 신세계사 및 글로벌 역사 사이에서 차이를 만들어내려던 노력은 지난 20년 넘게 역사학의 주제, 방법론, 이론과 관련하여 인상적인 혁신의 목록을 이끌어냈다. 이는 모든 종류의 국경을 넘는 현상에 대한 분석에 영감을 주었다. 여기에는 사람들의 이동, 상품 거래, 자본 이전, 아이디어의 순환은 물론 대륙 전역에 전염병을 일으키는 바이러스도 포함된다. 불평등과 불의는 초지방적으로 연구되고 국제기구는 1990년대 이전보다 훨씬 더 강조되었

---

17 John Breuilly (ed), *The Oxford Handbook of the History of Nationalism* (Oxford, 2013).

18 Michael Geyer and Charles Bright, 'For a Unified History of the World in the Twentieth Century' *Radical History Review* 39 (1987), pp. 69-91; Michael Geyer and Charles Bright, 'World History in a Global Age' *The American Historical Review* 100:4 (1995), pp. 1034-60.

19 Peter Novick, *That Noble Dream. The "Objectivity Question" and the American Historical Profession* (Cambridge, New York, Melbourne 1988), p. 27.

다. 기후 변화, 인구 통계학적 패턴, 글로벌 가치는 하나 이상의 사회와 관련된 발전에 대한 설명이 되었다. 내부 과정을 출발점으로 삼는 이론 구축에서 많은 사회 사이의 상호작용과 간섭으로 인해 발생할 수 있는 역사적 변화에 대한 이해로의 실질적인 전환이 있었던 것이다. 그 사회의 일부는 이웃에 위치했고, 다른 것은 손이 닿을 만큼 짧은 거리 너머에 위치했다. 실증 연구와 개념 논쟁에서 이 새로운 붐이 이룩한 업적은 매우 흥미롭고, 또 너무 많아 추적조차 하기 어렵다.[20] 매달 새로운 단행본이나 최고 수준의 학술적 업적이 담긴 편집본이 발행되며, 이는 지금까지 글로벌 역사에서 그 지위가 과소평가했던 현상의 글로벌적 또는 초민족적 차원을 발견하는 데 도움이 된다.[21]

물론 민족 역사 쓰기가 그간 사라졌던 것도 아니다. 오히려 끊임없는 요구에 힘입어 민족이란 틀에 맞춰진 역사는 대중적 인기를 누려왔다. 많은 나라에서 민족 중심 역사는 학교 커리큘럼의 중심으로 건재했고, 자연스럽게 미래의 학교 교사를 양성하기 위한 훈련과정에서도 그 중심에 있다. 오늘날에도 과거와 마찬가지로 역사 정치체는 박물관, 기념물, 여타 장소와 기념을 위한 매개체에 대한 자금 지원에 있어 의회와 정부의 결정에 크게 의존하며, 전국적으로 활동하는 정당, 시민 사회 단체 및 기업과 긴밀하게 연결되어 있다. 많은 나라에서 일어나는 정치적 담론에는 민족 역사적 사건과 트라우마에 대한 역사적 언급이 포함되어 있어 학자가 정치적 목적을 위해 역사를 이용하는 것에 대해 긍정적이든 또

---

20 참조. Merry E. Wiesner-Hanks (ed.) *The Cambridge World History*, 9 vols, (Cambridge, 2015).

21 다음의 저널 명칭과 주소 참조. A Journal for Historians and Area Specialists at http://www.connections.clio-online.net/

는 부정적이든 반응을 하지 않을 수 없게 만든다.

1990년대 학계의 중대한 위기 이후 특히 아프리카 대학에서 민족 역사의 부활을 증명하는 엄청나게 많은 사례가 있는데, 이는 바로 소위 말하는 구조조정 정책의 결과로써 나타난 교육학 분야와 인문학 분야에 대한 공적 지출을 대규모로 축소한 것에 따른 것이었다.[22] 아시아와 라틴아메리카에 있는 나라들에서도 비슷한 부양책이 이루어졌는데, 이는 경제적 성공에 대한 자부심과 국제적 인지도 증가에서 영감을 받은 민족주의와 연결되거나 이전 제국 대도시와의 관계에서 지속되는 비대칭에 따른 포스트 식민주의적 견해에 의해 가속화된 것이었다. 그런 민족주의는 때때로 표현의 형태 속에서 발견될 수도 있으며, 그렇기에 서유럽 및 중부 유럽의 19세기 민족주의와 외견상 유사하기도 하다. 그러나 식민주의로부터의 해방은 민족주의적 주장에 구체성을 덧입히고, 100년 전 민족주의보다 다른 청중에게 (그리고 다른 이유로) 그것을 매력적으로 만드는 게 정당하다고 주장되어 왔다. 찰스 메이어(Charles Mayer)는 확신에 찬 어조로 21세기의 역사적 문화는 20세기 후반 내내 식민주의와 포스트 식민주의 논쟁이 기념했던 것보다 훨씬 더 파급력이 있을 것이라 강조했는데, 바로 20세기 후반은 홀로코스트가 하나의 연구 주제이거나 비교의 기준이었으며, 또 글로벌 문화양식에 있어 하나의 본질적인 의구심처럼, 기념을 위한 모든 활동에서 관심의 한가운데 있었던 시기이다.[23]

그렇게 하나의 연구 분야로서 민족 역사 역시 중대한 변화를 겪었고

---

22 Damtew Teferra and Heinz Greijn (eds.), *Higher Education and Globalization. Challenges, Threats, and Opportunities for Africa* (Maastricht, 2010).

23 Charles S. Maier, 'Consigning the 20th Century to History: Alternative Narratives for the Modern Era' *The American Historical Review* 105 (2000), pp. 807-31.

민족주의적 의제와의 강력한 연결고리에서 거의 벗어날 수 있게 되었다. 이는 민족 국가와 다른 형태의 국가 지위, 예를 들어 제국 간의 차이에 대한 더 격렬한 논쟁으로 이어졌다. 탈냉전 시대가 시작될 무렵에 유럽을 중심으로 하는 틀에 맞춰진[24] 서사는 역사가 오랫동안 사용해왔던 민족이란 컨테이너의 명백한 한계를 극복할 수 있는 가장 확실한 방법인 것처럼 보였다.

제국 중심적 전환(Imperial Turn)과 공간 형식에 대한 관심

그러나 2,000년을 전후하여 제국 중심 역사는 이전의 민족 역사 쓰기 관행과 국경을 초월하는 설명이란 새로운 기준을 연결하는 하나의 도구로서 더욱 두각을 나타내게 되었다.[25] 흥미롭게도 이는 1960년대에 식민지 확장을 상실한 제국에 국한되지 않고[26] 제1차 세계대전 이전의 독일 제국에 대한 초민족적 관점,[27] 합스부르크 제국을 주제로 적용할 수 있는 탈식민적 관점의 발견,[28] 폴란드-리투아니아 연합과 같이 4세기가 이상 소급되는 끝장난 제국주의적 과거의 가능한 영향력에 대한 논쟁을 중심

---

24 Rolf Petri and Hannes Siegrist (eds.), *Probleme und Perspektiven der Europa-Historiographie* (Leipzig, 2004).

25 Dane Kennedy, 'The Imperial History Wars' *Journal of British Studies* 54:1 (2015), pp. 5-22; Durba Gosh, 'Another Set of Imperial Turns?' *American Historical Review* 117:3 (2012), pp. 772-93.

26 Martin Thomas, *Fight or Flight. Britain, France, and their Roads from Empire* (Oxford, 2014).

27 Sebastian Conrad and Jürgen Osterhammel (eds.), *Das Kaiserreich transnational. Deutschland in der Welt 1871-1914* (Göttingen, 2004); Sebastian Conrad, *Globalisierung und Nation im Deutschen Kaiserreich* (München, 2006).

으로 반향되었다.[29] 또 제국은 전 세계적인 자본주의[30]와 일방주의와 글
로벌 헤게모니[31]에 대한 은유로 자리 잡았고, 그렇게 강력한 민족 국가의
분석과 부분적으로 동일시되었다. 이런 관점에서 민족주의와 제국주의
는 어느 정도 서로 동일하다고 할 수 있다.

'제국에서 민족으로(from empire to nation)'라는 전통적인 표현보다 훨씬
더 복잡해 보이는 제국 역사와 민족 국가의 관계성에 대한 관심이 재출
현한 것은[32] 실제로 민족 국가와 민족의 위상을 역사적 행위라는 준(準)
자연적 틀처럼 당연한 것으로 여기기보다는 상당히 장기적인 역사적 관
점에서 재평가하는 것이 장려되고 있기 때문이다. 이런 재평가는 몇 가
지 측면에서 이루어진다. 그중 하나는 과거의 세계 역사 속에서 민족의
위상을 비판적으로 재검토하는 것이다. 18세기 후반 이후 세계 역사학

---

28 Moritz Czaky and Johannes Fiechtinger/Ursula Prutsch (eds.), *Habsburg postcolonial. Machtstrukturen und kollektives Gedächtnis* (Innsbruck, Wien, München, Bozen, 2003); Clemens Kaps and Jan Surman (eds.), *Post-Colonial Perspectives on Habsburg Galicia* (Krakow, 2012).

29 Frank Hadler and Mathias Mesenhöller (eds.), *Lost Greatness and Past Oppression in East Central Europe: Representations of the Imperial Experience in Historiography since 1918* (Leipzig, 2007); for the "long history" of empire see Peter F. Bang and C. A. Bayly (eds.), *Tributary empires in global history* (New York, 2011) and Peter Fibiger Bang and Dariusz Kołodziejczyk (eds.), *Universal empire. A comparative approach to imperial culture and representation in Eurasian history* (Cambridge, 2012).

30 Michael Hardt and Antonio Negri, *Empire. Die neue Weltordnung* (Frankfurt/Main, 2002).

31 Niall Ferguson, *Empire. The rise and demise of the British world order and the lessons for global power* (New York, 2002); Niall Ferguson, *Colossus. The rise and fall of the American empire* (London, 2005); Charles S. Maier, *Among empires. American ascendancy and its predecessors* (Cambridge, 2006).

32 Joseph Esherick, Hasan Kayalı and Eric van Young (eds.), *Empire to nation. Historical perspectives on the making of the modern world* (Lanham, 2006).

자가 합리적으로 접근할 수 있는 서사와 설명을 제공하기 위해 물질로 이루어진 혼돈 덩어리를 관리하려고 시도했을 때, 그 실체는 무엇이었을까? 과거의 국가가 마치 20세기의 완전히 통합된 민족 국가, 민족경제, 민족사회인 것처럼 제시하는 함정에 빠지는 건 비단 민족 역사학자들만이 아니다. 국가에 대한 이런 매우 시대착오적인 오독은 앵거스 매디슨 (Angus Maddison)과 그의 프로젝트의 후계자가 추정하고 출판한 국내 총생산에 관한 유명한 시리즈에서 가장 널리 퍼져 있다.[33] 이 시리즈에서는 국가 형성 과정과 이들 국가의 사회 통합 및 경제적 성과에 대한 정책에 기초하여 20세기 초에야 도입된 범주(국내 총생산)가 영원히 존재하지도 않거나 그게 아니라면 적어도 서기 1년부터 시작된 것이라 주장한다. 1800년 이후 동아시아와 서유럽 일부 지역 간의 경제적 성과에서 이른바 대격차 (Great Divergence)[34]의 전제 조건에 대한 매우 중요한 논쟁과 함께 발생하는 혼란의 일부는 역사 시대를 아우르는 다양한 종류의 국가와 경제들에 대한 시대착오적 비교 때문이다. 제국에 대한 논쟁은 민족과 민족 국가에 대한 논의에 다양한 파급효과를 갖는다. 이는 민족 국가가 영토, 국경, 사람을 관리한다는 측면에서 제국과는 전혀 다른 이점을 가지고 있음을 이해하게 만든다. 이 새로운 이점은 유럽에서도 다소 늦게 그 효력을 발휘했다. 제국은 단순히 해체된 것이 아니라 민족 국가로 대체되었다. 반대로 18세기 후반의 패권국은 새로운 제국적 특징을 확립하면서 본거지에

---

33 Angus Maddison, *Monitoring the World Economy* (Paris: OECD, 2003); 지속적으로 업데이트되면서 개편하는 "(매디슨 프로젝트Maddison Project)" 데이터베이스 참조. http://www.ggdc.net/maddison/maddison-project/home.htm. 추가 참조. Francesco Boldizzoni, *The Poverty of Clio. Resurrecting Economic History* (Princeton, 2011).

34 Kenneth Pomeranz, *The Great Divergence: China, Europe, and the Making of the Modern World Economy* (Princeton, 2001).

서 (다양한 종류의) 민족 국가로 변모했다. 민족화와 제국 건설은 함께 진행되었으며, 따라서 국가 지위를 구성하는 두 가지 형태가 19세기뿐만 아니라 20세기 대부분의 지역에서도 공존했다는 것은 그리 놀라운 일이 아닙니다. 널리 퍼진 글로벌 이데올로기 중 하나인 민족주의는 단순히 민족 국가의 출현을 반영한 것이 아니라 정치적, 사회적 공간의 근대적 조직에서 민족적 경향과 제국적 경향의 복잡한 얽힘에 대한 반응으로써 여러 가지 다른 특징을 발전시켰다.

국가 지위(statehood)는 확실히 민족 국가보다 훨씬 더 긴 역사가 있다. 동시에 같은 민족 국가의 역사는 경제와 사회 사이의 초민족적 유대의 출현으로 끝나지 않는다. 오히려 최근의 초민족적 역사는 18세기 후반부터 민족 국가와 초민족성이 함께 작용했다는 것을 입증할 수 있었다.[35] 그리고 민족 국가에 대한 때 이른 사망선고 이후에도 민족 국가와 초민족성은 여전히 함께 작용하고 있다.(최근 금융 위기의 경험이 보여주는 것처럼) 국가가 한편으로는 국내 은행에 금융자산을 저축하고 다른 한편으로는 글로벌 금융기관과 초민족적 전략을 조정하는 것을 보면 유사함을 알 수 있다.

공간 프레임워크의 역사는 분명 과거에 생각했던 것보다 더 복잡하다. 전통적인 역사학은 많은 척도 중에서도 현실에 존재하는 영토가 민족

---

35 Jürgen Osterhammel, *Geschichtswissenschaft jenseits des Nationalstaats. Studien zu Beziehungsgeschichte und Zivilisationsvergleich* (Göttingen, 2001); Kiran Klaus Patel, *Nach der Nationalfixiertheit. Perspektiven einer transnationalen Geschichte* (Berlin, 2004); Ian R. Tyrrell, *Transnational nation. United States history in global perspective since 1789* (Basingstoke, 2007); Akira Iriye and Pierre-Yves Saunier (eds.), *The Palgrave dictionary of transnational history* (New York, 2009). Frank Hadler and Matthias Middell (eds.), *Handbuch einer transnationalen Geschichte Ostmitteleuropas: Von der Mitte des 19. Jahrhunderts bis zum Ersten Weltkrieg*, vol. 1 (Göttingen, 2017).

의 예외적인 중심성이란 생각을 추종했지만, 글로벌 과정을 연구하는 학자는 왕왕 하나의 척도가 다른 척도로 대체된다고 가정함으로써 민족의 명성을 과소평가했다. 민족은 사라지고 글로벌이 전면에 부상하게 된다고 생각한 것이다. 하지만 현실에는 늘 하나 이상의 공간 패턴이 있다는 것이 밝혀졌다. 이야기를 더 복잡하게 만드는 것은 글로벌 또는 최소한 국경을 넘는 프로세스에 초점이 왕왕 지나치게 강조되는 영토가 있으며, 이는 비교한 네트워크 및 체인의 역할에 대한 재검토를 불러온다는 사실이다.

모든 역사적 현상과 마찬가지로 영토는 단순히 주어진 것이 아니라 유구하고 모순으로 점철된 과정의 산물이다.[36] 그것은 관료제, 법, 폭력, 문화적 헤게모니, 배타주의적 관행의 도움을 통해 공간과 그곳에 살고 있는 사람들의 동질화뿐만 아니라 국경의 구성을 수반한다. 영토화는 민족국가의 출현으로 시작되는 것이 아니다. 반대로 영토화는 왕왕 보편적인 원칙을 적용받는 모든 주민에게 주어지는 명확한 경계도, 권력과 자원에 대한 평등한 접근도 존재하지 않는 식의 매우 특수한 상황에서 시작되는 경우도 많다. 더욱 중요한 사실은 영토화가 단독으로 발생하는 것이 아니라는 것이다. 그것은 역사적으로 교환, 조우, 갈등, 전쟁 및 이웃 및 심지어는 멀리 떨어진 사회와 만들어내는 여러 형태의 상호작용의 과정을 동반하고 또 보완한다. 국경을 정의하는 것은 무역과 이주를 위해 뚫린 수많은 통로를 찾아내는 것과 동시에 이루어져야 한다.

18세기 말에 벌어진 분명한 위기는 이미 진행되고 있었던 영토화의 과정을 어느 정도 급격하게 만들었다. 이는 반식민지 해방 그리고 7년

---

36 Stuart Elden, *The Birth of Territory* (Chicago, 2013).

전쟁에서 시작하여 1792년부터 25년간 교전 상태가 지속되었던 제국의 글로벌 경쟁에 대한 반작용을 통해서 이루어졌다. 프랑스혁명의 발발은 앞서 주장한 바와 같이 이런 세계적인 경쟁에서 다음 라운드에서 동원하기 위한 자원의 부족 때문이었다.[37] 영토는 이제 완전히 정의되었고 헌법은 영토에 사는 모든 사람에게 동일한 권리와 권력에 대한 접근을 약속하는 것으로 굳어졌다. 비록 현실에서 포괄적인 약속은 단계적으로 실현되었지만, 심각한 차질이 없었던 것은 결코 아니다.[38] 민족의 발명—그 시작부터 초민족적 권리를 주장하는 것—은 글로벌 영향력, 이윤 및 헤게모니를 위한 제국 간 경쟁에서 매우 강력한 도구임이 밝혀졌다.[39] 민족의 발명은 세금 면제를 상실한 과거 특권계층이 가지고 있던 자원의 전유를 합법화했고, 결과적으로 더 높은 비율의 국가 수입(해군, 육군 및 민족 방위군 등을 유지하기 위함)의 분배도 합법화했다. 또 민족 발명 프로젝트는 미국과 프랑스에서 농민들의 지원을 얻어내기 위한 토지 개혁—미국 서부에서는 개척지를 개방하거나 교회와 이민자의 재산을 재분배하는 방식으로—을 촉진했다. 또 민족의 발명은 영토 주민 사이의 소속감을 강화하고 '민족(nation)'을 위한 희생을 결집하는 문화 정책을 펼치는데 필요한 아주 폭넓은 도구를 제공하기도 했다. 공통의 문화적 자원의 신화적 발명(공통의 과거에서 공유된 언어 및 풍부한 상징의 저장소에 이르기까지)은 대서양혁명 중

---

37 Suzanne Desan, Lynn Hunt and William Max Nelson (eds.), *The French Revolution in Global Perspective* (Ithaca, 2013).

38 Charles S. Maier, *Once within borders. Territories of power, wealth, and belonging since 1500* (Cambridge, 2016).

39 Bailey Stone, *Reinterpreting the French Revolution. A global-historical perspective* (Cambridge, New York, 2002); Alan Forrest and Matthias Middell (eds.), *The Routledge Companion to the French Revolution in World History* (London, 2015).

에 역할이 다소 미비했지만, 상대적으로 나폴레옹 팽창주의에 대항한 투쟁에서는 엄청나게 중요한 역할을 했다.[40]

놀랍게도 민족 건설의 제국적 맥락은 사라지지 않았다. 아무런 존재감도 없고 능력도 없다고 비난받는 교황이 눈앞에서 떡하니 있는 상황 속에서 나폴레옹이 스스로 왕관을 쓰며 전지전능한 황제처럼 꾸며냈던 것 훨씬 이상으로, 제국은 19세기 내내부터 20세기에는 세계의 더 여러 지역에서도 권력의 행사를 위한 지배적인 공간적 프레임워크로 건재했다.[41] 민족주의의 확산이 제국주의의 희생을 의미했던 것은 아니었다. 정반대로 민족주의와 제국주의는 밀접하게 연관되어 있었는데, 이는 19세기 말과 20세기 초에 불어닥친 식민주의 제2차 물결이 일어났을 때 특히 그러했으며, 이때는 미국 대통령 윌슨(그리고 러시아 혁명 지도자 레닌)이 사람들에게 민족자결권의 세상이 도래했음을 알리기 바로 직전이었다. 그러나 이런 주장조차도 제2차 세계대전 이후에 주로 실현되고, 독립적 발전에 대한 희망으로 가득 차 있었던 해방적 민족주의라는 새로운 물결을 일으킨 탈식민화의 문을 그저 천천히 열었을 뿐이다. 하지만 계속되는 의존성이 과거 식민지였던 지역의 새로운 엘리트에게 명백하게 아픈 가시 같은 존재임이 드러나는 데는 그리 많은 시간이 필요치 않았다.

민족 영토화는 결코 단독적인 과정이 아니라 제국적 맥락에 의해 보완되었다; 하위 국가 및 초국가의 지방화 과정에 의해; 도시 간의 직접적인 접촉에 의해; 전문가, 예술가, 세계 도처에 존재하는 글로벌 이주 시스템

40 Alan Forrest, Karen Hagemann and Janet Rendall (eds.), *Soldiers, citizens and civilians: experiences and perceptions of the revolutionary and Napoleonic Wars, 1790-1820* (Basingstoke, 2009).

41 Jane Burbank and Frederick Cooper, *Empires in world history. Power and the politics of difference* (Princeton, 2010).

을 통해 확립된 모든 종류의 초민족적 가족 유대관계의 국경을 넘는 네트워크에 의해. 그리고 반드시 기억해야 하는 사실은 생산 현장에 자본을 제공한 국제 표준화 기구와 증권 거래소에서의 조정뿐 아니라 점점 더 정교해지는 상품의 자본주의적 생산과 소비의 초민족적 가치 사슬이다. 이런 공간적 형식 중 어느 것도 다른 것과 완전히 별개로 존재한 적이 없으며(때론 역사학적 설명이라는 목적에 따라 분석하기 위해서 분리되기도 함) 결코 아무런 변화도 없이 가만히 존재한 적도 없다. 반대로 다양한 공간 형식은 시간이 지남에 따라 여러 방식으로 서로 연관성을 갖는다. 공간적 질서의 형성은 멈춤이 없다.

다소 추상적인 언어로 구성된 지금까지 검토한 사항들은 역사적으로 공간적 질서가 변화를 거듭해온 다양한 공간 형식들과 그 상호작용의 구체적인 구성을 실증적으로 연구하는 경우에 도움이 된다. 프랑스혁명 초기 몇 달 동안 '민족'과 관련된 술어의 큰 약진(삼부회Estates-General는 자신을 민족의회national assembly라 칭했다)은 무엇인가 근본적인 것에 변화가 있었음을 암시한다. 그렇다고 해서 모든 곳에 민족이 존재했던 것은 아니다. 그러나 새로운 표준이 될만한 무엇이 출현하고 있었음은 분명하다. 존 브륄리(John Breuilly)는 민족주의 이데올로기가 개별 민족의 유일무이함을 주장하는 것과 모든 곳에서 민족 지위를 보편적으로 적용할 수 있다고 주장하는 것을 결합한다는 역설을 강조한다.[42] 그러나 민족주의가 세계적인 이데올로기가 될 때까지는 분명 시간이 걸렸고, 그렇기에 우리는 결말을 알고 영화를 보는 것과 그 결말을 모르고 보는 것에 차이가 없다

---

42 John Breuilly, 'Introduction: Concepts, Approaches, Theories' in Idem (ed.), *The Oxford Handbook of the History of Nationalism* (Oxford, 2013), p. 2.

는 식의 혼탁한 함정에 빠져서는 안 된다. 미국 독립 선언이 같은 취지로 일종의 미래를 말하는 문헌의 청사진이 된 것은 주지의 사실이지만,[43] 그렇다고 해서 18세기 후반에 독립사상이 이미 보편적으로 받아들여져 있었다는 점을 의미하지 않는다. 민족적이라는 것(국내에서는 모든 시민이 헌법상의 권리를 보장받음)과 제국적이라는 것(해외에서는 식민지 통치에 따라 권리에 대한 유서 깊은 차별적 접근이 계속되고 있음) 사이의 새로운 협정은 많은 사람에게 매력적이었지만 그렇다고 모든 사람에게까지 매력적이었던 것은 아니다. 중부 및 남동부 유럽의 러시아 통치자들과 봉건적 당국자는 혁명 원칙에 그다지 기뻐하지 않았고, 칠레에서 버지니아에 이르는 노예 소유주는 대부분 플랜테이션 경제에서 누려왔던 그네들의 특권적 지위를 자발적으로 포기하지 않았다.

1800년 어간에 일어난 매우 결정적인 두 번째 분기점은 민족 영토화를 다시 전면에 내세우기 위해 필요했다. 1840년대와 1870년대 사이의 일어난 혁명들, 내전 및 전쟁, 사회적 격변의 글로벌 연쇄는 다시 세계 척도에 대한 공간적 질서를 산산조각 냈다.[44] 반세기 전과 달리 커뮤니케이션 및 교통수단을 통해 이제 세계는 더 압축적이고, 또 더 빠른 방식으로 연결되어[45] 바다를 가로질러 정보를 교환하는 데도 몇 달이 아니라 몇 분이 걸렸다. 이것은 대륙과 문화, 사람들과 그네들의 생산 능력을 더 밀접

---

43 David Armitage, *The Declaration of Independence. A Global History* (Cambridge, 2007).

44 Michael Geyer and Charles Bright, 'World History in a Global Age' *The American Historical Review* 100:4 (1995), pp. 1034-60.

45 Roland Wenzlhuemer, *Connecting the Nineteenth-Century World: The Telegraph and Globalization*, (Cambridge, 2013); Simone M. Müller, *Wiring the World. The Social and Cultural Creation of Global Telegraph Networks* (New York, 2016).

한 사이로 만들었는데, 가이어(Geyer)와 브라이트(Bright)에 따르면 그때부터 글로벌 사회는 쇠락과 주변부와의 위험을 감수할 준비가 되어 있지 않은 한 다른 사회와의 상호작용을 비롯하여, 다른 사회와의 관계에서 벗어날 수도 없었던 새로운 성질의 글로벌 조건을 말할 수 있게 되었다. 19세기 중반은 이런 글로벌 조건에 향한 근본적인 변혁이 일어났던 시기였다. 하지만 예상과 달리 이것은 절대적인 탈영토화로 이어지지 않았다. 반대로 상품, 사람, 자본, 사상의 흐름이 그저 조용히 움직이기만 하는 것이 아니라 모든 사람에게 가시적인 것으로 느껴졌고, 그럴수록 주권은 중요한 문제가 되었다. 또는 다르게 말해서 그것(글로벌 조건을 향한 근본적인 변혁)은 물질적 이익과 지적 영감을 기대하는 흐름을 멈췄던 것이 아니라 전통적이거나 혁신적인 형태로 그 흐름을 통제했던 것이다. 이와 같은 통제는 교육받고 적어도 부분적으로는 도시화된 인구의 비율이 늘어나게 되면서, 정치적으로 활동하는 해당 인구의 지분을 늘려달라는 요구에 귀를 기울여야만 했다. 그 결과 복지국가의 요소로 민족적 차원을 더욱 강화하면서 공간 형식의 재조정이 일어났다. 노동운동에 의해 제기되었던 사회적 문제도 그렇게 공간화되었다. 서구 세계의 노동자들은 수많은 형태의 계약 노동과 대조적으로 식민지에서 가져간 이익, 임금 격차, 진정한 자유를 누리는 노동자들에게 유리한 법적 지위를 기반으로 한 국가 재분배와 그네들의 (숙련) 노동에 대한 임금 인상을 통해 몫을 얻었다.[46]

---

[46] Marcel van der Linden, *Workers of the World: Essays Toward a Global Labor History* (Leiden, 2008).

민족주의, 하나의 글로벌 현상

20세기 전반기의 역사는 대중을 결집하는 민족주의의 거대한 힘에 관한 수많은 연구를 낳았다. 양차 세계대전 이후에 민족주의는 적어도 유럽에서는 매우 회의적인 관점에서 해석되었다. 그러나 역사학자는 역사를 민족이란 틀에 따라 연구하는 것과 과거 식민지였던 지역에서 일어난 해방 운동에 대해 민족의 독립이란 생각이 지닌 생산적인 힘을 주장하는 것을 절대 그만두지도 않았고, 그만두는 것을 생각해 본 적도 없다. 민족주의에 대한 가장 인상적인 해석 중 하나인 '상상된 공동체(imagined communities)'에 관한 베네딕트 앤더슨(Benedict Anderson)의 책이 유럽뿐만 아니라 동남아시아 사례에 대한 분석에서 영감을 받은 것은 아마도 우연이 아닐 것이다.[47] 민족주의 운동은 완전히 고립된 상태에서 출현한 적이 없다. 민족주의 운동은 이레즈 마넬라(Erez Manela)가 '윌슨주의적 순간(Wilsonian moment)'으로 묘사한 탈식민지화를 위한 노력에 대해 주위를 환기하려 했던 경고 메시지에 반응했으며, 1918년 이후 지배적인 강대국의 승인을 얻으려는 개별적 사례를 모방하고자 애를 썼던 신문과 팸플릿에 담겨 있다.[48] 반식민주의 민족주의 계열 운동가는 자신들의 의제를 공식화하고 네트워크를 만들기 위해 전쟁 기간에 런던이나 파리와 같은 장소에서 만났다.[49] 또 베를린이나 함부르크, 빈, 모스크바와 같은 다른

---

47 Benedict Anderson, *Imagined Communities: Reflections on the Origin and Spread of Nationalism* (London, 1983); Benedict Anderson, *The Spectre of Comparison. Nationalism, Southeast Asia, and the World* (London, 1998).

48 Erez Manela, *The Wilsonian Moment: Self-Determination and the International Origins of Anticolonial Nationalism* (New York, 2007).

도시도 초민족적 민족주의의 핫스폿으로 자리잡았다.[50]

공간 형식과 공간 질서의 글로벌 역사가 이미 전면에 드러나게 만든 것은 내부 통합뿐만 아니라 (사실상 제국적) 경쟁을 위해 사람을 결집하기 위한 도구로서 민족주의의 상대적 중요성이다. 실질적으로 새로운 성질에 도달하는 영토화 과정의 결과로서 민족적인 것과 그 과정에서 일어나는 글로벌 위기의 관리에도 도움 되는 것으로 입증된 민족주의 사이에는 분명히 상호작용이 존재한다. 글로벌 관점―사회 내부에서 엄청난 변혁과 관련된 공간적 틀(제국 영토에서 민족 영토로)을 어떻게 개혁하는지, 그리고 엄청난 변혁이 어떻게 자기표현(민족으로서)을 재형성하는지를 바라보는 것 대신에―을 갖고 있어야만 우리는 엄청난 변혁이 왜 일어나는지 이해할 수 있고 또 어떤 상황에서 벌어지는지도 이해할 수 있다.[51]

오늘날 글로벌 역사는 민족을 단순히 부정하는 관행을 극복하고, 그 대신 역사적으로(즉, 특정 기간과 특정 지리적 틀 내에서) 다른 형식보다 결정적인 우위를 점할 수 있었던 공간적 형식으로 진지하게 받아들이는 것에 대해 지지한다. 국경을 넘나드는 활동은 국제적이거나[52] 초민족적인 것으

---

49 Michael Goebel, *Anti-Imperial Metropolis. Interwar Paris and the Seeds of Third World Nationalism* (New York, 2015) and Marc Matera, *Black London. The Imperial Metropolis and Decolonization in the Twentieth Century* (Berkeley, 2015) as well as a related AHR Roundtable in *American Historical Review* 121:5 (2016), pp. 1435-1519.

50 Holger Weiss, *Framing a Radical African Atlantic: African American Agency, West African Intellectuals and the International Trade Union Committee of Negro Workers* (Leiden, 2014); Holger Weiss, 'The Road to Moscow: On Archival Sources Concerning the International Trade Union Committee of Negro Workers in the Comintern Archive' *History in Africa ─ A Journal of Method* 39 (2012), pp. 361-93.

51 Jürgen Osterhammel, 'Nationalism and Globalization' in John Breuilly, *Handbook*, p. 694-709, here p. 694.

52 Jost Dülffer and Wilfried Loth (eds), *Dimensionen internationaler Geschichte* (München, 2012).

로 자리 잡았고, 하위-국가 지방은 기껏해야 민족보다 작은 형태의 이본 (異本) 중 하나처럼 묘사된다.[53] 그러나 이는 서로 경쟁 관계에 있었던 여러 공간 형식을 역사적인 관점에서 우발의 산물처럼 바라보는 일종의 가치 평가에 지나지 않는다. 1970년대는—초민족적 기업에 대한 비판적 강조와 세계를 평평하게 만들자는 따끈따끈한 열정이 가득했으며(프리드만), 네트워크를 강조했고(카스텔스), 아주 빈번하게 세계를 더욱 작아 보이게 만드는 일종의 지구촌(매클루언)이란 술어가 등장했던 시대—민족이란 공간적 형식이 평가절하되었던 시대로 이해되지만 그렇다고 민족이란 공간적 형식이 소멸했던 것은 결코 아니다. 이것은 민족주의가 자멸적인 갈등의 주요 원천이라는 부정적인 함의를 늘 내포하고 있었다.

그러나 민족은 다른 것들 사이에서 단순한 공간 형식이 아니었다. 민족 국가도 글로벌화의 관문으로 해석되었다.[54] 이 범주를 사용하여 최근의 글로벌 역사 쓰기 접근법은 글로벌 흐름이 단순히 모든 곳에 있지 않다는 사실을 고려한다. 글로벌 흐름은 특정한 지점에 도달한다 - 이미 오래전 항구에 도달했고, 기차역에도, 가장 최근에는 공항에 도달했다. 이런 진입지점은 글로벌화 과정에서 중요한 역할을 하는 곳인데, 이는 상품 밀도가 높은 곳이자 먼 곳에서 출발한(떠나온) 사람이 도착하는 곳일 뿐만 아니라 '글로벌'(주어진 역사적 순간을 이 술어가 표현하는 것이 무엇이든지 상관없이)에 친밀한 특별한 방식을 지닌 사람이 특정한 문화를 만들어내는 곳이기도 하기 때문이다. 여기에서 글로벌 흐름은 그렇게 인식되고 특

---

53 Anne-Marie Thiesse, *Ils apprenaient la France. L'exaltation des régions dans le discours patriotique* (Paris, 1997); Idem, *La création des identités nationales. Europe XVIIIe-XXe siècle* (Paris, 1999).

54 Michael Geyer, 'Portals of Globalization', in: Winfried Eberhard/Christian Lübke (eds), *The Plurality of Europe. Identites and Spaces* (Leipzig, 2010), pp. 509-20.

정 방식으로 관리되며 다른 목적지로도 흘러간다. 이것은 명명에서 주문에 이르기까지 새로운 문화 기술의 발전과 함께한다. 근대 회계의 출현이 바로 대표적인 사례다. 이런 근대적 회계는 상인이 원거리(자연히 장기간이 될 수밖에 없는) 무역의 필요에 따라 전통적인 계산 방식을 새로운 상황에 맞춰 적응시킨, 근대 초기 항구에서 만들어진 산물이었다.

글로벌이 지배적인 조건이 되면서 이런 관문은 그 성격에 변화가 생겼다. 국경 경비대, 그리고 이주, 무역 및 나중에는 자본 흐름까지 직접 관리한 거대 행정조직을 앞세운 민족 국가가 개입하기 시작했다. 글로벌화의 관문이라고 할 수 있는 단일 장소에서 국가는 이제 들어오고 나가는 흐름을 관리하는 훨씬 더 크고 정교한 일군의 기관을 개발한다. 여권, 통계, 지도는 소속(동시에 배제)의 관리를 위한 도구로 자리 잡았다. 민족주의─ 전 세계 곳곳에서 발견되는 현상의 하나이자[55] 글로벌 이데올로기라는 관점에서 조명을 받는 것─ 는 글로벌화된 세계에서 하나의 지위를 확보하고 통제된 방식으로 흐름을 운영하려는 여러 시도의 명백한 산물이다. 지금까지 민족주의는 글로벌 프로세스에 반대하는 것이 아니라, 오히려 글로벌 흐름을 관리하기 위한 특정 정치적 또는 사회적 프로젝트를 구성하는 고유한 요소 중 하나였다.

오늘날 민족주의는 글로벌화 프로젝트에 대한 내재적인 반작용으로 이해되며 다양한 각도에서 연구되고 있다. 당연히 그중 하나는 아직 경쟁력이 없는 산업이 국제 시장에서 적절한 위상을 차지하도록 돕는 것을 목표로 하는 보호무역주의 정책의 오랜 역사이다. 1806년에 선언된

---

55 참조. John Breuilly, *Handbook*, who distinguishes between nationalisms in empires and nationalisms in a world of nation-states, and ends with the blending of nationalisms with internationalist and pan-movements.

나폴레옹의 영국 상품과 유럽의 많은 지역에 대한 봉쇄가 잘 알려진 사례라고 할 수 있다.[56] 18세기 말과 19세기 초, 인도 섬유 산업에 대한 영국의 행위에 대한 최근 연구는 경쟁자에 대한 국가의 유사한 보호주의적 개입을 입증한다.[57] 독일 프리드리히 리스트(Friedrich List)와 같은 경제학자는 수십 년 후 영국 자유 무역 제국의 패권이 지배하는 세상에서 발전을 보장하는 공간으로 민족 경제의 교리를 만들었다. 아이러니하게도 각각의 인프라가 민족 국가의 척도에서 대규모 경제를 효과적으로 통합할 수 있도록 허용되기(그리고 영토화로부터 매우 독립적이었던 초기 근대 무역 네트워크를 대체하기도) 훨씬 이전에 말이다.[58] 그 논쟁은 19세기에 그치지 않고 아시아, 라틴 아메리카, 아프리카의 개발도상국의 역량에 대한 논쟁과 더불어 오늘날까지 계속되고 있다.

민족주의의 두 번째 흐름은 사회복지의 재구조화에서 나타났으며, 국가 차원으로 이전된 후 적어도 부분적으로는 가족 의무 수준 및 마을 공동체 수준에서 조직된 복지를 대체했다. 이것은 민족에 속한 사람들과

---

56 François Crouzet, *L'économie britannique et le blocus continental, 1806-1813* (Paris, 1987); Katherine B. Aaslestad and Johann Joor (eds.), *Revisiting Napoleon's Continental System. Local, Regional and European Experiences* (Basingstoke, 2015); discussing the effects on British industries: Patrick K. O'Brien, *The Contributions of Warfare with Revolutionary and Napoleonic France to the Consolidation and Progress of the British Industrial Revolution* (London, 2011).

57 Prasannan Parthasarathi, *Why Europe grew rich and Asia did not. Global economic divergence, 1600-1850* (Cambridge, 2011).

58 On German debates about the role of the state when dealing with the challenges of global processes see Sebastian Conrad and Jürgen Osterhammel (eds.), *Das Kaiserreich transnational. Deutschland in der Welt 1871-1914* (Göttingen, 2004); Cornelius Torp (ed.), *Die Herausforderung der Globalisierung. Wirtschaft und Politik in Deutschland 1860-1914* (Göttingen, 2005); Sebastian Conrad, *Globalisierung und Nation im Deutschen Kaiserreich* (München, 2006).

그렇지 않은 다른 사람들 사이에 더 엄격한 구분을 의미했다. 이런 점점 더 정교한 차별화를 담보하기 위해 행정기관이 구축되었다. 하지만 이 과정은 세계의 일부에서만 일어났다. 식민지 국가와 (정착자-)이민에 의존하는 사회 모두는 유럽식 복지국가 모델을 거의 따르지 않는 편으로 기울어졌다. 그럼에도 불구하고 이민은 민족주의적 의제에 대한 영구적인 도전이 되었기 때문에 양자 모두를 관리할 수 있는 관계로 이끄는 일련의 도구가 개발되어야 했다. 한편에서는 동화와 포용주의 전략이 수립되었고, 다른 한편에서는 외국인 혐오와 인종차별주의를 주장하는 배타주의 전략이 수립되었다. 흥미롭게도 각 사회가 이런 도구의 적용에서 고유한 조합을 탐색하는 동안에, 학문적 국제주의와 초민족적 조직의 도움으로 이데올로기적 요소는 손쉽게 국경을 넘어 순환했다. 중국 민족주의의 사례가 다른 많은 국가 사이에서 증명하는 것처럼, 백인 혈통이 아닌 사람에 대한 차별은 동시에 출신 국가에서 민족주의를 촉발했다. 반제국 혁명과 국제체제에서 더 나은 위치를 차지하기 위한 세계적인 경쟁의 일환에서 벌어진 전쟁은 폭력에 대한 의존과 폭력의 영향에 대한 보호를 기치로 내거는 민족주의를 고무했다. 민족주의는 '우리(us)'와 '그들(them)' 사이의 첨예한 경계에 기반을 두고 있으며, 이는 성공적인 혁명이나 전쟁을 위해 구축되어야 했던 혼란스러운 동맹과 항상 일치하지는 않지만 어떠한 상상의 산물을 만들어내는지에 대해서는 영향을 미쳤다. 자기 민족의 폭력적인 '기원'에 대한 이런 경험은 다소 '영웅적인' 담론에 영향을 미쳤지만, 20세기 후반에는 민족주의 담론을 특징짓는 더 큰 '희생자 지위(victimhood)'를 쟁취하려는 경쟁으로 나타났다. '희생자 지위'는 글로벌 헤게모니를 둘러싼 투쟁의 다양한 차원을 자세히 설명했는데, 이는 식민주의, 대량학살로 이어진 전쟁, 인명에 대한 범죄적 절멸

뿐만 아니라 냉전의 블록 체계에 편입되는 것과 다양한 종류의(왕왕 서구적인) 보편주의로 인한 문화적 주변부를 통해 표현되었다.

민족주의가 세계 역사의 중요한 측면의 하나임은 분명해진다.[59] 그것은 국경을 넘는 얽힘과 상호 영감의 번영을 가능하게 한 글로벌 조건의 산물뿐만 아니라, 19세기 내내 출현했던 글로벌 조건에 대한 반작용과 같은 여러 각도에서 볼 수 있다.

최근 세계 역사 쓰기의 발전은 민족과 인류, 민족 국가와 세계라는 갈수록 생산적인 결과물을 만들어내지 못했던 대립구조를 종식했다. 세계의 일부 지역에서 국가와 사회의 민족화는 상호의존성이 증가하는 글로벌 조건에 대처하기 위한 성공적인 전략이었음이 분명해졌다. 그러나 이런 민족화는 제국주의 전략을 완전히 대체하지는 않았지만, 19세기와 20세기의 강대국은 본거지에서 이뤄지는 민족 건설(엘리트가 민족에 속한 모든 사람에게 동등한 권리를 준다는 사실을 받아들여야 했고, 그에 따라 모든 사람을 시민으로 만드는 프로젝트)과 해외에서 이뤄지는 제국주의를 결합했다. 그 결과는 모든 사람의 고향이 겹치지 않고, 깔끔하게 분리된 민족 국가들로 이루어진 하나의 세계가 아니라 되려 폭력과 전쟁이었다.[60] 단순히 일련의 지역적 갈등이 아니라 여러 대륙에 걸친 광범위한 국제적 위기는 1815년 빈 회의에서 정의된 공간적 질서와 그와 결합 된 제국, 민족 국가, 제국의 영향력이 존재하는 구역은 더 이상 지켜낼 수 없는 역학관계를 생산했다.[61]

---

59 Additionally to Jürgen Osterhammel, 'Nationalism and Globalization' in John Breuilly, *Handbook*, pp. 694-712, see also Mike Featherstone (ed.), *Global Culture, Nationalism, Globalization and Modernity* (London & New Delhi, 1990); Anthony D. Smith, *Nations and Nationalism in a Global Era* (Cambridge, 2000).

60 Andreas Wimmer, *Waves of War: Nationalism, State Formation, and Ethnic Exclusion in the Modern World* (Cambridge, 2013).

반식민지 민족주의는 19세기 후반과 20세기의 서유럽 민족주의와 비슷한 점이 있어 보이지만 그 국제적 맥락은 꽤 다르며 민족 건설을 위한 사회구조적 조건도 다르다. 독립 이후 라틴 아메리카에서 1960년대 초 식민주의로부터 해방 이후 아프리카에 이르는 사례들은 이런 차이점을 입증하며 비교역사에 대한 근본적인 문제를 제기한다. 서유럽이나 미국에서 이루어진 '성공적인' 민족주의라는 잣대로 측정하는 것이 적절한가 아니면 그런 민족주의가 내부 통합, 지속적인 경제적, 정치적 의존성에 대한 저항, 또는 초민족적 기업, 해외 세력이나 국제적 기구의 개입에 의해서 다시 위험에 처한 완전하게 성취된 주권의 방어를 민족주의가 발전할 수 있었던 조건이라고 이해하는 것이 더 정확한가?

비교의 또 다른 차원은 그런 발명을 작동시키기 위해 엘리트가 사용할 수 있는 자원에 관한 것이며, 이는 상상되고 발명된 공동체의 개념을 새로운 방식이 아닌 논쟁으로 불러들인다. 앤더슨(Anderson), 홉스봄(Hobsbawm)이나 겔너(Gellner)는 민족이 신화적이고 불명확한 기원부터 이미 존재한 것이 아니라 사회의 특정 집단의 이익이란 목적을 위해 이루어진 행위를 통해 (오히려 뒤늦게) 만들어지게 되었다고 주장했지만,[62] 1980년대 초부터 출판되기 시작한 이 혁신적인 접근법을 추종하는 연구는 얼마나 정교하게 이루어졌는지를 입증했고, 또 근대 문화, 미디어, 기술, 예술과

---

61 Charles Bright and Michael Geyer, 'Globalgeschichte und die Einheit der Welt. Weltgeschichte als Globalgeschichte – Überlegungen zur einer Geschichte des 20. Jahrhundert' *Comparativ. Leipziger Beiträge zur Universalgeschichte und vergleichenden Gesellschaftsforschung* 4:5 (1994) pp. 13-46.

62 Benedict Anderson, *Immagined Community*; Eric John Hobsbawm and Terence Ranger (eds.), *The invention of tradition* (Cambridge, 1983); Ernest Gellner, *Nations and Nationalism* (Ithaca, 1983).

과학, 시민 사회의 동원 및 자기조직화뿐만 아니라 위에서부터 시작되는 것을 전제로 하는 정치 영역의 조직화에 대해 이해하고 있다는 점을 입증했다. 왕왕 공격성으로 충만한 민족이 출현한, 그런 노력이 성공을 거두었다고 볼 수 있는 많은 사례가 발견된다.[63] 이는 민족 국가가 유일하게 남아 있는 공간 형식과 민족주의는 어디에서나 볼 수 있는 글로벌 이데올로기라는 인상을 뒷받침했다. 그러나 민족 국가는 글로벌 조건에 대한 적절한 답을 찾기 위해 확립되고 결합된 많은 것 중 하나일 뿐이라는 공간 형식과 공간 질서의 복잡성을 주장하는 글로벌 역사학자에 의해 확립된 새로운 관점은 더 섬세한 차이를 읽고 해석하는 역량의 필요성이다. 민족주의적 상징과 수사의 도구는 많은 행위자가 마음대로 사용할 수 있지만, 그들 모두가 민족 건설이란 목적을 위해 상징과 수사를 효과적으로 사용할 수단이나 의지를 지닌 것은 아니다.

결론과 소회

세계 속에서 뚜렷한 지향점의 하나였던 민족주의는[64] 글로벌화의 과정이 세계의 다른 어떤 지역과도 더욱 연결되지 않고서는 경제적으로, 정치적으로 더 이상 어떠한 발전도 할 수 없는 지경에 이르렀을 때, 글로벌 조건과 동시에 출현했다. 지금까지 세계 역사에 의해 도출된 결론은

---

63 Gerard Delanty and Krishan Kumar (eds.), *The SAGE Handbook of Nations and Nationalism* (London, 2006).

64 Jürgen Osterhammel, Nationalism and Globalization, in John Breuilly, *Handbook*, pp. 694-712.

민족주의가 글로벌 연결이 이루어진 상태와 별개로 존재하는 것도 아니고, 일반원칙이 되어버린 글로벌화(근대 시기보다 훨씬 이전에 시작된 것임)에 대한 단순한 반작용도 아니라는 것이다.[65] 19세기가 마지막 3분의 1 정도에 도달했을 때 민족주의가 대대적으로 출현하게 된 것은 글로벌화의 발전에서 일어난 실질적인 전환에 대한 반작용이었다. 물론 매우 오래된 역사적 뿌리를 두고 있는 이 특별한 순간에, 제국적 부속물이 딸린 민족 국가의 형성은 커뮤니케이션과 교통에서 일어난 기술 혁신과 세계 도처 및 지방 간 상품 체인을 따라 이동하던 '증가하는 경쟁의 결과물'로서 사회들 사이의 증가하는 유동성의 논리적 결과처럼 이해되었다. 한편으로는 영토를 가진 사람들의 더 강력한 동일시를 조직하고 자본주의 경제 활동의 추가 확장을 허용하는 세계 질서가 필요했다. 민족주의를 특정 세계 질서를 조직하려는 이런 시도를 수반하고 합법화하는 이데올로기로 정의할 때 우리는 그 역사성을 이해할 수 있다. 19세기 후반 국제 시스템 속에서 주도적인 강대국의 이런 민족주의는 점점 더 많은 수의 이전 식민지 주권에 대한 주장으로 이어졌고 또 이에 대답했다. 그러나 독립적이고 자주적인 민족의 세계를 향한 선형적인 발전 대신 (미국 대통령 우드로 윌슨이 반식민주의자들과 아직 자유를 얻지 못한 민족의 여러 대표자에 의해 오독되는 것을 기꺼이 마다하지 않았던 것처럼) 우리는 다종족 국가의 문제와 초민족적 민족들(유대계 사람을 어떻게 다루어야 하는지에 대한 딜레마를 특징짓는 술어임)의 현상뿐만 아니라 새로운 제국주의적 야망이 출현하고 있음을 발견한다. 기존 국가

---

65 Christopher A. Bayly, 'Archaic' and 'Modern' Globalization in the Eurasian and African Arena, c. 1750-1850', in Anthony G. Hopkins (ed.), *Globalization in World History* (London, 2002), pp. 47-73; Charles Bright and Michael Geyer, 'The Global Condition 1850-2010' in Douglas Northrop (ed.), *A Companion to World History* (Oxford, 2012), pp. 285-302.

내에서 이루어진 평등권 거부와 독립 거부는 기존 권력관계에 대한 새로운 저항의 물결을 불러일으켰고, 반서구 민족주의의 정당성을 모색해야 할 필요성을 제기했다. 1920년대 미국과 마찬가지로 보호무역주의와 국경 폐쇄도 여전히 레퍼토리의 하나로 건재했다. 민족주의 주장의 힘을 강화하기 위해 이데올로기는 계속 증가하는 역사적 참고 자료에서 영감을 얻었지만, 인종주의와 사회 다원주의에서 (신)자유주의와 사회주의에 이르기까지 가능한 한 많은 다른 이데올로기와 병합되었다. 모든 유형의 종교와 관계를 맺는 것은 말할 필요도 없고 말이다.

   민족주의 역사에 대한 핸드북은 새로운 판본이 나올 때마다 점점 더 두꺼워지고 복잡해진다. 이것은 그 이야기의 끝나지 않았고 새로운 챕터가 새로운 행위자들에 의해 쓰였다는 점을 암시한다. 글로벌 역사는 민족 건설과 민족주의를 새로운 글로벌 관점에서 접근하게 함으로써 그 연구 분야에 새로운 활력을 불어넣었다. 이는 글로벌과 민족을 단순히 반대하는 차원을 넘어서서, 우리가 이미 살아가고 있으며, 글로벌 조건의 양상을 반영하는 공간적 질서의 복잡다단함을 깊이 연구함으로써 얻어낸 결과이다.

더 읽을거리

Benedict Anderson, *Imagined Communities. Reflections on the Origins and Spread of Nationalism* (London, 1991).

David Armitage, *The declaration of independence. A global history* (Cambridge

Ma., 2007).

Jerry H. Bentley (ed.), *The Oxford handbook of world history* (Oxford, New York, 2011).

John Breuilly (ed.), *The Oxford handbook of the history of nationalism* (Oxford, 2013).

Jane Burbank and Frederick Cooper, *Empires in world history. Power and the politics of difference* (Princeton, NJ 2010).

Michael Geyer, 'Spatial Regimes', in: Akira Iriye/Pierre-Yves Saunier (eds), *The Palgrave dictionary of transnational history* (New York, 2009) pp. 962-966.

Matthias Middell and Lluis Roura (eds), *Transnational Challenges to National History Writing* (New York, 2013).

옮긴이의 말

이 책은 슈테판 베르거(Stefan Berger)와 에릭 스톰(Eric Storm)이 공동으로 책임편집한 *Writing the History of Nationalism* (Bloomsbury Academic, 2019)을 우리말로 옮긴 것이다. 이 책은 총 12장으로 구성되어 있는데, 제1장을 제외하고 나머지 11개의 장은 다양한 배경을 가진 11인의 연구자가 각각 집필했다. 제1장을 서론이라고 했을 때, 본론은 제2장부터 제12장까지이며, 11인의 연구자가 각각의 고유한 관점에 따라 민족주의의 역사를 정리한 내용을 중심으로 구성되어 있다.

지금까지 '민족주의'를 주제로 다룬 수많은 책과 프로젝트가 있었다. 하지만 '민족과 민족주의'를 주제로 다루는 작업은 개념 정의 단계부터 커다란 난관에 부딪힌다. 민족이 있었고, 민족주의가 만들어진 것인지, 민족주의가 민족을 만든 것인지, 뫼비우스의 띠처럼 끝나지 않는 논쟁도 여전하다. 이 책은 민족주의의 역사를 다양한 관점에서 조망하면서, 자연스럽게 민족과 민족주의의 학문 세계로 독자를 안내한다.

이 책에서 독자는 '족류', '족류성', '족류 상징주의'라는 낯선 번역어를 자주 만나게 될 것이다. 민족주의 연구의 큰 흐름은 민족의 역사성을 중요시하는 '영존주의'와 근대국가의 형성과 밀접하게 연관된 '근대주의'로 나뉜다. '영존주의'의 계보에 있는 연구자가 사용한 술어는 '족류, 족류성, 족류 상징주의'로, '근대주의'의 계보를 잇는 연구에서 쓰인 술어는 '종족, 종족성'으로 번역했다는 점을 분명하게 밝힌다.

이 책이 빛을 볼 수 있도록 아낌없는 조언과 격려를 보내주셨던, 숭실대학교 박은구 명예교수님, 김인중 명예교수님께 감사의 인사를 전한다. 아울러 번역서를 읽고 검토해주신 국립외교원 한승호 교수부장님, 숭실대학교 손채연 박사님, 숭실대학교 조범성 선생님, 황재혁 목사님, 김현진 선생님, 김여지 선생님, 김휘범 선생님, 윤정은 변호사님께도 감사드린다. 마지막으로 갈수록 어려워지는 출판시장 속에서도, 옮긴이의 손을 잡아주시고, 아낌없는 배려와 고된 기다림을 감내해주신 연암서가 권오상 대표님께 진심으로 감사의 인사를 보낸다.

2023년 9월
옥상철

찾아보기

필자 소개

슈테판 베르거(Stefan Berger)

보훔 루르대학교 사회역사학 교수. 같은 대학의 사회운동연구소 소장, 루르재단 역사위원회 의장, 카디프대학의 명예교수. 주요 연구주제는 중공업 중심 지방의 노동 및 사회운동의 역사이며, 특히 탈산업화와 산업화 유산, 민족주의 및 민족 정체성의 사학사에 각별한 관심이 있다. 최근에 (크리스토프 콘래드와 공동으로) *The Past as History. National Identity and Historical Consciousness in Modern Europe*(2015), (홀거 네링과 공동으로) *The History of Social Movements. A Global Perspective*(2017) 등의 저작을 출판했다.

존 브륄리(John Breuilly)

런던정경대학교 민족주의와 족류성 명예교수. 주요 연구주제는 민족주의와 근대 독일의 역사이다. 최근에 *The Oxford Handbook of the History of Nationalism*(2013), 'Modernisation and Nationalist Ideology', *Archiv für Sozialgeschichte* 57(2017), Modern Empires and nation-states, *Thesis Eleven*(2017) 등의 저작을 출판했다. 현재 *19th Century Germany: Politics, Culture and Society, 1780-1918*(2001)의 제2판 개정작업에 집중하고 있으며, 민족주의가 어떻게 세계를 '누비고 다녔는지(travelled)'를 주제로 저술할 예정이다.

가브리엘라 엘게니우스(Gabriella Elgenius)

구텐베르크대학교 사회학 부교수. Associate Member of the Department of Sociology, 옥스퍼드대학교 사회학부 어소시에이트 멤버. 민족주의를 급진우익, 디아스포라, 통합, 문화유산의 송환 등과 결부하여 연구하고 있다. 최근에 (젠스 라이드렌과 공동으로) "Frames of Nostalgia and Belonging," *European Societies*(2018), "Socio-Political Integration Through Diaspora Organisations and Civil Society Initiatives, in Heath" (ed.), *Social Integration*(2017), "Ethnic Bonding and Homing Desires," in Jacobsson & Korolczuk (eds.), *Civil Society Revisited*(2017), (피터 애런손과 공동편집으로), *National Museums and Nation-building in Europe 1750-2010*(2015), *Symbols of Nations and Nationalism*(2011) 등의 저작을 출판했다.

미로슬라프 흐로흐(Miroslav Hroch)

프라하 카를대학교 보편사 명예교수. 주요 연구주제는 민족운동, 유럽의 민족형성이다. 최근에 *European Nations. Explaining Their Formation*(2015; German orig. Das Europa der Nationen, 2005), *Comparative Studies in Modern European History*(2007), *Hledání souvislostí. Eseje z komparativních dějin Evropy*(2016) 등의 저작을 출판했다.

마티아스 미델(Matthias Middell)

라이프치히대학교 문화사 교수. 같은 대학의 글로벌유럽연구소 소장. 주요 연구 분야는 글로벌 역사, 초지방 역사, 사학사이다. 최근에 (스테피 마룽과 카자 나우만과 공동으로) *In Search of other Worlds. Towards a cross-regional history of area studies*(2018), *Handbook of Transregional Studies*(2018), (프랭크 해들러와 공동으로) *Handbuch einer transnationalen Geschichte Ostmitteleuropas*, Band I: *Von der Mitte des 19. Jahrhunderts bis zum Ersten Weltkrieg*(2017), (앨런 포레스트와 공동으로) *The Routledge Companion to the French Revolution in World History*(2015) 등의 저작을 출판했다.

스티븐 J. 모크(Steven J. Mock)

국제문제 발실리스쿨 연구 조교수. Ideological Conflict Project의 연구책임자. 주로 민족을 비롯한 여하한 형태의 정치문화적 정체성의 구성을 신화, 상징, 의례를 중심으로 모형화하는 방법론을 통해 연구한다. 주요 저서로 *Symbols of Defeat in the Construction of National Identity*(2012) 등이 있다.

아비엘 로시월드(Aviel Roshwald)

워싱턴DC. 조지타운대학교 역사학 교수. 주요 저작으로 *The Endurance of Nationalism: Ancient Roots and Modern Dilemmas*(2006), *Ethnic Nationalism and the Fall of Empires: Central Europe, Russia and the Middle East, 1914-1923*(2001), *Estranged Bedfellows: Britain and France in the Middle East during the Second World War*(1990) 등이 있다. (리처드 스티테스와 공저한) *European Culture in the Great War: The Arts, Entertainment, and Propaganda, 1914-1918*(1999), (매튜 디아우리아, 캐시 카마이클

과 공저한) *The Cambridge History of Nationhood and Nationalism*(출판 예정)도 있다. 최근에 유럽과 아시아 사례를 포괄적으로 검토하여 제2차 세계대전 기간에 추축국 점령지에서 벌어진 반응에 대한 비교 연구에 집중하고 있다.

산자이 세스(Sanjay Seth)

골드스미스 런던대학교 정치학 교수. 같은 대학의 포스트식민지연구센터 소장. 주요 연구 분야는 근대인도사, 포스트식민지 이론, 사회 및 정치 이론 등이다. 주요 저작으로 *Marxist Theory and Nationalist Politics: The Case of Colonial India*(1995), *Subject Lessons: The Western Education of Colonial India*(2007) 등이 있다. *Postcolonial Theory and International Relations: A Critical Introduction*(2012)의 공저자이다. 덧붙여 「포스트식민지연구(Postcolonial Studies)」 저널의 초대 공동편집자이기도 하다.

에릭 스톰(Eric Storm)

네덜란드 레이던대학교 근대사 부교수. 주요 연구주제는 스페인 문화사, 유럽의 지방 정체성과 민족 정체성이다. 최근에 *The Culture of Regionalism: Art, Architecture and International Exhibitions in France, Germany and Spain, 1890-1939*(2010), *The Discovery of El Greco: The Nationalization of Culture versus the Rise of Modern Art*(2016). (요스트 아우구스타인과 공동으로) *Region and State in Nineteenth-Century Europe: Nation-Building, Regional Identities and Separatism*(2012), (호세 누네즈 세이사스와 공동으로) *Regionalism and Modern Europe: Identity Construction and Movements from 1890 to the Present Day*(2019) 등의 저작을 출판했다.

엘리자베스 블로삭(Elizabeth Vlossak)

캐나다 브록대학교 역사학부 부교수. 주요 연구주제는 전쟁·젠더·민족주의를 중심으로 하는 사회사 및 문화사, 기억과 기념의 정치이다. 주요 저작으로 *Marianne or Germania? Nationalizing Women in Alsace, 1870-1946*(2010), "Traitors, heroes, martyrs, victims: Veterans of Nazi 'forced conscription' in Alsace and Moselle," *in Rewriting German History: New Perspectives on Modern Germany*, ed. Nikolaus Wachsmann and Jan Rüger (2015), "The Civil War in France, Alsace-Lorraine, and Postwar Reconstruction in the 1870s," in *Decades of Reconstruction: Postwar Societies, State-building, and International Relations, from the Seven Years War to the Cold War*, ed. Ute Planert and James Retallack(2017) 등이 있다. 최근에는 나치 강제노역 연구에 집중하고 있다.

크리스티안 비크(Christian Wicke)

유트레히트대학교 정치사 조교수. 주요 연구주제는 민족, 지방, 도시의 역사적 표상이다. 주요 저작으로 *Helmut Kohl's Quest for Normality: His Representation of the German Nation and Himself*(2015), (슈테판 베르거, 야나 골롬벡과 공동편집으로) *Industrial Heritage and Regional Identities*(2018), (슈테판 베르거와 공동으로) a special issue of *The Public Historian entitled* "Deindustrialization, Heritage and Representations of Identity"(November 2017) 등이 있다. 최근에는 1970년대 도시운동사 연구에 집중하고 있다.